国家社会科学基金重大项目成果

主编 杜建录

西夏通志

人物志

潘 洁 邓文韬 杜维民 撰

人民出版社

教育部人文社会科学重点研究基地
宁夏大学西夏学研究院重大项目

目　录

序　一

在西夏陵入选世界文化遗产名录之际，以宁夏大学杜建录教授为首的西夏研究团队，凭借着对学术的执着追求与深厚积淀，又推出一部重磅成果——《西夏通志》。这部多年精心编纂的大型西夏史著作共 11 卷（12 册），包括《西夏史纲》（2 册）《西夏地理志》《西夏经济志》《西夏职官志》《西夏军事志》《西夏人物志》《西夏部族志》《西夏风俗志》《西夏语言志》《西夏文献志》《西夏文物志》，共 400 余万字。首卷《西夏史纲》以全景式的视角，为读者徐徐展开西夏王朝兴衰更迭的历史长卷，其余各卷则从不同维度分别展示西夏历史的一个重要侧面。

《西夏通志》为 2015 年国家社科基金重大项目成果，立项前我和建录教授多次交换意见，立项后我们的交流就更多了，我还参与《部族志》的撰写、《职官志》的审读，书稿付梓前又得以先睹，感到此书的编纂意义重大，功力深厚，贡献良多。

众所周知，宋辽夏金之后的元朝为前代修史时，只修了《宋史》《辽史》和《金史》，未修西夏史，仅在这三史的后面缀以简约的"夏国传""西夏纪""西夏传"，概略地介绍了西夏主体民族党项族和西夏建国后的大事简况，以及各自与西夏的交聘争战。历史资料的稀缺，使得人们对西夏历史和社会的认识模糊不清，感到西夏史在中国历史链条中似乎是个缺环。清代以来，有识之士拾遗补阙，先后编撰《西夏书事》《西夏事略》《西夏纪》等著作，均是对传统典籍中文献资料的编年辑录，不是一部完整的西夏史。20世纪80年代以来，学界推出多部重要的西夏史著作，尤以吴天墀《西夏史稿》影响最为深远。但一方面章节体很难容纳更多的内容，另一方面出土的文献资料特别是西夏社会文书尚未公布和释读，很难弥补元代没有编纂西夏史的缺憾。

为此，《西夏通志》在系统占有资料特别是近年公布考释的西夏社会文书的基础上，将我国古代史书中的纪传史志和近代以来的章节体专史结合起来完成的一部大型西夏史著作，如"西夏史纲"是西夏王朝兴衰更迭的历史长卷；"西夏史志"，相当于"正史"中的《志》，包括地理志、经济志、职官志、军事志、部族志、语文志、文献志、文物志等，但内容和"正史"中《志》不大相同，而是根据资料和当代学术的发展，赋予新的内容，显示出新的活力，如"经济志"中的经济关系、阶级结构和社会形态；"职官志"中蕃汉官名；"军事志"中的战略、战术与战役；"语文志"中的语音和文字；"文献志"已不是传统《艺文志》中的国家藏书，而是所有地下出土文献和传世典籍文献；"人物志"，相当于人物传记；"表"包括世袭、帝号、纪年、交聘、大事、战事、词汇以及名物制度异译对照等。由此可见，《西夏通志》在一定程度上弥补了元朝没有纂修一部西夏史的缺憾。

《西夏通志》的特点是内容丰富而平实。正如首卷《西夏史纲》在凡例中所提出的"本史纲在百年西夏学基础上，系统阐述西夏建国、发展和衰亡过程以及西夏政治、经济、军事和文化面貌，不是资料考辨和某种观点的阐述。"其他各卷也都在各自的凡例中规定，该卷是在前人研究的基础上，进行客观叙述，不是资料考辨和某种观点的阐述。这样明确的自我约定，表明了作者们的科学、客观的治学态度和大众化的表述理念，充分彰显了作者团队严谨的治学态度和致力于学术大众化传播的理念。他们十分注重吸收近些年来在西夏法律、经济、军事、文化诸多方面的最新研究成果，把认真搜罗的相关文献、文物资料展陈于前，将成熟的学术观点归纳于后，没有佶屈聱牙、艰涩难懂的争辩，只是客观地叙述历史，娓娓道来，毫无强加读者之意，却能收平易推介之功，让读者在轻松愉悦的阅读体验中，自然而然地接受西夏历史知识。这种独特的写作风格，真正实现了学术著作的传播，让高深的学术知识走出象牙塔，走进大众视野。

《西夏通志》的另一个特点是系统而全面。全卷不仅多方位地涵盖了西夏历史，即便是每一卷也都能做到在各领域中尽量搜罗各种资料，做到全面系统。如《西夏文献志》收入西夏世俗文献167种，出土西夏佛教文献556种，传统汉文典籍中的西夏文献41种，历代编撰的党项西夏文献21种，还有亡佚的西夏文献25种，共达810种之多，同时对每一种文献都有介绍，为读者提供了翔实的西夏文献盛宴，可谓西夏文献的集大成之作。

《西夏通志》还有一个亮点是多数卷的末尾附有《表》，如《史纲》卷的《世袭表》《帝号表》《纪年表》《交聘表》《大事年表》《西夏学年表》，《地理志》的《党项与西夏地名异译表》，《职官志》的《党项与西夏职官异名对照表》《西夏蕃名官号一览表》《夏汉官职异名对照表》《机构异名对照表》，《语言志》的《词汇表》等。这些《表》以简洁明了的形式，将复杂的历史信息清晰地呈现出来，如《西夏学年表》呈现出百年西夏学发展脉络，《词汇表》以2000条的篇幅分门别类地展示出西夏语的常用词，每条词有西夏文、国际音标和汉译文三项，非常方便读者检索使用。这些附录有的是对正文的补充，有的是对正文的提炼，有的则与正文相呼应，成为各卷不可或缺的有机组成部分，充分体现了作者对各研究领域的深入理解、长期积累以及对读者需求的贴心考量。我想，只有作者对该领域的全面了解和深耕细作才能做出这样既专业，又方便读者的附录，我们应该对作者们为读者的精细考量致以诚挚的感谢。

本书作者团队阵容强大，领衔的杜建录教授为长江学者，他一人担纲了《西夏史纲》《西夏经济志》及部分《西夏军事志》的重担。其他各卷作者均是这些年成长起来的学术带头人和学术骨干，据我所知，他们大多数主持完成两项以上国家社科基金项目，有的主持国家社科基金重大项目和国家社科基金冷门绝学团队项目。这个研究团队经过多年历练，有良好的研究基础与合作传统，十多年前也是由杜建录教授主持的 4 卷本《党项西夏文献研究—词目索引、注释、异名对照》（中华书局 2011 年出版），这个团队的大部分成员就参加了这项基础资料建设工作，使他们在对党项西夏文献整理过程中打下了坚实的基础。他们中有的还参与《西夏文物》整理出版，看得出《西夏通志》是在坚实的基础上厚积薄发，他们的学术积累得到了充分的运用和表达。

他们还有一个特点，就是多熟悉西夏文。随着近代西夏文文献的大量发现，特别是近些年来黑水城出土文献的系统刊布，使西夏文文献成为解读西夏历史文化的重要资料基础。掌握西夏文成为解读西夏历史文化的关键。熟悉西夏文译释的本书作者们凭借这一优势，在研究中可以将汉文史料和西夏文资料以及文物资料充分同时利用，相互印证，有机地融汇在一起，做出特殊的深层次解读，从而取得新的符合史实的客观认识。他们如同穿越时空的使者，借助古老的文字，与历史对话，从而得出更符合史实的客观认识。揆诸各卷内容，都不乏利用新的西夏文资料展现该卷历史内容的实例，这种在中国史研究中大量利用民族文字资料的特殊手段彰显出本书的特点，展现出作者们经过艰苦学习、训练而能熟练应用西夏文的亮丽学术风采。

最后，我要说的是《西夏通志》作者无论研究环境优劣，都能正确把握国家对"冷门绝学"长远战略，以研究西夏历史文化为己任，以彰显其在中华文明中的价值为使命，坚守岗位，坚持学术，默默耕耘、潜心研究，努力发掘西夏文化在中华文明发展中的历史性贡献，用实际行动和优秀成果推动着西夏学的发展。对他们这种难能可贵的学术坚守点赞，对他们的学术品格表示尊敬！

随着西夏陵入选世界文化遗产名录，西夏研究将愈加受到有关部门、学术界和社会的关注和重视。此重要成果的推出无疑将会给方兴未艾的西夏学增添新的热度，对关心西夏的读者们有了认识西夏历史的新途径，为读者打开西夏历史知识的全新窗口，助力大众深刻理解西夏文化在中华文明中的重要地位，对铸牢中华民族共同体意识发挥积极的作用。

史金波

2025 年 7 月 15 日

（史金波　中国社会科学院学部委员　中国社会科学院学部委员工作室专家）

序 二

西夏史学史研究表明，西夏学一百多年的发展史，大体经历了两个阶段。第一阶段从 20 世纪 20 年代至 80 年代。从俄国探险家掠走黑水城西夏文献开始，苏联学者因资料上的优势，率先开始了西夏文献的整理研究，出版了一批论著。日本及欧美的学者也开始了西夏文献的研究。这个阶段，我国学者在西夏文文献资料有限的情况下，开始着手对西夏语言文献、社会历史及宗教文化等方面的研究。总体来讲，这一时期国外西夏学特别是俄罗斯西夏文献研究具有十分重要的地位。第二阶段从 20 世纪七八十年代开始，中国西夏学的研究开始出现了新的变化。70 年代开始，西夏陵等一批西夏遗址的考古发掘，90 年代以来的俄、中、英、法、日等国藏西夏文献的整理出版，西夏学的主战场逐渐由国外转移到国内，西夏学的内涵从早期的黑水城文献整理与西夏文字的释读，拓展成对党项民族及西夏王朝的政治、经济、军事、地理、宗教、考古、文物文献、语言文字、文化艺术、社会风俗等全方位的研究，完整意义上的西夏学逐渐形成，和敦煌学、简牍学一样，成为一门涵盖面非常广泛的综合性学科。西夏学取得的丰硕成果，表明已开始走出冷门绝学的境地，出现了初步的繁荣局面，学界给予了更多的关注和赞誉。2007 年，在北京召开的《中国藏西夏文献》出版座谈会上，史学大师蔡美彪先生曾说，"我深切的感到 30 年来，我国西夏学、西夏史的研究取得的成绩非常大，甚至可以说，将这 30 年的中国历史学的各个领域比较起来的话，西夏的文献整理和西夏学研究的成绩，应该是最显著的领域之一"（《西夏学》第 3 辑，2008 年）。

西夏学在新的发展进程中，研究机构及学术团队的建立发展壮大，是必要的条件和基础工作。西夏故地在宁夏，宁夏大学一直把西夏学作为重点建设的学科，2001 年，宁夏大学西夏学研究中心被教育部批准为高校人文社会科学重点研究基地，2008 年教育部批准更名西夏学研究院。基地建设二十多年来，他们立足当地，着眼长远，培养队伍，积极开展具有学科发展意义的重点项目研究，已成长为国内外西夏学领域一支有科研实力、能够承担重大项目并起到领军作用的学术团队。在这个过程中，我作为亲历者和见证者，看到杜建录教授带领的基地和团队之所以能取得突出成效，缘于他们坚持正确的学术导向，具有长远的学术眼光，尊重学术发展规律，在推动西夏学学科体系建设方面采取了一系列必要的举措：

一是重视基础建设，组织文献整理、集成和出版。二十多年来，他们以教育部人文社会科学重点研究基地为平台，联合中国社会科学院西夏文化研究中心等单位，整理出版大型文献丛书《中国藏西夏文献》《中国藏黑水城汉文文献》《中国藏黑水城民族文字文献》《西夏文献丛刊》，建设大型西夏文献文物资料数据库；参与承担并完成国家社科基金特别委托项目《西夏文献文物研究》；将西夏文献研究由西夏文延伸到拓跋政权和西夏时期的汉文、西夏文、吐蕃文、回鹘文等多语种文献，拓展了西夏文献研究的深度和广度。

二是倡导"大西夏史"。跳出西夏看西夏，从唐五代辽宋夏金元大背景下研究西夏，推动多学科交叉综合研究，揭示中华民族"多元一体"格局形成的历史轨迹，揭示西夏多元杂糅的文化特点。将西夏学研究拓展到中华民族"三交"史的研究。

三是重视和推进民族史学理论建设。二十多年前建在宁夏大学西夏学研究院的中国少数民族史博士点就设立了中国民族史学理论专业方向。以"多元一体"为核心的史学理论建设推进和指导了西夏研究，专业人员的史学理论素养和分析概括能力明显提高，和近年来习近平总书记提出的铸牢中华民族共同体意识的理论创新思想紧密衔接。

四是重视学术团队建设和拓宽研究视域。宁夏大学西夏学研究已形成了有一定数量、结构配置合理的团队，研究方向涵盖了西夏历史、文化、语言、文献、文物等主要领域，近十多年迅速发展起来的西夏文化和西夏艺术研究，进一步丰富了西夏学的内涵，具有填补空白和创新的学术意义。运用中华民族史观和多学科综合研究方法，成为西夏学新的增长点。

五是重视国际合作研究，提升国际话语权。2010年成立中俄西夏学联合研究所，开展黑水城文献合作研究，形成中俄联合研究机制。连续举办八届国际学术论坛，促进国际西夏学的交流和学术资源共享；利用国家社科基金外译项目等各种途径，组织出版西夏研究外译著作十多种。

这些举措的坚持和落实，使宁夏大学西夏学研究基地积累了经验，扩大了视野，历练了队伍，完成了一系列重大项目，展示了"西夏在中国，西夏学也在中国"的厚实基础。这也正是他们能够承担并高质量完成国家社科基金重大攻关项目《西夏通志》的主要原因。

杜建录担任主编的《西夏通志》2015年获批国家社科基金重大项目，2022年完成结项，2025年正式出版，十年磨一剑，是迄今为止西夏学各个领域研究成果的集大成者。在学术指导思想上，贯穿了中华民族历史观和中华民族共同体意识；在历史资料运用上，充分吸收了迄今国内外发现刊布的各类文字资料及实物资料以及近年考古新发现；在叙述内容上，尽可能涵盖了西夏社会的各个方面和各个领域，力求全方位呈现一个真实、生动、立体的历史上的西夏；在编纂体例上，将我国传统的史志体和近代以来的章节体结合起来，作了有益的探索。从上述意义上看，《西夏通志》不仅是目前西夏学全面的创新性成果，而且是具有中国自主话语权和自主知识体系的学术成果。

在这里，特别要提到的是《西夏通志》所采用的编著体例。在中国悠久的治史传统中，不仅保留了各种记述历史的文献资料，也创造了编著史书的体例，形成了以纪传体（如《史记》为代表的二十四史）为主流以及编年体、纪事本末体等体例的史书编纂方式，与此同时形成的还有志书体例。志基本属于史的范畴，"郡之有志，犹国之有史"（宋·郑兴裔《广陵志·序》），"方志是地方之史"（白寿彝《史学概论》）。志更侧重于资料内容的分类编纂。以历史纵向为主线的"史"和以横向分类为主线的"志"，构成了中国传统史学的主要记述模式。传统史志体例作为中国历史庞大复杂内容的主要载体，数千年来不断改进完善，其功能和作用不可低估。但传统史著体例也有其历史局限性，如以王朝政治史为中心，忽视社会多元性；以儒家史观主导，难避片面性；以人物和事件描述为中心，缺乏历史发展内在联系及因果分析；史料的选择有局限，民间、地方、民族方面的史料缺失等等。上个世纪随着西方史学理论和方法的引入，史著的章节体体例渐成现代历史著作的主要形式，它以历史演进为基本线索，以科学分类和逻辑分章的形式，将传统史志的叙事方式赋予了现代学术规范，具有结构清晰、内容涵盖面广、可以跨学科综合、便于阅读和传授的特点。但史家在运用章节体书写历史中，与传统史著相比，也感到有不足之处，如对人物、典籍、制度、文化等专项内容的描述不够，一般的处理方法是简要地概括在章节的综合叙事中。白寿彝先生主编的12卷《中国通史》作了新的尝试，用传统与现代相融合的创新编纂体例，采用甲、乙、丙、丁四编结构，甲编"序说"整合文献与研究成果，乙编"综述"以时序勾勒朝代脉络，丙编"典志"解析政治经济文化制度变迁，丁编"传记"通过人物纪传体现史实。这种创新体例将专题考据与宏观叙事结合，史料评介、制度分析、人物纪传、考古发现、研究动态等在章节体中不易展开的内容都有了一定的位置呈现。

作为以断代史和王朝史为叙述对象的西夏历史，《西夏通志》大胆采用了传统史志体例与现代章节体例相融合的方式，将史、志、传、表作为基本结构，"史"为"西夏史纲"，以纵线时间脉络为主，集中阐述从党项到西夏政权的治乱兴衰和社会各方面的演进;"志"为"西夏史志",采用传统地理志、职官志、军事志、部族志、语文志、文献志、文物志等分类编纂叙述的方法,但充分运用了新资料,内容更充实,阐释更有新意;"传"即"人物志",对见于记载的西夏人物逐个立传;"表"包括世袭、帝号、纪年、交聘、大事、战事、词汇以及名物制度异译对照等。全书在中华民族史观的统领下,继承考证辨析的严谨治学方法,以现代学术规范为基本要求,充分吸收传统体例的元素,力求作到史论结合、史志结合、出土文献和实物与典籍文献结合、西夏文文献与汉文文献及其他民族文字文献结合、国内研究与国外研究结合,尽可能吸收国内外研究的新成果。这种编纂体例,虽然带有试验性,但体现了学术上守正创新的精神,体现了构建自主知识体系的积极探索。

经过 10 年的不懈努力,煌煌 12 卷 400 多万字的《西夏通志》终于呈现在读者面前,可以说,《西夏通志》的出版,在西夏学发展史上具有里程碑意义,对于西夏学的过往来讲,是一次全面的总结和收获;对于西夏学的未来来讲,是进一步研究的起点。正如编著者在"序"中所言,《西夏通志》的完成不是收官,而是起点!

陈育宁

2025 年 7 月 6 日

(陈育宁　宁夏大学教授　宁夏大学原党委书记　校长)

11

序 三

元朝修宋辽金三史，没有给西夏修一部纪传体专史，给后人留下很多缺憾。现存的资料无法编纂一部纪传体《西夏史》，当代章节体的《西夏史》又无法容纳更多内容。鉴于此，2008 年就开始策划编纂多卷本历史著作《西夏通志》，2015 年获批国家社会科学基金重大项目，2022 年完成结项，2025 年正式出版。该多卷本著作体裁介于"纪传体"断代史和"章节体"专史之间，将我国的史论和史志结合起来，在西夏史乃至中国古代史研究体例和方法上都是创新，这是本通志纂修的意义和价值所在。

自明、清以来，封建史家有感于西夏史的缺憾，筚路蓝缕，拾遗补阙，撰写出多种西夏专史，重要的有明代《宋西事案》、清代张鉴《西夏纪事本末》、吴广成《西夏书事》、周春《西夏书》、陈崐《西夏事略》，民国初年戴锡章《西夏纪》等等。这些著作梳理了西夏史资料，特别是参考了当时能见到、现已不存的文献资料，值得我们重视。不过从总体上来看，明、清两代学者对西夏史的研究有较大的局限性：一方面采取的是传统的封建史学观点、方法和体例；另一方面黑水城文献尚未发现，西夏陵等重要考古尚未开展，所使用的资料仅限于传世典籍，因此，这些著作都不能够全面阐释西夏社会面貌。

20 世纪 70 年代以来，西夏史的研究又得到学界的重视，先后出版林旅芝《西夏史》(1975)、钟侃等《西夏简史》(1980)、吴天墀《西夏史稿》(1981)、李蔚《简明西夏史》(1997)、李范文主编《西夏通史》(2005),这些成果各有所长,大大推动新时期西夏史的研究,如果从研究的全面性来看,仍有一定的局限,一是章节体例无法容纳更多历史事实,前四种都在四十万字以内,其中《西夏简史》不足10万字,即使由专家集体完成的《西夏通史》也是几十万字;二是地下出土文献尚未完全公布,特别是数千件俄藏西夏社会文书近年才公布,所利用的资料有限。因此,有必要运用新资料、新体例完成一部多卷本的西夏史。

国外西夏研究的重点集中在西夏文献,西夏历史方面的成果相对较少,主要有苏联克恰诺夫的《西夏史纲》(1968),日本冈崎精郎的《党项古代史研究》(1972),美国邓如萍的《白高大夏国:十一世纪夏国的佛教和政体》(1998),《西夏史纲》比较简略,且汉文资料使用上有较多错误;《党项古代史研究》侧重西夏建国前的历史;《白高大夏国:十一世纪夏国的佛教和政体》过分强调西夏佛教的地位,国外的西夏史代表作虽有较高的参考价值,但也不能反映西夏历史全貌。此外,《中国通史》《辽宋西夏金代通史》《剑桥辽夏金史》也都有西夏史的内容。该成果或作为中国通史的一部分,或是辽金西夏断代史的组成部分。

除通史外,文献资料和专史研究也取得了很大成绩,文献资料整理研究方面,相继出版《俄藏黑水城文献》《英藏黑水城文献》《法藏敦煌西夏文文献》《中国藏西夏文献》《中国藏黑水城汉文文献》《斯坦因第三次中亚考古所获汉文文献》《日本藏西夏文文献》《西夏文物》(多卷本)。韩荫晟《党项与西夏史料汇编》,陈炳应《西夏文物研究》,史金波《西夏经济文书研究》《西夏军事文书研究》,史金波等译《天盛改旧新定律令》,杜建录等《党项西夏文献研究——词目索引、注释与异名对照》《西夏社会文书研究》等。所有这些,将西夏历史文献整理研究推向了新阶段。

西夏专史方面,史金波《西夏文化》《西夏佛教史略》《西夏社会》,白滨

《元昊传》《党项史研究》，周伟洲《唐代党项》《早期党项史》，汤开建《党项西夏史探微》，杜建录《西夏经济史》《西夏与周边民族关系史》，李华瑞《宋夏关系史》，杨浣《宋辽关系史》，陈育宁、汤晓芳《西夏艺术史》，韩小忙《西夏美术史》，鲁人勇《西夏地理考》等。这只是百年西夏学论著的一部分，还有大量论著收录在《西夏学文库》《西夏学文萃》两套大型丛书中，不一一列举。这些研究成果，为多卷本《西夏通志》的撰写奠定坚实的基础。

《西夏通志》约四百万字，从内容上看，可分为四部分，一是"西夏史纲"，包括党项内迁与夏州拓跋政权建立、西夏建国与治乱兴衰、西夏人口与社会、西夏农牧业和手工业、西夏通货流通与商业交换、西夏赋役制度、西夏社会形态与阶级结构、西夏文化、西夏遗民等。

二是"西夏史志"，相当于"正史"中的《志》，包括地理志、经济志、职官志、军事志、部族志、语文志、文献志、文物志等，但内容和方法和"正史"中《志》大不相同，而是根据资料和当代学术的发展，赋予新的内容，显示出新的活力，如"地理志"中的地的西夏地图；"经济志"中的经济关系、阶级结构和社会形态；"职官志"中蕃汉官名；"军事志"中的战略、战术与战役；"语文志"中的语音和文字；"文献志"已不是传统《艺文志》中的国家藏书，而是所有地下出土文献和传世典籍文献（含典籍中记载而已佚失的文献），既包括西夏文文献，又包括西夏时期产生汉文文献和其他民族文字文献。

三是"西夏人物志"，相当于人物传记，对目前见于记载的所有西夏人物立传，由于资料不一，每个传记多则近千字，少则数十字。

四是附表，包括《西夏世袭表》《西夏帝号表》《西夏纪年表》《西夏交聘表》《西夏大事年表》《党项与西夏地名异译表》《党项与西夏职官异名对照表》《西夏蕃名官号一览表》《夏汉官职译名对照表》《机构译名对照表》《西夏战事年表》《西夏人物异名对照表》《西夏部族名称异译表》《西夏沿边部族名称异译表》《西夏词汇表》《西夏学年表》等。

为了高质量完成书稿，课题组结合西夏文献资料特点，尽可能多重证据，将地下出土文献和传世典籍文献相结合，西夏文文献和汉文文献及其他民族文字文献相结合，《天盛律令》《亥年新法》《法则》《贞观玉镜将》等制度层面上的资料和买卖、借贷、租赁、军抄、户籍等操作层面上的资料相结合，国内研究和国外研究相结合。例如，《天盛律令》规定"全国中诸人放官私钱、粮食本者，一缗收利五钱以下，及一斛收利一斛以下等，依情愿使有利，不准比其增加。"过去对这条律令不好理解，通过和黑水城出土西夏天盛十五年贷钱文契结合研究，可知一缗收利五钱为日息，一斛收利一斛为年息。

郡为秦汉以来普遍设置的地方机构，相当于州一级，下辖县，有时是州县，有时是郡县。一般情况下县级名称不变，而州郡名称互换，如灵州与灵武郡，夏州与朔方郡，凉州与武威郡，甘州与张掖郡，肃州与酒泉郡。西夏立国后承袭前代，在地方上设州置郡，以肃州为蕃和郡，甘州为镇夷郡。这条资料出自清人吴广成《西夏书事》，由于该书没有注明史料来源，往往为史家所诟病，研究者不敢确认西夏设郡。黑水城出土西夏榷场文书明确记载镇夷郡，为西夏在地方设郡找到了确凿证据，其意义不言自明。

二是考证辨析，对异见异辞、相互矛盾的史料，加以辨正，以求其是；辨析不清者，两存其说、存疑待考。例如，《天盛律令》记载有石州、东院、西寿、韦州、卓啰、南院、西院、沙州、啰庞岭、官黑山、北院、年斜等十二个监军司，有的名称和《宋史》《续资治通鉴长编》记载相同，有的不相同，要逐一考辨清楚。还如，汉文文献中的党项西夏地名、人名、官名、族名，有的是意译，有的是用汉语音写下来，不同的译者往往用字不同，出现了大量的异译；有的在传抄、刊印过程出现讹、衍、误。以上种种现象，造成将一人误做两人，将一地误做两地，将一官误做两官，为此，在全面系统搜集资料的基础上，对汉译不同用字以及讹、衍、误逐一进行甄别和考辨，表列党项与西夏地名、人名、官名、族名异名对照。

三是分三步完成，第一步为按卷编纂"西夏通志资料长编"，将所有出土文献、传世典籍、文物考古资料，按照时间和门类编成资料长编；第二步对搜集到西夏文献资料辨析考证，完成西夏史考异，对当代专家不同的认识，也要加以辨析，有的问题两存其说；第三步在资料长编和文献考异的基础上，删繁就简、去误存真、存疑待考，完成资料详实、内容丰富、观点鲜明的多卷本《西夏通志》。

教育部西夏学重点研究基地建设伊始，确立了西夏文献整理出版、西夏文献专题研究以及西夏社会面貌阐释的"三步走"战略。《西夏通志》的纂修是该战略的重要环节，它的完成不是收官，而是起点！

杜建录

2025 年 6 月 1 日

(杜建录　教育部人文社科重点研究基地

宁夏大学西夏学研究院院长　民族与历史学院院长)

凡　例

一、本志收录西夏立国期间和"虽未称国而王其土"夏州拓跋李氏政权期间的历史人物，包括国主、嫔妃夫人、后妃公主、僚属、诸臣、宗室、外戚、节度使、幕僚衙将、僧道、百姓；西夏灭亡后的遗民以附录形式收录。

二、本志是在前人研究成果的基础上，对党项西夏时期所有人物事迹的归纳和叙述，不是资料考辨和某种观点的阐释。

三、本志主要依据汉文文献、西夏文文献、其他民族文字文献以及碑石资料。西夏文文献等民族文字文献采用成熟的译本或译文。

四、本志人物姓名采用通用文本的书写，并附不同文献、不同版本的异译或异写。

五、本志文字通畅，不大段引用原文，只在关键内容注明出处；对异见异辞、相互矛盾的史料，在注文中简要辨正；辨析不清者，两存其说、存疑待考；对当代专家不同的认识，也加以辨析，有的问题两存其说。

六、本志纪年一律采用年号纪年后注公元纪年，如夏天授礼法延祚元年，即宋宝元元年（1038）。

七、本志对西夏国主（皇帝）的姓氏采用学界通用的李姓。其他人物，则根据史料记载，或用拓跋氏，或用李氏，或用嵬名氏，不做统一要求。

八、每类按照人物姓氏笔画排序。

概　论

（一）人物志编纂范围

《西夏人物志》收录不同历史时期党项与西夏人物，涵盖国主皇帝、王侯贵族、后妃外戚、文臣武将、首领蕃民、僧道工匠、农人牧民等，涉及西夏社会的各个阶层，包括党项、汉、吐蕃、回鹘、鲜卑等民族。

唐朝党项拓跋部历经两次大迁徙，在中原汉文明的滋润下，逐渐发展壮大起来，成为世居银夏绥宥四州八县地的藩镇。这一时期主要收录拓跋部首领家眷、幕僚衙将和见于史籍的百姓民众。资料源自《新唐书》《旧唐书》《新五代史》《旧五代史》以及出土于内蒙古乌审旗和陕西榆林境内的墓志碑铭。

李继迁、李德明时期，拓跋政权先后迁都西平府、兴庆府，辽、宋分别封李继迁、李德明为夏国王和西平王，是西夏正式立国的前奏。这个时期的人物主要是与继迁、德明关系密切的宗室、后妃，追随二者的武将、谋士，以及见于文献记载的各阶层人物，资料主要来源于《宋史》《续资治通鉴长编》等。

夏天授礼法延祚元年（1038）元昊称帝建国，至夏宝义二年（1227）末主李晛被杀，西夏亡国，是严格意义上的西夏时期。为了叙事完整，将宋明道元年（1032）李德明去世，李元昊袭位后的人物列在这一时期。该时期人物史料源自《宋史》《金史》《辽史》《元史》《续资治通鉴长编》以及宋人文集、笔记和黑水城等地出土的西夏文献。

夏宝义二年（1227），立国近 2 个世纪的西夏在蒙古帝国的征伐中灰飞烟灭。但原居于西夏境内的番汉民众并未随国家的消失而灭绝，他们或留居故地，或从军徙戍，或游学求知，或做官出仕，遍及黄河上下、大江南北，在元、明两朝留下了丰富的遗迹。曾经世居贺兰山的唐兀台，随蒙古大军南下定居河南濮阳杨什八郎村；宰相答加沙的后裔在西夏降元后曾征伐西域，任大名路达鲁花赤等职；夏末进士高智耀入元后一度隐居，元初以拯救儒学获得盛誉；夏臣持持理威之子拉吉尔威为成吉思汗宿卫，死后获赠太师、服勤翊卫功臣、上柱国。他们的资料主要散见于元明清史、文集、方志、家谱、碑石，大部分以家族为单位，揭示了家族的世袭与发展，体现出西夏遗民的社会地位、婚姻状况及民族融合等问题。为了展现西夏遗民家族世系的完整性，避免同一家族成员在书中被划入不同板块，凡活动年代跨越西夏、元代两朝，但主要活动事迹在元代的西夏人物，我们仍将其收入遗民中。西夏遗民不是西夏人，但与西夏社会历史有很大关联，因此，以附录的形式收入。

（二）西夏国主、宗室与外戚人物

西夏共历 10 帝 189 年，因宋朝册封李元昊等为"夏国主"，所以帝王志又称"国主志"。宋太平兴国七年（982），党项拓跋部首领李继迁因不满族兄李继捧交出世居的银夏绥宥静五州之地，逃往夏州城北之地斤泽，联络蕃部，举起了抗宋自立的旗号，带领党项诸部走上了恢复"故土"的道路。随着军事战争的胜利，李继迁恢复"故土"后，继续向西发展，夺取了军事重镇灵州，建为西平府。李德明继位以后，与宋辽和睦相处，开展经济文化交流，对内重视农牧业开发，对外继续向河西走廊拓展疆域，并迁都怀远镇，营建了都城兴庆府。李继迁、李德明父子的一系列作为，为西夏的立国奠定了坚实的政治经济基础。李元昊立国后追谥李继迁为神武皇帝，庙号太祖，墓号裕陵；追谥李德明为光圣皇帝，庙号太宗，墓号嘉陵。

李德明之子李元昊少年时就有"英雄之生，当王霸耳"的志向。即位后改年号、易姓氏、定礼乐、创文字、建官制。完成一系列制度建设后，于夏天授礼法延祚元年（1038）正式称帝，使得西夏完成了从藩镇到国家的蜕变，并取得夏宋三川口之战、好水川之战、定川寨之战以及夏辽河曲之战的胜利，巩固了新生的政权，中国历史正式进入了辽、宋、夏三足鼎立的第二个"三国"时期。

景宗李元昊被弑身亡后，毅宗李谅祚、惠宗李秉常与崇宗李乾顺均年幼即位，后族专权，其中毅宗李谅祚即位时不满周岁，由国舅没藏讹庞以国相身份总揽朝政，排挤嵬名浪遇等宗室。没藏氏为维护其家族的执政地位，提倡蕃学，反对汉学。直到李谅祚亲政后，方废行蕃礼，改从汉仪，上表求宋太宗御制诗章，《九经》《唐史》《册府元龟》及宋正至朝贺礼仪，使汉文化在西夏国内重新占据上风。

惠宗李秉常即位时年方7岁，由母大梁太后垂帘听政，舅舅梁乙埋为国相，重用党项贵族都啰马尾和罔萌讹，打压嵬名浪遇等皇室宗族，形成梁氏母党集团，把持西夏军政大权。惠宗李秉常成年后，试图以汉礼代蕃礼，借助宋朝的力量摆脱梁氏专权，从而开罪于梁氏，被其囚禁，宋朝遂有五路伐夏之举。虽然梁太后最后迫于压力，还位于惠宗，但实权仍掌握在梁氏手中。

夏天安礼定元年（1085），惠宗李秉常去世，3岁的李乾顺嗣位，是为崇宗。梁乙埋子梁乞逋擅权，直到夏永安二年（1099），小梁太后去世后，崇宗李乾顺在辽朝的支持下亲政，方结束了长达13年的外戚专权局面。为了巩固皇权，李乾顺解除了一些领兵贵族的兵权，并封庶弟察哥为晋王，掌握兵权，封宗室景思子仁忠为濮王，授礼部郎中，次子仁礼为舒王，授河南转运使。同时发展教育，于蕃学之外特设国学，大力推广汉文化，西夏社会进入一个相对和平的环境。金朝崛起并消灭辽朝与北宋后，崇宗李乾顺适时调整了外交政策，选择了依附金朝，并通过划界使西夏疆域扩大到元昊建国以来前所未有的规模。

仁宗李仁孝即位之初，外戚任得敬以平定萧合达叛乱和蕃部人民反抗而平步青云，历任尚书令、中书令和国相。夏天赐礼盛国庆元年（1069），任得敬迫使仁宗分夏国疆土之半归其统治。在金朝的支持下，仁宗李仁孝粉碎了任得敬的分国活动后，改变元昊以来以武立国的方针，推崇儒学，厘定法律，改革制度，特别是尊孔子为文宣帝，实行科举选官，立"唱名法"，设童子科，使儒学的地位在西夏境内达到了前所未有的高度。

仁宗李仁孝晚年至桓宗李纯祐初年，西夏国力由盛转衰，这一时期西夏常年面临北方强敌蒙古的军事威胁。夏天庆十二年（1205），蒙古第一次讨伐西夏，蒙古兵退后，桓宗李纯祐改都城兴庆府为中兴府。夏应天元年（1206），镇夷郡王李安全发动政变，废桓宗李纯祐，自立为帝，是为襄宗。夏应天四年（1209），蒙古再次出兵伐夏，金朝隔岸观火，不予救援，由此夏金关系破裂。夏光定元年（1211），大都督府主李遵顼发动政变，废黜襄宗李安全，即国主位，是为神宗。神宗李遵顼在位期间，继续维持附蒙攻金政策，但又不愿派兵随蒙古西征，遭到了成吉思汗的再度征讨，在内外交困中，神宗李遵顼宣布退位，传位其子李德旺，是为献宗。

献宗李德旺即位后，修复了与金朝的外交关系，双方约为兄弟之国。此外，他还试图联络漠北诸部，在成吉思汗后方发难。蒙古大军再次伐夏，献宗李德旺在惊惶忧惧中去世，南平王睍即位。不久中兴府即被蒙古军围困，粮食尽绝，兵民皆病，加上强烈地震，已无力抵抗，末主李睍于夏宝义元年（1227）打开中兴府城门投降，被蒙古人处死，西夏灭亡。

西夏灭亡后，其王室后裔或仍旧以嵬名（元代文献亦作邬密、乌密、于弥）为姓氏，或改回唐末赐姓李氏，继续活动于元代历史舞台之上。较为重要者有河南王察罕、江南行台御史中丞亦力撒合、湖广行省左丞立智里威、御史大夫韩嘉讷、翰林学士承旨买讷、江西行省右丞塔出、湖广行省左丞李恒、江西行省平章李世安等。

（三）党项人物

西夏是由党项拓跋部建立的多民族政权，党项是西夏的主体民族，拓跋氏、细封氏、费听氏、往利氏、颇超氏（亦作破丑氏）、野辞氏（亦作野由氏、野利氏）、房当氏、米擒氏并称早期党项8大部。拓跋氏是西夏皇族，拓跋宁从、拓跋赤辞、拓跋思恭均为部落大首领，归附中原王朝后唐赐"李"姓、宋赐"赵"姓，文献中多以汉姓称呼，但也不乏蕃姓蕃名。自元昊改姓嵬名之后，"拓跋"几乎不见于西夏时期人物姓氏之中，上至皇室下至百姓均以"嵬名"为姓者，如扶持惠宗李秉常受到梁氏打压的皇室宗族嵬名浪遇，痛失绥州的银州监军嵬名山，被宋擒获而致"宰臣率百官贺于紫宸殿"[①]的西寿监军司统军嵬名阿埋，出使宋、金的使臣嵬名麻胡、嵬名济、嵬茗仁显，黑水城出土契约中的买畜人嵬名水，敦煌契约中的卖地人嵬名法宝达，"嵬名"姓氏涉及西夏社会的不同阶层不同身份。

除拓跋与嵬名之外，早期党项8大部中的其他7个部落亦有后裔活跃于西夏历史舞台上。从出土于陕北地区《野利氏夫人墓志铭》和《故永定破丑夫人墓志》来看，早在西夏立国之前，迁徙至陕北地区的野利、破丑部落就与拓跋氏有着姻亲关系。嵬名山遇娶妻"入野利罗"以及元昊娶妻野利氏只不过是这层婚姻关系的延续。正是以婚姻为纽带形成的联盟关系，让破丑重遇贵誓死追随李继迁北奔地斤泽，亦使得野利旺荣与野利遇乞以景宗李元昊心腹的身份分掌左右两厢兵马，也让野利仁荣获得了元昊的信任，创制了西夏文国书。

随着党项族的发展与分化，党项姓氏也越来越多，不再限于8个。如李德明的妻室中，除了野利氏以外，还有卫慕氏、讹臧屈怀氏、咩迷氏。出土西夏文法典《天盛改旧新定律令》的修纂者中，就有使用"乃令""不心"

---

① 《续资治通鉴长编》卷五〇四，哲宗元符元年十一月丙申条。

"巴里""讹名""讹劳""浪讹"等姓氏的党项官员，他们或任职于中书省、枢密院，或任职于内宿司、蕃学院。随着儒学在西夏境内的传播，一些党项读书人积极投身汉文经典的翻译与解读，斡道冲就是其中的代表人物。斡道冲祖籍灵武，八岁以《尚书》科目中童子举，成年后通五经，被仁孝任命为番汉教授，官至中书、宰相，画像挂于文宣帝孔子两侧，供人膜拜。

西夏与宋金对峙时期，各政权之间常利用通晓边情的沿边土著、蕃僧递送情报，刺探信息，他们很多是党项人。顺宁寨"生虏"乙吴麻通晓党项语，时常往来于宋夏边境，宋鄜延路经略使赵卨称其为"行人"。[①] 招抚西夏境内蕃部是宋朝制夏的重要方略，宋大中祥符八年（1015），蕃部指挥使浪梅娘和麻孟桑二人投奔环州。宋宝元二年（1039）十月，被元昊任命为防御使的环州"生户"啰埋率领全族投奔北宋，被授以右班殿直，其子日威被任命为本族军主。宋庆历二年（1042）五月，西夏团练使闹罗归宋，被任命为右班殿直。三年（1043）二月，西夏观察使楚萧裕勒囊降宋，被任命为内殿崇班，等等。

黑水城出土的西夏社会文书中保留了大量普通党项人的生活，如夏天盛二十二年（1170），将自属田地，连同院落、三间草房、二株树等以二足齿骆驼、一二齿骆驼、一老牛价格卖给耶和米千的农妇耶和宝引，以及这起交易的见证人耶和铁、梁犬千、耶和舅盛、没啰树铁；天庆年间将自己的田产、牲畜卖给普渡寺僧侣梁喇嘛的平尚岁岁有、平尚讹山、庆现罗成、每乃宣主、恶恶显令盛、嵬移氏祥瑞宝等人；向高利贷商人裴松寿典借麦糜等谷物的夜□讹令嵬、兀女浪粟，等等，这些人物的活动为我们打开了了解西夏众生百态的窗口。

（四）其他民族人物

西夏境内的汉族人数众多，各个时期都有身居高位的汉族官员，如李继

---

① 《续资治通鉴长编》卷四五六，哲宗元祐六年三月乙亥条。

迁、李德明时期的张浦，景宗李元昊时期的张元、吴昊、张陟、张绛、杨廓、徐敏宗、张文显，毅宗李谅祚时期的景询，惠宗李秉常时期的李清，他们多学识出众，得到统治者的信任和赏识。张元、吴昊与宋朝边将姚嗣宗是好友，皆为关中人，负气倜傥，有纵横之才，有志于经略边事，但不为宋朝所重用，最终二人出走西夏，以犯元昊名讳的方式成功引起了元昊的注意，成为西夏建国初期的谋士，留名史册，而姚嗣宗入范仲淹幕府，成为宋陕西路边将。

与他们经历相似的，还有宋朝进士出身，却不得志而投夏的景询。因景询附夏，宋治平三年（1066）七月下诏：“令沿边居民三家至五家合为一保，不得含匿奸细及亡背之人。如敢隐藏或同谋该诱，过致资给，并听保中捕告。”① 景询在西夏期间，得到了毅宗谅祚的重用。惠宗李秉常即位后，他以学士的身份书写表辞，乞以塞门、安远二寨易绥州。还有本是秦人，流亡至西夏，最终官至将军，深得惠宗秉常信任的李清。李清曾劝秉常以河南地归宋，招诱汉界娼妇、乐人，希望借助宋朝的力量摆脱母党专权。此事后来被梁太后得知，遂置酒诱诛李清，囚禁秉常。

在西夏的后妃中，崇宗李乾顺妃曹氏、任氏，仁宗李仁孝后罗氏皆出汉族。崇宗李乾顺妃任氏之父即为阴谋中分夏国的任得敬，因献其女而由宋西安州通判擢升为静州防御使，后一度官至国相，进为楚王，权倾朝野。仁宗李仁孝之皇后罗氏本为汉人，夏天盛十九年（1167）得立；夏乾祐二十四年（1193）子纯祐即位，罗氏升为皇太后。夏天庆十三年（1206），李安全废主李纯祐自立，以罗太后的名义，两次上表遣使入金为安全求封册，金章宗乃封安全为夏国王。

由于西夏境内的汉人文化水准较高，常常被作为使臣派往周边政权执行外交任务。如刘仁勖为李继迁、李德明麾下之牙校，李继迁时期曾经使辽，报告攻取宋朝灵州事宜，李继迁攻西凉吐蕃时中流矢，因伤重而亡，其子李

---

① 《宋会要辑稿》兵二八，第9209页。

德明袭位，刘仁勖奉国主德明之命至宋请求册封。宋大中祥符九年（1016），刘仁勖再次入宋贡马，并上表奏请宋朝"悉遵诏约，肃静往来之奸寇，止绝南北之逋逃"。① 夏天授礼法延祚八年（1045）张文显曾代表西夏出使宋朝贺乾元节，这是元昊建国之后的首次，之后成为惯例。崇宗李乾顺在位前期，宋朝对夏实施"进筑横山"的军事策略，压缩西夏的生存空间，夏使李造福多次使辽请求援助。辽朝灭亡后，夏金结盟，西夏多次派遣使臣前往金朝贺正旦、贺万春节、贺天寿节、贺登基、贺迁都、谢恩等，在这些对外交聘活动中，不乏唐彦超、扬彦直、李师白、陈师古、高岳等汉人使节的身影。尤其是任得敬意图中分夏国时，曾派其弟得聪使金进献礼物，意欲获得金世宗的支持，只不过世宗非但没有接受，还帮助李仁孝诛杀了任得敬及其党羽。至夏天庆七年（1200）时，罗太后患病，武节大夫宣德郎丁师周也曾入金求医问药。

西夏汉人的活动在黑水城社会文书中也留下了蛛丝马迹，如夏天庆六年（1199）至夏天庆十一年（1204）之间连续出借糜麦，赚取利息的高利贷商人裴松寿，夏光定十二年（1222）扑买到烧饼房舍及一整套制饼器具的李春狗、刘番家夫妇，夏光定十三年（1223）对外战争中户下被杀了一口的军官刘寨等。出土文书中关于他们的记载与其他民族一起，构建起了西夏黑水城一带的社会生活图景。

自唐代中期以来，吐蕃人陆续迁入河西走廊与陇山东西，随着西夏疆域的向西拓展，这些吐蕃人也成为西夏属民。"都罗"是西夏境内吐蕃氏族之一，《续资治通鉴长编》记载元昊凡七娶，"三曰都罗氏，早死"；② 夏天赐礼盛国庆元年（1069）惠宗秉常即位后，宋朝想要以官爵招徕西夏诸部落首领，西夏派都罗重进赴宋，陈说："主上方以孝治天下，而反教夏国之人叛其君，

---

① 《续资治通鉴长编》卷八八，真宗大中祥符九年十一月乙酉条。
② 《续资治通鉴长编》卷一六二，仁宗庆历八年正月辛未条。

何哉?"迫使宋朝放弃了分赐西夏酋豪之议①。禹藏花麻本是西使城及兰州一带的吐蕃人首领,在夏宋争夺过程中入夏,西夏将宗室之女许配给他。又有吐蕃仁多族首领仁多凌丁及其子仁多保忠,父子世袭西夏卓啰右厢监军,毅宗李谅祚、惠宗李秉常两朝西夏笼络吐蕃,并利用他们与宋交战。白岢牟本为吐蕃首领,娶西夏女,夏永安二年(1099),宋开熙河以阻断西夏与吐蕃之间的联系,导致邈川部族反叛,数千宋人兵围邈川,吐蕃首领向夏国求援。西夏监军仁多保忠、白岢牟等率三监军兵士,合吐蕃十余万人助攻,迫使宋人撤出河湟。

西夏末期,神宗李遵顼奉行附蒙侵金的政策,欲与宋朝合从犄角,共图金人,收复侵地,夏光定七年(1217),"蕃僧"减波把波将腊书二丸送至四川西和州之宕昌寨,宋制置使黄谊出入蜀,未将此事上报,议定中断。当然,作为间谍传书可能只是个例,"蕃僧"在西夏的最主要活动还是翻译佛经,弘扬佛法。

除了党项、汉、吐蕃之外,西夏境内还有鲜卑、回鹘人。西夏皇家寺院大度民寺诠教国师鲜卑宝源是负责管理佛教的政府官员,曾任番汉三学院并偏袒提点、嚷卧耶沙门,精通梵文、汉文,翻译、编写了大量佛教经典。西壁诎答为西夏太傅,夏应天四年(1209),成吉思汗伐夏,李安全遣世子率师应战失败,兀剌海城陷落,西壁诎答被俘,入中兴府招谕夏主,夏主纳女请和。

西夏境内见诸史籍的回鹘人物主要是僧侣。元昊称帝后便开始了西夏文大藏经的翻译,至崇宗李乾顺天祐民安元年(1090)终于译完了从《开宝藏》中挑选出来的经典812部3579卷,主持翻译工作的就是国师白法信以及他的后继者白智光等32人;白智光为惠宗时期有名的译经大师,翻译过包括《过去庄严劫千佛名经》《金光明最胜王经》在内的一批佛教文献,他所翻译的佛经,文字"华明",语义"妙澄",具有很高的水准,《现在贤劫千佛名经》

① 《续资治通鉴长编拾补》卷三下,神宗熙宁元年十二月庚戌条。

卷首西夏译经图在显著位置上画的僧人就是白智光。

（五）结语

从以上的叙述中我们不难发现，西夏是一个由党项建立的多民族政权，各个民族在不同的领域为西夏国与西夏文化的发展作出了自己的贡献。

在西夏的建立和发展过程中，统治者始终将中原文化作为治国理政的重要思想。宋咸平五年（1002），继迁从夏州迁至灵州，"潜设中官，全异羌夷之体，曲延儒士，渐行中国之风"①，是西夏向中原文化迈进的重要一步。宋庆历四年（1044）富弼给宋仁宗的奏议中也提到"拓跋自得灵、夏以西，其间所生豪英，皆为其用。得中国土地，役中国人力，称中国位号，仿中国官属，任中国贤才，读中国书籍，用中国车服，行中国法令"②。这一系列的"中国"，就是指秦汉以来中原政权的文化与制度。

景宗元昊即位后，虽然进行了改纪元、姓嵬名、更礼乐、行秃发等彰显民族特色的措施，但其改革目的是建立中原式的封建君主国家，其核心的政治思想是儒家思想，故而尤为重用从宋朝投奔过来的张元、吴昊等熟读经书的汉人，为其出谋划策。无论是毅宗谅祚与没藏讹庞的斗争，还是惠宗秉常与大梁太后的冲突，既是皇族与后族权力的争斗，也是蕃汉礼之辩。西夏皇权需要利用汉文化作为武器，来与后族斗争。如夏奲都五年（1061），谅祚下令废蕃礼而改用汉礼"以汉仪迎待朝廷使人"③，上表求宋仁宗御制诗章，隶书石本，《九经》《唐史》《册府元龟》及宋正至朝贺礼仪。七年（1063），谅祚改用唐朝赐姓"李"姓，增设番、汉官职，并重用攻略宋朝秦凤路时俘虏的汉人苏立、因犯罪叛逃至夏国的陕西延安文人景询等汉族知识分子。又于

---

① 《续资治通鉴长编》卷五〇，真宗咸平四年闰十二月戊辰条。
② 《续资治通鉴长编》卷一五〇，仁宗庆历四年六月甲寅条。
③ 《续资治通鉴长编》卷一九五，仁宗嘉祐六年十一月己巳条。

蕃学之外，特设国学，"设弟子员三百，立养贤务以廪食之"。[①] 仁孝在位时首开科举，大兴汉学，于各州县建立学校，宫中设贵族小学，立大汉太学，复建内学，选拔教授、名儒主持讲授，尊孔子为文宣帝，遣使至金购买儒家典籍。

相较之下，吐蕃、回鹘与鲜卑人对西夏社会的贡献主要是佛教文化，元昊在兴庆府东建高台寺，寺内存贮宋朝所赐大藏经，并且请回鹘僧人演绎经文，翻译成西夏文，西夏毅宗时向辽朝进贡回鹘僧、金佛及《梵觉经》。西夏中晚期，统治阶层大力吸收和发展藏传佛教，聘请吐蕃高僧翻译藏传佛教经典，奉藏传佛教高僧为帝师，开元代帝师制度之先河。

总而言之，无论是西夏政权的建立和巩固、经济的发展与繁荣，还是文化的兴盛与传播，都离不开各个民族共同作出的贡献。

---

① 《宋史》卷四八六《夏国传下》。

12

一、定难军政权时期

（一）节度使志

李思恭

又名拓跋思恭，唐代党项拓跋部大首领。咸通末年，占据宥州，自称刺史。黄巢起义军进入长安后，奉诏率所部蕃汉兵勤王有功，被僖宗授为夏州定难节度使，封夏国公，赐皇姓李，世领夏、银、绥、宥等四州八县，夏州因此获定难军称号。①

李思谏

又名拓跋思谏，唐代党项拓跋政权大首领。李思恭（拓跋思恭）卒，其弟李思谏代为定难节度使，领夏、银、绥、宥等州，李思孝为保大节度使，领鄜、坊、丹等州，党项拓跋部一度领两个节度。后梁开平二年（908），李思谏卒。②

李思孝

又名拓跋思孝，唐代党项拓跋政权大首领。李思恭（拓跋思恭）卒，其弟李思孝为保大节度使，领鄜、坊、丹等州，官至检校司徒、同中书门下平

① 《新唐书》卷二二一《党项传》；《东都事略》卷一二七《附录五》。
② 《新唐书》卷二二一《党项传》。

章事、侍中。①

李思敬

又名拓跋思敬，唐代党项拓跋政权大首领，保大节度使李思孝弟。李思孝晚年荐其弟李思敬为保大军兵马留后，不久唐朝正式封授保大节度使。②

李继颜

唐代党项拓跋部大首领，保大节度使。骁果驰声，刚柔蕴用，和党项大首领李思敬（拓跋思敬）同时授节。③

李彝昌

五代夏州拓跋政权大首领，夏州节度使李思恭（拓跋思恭）孙。定难军节度使李思谏卒，其子李彝昌即位。后梁开平年间（907—910）李彝昌被部将高宗益杀害，李仁福立。史书不载李仁福与李彝昌亲疏远近。④

李仁福

五代夏州拓跋政权大首领。梁开平间（907—910），夏州节度使李彝昌遇害，将士立蕃部指挥使李仁福为节度使。后唐同光中（923—925），官累至检校太师、中书令，封朔方王、韩王，按此为夏州拓跋部首领封王之始。长兴四年（933）三月卒，追封虢王。育子五人：李彝兴，定难节度使、检校太尉、同平章事；李彝谨，管内蕃汉都指挥使、检校司空兼御史大夫；李彝氲，武略超群，才谋特异；李彝超，定难节度使、检校太傅兼御史大夫；李彝温，随使左都押衙、检校右仆射兼御史大夫。女四人，长嫁李氏，次嫁刘氏，另两位嫁梁氏⑤。

李彝超

五代夏州拓跋政权大首领，定难军节度使李仁福子。后唐长兴四年（933）

---

① 《新唐书》卷二二一《党项传》。
② 《新唐书》卷二二一《党项传》。
③ 《文苑英华》卷四五七"授李思敬定武军李继颜保大军节度使制"。
④ 《宋史》卷四八五《夏国传上》；《东都事略》卷一二七《附录五》。
⑤ 《宋史》卷四八五《夏国传上》；《东都事略》卷一二七《附录五》；《后周绥州刺史李彝谨墓志铭》。

三月，李仁福卒，李彝超继任。后唐明宗借机限制夏州拓跋部势力，采用调虎离山之计，下诏李彝超和鄜延节度使安从进对调，李彝超调任鄜延节度使，安从进调任夏州定难节度使。并派邠州节度使药彦稠、宫苑使安从益率马步兵五万，护送安从进赴夏州上任。五月，安从进、药彦稠五万大军一举包围夏州统万城。夏州统万城城墙高大，坚固难攻。安从进、药彦稠命令官军凿挖地道，通到城内，但是由于城墙地基很深，且用三合土夯筑而成，坚如铁石，铲凿不能入。安从进、药彦稠无计可施。同时李彝超命令 1 万多党项游骑从四面八方集结，抄掠后唐军队的粮道，在内外交困的状况下，后唐明宗乃下诏班师。①

李彝兴

党项拓跋政权大首领，定难军节度使，虢王李仁福子。本名彝殷，因避宋太祖赵匡胤名讳，改为彝兴。定难军节度使李仁福卒，李彝兴弟李彝超继任节度使。后唐清泰二年（935），李彝超卒，李彝兴继位。后周广顺元年（951），封陇西郡王，显德（954—960）初，又封西平王。宋太祖建隆（960—963）初，遣使献马 300 匹，太祖大喜，亲自监制玉带，赐之。乾德五年（967）卒，太祖废朝三天，赠太师，追封夏王。②

李光睿

宋代夏州拓跋政权大首领，定难节度使李彝兴子。因避太宗名讳，改为克睿。历任夏州管内蕃部越名都指挥使、节度行军司马，宋乾德五年（967）李彝兴卒，李光睿继任节度使、夏银绥宥静等州观察处置押蕃落使、持节都督夏州诸军事、夏州刺史，封上柱国、陇西县开国子，食邑五百户。后加封检校太尉、陇西郡开国公，食邑三千户，食实封八百户。宋开宝九年（976），率兵破北汉吴堡寨。宋太平兴国三年（978）四月二十七日卒，终年 44 岁，太宗废朝两天，赠侍中。李光睿兄弟八人，兄定难军节度行军司马李光普，

① 《宋史》卷四八五《夏国传上》。
② 《宋史》卷四八五《夏国传上》。

管内蕃汉都指挥使李光新。弟衙前都知兵马使李光文、绥州刺史李光宪、衙内都虞侯李光美、管内蕃部越名都指挥使李光遂、马军都指挥使李光信。先后婚配濮阳吴氏与破丑氏，子李继筠、李继捧，相继袭位定难节度。女三人，长女婚配苏越罗，次女婚配渍罗驮。①

李继筠

宋代夏州拓跋政权大首领，夏州节度使李光睿子。历任衙前厅直指挥使、衙内都指挥使，宋太平兴国三年（978）夏州节度使李光睿卒，李继筠自权知州事，宋朝敕授定难军节度观察留后、检校司徒、检校太保、陇西县开国子，食邑五百户，食实封二百户。太宗征北汉，李继筠遣兵边境，以张声势。宋太平兴国五年（980）卒，终年23岁，祔葬端正北原祖茔。②

李继捧

宋代夏州拓跋政权大首领，夏州节度使观察留后李继筠弟。太平兴国五年（980）李继筠卒，李继捧继位，夏州拓跋政权内部发生矛盾，宋太宗乘机令李继捧入朝。太平兴国七年（982），李继捧抵达汴京，太宗大喜过望，赐白金千两、帛千匹、钱百万，授彰德军节度使，留居京城。李继迁起兵地斤泽，边将不能制之，太宗采纳宰相赵普的"以夷制夷"方略，授李继捧定难军节度使，赐姓名赵保忠，使攻李继迁。李继捧回到夏州后，暗中与李继迁联合攻灵州，宋太宗大怒，派大军入境，擒获李继捧，押至殿下。太宗赦其罪，授右千牛卫上将军，封宥罪侯，数年后而卒。③

（二）宗室志（附隋唐五代拓跋部人物）

李思忠

又名拓跋思忠，党项拓跋部大首领，拓跋思恭弟，定难节度使李继迁高

---

① 《宋史》卷四八五《夏国传上》；《大宋故定难军节度使李光睿墓志铭》。
② 《宋史》卷四八五《夏国传上》；《大宋定难军节度观察留后李继筠墓志铭》记载太平兴国四年卒。
③ 《宋史》卷四八五《夏国传上》；《东都事略》卷一二七《附录五》。

祖。黄巢起义军进入长安后，随拓跋思恭起兵勤王，在和黄巢农民军争夺渭桥大战中身亡，唐僖宗赠宥州刺史，并于渭阳立祠供奉。①

李思瑶

定难节度留后李彝超叔。后唐长兴四年（933）三月，夏州节度使李仁福遣押牙贾师温上书朝廷，称其病甚，以次子李彝超权知节度事，请朝廷正式册封。后唐明宗以李彝超为延州节度留后，以其叔李思瑶为夏州行军司马，以其兄李彝兴为夏州节度副使。②

李仁立

定难节度使李彝兴族叔，宥州刺史。后晋天福八年（943），绥州刺史李彝敏联合夏州衙内都指挥使拓跋崇斌造反，拓跋崇斌等被擒斩首，李彝敏与弟携骨肉270口南走延州。夏州节度使李彝兴奏差宥州刺史李仁立权知绥州。③

李仁宝

后晋绥州刺史，字国琛。本党项拓跋氏，唐代赐皇姓李，世有功名。拓跋副叶之曾孙，李重遂之孙，李思澄之子。定难节度使、虢王李仁福以其才能，署职于军门，后任属郡长史，军功政绩显著。后晋开运二年（945）十月二十八日卒，终年72岁，次年二月五日，祔葬先祖陵阙之侧。④

拓跋副叶　李仁宝曾祖，宁、丹等州刺史，封赠紫金光禄大夫、检校司空、兼御史大夫、上柱国。

李重遂　李仁宝祖，银州防御及度支营田等使，封赠紫金光禄大夫、检校太保、兼御史大夫、上柱国。

李思澄　李仁宝父，定难军左都押衙，封赠银青光禄大夫、检校工部尚

---

① 《宋史》卷四八五《夏国传上》。
② 《册府元龟》卷四三九《将帅部·要君》。
③ 《旧五代史》卷八二《晋书八·少帝纪二》。
④ 《大晋故绥州刺史李仁宝墓志铭》。

书、兼御史大夫。

李仁裕

定难节度使李彝兴族叔，绥州刺史，被叛羌杀害。①

李仁颜

定难军节度使李继迁曾祖，银州防御使。②

李彝景　李仁颜子，定难军节度使李继迁祖，袭父职银州防御使。③

李光俨　李彝景子，定难军节度使李继迁父，袭银州防御使。④

李彝敏

定难节度使李彝兴弟、绥州刺史。后晋天福八年（943），李彝敏联合夏州衙内都指挥使拓跋崇斌造反。拓跋崇斌等被擒斩首，李彝敏见大势所去，与其弟携骨肉270口南走延州，称与兄夏州节度使李彝兴偶起猜嫌，互相攻伐，故前来避难。后晋权衡利弊，不愿因此得罪李彝兴，诏令遣还夏州，被李彝兴处斩。⑤

李彝俊　绥州刺史李彝敏弟。后晋天福八年（943），李彝敏联合夏州衙内都指挥使拓跋崇斌造反失败，李彝俊随兄李彝敏携骨肉270口南走延州。定难节度使李彝兴闻奏，后晋乃诏遣还，被夏州处斩。⑥

李彝谨

五代绥州刺史。李重建之曾孙，李思恭之孙，李仁福的第二个儿子，历任管内蕃汉都指挥使、检校司空兼御史大夫、绥州刺史，后周广顺二年（952）正月十七日卒，终年56岁，葬于夏州朔方县仪凤乡奉正里乌水原。彝谨先后婚配沛国郡夫人里氏和绥州太保夫人祁氏，育有五子，李光琇、李光

---

① 《资治通鉴》卷二八八，后汉乾祐元年三月癸酉条。
② 《宋史》卷四八五《夏国传上》。
③ 《宋史》卷四八五《夏国传上》。
④ 《宋史》卷四八五《夏国传上》。
⑤ 《旧五代史》卷八二《晋书八·少帝纪二》。
⑥ 《旧五代史》卷八二《晋书八·少帝纪二》。

琏、李光义、李光璘、李光琮，其中李光琮父母逝时不仕。女三人，长、次女分别嫁野由氏、苏氏。①

李重建　定难节度使李彝兴、李彝谨曾祖，大都督府安抚平下番落使。

李光琇　李彝谨长子，母沛国郡夫人里氏。节度押衙充绥州衙内指挥使、检校右散骑常侍兼御史大夫，娶破丑氏。②

李光琏　李彝谨次子，母沛国郡夫人里氏。绥州郡都知蕃落使、检校国子祭酒兼御史大夫，娶苏氏。③

李光义　李彝谨三子，母沛国郡夫人里氏。节度押衙充马军第二都军使、检校右散骑常侍兼御史大夫，娶杨氏。④

李光璘　李彝谨四子，母绥州太保夫人祁氏。守职押衙，充都军使。⑤

李匕罗　又作李丕禄，绥州刺史李光琇子。开宝四年（971）授绥州刺史。⑥

李彝温

定难节度使李仁福子，母为吴国太夫人渎氏，随使左都押衙、检校右仆射兼御史大夫。⑦

李彝昷

定难节度使李仁福子，母为吴国太夫人渎氏，其母墓志记载武略超群，才谋特异，历任职务不详。⑧

---

① 《后周绥州刺史李彝谨墓志铭》；《大汉故沛国郡夫人李彝谨妻里氏墓志铭》。
② 《大汉故沛国郡夫人李彝谨妻里氏墓志铭》。
③ 《大汉故沛国郡夫人李彝谨妻里氏墓志铭》。
④ 《大汉故沛国郡夫人李彝谨妻里氏墓志铭》。
⑤ 《后周绥州刺史李彝谨墓志铭》；《故绥州太保夫人祁氏神道志》。
⑥ 《续资治通鉴长编》卷一二，太祖开宝四年五月丙子条，作"李匕罗"，四库底本、影印本为"李丕禄"。
⑦ 《大晋故虢王妻渎氏墓志铭》。
⑧ 《大晋故虢王妻渎氏墓志铭》。

李彝玉

宋代定难节度使李彝兴部将，母永定破丑夫人。[1] 宋建隆元年（960）北汉攻麟州，李彝玉受定难节度使李彝兴的派遣，率部增援。从此，拓跋夏州政权和新建立的宋朝建立了联系。[2]

李光普

宋代夏州拓跋政权人物，定难节度使李光睿兄。定难军节度行军司马。[3]

李光新

宋代夏州拓跋政权人物，定难节度使李光睿兄。管内蕃汉都指挥使。[4]

李光文

宋代夏州拓跋政权首领，夏州节度使李光睿弟，历任衙前都知兵马使、绥州刺史。因避宋太宗赵光义名讳，改名李克文。宋太平兴国五年（980）李继筠卒，李光文、李光宪等不满李继捧继位，促使宋太宗诏令李继捧入朝，李光文权知州事。随后宋朝大兵压境，令夏州拓跋部偬麻以上亲族赴京，李光文被迫"以唐僖宗以来所赐其祖思恭铁券及朱书御札来上"，改授博州防御使，另派差遣官为通判，以专郡政。[5]

李光信

宋代夏州拓跋政权人物，定难节度使李光睿弟。因避宋太宗赵光义名讳，改名李克信。历任马军都指挥使、夏州蕃落指挥使。夏州节度留后李继捧入朝受封后，宋太宗同时册封的 12 名首领之一。[6]

李光宪

宋代夏州拓跋政权人物，夏州节度使李光睿弟，绥州刺史。因避宋太宗

① 《故永定破丑夫人墓志文》。
② 《续资治通鉴长编》卷一，太祖建隆元年三月己巳条。
③ 《大宋故定难军节度使李光睿墓志铭》。
④ 《大宋故定难军节度使李光睿墓志铭》。
⑤ 《宋史》卷四八五《夏国传上》；《大宋故定难军节度使李光睿墓志铭》。
⑥ 《宋史》卷四八五《夏国传上》；《大宋故定难军节度使李光睿墓志铭》。

赵光义名讳，改名李克宪。宋太平兴国五年（980），定难节度留后李继筠卒，绥州刺史李光宪和李光文等不满李继捧继位，促使宋太宗诏令李继捧入朝，李光文权知州事。随后宋朝大兵压境，令夏州拓跋部偲麻以上亲族赴京，李光宪犹豫再三，领亲族入朝，授道州防御使（虚衔），另派差遣官为通判，以专郡政。①

李光遂

宋代夏州拓跋政权人物，定难节度使李光睿弟。管内蕃部越名都指挥使、检校工部尚书、检校礼部尚书，卒年36岁，祔葬端正北原祖茔。②

李光美

宋代夏州拓跋政权人物，定难节度使李光睿弟，衙内都虞侯。③

李光远

宋代夏州拓跋政权人物。因避宋太宗赵光义名讳，改名李克远。宋太宗征北汉，银州刺史李光远、绥州刺史李光宪受夏州节度观察留后李继筠派遣，屯兵边境，以张声势。④

拓跋氏某

宋代夏州拓跋政权人物，以定难军节度押衙，充银州都知兵马使兼三族蕃落使、防河使，娶妻野利氏夫人。生七子：宝璘、宝琪、宝琼、宝球、宝瑭、宝瓓、宝琏。女三人，长女嫁本族指挥使破丑彪罗，次嫁破丑方受，次嫁野利乞己。⑤

李宝璘　拓跋氏某长子，定难军节度押衙兼防河使。

李宝琪　拓跋氏某次子，定难军右都押衙兼衙内都知兵马使、三族蕃落使。

---

① 《宋史》卷四八五《夏国传上》；《大宋故定难军节度使李光睿墓志铭》。
② 《大宋故定难军节度使李光睿墓志铭》；《大宋故管内蕃部都指挥使李光遂墓志铭》。
③ 《大宋故定难军节度使李光睿墓志铭》。
④ 《宋史》卷四八五《夏国传上》。
⑤ 《故野利氏夫人墓志铭并序》。

李宝琼　拓跋氏某第三子，定难军防御押衙充防河使。

阿啰王

五代夏州拓跋政权大首领，定难节度使李彝超兄。长兴四年（933）三月，定难节度使李仁福卒，其子李彝超代理节度事。后唐明宗借机限制夏州拓跋部势力，诏命李彝超调为鄜延节度留后，并派邠州节度药彦稠、宫苑使安从益率马步兵五万，督促李彝超赴任。李彝超以夏州百姓不让其离开为借口，拒绝离开世代居住的平夏地区，固守夏州统万城，同时遣其兄阿啰王守青岭门，调集境内党项诸胡自救。①

附：隋唐五代党项拓跋部首领

拓跋宁从

隋代党项拓跋部大首领。隋开皇五年（585）率部归附，被隋文帝授为大将军，其部下大小首领各有封授。②

拓跋赤辞

唐代党项拓跋部大首领。贞观初年党项大部分归附唐朝，惟有拓跋赤辞和吐谷浑联姻，共同抵抗唐朝大军。在唐朝强大的政治军事面前，拓跋氏内部出现分化，加之两任岷州都督李道彦和刘师立多次派人劝谕，最终与从子拓跋思头等率部归附，被唐太宗封为西戎州都督，赐皇姓李，自此朝贡不绝。③

拓跋思头　拓跋赤辞从子。贞观初年，追随拓跋赤辞联合吐谷浑抵抗唐军，后在唐朝强大的政治军事压力下，同拓跋赤辞一起归附唐朝。④

拓跋细豆

早期党项拓跋部大首领拓跋赤辞部将。贞观初年，追随拓跋赤辞联合吐

---

① 《资治通鉴》卷二七八，后唐长兴四年二月丁亥条。
② 《隋书》卷八三《党项传》。
③ 《旧唐书》卷一九八《党项羌传》。
④ 《旧唐书》卷一九八《党项羌传》。

谷浑抵抗唐军，后在唐朝边将的劝说下归附。拓跋赤辞因拓跋细豆等部将投附唐朝，始有归顺之意。①

拓跋守寂

唐代党项拓跋部大首领，名寂，字守寂。拓跋立伽之玄孙，拓跋罗胃之曾孙，拓跋后那之孙，拓跋思泰之子。拓跋守寂袭父爵西平郡开国公，授右监门卫大将军，使持节淳、恤等18州军事，兼静边州都督，充防御部落使。喜读诗书，善于用兵，敏于从政。唐开元二十四年（736）十二月二十一日卒于银州，诏赐赠使持节灵州诸军事、灵州刺史、上柱国、西平郡开国公。葬银州儒林县新兴乡招贤里欢乐原。②

拓跋立伽　拓跋守寂高祖，率众内属，唐朝授以大将军兼18州部落使。后率部徙居银州圁阴。

拓跋罗胃　拓跋守寂曾祖，袭位后继承祖业，保族勤邦，授右监门卫大将军，押18州部落使，充防河军大使。

拓跋后那　拓跋守寂祖，授静边州都督，押淳、恤等十八州部落使，兼防河军大使，赠银州刺史。

拓跋思泰　拓跋守寂父，文武兼通，授右金吾卫大将军，兼静边州都督防御使，西平郡开国公，赠特进、左羽林军大将军。

拓跋兴宗　拓跋守寂叔，朔方节度副使兼防河使、右领军卫大将军兼将作大匠。材略出众，内则总工徒，外则司戎旅。

拓跋守礼　拓跋守寂弟，游骑将军、右武卫翊府右郎将、赐紫金鱼袋、助知检校部落使。

拓跋澄澜　拓跋守寂子。唐开元二十四年（736）十二月二十一日拓跋守寂卒，拓跋澄澜继袭，封朝散大夫，持节淳、恤等十八州军事，兼静边州都督，充防御部落使，赐紫金鱼袋、西平郡开国公。

---

① 《旧唐书》卷一九八《党项羌传》。
② 《唐静边州都督拓跋守寂墓志铭并盖》。

拓跋澄岘　拓跋守寂侄，银州刺史。①

拓跋乾晖　拓跋守寂孙，银州刺史。吐蕃攻夏银等州，刺史拓跋乾晖抵挡不住，率部南逃，其地遂被吐蕃占领。②

拓跋澄泌

唐代党项拓跋部大首领，唐广德元年（763），赐拓跋澄泌赐铁券文书，以名藏太庙，画像于凌烟阁，以彰其功。③

拓跋朝光

唐代党项拓跋部大首领。"安史之乱"后，唐朝为了隔离内迁党项与吐蕃的联系，召党项静边州大首领、左羽林大将军拓跋朝光等五刺史入朝，代宗厚加赏赐，令带所属部落迁往平夏地区。这次唐政府组织迁移和陆续自行迁移到这一地区的党项部落，逐渐形成了党项历史上著名的"平夏部"。④

拓跋乞梅

唐代党项拓跋部首领。"安史之乱"后，唐朝为了隔离内迁党项与吐蕃的联系，命路嗣恭为朔方留后、梁进用为押党项部落使，加强对党项的经略。在这种形势下，思乐州刺史拓跋乞梅和破丑、野利、把利等部落首领入朝。代宗厚加赏赐，令带所属部落迁往平夏地区。⑤

拓跋驮布

唐代党项首领，拓跋兀思之曾孙，拓跋吴伽之孙，拓跋岳之子。万岁通天年间（696—697）拓跋驮布为大酋长检校党州司马。长安年间（701—705），以击败突厥默啜可汗的战功被授予游击将军、右威卫郎将、敕留宿卫。先天（712—713）年间，改授右威卫将军、进爵居庸县开国公。开元二年（714），封右威卫将军、兼安定州都督，参与镇压六胡州之乱。进爵九原郡开

①　《元和姓纂》卷一〇《拓跋》。
②　《元和姓纂》卷一〇《拓跋》；《旧唐书》卷一九六下《吐蕃传下》。
③　《唐大诏令集》卷九《广德元年册尊号敕》。
④　《新唐书》卷二二一《党项传》。
⑤　《新唐书》卷二二一《党项传》。

国公。开元十六年（728）六月十二日去世，享年五十四岁。[①]

　　蒿头王　隋代党项首领，拓跋驮布祖先，徙至湟中，与吐谷浑部落杂居，向隋朝纳款称臣。

　　拓跋兀思　拓跋驮布曾祖，受党项与吐谷浑部落共同推举为"浑项王"。

　　拓跋吴伽　拓跋驮布祖，趁吐蕃不备，与吐谷浑合兵攻克吐蕃十余座城，斩首万计。贞观七年（633）年归附唐朝，被封为西平郡王、兼授西平州刺史。

　　拓跋岳　拓跋驮布父，中年去世。

拓跋山

五代党项拓跋部首领。后周广顺二年（952），府州党项拓跋山等来贡，授归德将军。[②]

拓跋彦超

五代灵州境内党项大族首领。冯晖赴任朔方节度使，拓跋彦超自部落至州城祝贺，冯晖厚待之，在城内修治住宅，赠以丝绸财宝，留之不遣，自此灵州境内安然无事。[③]

拓跋崇斌

五代定难节度衙内都指挥使。后晋天福八年（943），拓跋崇斌联合绥州刺史李彝敏造反，拓跋崇斌等被擒斩首，李彝敏出逃延州。[④]

拓跋日荣

宋初党项拓跋部首领。宋太平兴国四年（979）十二月，拓跋日荣遣所部首领拓跋琳沁入宋进贡。[⑤]

---

①　《大唐故云麾将军守右威卫大将军赠特进拓跋府君墓志铭并序》
②　《新五代史》卷一三八《党项传》；《五代会要》卷二九《党项羌传》。
③　《资治通鉴》卷二八二，后晋天福四年正月辛亥条。
④　《旧五代史》卷八二《晋书八·少帝纪二》。
⑤　《续资治通鉴长编》卷二〇，太宗太平兴国四年十二月丁未条。

拓跋琳沁

宋初党项拓跋部首领。宋太平兴国四年（979）十二月，拓跋琳沁受拓跋日荣派遣，入宋进贡。[1]

拓跋遇

宋初银州党项人。宋太平兴国七年（982），银州党项拓跋遇上诉本州赋役苛虐，请求移居内地，诏不许。[2]

（三）嫔妃夫人志

王氏

唐代党项拓跋部大首领拓跋守寂母，太原郡太夫人，居妇则智，在母能贤。[3]

祁氏

五代绥州刺史李彝谨妾，绥州太保夫人。享年 63 岁，葬绥州北凤政里乌水河北原。生子李光璘，守职押衙，充元从都军使。[4]

吴氏

耀州节度李继捧母，汉阳郡夫人，进为河南郡太夫人[5]。

里氏

五代绥州刺史李彝谨妻，皇封沛国郡夫人。后汉乾祐二年（949）九月十五日卒，终年 54 岁，葬于夏州朔方县仪凤乡奉政里乌水原。里氏出身大族，父皇甫讹移，延州水北教练使兼南山开道指挥使，母拓跋氏。育有四子、三女。节度押衙充绥州衙内指挥使李光琇、绥州郡都知蕃落使李光琏、节度押衙充马军第二都军使李光义，最小的儿子李光琮，父母逝时不仕。长、次女

---

①　《续资治通鉴长编》卷二〇，太宗太平兴国四年十二月丁未条。

②　《续资治通鉴长编》卷二三，太宗太平兴国七年闰十二月辛亥条。

③　《唐静边州都督拓跋守寂墓志铭并盖》。

④　《故绥州太保夫人祁氏神道志》；《后周绥州刺史李彝谨墓志铭》。

⑤　《咸平集》卷二九《制诰二》。

分别嫁野由氏、苏氏。①

拓跋氏

五代绥州刺史李彝谨妻母。李彝谨为定难节度使李仁福子，本姓拓跋，其岳母亦姓拓跋，是舅舅的儿子娶了姑姑的女儿，这种姑舅婚在党项西夏比较常见。②

罔氏

耀州节度李继捧祖母，河西罔氏，特封西河郡太夫人③。

独孤氏

定难节度留后李继捧祖母，李继捧入朝，祖母独孤氏献玉盘一、金盘三，太宗厚赐之。④

破丑夫人

平夏地区党项大族出身。李彝珺、李彝震、李彝嗣、李彝雍、李彝玉、李彝慜、李彝璘母，受封建文明影响，"三从顺道，四德奉亲"。⑤

破丑氏

宋代定难节度使李彝兴曾祖母，大都督府安抚平下番落使李重建妻，赠梁国太夫人。⑥

野利氏

定难军节度押衙、充银州都知兵马使兼三族蕃落使、防河使拓跋氏某之妻。宋太平兴国四年（979）十一月十九日去世。⑦

渎氏

定难节度使李仁福妻，皇封吴国太夫人。后晋天福六年（941）三月五日

---

① 《大汉故沛国郡夫人李彝谨妻里氏墓志铭》；《后周绥州刺史李彝谨墓志铭》。

② 《大汉故沛国郡夫人李彝谨妻里氏墓志铭》；《后周绥州刺史李彝谨墓志铭》。

③ 《咸平集》卷二九《制诰二》。

④ 《宋史》卷四八五《夏国传上》。

⑤ 《故永定破丑夫人墓志文》。

⑥ 《后周绥州刺史李彝谨墓志铭》。

⑦ 《故野利氏夫人墓志铭并序》。

卒，终年 60 岁，祔葬乌水河北隅端正树东侧。墓志记载渎氏"望重华族，德光清范"，育子 5 人，李彝兴、李彝谨、李彝氞、李彝超、李彝温。女四人，长嫁李氏，次嫁刘氏，另两位嫁梁氏。①

渎氏

宋代定难节度使李彝兴妻，定难节度使李光睿母，封秦国太夫人。李彝兴母亦为渎氏，应是父子迎娶姑侄，属于西夏时期流行的姑舅婚。②

梁氏

宋代定难节度使李彝兴祖母，京城四面都统李思恭（拓跋思恭）妻，封魏国太夫人。③

（四）幕僚衙将志

乜崖

夏州咩嵬族人。宋雍熙二年（985）六月，夏州咩嵬族魔病人乜崖在南山族结党为乱，招怀不至。最终，乜崖被宋军擒获，斩首示众，全族被灭④。

王卿

五代银州营田判官、将什郎、试秘书省校书郎，撰《大晋故夏银绥宥等州观察支使何德璘墓志铭》。

牛渥

五代定难节度押衙兼孔目官，封银青光禄大夫、检校户部尚书、御史大夫、上柱国，撰有《大晋故定难军节度判官毛汶墓志铭》《大晋故定难军节度副使刘敬瑭墓志铭》。

毛汶

五代定难军节度判官。故虢王李仁福妻渎氏从表侄孙，毛崇厚之子，深

---

① 《大晋故虢王妻渎氏墓志铭》；《后周绥州刺史李彝谨墓志铭》。
② 《大宋故定难军节度使李光睿墓志铭》。
③ 《后周绥州刺史李彝谨墓志铭》。
④ 《宋史》卷四九一《党项传》。

受李仁福和李彝超两代定难军节度使的赏识，摄节度推官，匡持太府，辅翊节度，"数十载之笔阵文锋"，撰《大晋故虢王妻渼氏墓志铭》。后天福七年（942）七月十四日卒，享年 52 岁。①

　　毛崇厚　五代定难军节度判官毛汶父。历任定难节度观察判官兼掌书记，封朝散大夫，检校左散骑常侍兼御史大夫，上柱国，赐紫金鱼袋。②

白敬立

　　唐代夏州拓跋政权幕将，秦将军白起之后，自唐以来，世代为夏州武官。白令光之曾孙，白奉林之孙，白文亮之子。白敬立为党项大首领拓跋思恭信用于门下。广明元年（880）十二月，黄巢起义军攻占长安，僖宗仓皇出走，拓跋思恭应诏，"纠合夷夏兵"赴难。白敬立侍从顾问，传呼号令，拓跋思恭"乃推腹心，委之如父子"，为拓跋节度政权建立作出重要贡献。先后任定难节度牙将、持节都督延州诸军事、延州刺史，官至左仆射。唐景福二年（893）十一月十九日卒，享年 42 岁，葬于夏州朔方县。生五子：白保全、白保勋、白保恩、白三铁、白铁胡，女四人。③

　　白令光　白敬立曾祖，享年 124 岁，兴宁府都督，娶高氏。

　　白奉林　白敬立祖父，兴宁府都督，娶高氏。

　　白文亮　白敬立父，兴宁府都督，娶王氏。

　　白元楚　白敬立长兄，袭兴宁府都督。

　　白忠信　白敬立兄，检校吏部尚书、绥州刺史。

　　白敬忠　白敬立弟，检校左常侍、充亲从都兼营田使，洛盘镇遏使、御使大夫。

　　白忠礼　白敬立季弟，检校右常侍，攻儒墨，好礼乐。

　　白保全　白敬立长子，充同定难军节度副使。

---

① 《大晋故定难军节度判官毛汶墓志铭》；《大晋故虢王妻渼氏墓志铭》。
② 《大晋故定难军节度判官毛汶墓志铭》。
③ 《故延州安塞军防御使白敬立墓志铭》。

白保勋　白敬立次子，节度押衙、检校国子祭酒兼御史大夫。

白全周

五代定难军节度押衙。经营回图贸易，资赡拓跋夏州政权军政财用。后唐天成四年（929）二月五日卒，享年61岁。娶沈氏、秦氏，育6子7女，长子白友遇，在军乘马。次子白友琅，主持回易，幼子友进、友超、僧胡、僧福，以孝悌传。①

白友遇　白全周长子，唐天成四年（929）白全周病故时，白友遇任职军队。

白友琅　五代定难军节度押衙白全周次子。继承父业，主持回图贸易，资赡拓跋夏州政权军政财用，可谓一门两代承担拓跋政权财政重任。

刘宗周

定难节度押衙，知进奏，封银青光禄大夫、检校右散骑常侍、御史大夫、上柱国②。

刘敬瑭

五代定难军节度副使。字莹夫，刘祺之曾孙，刘士清之孙，刘宗周之子。刘敬瑭曾追随宥州刺史拓跋思恭勤王，历任四州马步都虞侯、左都押衙、管内马步军都知兵马使、银州刺史、宥州刺史，封检校司徒、光禄大夫、大彭县开国男。后唐长兴四年（933），唐明宗发兵包围夏州，刘敬瑭领兵把截四面，断绝官军粮道，屡立战功。后唐清泰二年（935），升任定难军节度副使，后晋天福八年（943）三月五日卒，享年83岁。先后婚配曹氏、李氏，曹氏婉顺淑质，李氏先刘敬瑭亡。子男四人，刘彦能、刘彦温、刘彦柔、刘彦頵，女三人，长嫁孟氏，次嫁张氏，最小的女儿嫁白氏。③

刘祺　刘敬瑭曾祖，任银青光禄大夫、检校太子宾客、兼监察御史，娶

---

① 《后唐定难军节度押衙白全周墓志铭》。
② 《大晋故定难军节度副使刘敬瑭墓志铭》。
③ 《大晋故定难军节度副使刘敬瑭墓志铭》。

弘农杨氏。

刘士清　刘敬瑭祖父，定难军散都头、充魏平镇遏使，娶荥阳郑氏。

刘宗周　刘敬瑭父。定难节度押衙知进奏、银青光禄大夫、检校右散骑常侍兼御史大夫、上柱国，娶河西药氏。

刘彦能　刘敬瑭长子，夏州散兵马使，文武双备，孝敬两全。

刘彦颜　刘敬瑭季子，节度押衙，充器杖军使。

刘梦符

五代摄定难军节度推官，撰《大汉故沛国郡夫人李彝谨妻里氏墓志铭》。

齐峤

五代银州防御判官，撰《大晋故绥州刺史李仁宝墓志铭》。

杨从溥

五代定难节度押衙，书《大晋故定难军节度判官毛汶墓志铭》《大晋故定难军节度副使刘敬瑭墓志铭》《大汉故沛国郡夫人李彝谨妻里氏墓志铭》《后周绥州刺史李彝谨墓志铭》。

何德璘

五代夏银绥宥等州观察支使，字光隐。何敏之曾孙，何遂隆之孙，何子晶之子。德璘年长，历任衙前虞侯、州衙推、观察衙推、节度衙推兼银州长史、观察支史，"职列宾阶，位亲筹幄"。每到之处，以医见长，"凡药石以上闻，必春膏之普及"。后晋天福八年（943）二月十四日卒，终年 56 岁。嗣子二人，何绍文、何绍伦，女一人，婚配韩氏。①

何敏　何德璘曾祖，泰州军事衙推、将仕郎、试太常寺奉礼郎，娶平卢郡曹氏。

何遂隆　何德璘祖，朝议郎、守京兆府功曹参军兼大理评事，娶弘农郡杨氏。

---

① 《大晋故夏银绥宥等州观察支使何德璘墓志铭》。

何子嵒　何德璘父，夏州医博士、儒林郎、试太常寺奉礼郎，娶太原郡王氏。

何绍文　何德璘子，定难节度观察衙推兼绥州长史。

何公

宋代拓跋夏州政权观察支使，名佚。何子岩之曾孙，何德遇之孙，何维文之子。何工幼习家风，颇积医论，后唐清泰元年（934），定难节度府以其擅长医学，奏授文林郎，次年授将什郎、试太常寺协律郎，后晋天福六年（941），授节度使府衙推、守绥州长史，后晋天福九年（944），摄观察衙推，后周广顺元年（951），授摄节度衙推、银州长史、夏州长史，后周显德元（954）年，摄当道观察使。宋开宝元年（968）十二月二是七日卒，终年57岁。嗣男五人，何令图、何令柱、何令篦、何令珣等，其中四、五子以诗书医术见长。女一人，嫁张氏。①

何子岩　何公曾祖，字隐之，任节度随军文林郎、试右武卫长史、摄夏州医博士、将什郎、试太常寺协律郎，娶琅邪郡王氏。

何德遇　何公祖，字嗣宗，任夏银绥宥等州观察衙推、宣德郎、守绥州长史、充夏银绥宥等州观察支使、将什郎、赐绯鱼袋，娶清河郡张氏。

何维文　何公父，字继昭，夏州观察支使，娶东平郡叱吕氏。

何令图　何公长子，朔方县令，对国尽忠，在家尽孝。

何令柱　何公次子，厅直行首。

何令篦　何公三子，仓曹参军。

张少卿

五代绥州军事判官，后唐长兴元年（930），撰《故永定破丑夫人墓志文》。

郑继隆

宋代定难军押衙兼观察押司官，书《大宋故定难军节度使李光睿墓志铭》

---

① 《大宋国摄夏州观察支使何公墓志铭》。

《大宋定难军节度观察留后李继筠墓志铭》。

拽臼

又作叶锦，绥州东山部军使，宋咸平六年（1003）率部归宋。①

贾师温

五代夏州拓跋政权押牙。后唐长兴四年（933）三月，定难节度使李仁福遣押牙贾师温上书朝廷，称其病甚，以次子李彝超权知节度事，请朝廷正式册封。后唐明宗遣使授李彝超延州节度留后，被李彝超婉言拒绝。②

郭正

宋代摄定难节度掌书记，撰《大宋定难军节度观察留后李继筠墓志铭》《大宋故管内蕃部都指挥使李光遂墓志铭》。

郭峤

五代定难节度判官，绥州刺史李彝谨从表侄，官至朝议郎、大理评事，赐绯鱼袋，撰《后周绥州刺史李彝谨墓志铭》。

郭贻

宋代历任摄定难军馆驿巡官、节度掌书记、夏州观察判官，撰《故大宋国定难军管内都指挥使康公墓志铭》《大宋国摄夏州观察支使何公墓志铭》《大宋故定难军节度使李光睿墓志铭》。

康成此

宋代定难军管内都指挥使。康山全之曾孙，康文义之孙，康爽之子。康成此青年时投身戎旅，历任定塞副都兵马使、安远将军使、东城都虞侯、左都押衙、五州管内都军指挥使。披坚执锐，每遇战斗，奋勇先登，为夏州拓跋政权巩固发展做出贡献。宋乾德四年（966）年三月二十八日卒，终年62岁。

康山全　康成此曾祖，历任洪门镇使、上平关使、北衙都知兵马使。

---

① 《宋史》卷七《真宗纪二》。
② 《册府元龟》卷四三九《将帅部·要君》。

康文义　康成此祖父，东城副兵马使。

康爽　康成此父，节度押衙；

康延祚　康成此长子，衙队都副兵马使。①

娥景稠

五代定难军节度府都料官，镌刻《大晋故定难军节度判官毛汶墓志铭》《大晋故定难军节度副使刘敬瑭墓志铭》。

（五）百姓志

刘敬万

石匠、都料匠，镌刻《大汉故沛国郡夫人李彝谨妻里氏墓志铭》《后周绥州刺史李彝谨墓志铭》。

娥知进

石匠，镌刻《大宋故管内蕃部都指挥使李光遂墓志铭》。

娥敬万

石匠、都料匠，镌刻《大宋故定难军节度使李光睿墓志铭》《大宋定难军节度观察留后李继筠墓志铭》。

---

① 《故大宋国定难军管内都指挥使康成墓志铭》。

二、西夏王国时期（李继迁、李德明时期）

（一）国主志

李继迁

夏太祖（追封）。曾祖李仁颜，唐授银州防御使。祖李彝景，嗣于晋。父李光俨，袭银州防御使。宋建隆四年（963），继迁生于银州无定河，生而有齿。开宝七年（974），授定难军管内都知蕃落使。宋太平兴国七年（982），族弟李继捧入朝，留居汴京。随后宋朝大兵压境，令夏州拓跋部偲麻以上亲族全部赴京，时年17岁的李继迁也在征调之列，他不满宋太宗"掐尖灭夏"政策，诈称乳母病逝，出葬郊外，率部属逃出银州城，直奔距夏州300里的地斤泽，在其弟李继冲和汉人谋士张浦的辅佐下，举起恢复"故土"的大旗。他利用拓跋李氏占据平夏地区几百年的影响，"连娶豪族，转迁无常，渐以强大"。但总体力量比较单薄，经常被宋朝打败，有时甚至到了走投无路的境地，乃于辽统和四年（986）投奔辽朝，辽许婚李继迁，三年后完婚。授继迁检校太师、都督夏州诸军事。辽统和七年（989），辽圣宗封宗室女为义成公主，下嫁李继迁。统和八年（990），辽朝遣使册封李继迁为夏国王。李继迁得到辽朝的支持，如虎添翼，接连打败宋朝。宋至道二年（996），太宗亲自部署五路大军伐夏，李继隆出环州，丁罕出庆州，范廷召出延州，王超出夏州，张守恩出麟州，长途奔袭，找不到李继迁主力，士卒困乏，无功而还。至道三年（997）宋太宗驾崩，子赵恒即位，是为真宗。当时北宋被李继迁拖得疲惫不堪，朝野上下都有与李继迁讲和的愿望，刚即位的宋真宗"故务宁静"，答应李继迁的要求，册封其为夏州刺史、定难节度使、夏银绥宥静等州观察处置押蕃落使，将银、夏、绥、宥、静五州之地，拱手还给李继迁。但这时的李继迁已经不肯满足"故土"的恢复，而是要在恢复"故土"之后，进一步将矛头对准宋朝西北军事重镇灵州，宋咸平五年（1002），当宋朝内部对灵州弃守议论纷纷、举棋不定的时候，李继迁大集蕃部，一举攻克宋朝西北军事重镇灵州，改名西平府，定为都城。攻占灵州的第二年（1003），李继迁继续向西发展，攻占河西吐蕃占据的西凉府。河西吐蕃大首领潘罗支乘李继迁不备，向他发起突袭，李继迁中流矢。次年（1004）正月初二日因伤重身亡，终年42岁，子李德明于灵前即位。继迁临终前嘱咐德明归宋，若"一表不听则再请，虽累百表，不得请勿止也"。[①] 宋大中祥符五年（1012），德明追封李继迁应运法天神智仁圣至道广德孝光皇帝，元昊时又追谥神武，庙号太祖，墓号裕陵。[②]

李德明

夏太宗（追封），《辽史》作李德昭，太祖李继迁子。李德明（宋赐姓赵）小字阿移[③]，母顺成懿孝皇后野利氏。宋景德元年（1004）正月初二日李继迁卒，李德明于灵前即位，时年23岁。德明遵照其父的遗嘱，接连上表宋朝，请求册封，宋景德三年（1006），再次遣牙将刘仁勖奉表请命，经过双方多次沟通，最终达成和议，宋封授李德明夏州刺史、定难军节度使、夏银绥宥静等州观察处置押蕃落使、西平王。食邑6000户，实封1000户。宋遣内侍张崇贵、太常博士赵湘等充旌节官告使，赐袭衣、金带、银鞍勒马、银万两、

① 《宋史》卷二八二《向敏中传》。
② 《宋史》卷四八五《夏国传上》；《辽史》卷一一五《西夏纪》。
③ 德明小字，影印本作"阿伊克"。

绢万匹、钱三万贯、茶 2 万斤，给薪俸如内地，许进入内地贸易。① 因西夏不同意遣子弟入质，为此，宋朝不允许青白盐自由贸易。由于这次议和发生在宋真宗景德年间，史称"景德约和"。景德约和成立后，李德明为了恢复战后秩序，巩固政权基础，在其 20 多年的统治期间，采取两方面的措施，一是保境息民，注重生产，使西夏"朝聘之使，往来如家。牛马驼羊之产，金银缯帛之货，交受其利，不可胜计。塞垣之下，逾三十年，有耕无战。禾黍云合，甲胄尘委。养生葬死，各终天年"。② 呈现出一派和平友好、欣欣向荣的局面。宋景德四年（1007），宋朝答应李德明请求，在保安军（今陕西志丹县）设置大规模贸易权场，非官市者，还"听与民交易"。③ 二是继承李继迁时确定的向西发展，"西掠吐蕃健马，北收回鹘锐兵"，最终到李元昊即位初，全部占领河西地区，奠定了西夏国的版图。德明虽有做皇帝的野心，但为了经济实惠，拒绝其子李元昊的称帝建议，认为"吾久用兵，疲矣！吾族三十年衣锦绮，此宋恩也，不可负"。辽朝见李德明的势力日渐强大，为了笼络盟友，辽太平元年（1021），遣右金吾卫上将军萧孝诚携带玉册、金印，册李德明为尚书令、大夏国王。宋明道元年（1032）十月，德明病亡，终年 51 岁，在位 28 年。元昊追谥光圣皇帝，庙号太宗，墓号嘉陵。④

（二）宗室志

成遇

又作沁裕，夏太宗（西平王）李德明子。德明娶三姓，卫慕氏生元昊，咩迷氏生成遇，屈怀氏生成嵬。⑤

---

① 《宋史》卷四六六《张崇贵传》。
② 《范文正公集·文集》卷一〇《答赵元昊书》。
③ 《宋史》卷一八六《食货志下八·互市舶法》。
④ 《宋史》卷四八五《夏国传上》。
⑤ 《宋史》卷四八五《夏国传上》，载"德明娶三姓，卫慕氏生元昊，咩迷氏生成遇，讹藏屈怀氏生成嵬"。《续资治通鉴长编》卷一一一，仁宗明道元年十一月壬辰条载："夏王赵德明凡娶三姓，米母氏生元昊，咩迷氏生成遇讹藏，屈怀氏生成嵬。"此处依《宋史》。

成嵬

又作沁嵬，夏太宗（西平王）李德明子。屈怀氏所生。①

李廷信

夏太祖李继迁弟。宋淳化年间（990—994），受李继迁派遣，入宋上表待罪，宋太宗召见李廷信，当面抚慰，赏赐甚厚。②

李继元

夏州李光文（李克文）子，李继迁从兄弟之一，随父入宋，耻与李继迁同辈，改名李守元。③

李继冲

夏太祖李继迁弟，宋赐名赵保宁④。宋太平兴国七年（982），夏州定难节度使李继捧入朝献地，宋朝大兵压境，令夏州拓跋部偲麻以上亲族赴京。李继冲和张浦等人建议李继迁不能就范，诈称继迁乳母病逝，出葬郊外，和李继迁等逃出银州城，直奔距夏州300里的地斤泽，举起抗宋大旗，屡立战功。

李继忠

夏太祖李继迁弟。追随李继迁出奔地斤泽，其间李继迁上言归顺，宋太宗授李继迁银州观察使，赐姓名赵保吉，授李继忠绥州团练使，赐姓名赵保宁。⑤

李继瑗

夏太祖李继迁弟。咸平元年（998），宋册封李继迁夏州刺史、定难节度使、夏银绥宥静等州观察处置押蕃落使，加邑千户，实封200户。李继迁遣押衙刘仁谦上表让恩命，宋真宗诏不许。复遣其弟李继瑗入朝谢恩命，真宗诏

---

① 《宋史》卷四八五《夏国传上》。
② 《续资治通鉴长编》卷三六，太宗淳化五年八月丁酉条。
③ 《续资治通鉴长编》卷八八，真宗大中祥符元年九月甲辰条。
④ 《续资治通鉴长编》卷三二，太宗淳化二年七月丙午条；《宋史》卷四八五《夏国传上》。
⑤ 《东都事略》卷一二七《附录五》，与《宋史》《续资治通鉴长编》中所载李继冲赐名赵保宁不同，存疑待考。

授李继瑗亳州防御使。①

（三）嫔妃夫人志

卫慕氏

夏太祖李继迁母，卫国太夫人。宋咸平元年（998），宋册封李继迁夏州刺史、定难节度使、夏银绥宥静等州观察处置押蕃落使，封其母卫慕氏卫国太夫人，授其弟亳州防御使。②

卫慕氏

夏太宗（西平王）李德明妻。德明娶三姓，卫慕氏、咩迷氏、讹臧屈怀氏，其中卫慕氏为元昊生母，追封惠慈敦爱皇后。③

讹臧屈怀氏

夏太宗（西平王）李德明妻。成崺生母。④

罔氏

夏太宗（西平王）李德明庶母。宋景德四年（1007），德明母罔氏薨，宋以殿中丞赵积为吊赠兼起复官告使，德明用哀乐迎到灵柩前，感恩涕泣。及葬，德明又请修供五台山十寺，为其母祈福。德明生母为顺成懿孝皇后野利氏，罔氏当是庶母。⑤

咩迷氏

夏太宗（西平王）李德明妻。成遇生母。⑥

---

① 《宋史》卷四八五《夏国传上》。

② 《宋史》卷四八五《夏国传上》。

③ 《宋史》卷四八五《夏国传上》。

④ 《宋史》卷四八五《夏国传上》，载"德明娶三姓，卫慕氏生元昊，咩迷氏生成遇，讹臧屈怀氏生成崺"。《续资治通鉴长编》卷一一一，仁宗明道元年十一月壬辰条载："夏王赵德明凡娶三姓，米母氏生元昊，咩迷氏成遇讹臧，屈怀氏生成崺。"此处依《宋史》。

⑤ 《宋史》卷四八五《夏国传上》。

⑥ 《宋史》卷四八五《夏国传上》。

野利氏

夏太宗（西平王）李德明母，封顺成懿孝皇后。①

（四）僚属志

三畔

夏太祖李继迁部将。宋淳化四年（993），李继迁部将三畔奉命突至绥州，欲迁绥州民到平夏，被宋兵打败，斩首五百级，获马一百匹。②

万山

夏太祖李继迁部族首领。宋景德元年（1004）李继迁伤重身亡，子李德明继位，宋朝以继迁新亡、政权不稳，特诏其部族首领万山、万遇、庞罗逝安、万子、吴守正、马尾等，若率部下归顺，即授团练使，赏银万两、绢万匹、钱5万缗、茶5000斤。③

万子

夏太宗（西平王）李德明军主。宋大中祥符元年（1008），万子军主领兵攻甘州回鹘，回鹘设伏诱敌，全歼夏兵，唯万子挺身逃脱。④

万保移

又作万保移埋没、万保移埋、万私保移埋、旺布伊特满、万宝移，夏太祖李继迁部将。宋咸平二年（999），万保移等攻击麟州，被知府折惟昌、钤辖刘文质等击败。⑤

---

① 《宋史》卷四八五《夏国传上》。
② 《太平治迹统类》卷二《太祖太宗经制西夏》。
③ 《宋史》卷四八五《夏国传上》。
④ 《宋史》卷四九〇《回鹘传》。
⑤ 《续资治通鉴长编》卷四五，真宗咸平二年九月丁未条，作"万保移埋没"，载："未逾月，保吉之党万保移埋没复来寇，惟昌与驻泊宋思恭、钤辖刘文质合兵击败之于埋井峰，斩馘禽生甚众，夺其牛马、橐驼、弓矢。"四库底本此处作"万保移埋"，旁注"旺布伊特满"，影印本据改。此事《续资治通鉴长编》卷四七，真宗咸平三年五月丁丑条，标点本作"万宝移"，四库底本作"万保移"；《宋史》卷二五三《折惟昌传》，作"万私保移埋"，《宋史》卷三二四《刘文质传》，作"万保移"。

万遇

夏太祖李继迁部族首领。宋景德元年（1004）李继迁伤重身亡，子李德明继位，宋朝以继迁新亡，政权不稳，特诏其部族首领万遇等，若率部下归顺，即授团练使，赏银万两、绢万匹、钱5万缗、茶5000斤。①

马尾

又作马斡，夏太宗（西平王）李德明部属。宋景德元年（1004）李继迁中流矢身亡，其子李德明即位，宋朝乘机招诱德明部族军主马尾、吴守正等，不果。②

王旻

夏太宗（西平王）李德明牙将。宋景德元年（1004）正月初二日李继迁卒，其子德明遵照遗嘱，接连上表宋朝，请求册封，景德二年（1005），王旻奉命入宋，真宗赐其锦袍、银带，并遣侍禁夏居厚持诏答之。③

史不乩

夏太祖李继迁部将。宋至道二年（996），太宗亲自部署五路伐夏，李继隆出环州，丁罕出庆州，范廷召出延州，王超出夏州，张守恩出麟州。李继迁采取避而不战的策略，宋军"行十余日无所见，乃引还"。党项军主史不乩奉命屯兵骆驼口，拦截宋兵退路。④

白文寿

夏太宗（西平王）李德明都知兵马使。宋景德二年（1005）九月，受德明派遣，入宋进贡。⑤

白守贵

夏州进奉使。宋大中祥符二年（1009），白守贵入宋进贡，请求购买弓矢

---

① 《宋史》卷四八五《夏国传上》。
② 《宋史》卷四八五《夏国传上》。
③ 《宋史》卷四八五《夏国传上》。
④ 《宋史》卷四八五《夏国传上》；卷二五七《李继隆传》。
⑤ 《续资治通鉴长编》卷六一，真宗景德二年九月癸丑条。

及弩。宋以弩在禁科，不许出口，弓矢可自由买卖。①

冯移埋

又作冯伊特满。夏太宗（西平王）李德明时蕃官军主。宋大中祥符九年（1016），西夏毛尸族军主浪埋、骨咩族蕃官乩唱、巢迷族蕃官冯移埋率其属1190人投宋。这些部族曾投附宋朝，后被西夏裹挟而去，因不堪苦役，再次投附。②

吕文贵

夏国东头贡奉官。辽圣宗开泰元年（1012）十一月，夏国使人曹文斌、窦珪祐、守荣、武元正等入辽贡奉，辽分别赐爵。③

伊普才迭

又作移逋穄爹，夏太宗（西平王）李德明蕃部首领。宋景德三年（1006）投附，宋真宗"以德明输贡效款"，诏知镇戎军曹玮，如是属户则依例安置，生户则不予接纳。④

乩唱

又作伽强楚，夏太宗（西平王）李德明时蕃官军主。宋大中祥符九年（1016），骨咩族蕃官乩唱与巢迷族蕃官冯移埋、毛尸族军主浪埋率其属1190人投宋。这些部族曾投附宋朝，后被西夏裹挟而去，因不堪苦役，再次投附。⑤

色木结

又作细母皆，夏太宗（西平王）李德明蕃部首领。宋夏景德约和前投归宋朝，在府州地界住坐。景德约和后，德明请求归还，宋以在约和前归附，

① 《续资治通鉴长编》卷七二，真宗大中祥符二年十一月丙子条。
② 《续资治通鉴长编》卷八七，真宗大中祥符九年五月乙卯条。
③ 《辽史》卷一五《圣宗纪六》。
④ 《续资治通鉴长编》卷六四，真宗景德三年九月庚戌条。
⑤ 《续资治通鉴长编》卷八七，真宗大中祥符九年五月乙卯条。

不许。①

刘仁勖

夏太宗（西平王）李德明牙校，多次出使辽宋两国。辽统和二十年（1002），夏国李继迁遣牙将刘仁勖入辽，报告攻取宋朝灵州。宋景德元年（1004）正月初二日李继迁卒，李德明遵照继迁遗嘱，接连上表宋朝，请求册封，景德三年（1006），李德明再次遣牙将刘仁勖奉表请命。宋朝答应德明请求，遣使臣册封其为夏州刺史、定难军节度使、夏银绥宥静等州观察处置押蕃落使、西平王。宋大中祥符九年（1016），李德明再次遣刘仁勖入宋贡马，并上德明表奏，望"悉遵诏约，肃静往来之奸寇，止绝南北之逋逃"。西夏自景德约和后，凡有表奏，一般由延州接收传递，夏使不至殿下。因该表奏不同寻常，边帅乃留刘仁勖暂住延州，将情况上报朝廷，真宗诏令延州伴送刘仁勖至殿下，当面陈述。②

刘仁谦

夏太祖李继迁部将。咸平元年（998），宋真宗册封李继迁夏州刺史、定难节度使、夏银绥宥静等州观察处置押蕃落使，加邑千户，实封200户。李继迁遣押衙刘仁谦上表让恩命，宋帝诏不许，并赐刘仁谦锦袍、银带。③

刘荣

夏太祖李继迁子德明随从。宋咸平六年（1003）投宋，补三班借职，赐居宅。④

刘赟

夏太祖李继迁突阵使。宋咸平六年（1003）十一月，因李继迁残虐与境

---

① 《续资治通鉴长编》卷六四，真宗景德三年九月癸丑条。
② 《宋史》卷四八五《夏国传上》；《辽史》卷一一五《西夏纪》；《续资治通鉴长编》卷六四，真宗景德三年九月丁卯条，卷八八，真宗大中祥符九年十月丙子条。
③ 《宋史》卷四八五《夏国传上》。
④ 《续资治通鉴长编》卷五四，真宗咸平六年二月己卯条。

内旱灾，率众投奔宋朝。①

守荣

夏国东头贡奉官。辽圣宗开泰元年（1012）十一月，夏国使人曹文斌、吕文贵、窦珪祐、守荣、武元正等入辽贡奉，辽分别赐爵。②

安晏

夏州教练使。宋咸平六年（1003）九月，夏州教练使安晏与其子安守正投宋，上言西夏境内饥荒，靠劫掠维持，又将夏、银、宥等州丁壮迁往河外，民怨沸腾。③

安守正　安晏子，随父投宋。

讹遇

夏太祖李继迁蕃部首领。宋咸平四年（1001）闰十二月，投附宋朝。④

苏守信

夏太宗（西平王）李德明军校。受德明派遣，领兵七千，马五千戍守西凉府。宋大中祥符四年（1011）九月，领兵攻西凉乞当族，被乞当族打败。⑤

罗莽　又作罗埋，苏守信子。苏守信死，其子罗莽领西凉府事。⑥

苏尚娘

又作苏尔萨南，夏太宗（西平王）李德明蕃部首领。本宋环州属户，叛投西夏，景德约和后请求内迁，宋真宗诏知镇戎军曹玮回复："既纳款，皆王土也，但复旧居，不须更迁内地。"⑦

杜白

夏太祖李继迁遣辽使人。辽统和九年（991）四月，受夏国王李继迁派

---

① 《续资治通鉴长编》卷五五，真宗咸平六年十一月癸巳条。
② 《辽史》卷一五《圣宗纪六》。
③ 《续资治通鉴长编》卷五五，真宗咸平六年九月壬辰条。
④ 《宋史》卷六《真宗纪一》。
⑤ 《续资治通鉴长编》卷七六，真宗大中祥符四年九月甲申条。
⑥ 《续资治通鉴长编》卷八八，真宗大中祥符九年十二月辛卯条。
⑦ 《续资治通鉴长编》卷六四，真宗景德三年十一月癸卯条。

遣，入辽谢册封。①

李大信

夏太祖李继迁亲信。李继迁在地斤泽起兵后，李大信等追随左右，诱杀宋朝都巡检曹光实，占据银州。②

李文贵

夏太祖李继迁遣辽使人。辽统和十九年（1001）三月，夏国王李继迁遣李文贵出使辽国。《辽史·西夏纪》记录李文冀来贡，存疑待考。③

李文信

夏太宗（西平王）李德明部族军主。李继迁中流矢身亡，德明即位，宋朝乘机招诱德明部族军主李文信等，不果。④

时乂

西夏银州牙校。宋咸平六年（1003）十月，西夏银州牙校时乂等携部族投宋，补右三班借职。⑤

吴守正

夏太宗（西平王）李德明部族军主。李继迁中流失身亡，德明即位，宋朝乘机招诱德明部族军主吴守正等，不果。⑥

何宪

夏太祖李继迁子德明孔目官。宋景德元年（1004）十二月投宋，真宗诏令乘驿传赴京。⑦

辛荣

礼宾院小蕃通事。本夏州子弟，虚称汴京开封人，投礼宾院充小蕃通事，

---

① 《辽史》卷一三《圣宗纪四》。
② 《宋史》卷四八五《夏国传上》。
③ 《辽史》卷一四《圣宗纪五》，卷一一五《西夏纪》。
④ 《续资治通鉴长编》卷五六，真宗景德元年二月戊午条。
⑤ 《续资治通鉴长编》卷五五，真宗咸平六年十月丙戌条。
⑥ 《宋史》卷四八五《夏国传上》。
⑦ 《续资治通鉴长编》卷五八，真宗景德元年十二月癸卯条。

被汴京市民举报，流配海州本城。①

张浦

夏太祖李继迁的汉人谋士。李继迁起兵地斤泽后，张浦和李继冲、破丑重遇贵等追随左右，出谋划策，诱杀宋朝都巡检曹光实，占据银州。至道年间（995—997），李继迁派左都押衙张浦入宋进贡驼、马，宋太宗令其观看军士挽弓射箭，笑问："羌人敢敌否？"张浦对答道："羌人弓弱矢短，遇此早就望风而逃，哪敢抵抗！"宋太宗为削弱李继迁势力，授张浦郑州团练使，留而不遣。直到至道三年（997）驾崩，真宗即位，授李继迁夏州刺史、定难节度使、夏银绥宥静等州观察处置押蕃落使后，才将张浦放还。②

阿约勒

又作扑咩讹猪，夏太祖李继迁蕃部首领。宋咸平四年（1001）闰十二月，阿约勒等到延州降附，真宗诏给赐田帛。③

武元正

夏国东头贡奉官。辽圣宗开泰元年（1012）十一月，夏国使人曹文斌、吕文贵、窦珪祐、守荣、武元正等入辽贡奉，辽分别赐爵。④

卧浪己

夏太祖李继迁蕃部首领。宋咸平五年（1002）正月，卧浪己从西夏投附宋朝，诏给田宅。⑤

庞罗逝安

夏太祖李继迁部族首领。宋景德元年（1004）李继迁伤重身亡，其子李德明继位。宋朝以继迁新亡、政权不稳，特诏其部族首领庞罗逝安等，若率

---

① 《续资治通鉴长编》卷九三，真宗天禧三年三月丙寅条。
② 《宋史》卷四八五《夏国传上》。
③ 《续资治通鉴长编》卷五〇，真宗咸平四年闰十二月乙酉条。
④ 《辽史》卷一五《圣宗纪六》。
⑤ 《宋史》卷六《真宗纪一》。

部下归顺，即授团练使，赏银万两、绢万匹、钱 5 万缗、茶 5000 斤。①

赵光祚

夏太祖李继迁牙将。宋淳化年间（990—994），李继迁遣赵光祚、张浦等到绥州，与黄门押班张崇贵和谈。张崇贵在石堡寨会见张浦、赵光祚一行，杀牛备酒招待，并给锦袍银带。②

郝贵

夏太宗（西平王）李德明教练使。宋景德二年（1005）十二月，受李德明派遣，入宋进贡。③

贺永正

夏太宗（西平王）李德明左都押衙。宋景德三年（1006）六月，李德明以天象昭瑞，复遣左都押衙贺永正入宋贺。④

贺永珍

夏太宗（西平王）李德明兵马使。宋景德三年（1006），受李德明派遣，入宋贡马。⑤

贺守文

夏太宗（西平王）李德明兵马使。宋景德三年（1006），受李德明派遣，入宋进贡。⑥

都尾

又作都威，都指挥使，夏太祖李继迁部将。宋景德元年（1004）率部族投宋。⑦

---

① 《宋史》卷四八五《夏国传上》。
② 《续资治通鉴长编》卷三六，太宗淳化五年八月丁酉条。
③ 《续资治通鉴长编》卷六一，真宗景德二年十二月条。
④ 《续资治通鉴长编》卷六三，真宗景德三年六月丁丑条。
⑤ 《续资治通鉴长编》卷六三，真宗景德三年五月壬寅条。
⑥ 《续资治通鉴长编》卷六三，真宗景德三年五月甲辰条。
⑦ 《宋史》卷七《真宗纪二》作"都尾"，《续资治通鉴长编》卷五六，真宗景德元年六月壬戌条作"都威"，四库底本作"都尾"，影印本作"都威"。

破丑重遇贵

夏太祖李继迁亲信。李继迁在地斤泽起兵后，破丑重遇贵和李继冲、张浦等追随左右，诱杀宋朝都巡检曹光实，占据银州。①

浪埋

又作朗密，夏太宗（西平王）李德明时蕃官军主。宋大中祥符九年（1016），西夏毛尸族军主浪埋与骨咩族、巢迷族首领率其属 1190 人投宋。这些部族曾投附宋朝，后被西夏裹挟而去，因不堪苦役，再次投附。②

浪梅娘

又作朗密囊，夏太宗（西平王）李德明蕃部指挥使。宋大中祥符八年（1015），西夏蕃部指挥使浪梅娘和麻孟桑二人投奔宋朝环州。宋朝不愿归还二人，诏令移牒夏州，如送还投夏属户，方可送还此二人。③

曹文斌

夏国东头贡奉官。辽圣宗开泰元年（1012）十一月，夏国使人曹文斌、吕文贵、窦珪祐、守荣、武元正等入辽贡奉，辽分别赐爵。④

麻孟桑

当作孟霜，李德明时期定难军政权境内的麻魁。宋大中祥符八年（1015），麻孟桑随浪梅娘投奔宋朝环州，西夏移牒索要，宋朝不愿归还，乃令移牒夏州，须归还投夏属户，方可放回 2 人。⑤

康奴

夏太宗（西平王）李德明部属。李继迁中流矢身亡，其子德明即位，宋朝乘机招诱德明部族首领，康奴率部投宋。⑥

---

① 《宋史》卷四八五《夏国传上》。
② 《续资治通鉴长编》卷八七，真宗大中祥符九年五月乙卯条。
③ 《续资治通鉴长编》卷八四，真宗大中祥符八年四月戊午条。
④ 《辽史》卷一五《圣宗纪六》。
⑤ 《续资治通鉴长编》四库底本卷八四，真宗大中祥符八年四月戊午条，为"麻魁孟霜"，旁注"玛魁孟双"，影印本据改，标点本漏掉"魁"字，改为"麻孟桑"。
⑥ 《宋史》卷四八五《夏国传上》。

嵬啰

夏太祖李继迁部将。宋至道年间（995—997），被边臣郑文宝招诱，李继迁为此上书宋朝，太宗为了与李继迁约和，乃贬郑文宝为蓝山令。[①]

嵬悉

夏太祖李继迁部将。宋至道年间（995—997），被边臣郑文宝招诱，李继迁为此上书宋朝，宋太宗乃贬郑文宝为蓝山令。[②]

腊儿

又作拉尔，宥州蕃族首领。宋天禧四年（1020），腊儿率众劫掠宋朝属户，被延州金明县监押李士彬击败，腊儿等 70 人被杀，其余人悉数投降。真宗诏鄜延部署司"以其事报赵德明"。[③]

蒙异保

夏太祖李继迁部族首领。本为宋朝属户首领，李继迁势力崛起后，投附继迁，咸平元年（998）引导李继迁进攻麟州。[④]

窦珪祐

夏国东头贡奉官。辽开泰元年（1012）十一月，夏国使人曹文斌、吕文贵、窦珪祐、守荣、武元正等入辽贡奉，分别赐爵。[⑤]

（五）百姓志

卢蒐

又作鲁威，夏太宗（西平王）李德明间谍。宋大中祥符二年（1009）被环庆路捕获，依法当处死，真宗特诏令械送夏州，由李德明裁处。[⑥]

---

① 《宋史》卷四八五《夏国传上》。
② 《宋史》卷四八五《夏国传上》。
③ 《续资治通鉴长编》卷九五，真宗天禧四年正月辛未条。
④ 《续资治通鉴长编》卷四五，真宗咸平二年九月条。
⑤ 《辽史》卷一五《圣宗纪六》。
⑥ 《续资治通鉴长编》卷七一，真宗大中祥符二年六月壬辰条。

刘严

西夏投附宋朝百姓。夏州民刘严等 2000 余人投奔延州，诏给以延川县闲田旷土。李德明多次请求将其归还西夏，宋朝不许。①

---

① 《续资治通鉴长编》卷六五，真宗景德四年六月庚申条。

三、西夏时期

（一）国主志

夏景宗李元昊

西夏开国皇帝。西平王李德明长子元昊，小名嵬理①，党项语"珍惜富贵"之意，五月五日生，国人以其生日相庆贺。元昊圆脸高鼻，身高五尺有余，少时，喜着长袖绯衣，头戴黑冠，身佩弓矢，每逢外出，骑一骏马，以二名旗手开道，侍卫高举青色伞盖，百余骑兵随行，浩浩荡荡，气势不凡。元昊有雄才大略，性凶悍，多猜忌，善绘画，晓浮图学，通蕃汉文字，案上常置法律书籍，熟知兵书，对于当时流行的《野战歌》《太乙金鉴诀》更是手不释卷。在其父向宋朝称臣时，元昊曾多次建议李德明叛宋自立，德明认为内迁后的党项相比于前生活稳定，主要得益于宋朝的天恩，对宋开战必然导致连年战事，不利于党项族的发展，因此并不赞成盲目用兵②。元昊则有不同

① 嵬理，又作崖塊、崖埋，《宋史》卷四八五《夏国传》载："曩霄本名元昊，小字嵬理，国语谓惜为'嵬'，富贵为'理'"。《隆平集》卷二〇《夏国传》载："元昊以五月五日生，小名崖塊。羌谓惜为'崖'，谓富贵为'塊'。"《续资治通鉴长编》卷一一一，仁宗明道元年十一月壬辰条载："元昊小名崖埋，羌语谓惜为'崖'，富贵为'埋'。"此处采用《宋史》的记载。

② 《续资治通鉴长编》卷一一一，仁宗明道元年十一年壬辰条载："吾久用兵，终无益，徒自疲耳。吾族三十年衣锦绮衣，此圣宋天子恩，不可负也。"

意见，他主张摆脱宋朝，建立政权，认为："衣皮毛，事畜牧，蕃性所便。英雄之生，当王霸耳，何锦绮为！"①

元昊24岁的时候，因独自领兵攻破回鹘夜落隔可汗王，夺取甘州，而被立为皇太子。第二年，德明为元昊向辽请婚，辽兴宗封宗室女为兴平公主，嫁给元昊。元昊攻占甘州夺取西凉府后不久，德明亡，宋明道元年（1032）元昊继位。宋仁宗授封元昊为定难军节度使、夏银绥宥静等州观察处置押蕃落使、西平王②。辽兴宗封元昊为夏国王③。元昊嗣位后，为称帝建国采取一系列准备措施。

改年号。宋明道元年（1032），元昊借口避父德明讳，在其统辖范围内将"明道"改为"显道"，宋景祐元年（1034），建年号"开运"，后因"开运"为后晋亡国之前用过的年号，又改为"广运"④，至此，西夏开始使用自己的年号。

改姓名。废弃唐、宋所赐李、赵姓氏及拓跋旧姓，改姓"嵬名"，自号"吾祖"，意为"青天子"，以示与宋朝皇帝"黄天子"有别。⑤

定礼乐。元昊认为唐宋礼乐过于烦琐，夏天授礼法延祚二年，即宋宝元二年（1039），改变德明时期采用唐宋礼乐的做法，在境内实行胡礼，在吉凶、嘉宾、宗祀、燕享等各种重要场合，"革乐之五音为一音，裁礼之九拜为三拜"⑥。

定服饰。文官戴幞头、穿靴执笏，着紫、绯色。武官可戴金帖起云缕冠、银帖间金缕冠、黑漆冠，着紫旋襕衣、金涂银束带、垂蹀躞，配解结锥、短刀、弓矢韣，马乘鲵皮鞍，垂红缨，打跨钹拂。便服为紫草地绣盘毬子花旋

---

　① 《续资治通鉴长编》卷一一一，仁宗明道元年十一月壬辰条。
　② 《宋史》卷四八五《夏国传上》。
　③ 《辽史》卷一八《兴宗纪一》。
　④ 《宋史》卷四八五《夏国传上》。
　⑤ 吾祖，也作兀卒，《续资治通鉴长编》卷一二二，仁宗宝元元年九月己酉条载："兀卒者，华言青天子也，谓中国为黄天子。"
　⑥ 《续资治通鉴长编》卷一二三，仁宗宝元二年正月辛亥条。

襕，束带。普通百姓只能穿青绿色衣服，贵贱等级分明①。

秃头发。为了突出党项民族的特点，元昊改革银州、夏州诸羌旧俗，在境内强制推行党项传统法式，实行秃发令，禁止用汉人风俗结发。元昊首先带头秃发，然后强令党项人遵守，期限三日，有不执行命令、不愿秃发者，许众共杀之②。

创文字。元昊亲自主持创制西夏文，命野利仁荣演绎，成书 12 卷，字形体方整类八分，笔画多重复，史称"蕃书"，为了在全国范围内推广西夏字，教以西夏字纪事，翻译《孝经》《尔雅》《四言杂字》等汉文书籍为西夏文，设立蕃字院和汉字院，建立蕃学③。

建官制。西夏建国前比较简单，设有蕃落使、防御使、都押衙、指挥使、团练使、刺史等职，由党项族帐中较大的首领充任，到了元昊统治时，控制了整个河西，统辖范围扩大，仿宋代中央官制，分文武两班。设中书、枢密、三司、御史台、开封府、翊卫司、官计司、受纳司、农田司、群牧司、飞龙院、磨勘司、文思院、蕃学、汉学。自中书令、宰相、枢密使、大夫、侍中、太尉以下，皆可由党项人和汉人担任④，另设"专授蕃职"，限党项人充任。其中以嵬名守全、张陟、张绛、杨廓、徐敏宗、张文显主谋议，以钟鼎臣典文书，以成逋克成、赏都卧贺、如定多多马、窭惟吉⑤主兵马，野利仁荣主蕃学。

设州府。除保留前代设置的夏、银、绥、宥、静、灵、盐、会、胜、甘、凉、瓜、沙、肃等州外，将洪、定、威、龙等堡镇号为州，以壮大声威。兴

---

① 《宋史》卷四八五《夏国传上》。

② 《续资治通鉴长编》卷一一五，仁宗景祐元年十月丁卯条，载："元昊初制秃发令，先自秃发。及令国人皆秃发，三日不从令，许众杀之。"

③ 《宋史》卷四八五《夏国传上》。

④ 《宋史》卷四八五《夏国传上》。

⑤ 成逋克成、赏都卧贺、如定多多马、窭惟吉，《宋史》卷四八五、《续资治通鉴长编》卷一二〇，仁宗景祐四年十二月癸未条，标点本为"成逋、克成赏、都卧、贺如定、多多马窭、惟吉"，影印本作"沁布开沁尚对乌札如定多特玛窭惟吉"。

州（今宁夏银川）因阻河傍山，地理位置险要，易守难攻，升为兴庆府，作为都城。① 至此，西夏版图已基本形成。

定兵制。实行部落兵制②，由豪右分领其众，"每举兵，必率部长与猎，有获，则下马环坐饮，割鲜而食，各问所见，择取其长"③。将全境划分12个监军司（后增加到18个），以黄河为界，仿宋制，划分左、右两厢，每个监军司都立有军名，明确驻地，负责西夏边境的日常守备。军队总数50余万④，镇守都城，备防周边。此外还有在战争中专门俘获生口的擒生军10万，兴、灵一带精练部队2.5万⑤。从党项豪右大族中选拔擅长骑射者5000人组成宿卫军，号称"御围内六班直"⑥，月给米2石。另外，西夏还有"步跋子"、"铁鹞子"⑦、"泼喜"、撞令郎⑧等。

一切准备就绪，夏大庆三年，即宋宝元元年（1038），元昊30岁时，在野利仁荣、杨守素等亲信大臣的拥戴下，正式称帝建国，建国号"大夏"，全

① 《宋史》卷四八五《夏国传上》。
② 《宋史》卷四八六《夏国传下》载："其民一家号一帐，男年登十五为丁，率二丁取正军一人。每负担一人为一抄。负担者，随军杂役也。四丁为两抄，余号空丁。愿隶正军者，得射他丁为负担，无则许射正军之疲弱者为之。故壮者皆习战斗，而得正军为多。凡正军给长生马、驼各一。团练使以上，帐一、弓一、箭五百、马一、橐驼五，旗、鼓、枪、剑、棍棓、抄袋、披毡、浑脱、背索、锹钁、斤斧、箭牌、铁爪篱各一。刺史以下，无帐无旗鼓，人各橐驼一、箭三百、幕梁一。兵三人同一幕梁。幕梁，织毛为幕，而以木架。"
③ 《宋史》卷四八五《夏国传上》。
④ 《宋史》卷四八五《夏国传上》载："自河北至午腊蒻山七万人，以备契丹；河南洪州、白豹、安盐州、罗落、天都、惟精山等五万人，以备环、庆、镇戎、原州；左厢宥州路五万人，以备鄜、延、麟、府；右厢甘州路三万人，以备西番、回纥；贺兰驻兵五万、灵州五万人、兴州兴庆府七万人为镇守，总五十余万。"
⑤ 《宋史》卷四八六《夏国传下》。
⑥ 《宋史》卷四八五《夏国传上》载："选豪族善弓马五千人迭直，号六班直，月给米二石"，《宋史》卷四八六《夏国传下》载："别副以兵七万为资赡，号御围内六班，分三番以宿卫。"
⑦ 《宋史》卷一九〇《兵志四》载："西贼有山间部落谓之'步跋子'者，上下山坡，出入溪涧，最能踰高超远，轻足善走；有平夏骑兵谓之'铁鹞子'者，百里而走，千里而期，最能倏往忽来，若电击云飞。每平原驰骋之处遇敌，则多用铁鹞子以为冲冒奔突之兵；山谷深险之处遇敌，则多用步跋子以为击刺掩袭之用。"
⑧ 《宋史》卷四八六《夏国传下》载："有炮手二百人号'泼喜'，陡立旋风炮于橐驼鞍，纵石如拳。得汉人勇者为前军，号'撞令郎'。"

称"白高大夏国",西夏语发音"邦泥定国"①,元昊更名曩霄,自号"世祖始文本武兴法建礼仁孝皇帝",改元"天授礼法延祚"②。追谥祖父李继迁为神武皇帝,庙号太祖,墓号裕陵③。祖母野利氏称顺成懿孝皇后④。追谥父亲李德明为光圣皇帝,庙号太宗,墓号嘉陵⑤。母亲卫慕氏为惠慈敦爱皇后⑥。十月,按照通例宋朝皇帝在南郊祭祀天地,元昊应派贡使参加,但元昊刚称帝,并没有遣使,而派大臣潘也布、易里马乞点集兵马于蓬子山护驾,效仿宋朝皇帝,亲赴西凉府祭祀⑦。

　　夏天授礼法延祚二年,即宋宝元二年(1039),元昊以臣子的身份,遣使进表宋朝皇帝仁宗,请求北宋"许以西郊之地,册为南面之君"⑧。宋朝一片讨伐之声,众臣纷纷表示不予承认,宋仁宗下令收回赐姓,削去元昊官爵,禁断互市贸易,招募能斩首元昊者为定难军节度使⑨,激化了宋夏矛盾,夏军在天授礼法延祚三年,即宋康定元年(1040)、四年,即宋庆历元年(1041)、五年对宋连续发动进攻,并取得三川口(今陕西延安西北)、好水川(今宁夏西吉兴隆镇东南)及定川寨(今宁夏固原西北)等战役的胜利。但是连年战争,加重了百姓的负担,同时,与宋交恶,宋朝关闭榷场,停止贸易,百姓怨声载道,就在此时,西夏内部统治集团矛盾重重,元昊无暇顾及外战。因此,宋夏开始了长达一年多的议和,终于在天授礼法延祚七年,即宋庆历四年(1044)缔结庆历合约,双方协定:西夏对宋称臣,宋册封元昊为夏国主,

---

　　① 《宋史》卷四八五《夏国传上》。
　　② 《宋史》卷四八五《夏国传上》。
　　③ 《宋史》卷四八五《夏国传上》。
　　④ 《宋史》卷四八五《夏国传上》。
　　⑤ 《宋史》卷四八五《夏国传上》。
　　⑥ 卫慕氏,又作米母氏。《宋史》卷四八五载:"母曰惠慈敦爱皇后卫慕氏。"《隆平集》卷二〇《夏国传》载:"德明娶米母氏,生元昊。"《续资治通鉴长编》卷一一一,仁宗明道元年十一月壬辰条载:"夏王赵德明凡娶三姓,米母氏生元昊。"
　　⑦ 《续资治通鉴长编》卷一二二,仁宗宝元元年十月甲戌条。
　　⑧ 《宋史》卷四八五《夏国传上》。
　　⑨ 《宋史》卷四八五《夏国传上》载:"揭榜于边,募人能擒元昊若斩首献者,即为定难军节度使。"

宋朝每年赐银、绮、绢、茶二十五万五千，并在保安军（今陕西志丹）、高平寨（今宁夏固原）置榷场①。庆历和议之后，宋夏在很长一段时间内维持相对的和平，给双方带来了休养生息的喘息之机。

自辽圣宗统和四年（986）西夏开始附辽，辽相继封李继迁、李德明为夏国王，并嫁公主和亲。元昊与兴平公主婚后不睦，公主郁郁寡欢而亡，辽兴宗得知后，遣北院承旨耶律庶成执诏责问②，十分不满元昊的行为，元昊担心因为兴平公主之事，影响到辽夏关系，极力讨好辽国。宋、夏战争时，元昊请求辽朝支持，辽兴宗表面上答应，却集兵幽州③，与宋朝在增加岁币的问题上讨价还价，不再前进，元昊对此极为不满。此外，宋明道二年，即辽重熙二年（1033），辽朝禁止西夏人在辽朝境内私市金、铁④，天授礼法延祚五年，即辽重熙十一年（1042）辽朝不许夏人到辽朝附属的吐谷浑诸部族买马⑤，对于急于军事扩张的元昊来说，无疑是一种限制。为此，西夏也不甘示弱，辽夏边境居住着许多党项部落，随着西夏的强大，他们多叛附西夏，加剧了辽夏边界的民族纠纷，天授礼法延祚七年，即辽重熙十三年（1044）党项及山西部族节度使屈烈以五部叛入西夏⑥，辽兴宗派南面招讨罗汉奴领兵镇压，元昊出兵救援，杀死了辽招讨使萧普达等，兴宗大怒，下令调兵遣将讨伐西夏，双方在河曲发生了著名的河曲战役，元昊反败为胜，双方讲和。从此辽、宋、夏三方鼎峙的局势形成。

元昊统治时期，上层统治集团内部矛盾重重，为发展中央集权，镇压反对势力，与党项贵族进行争权斗争，诛杀卫慕氏、野利氏兄弟，并将野利皇

① 《宋史》卷四八五《夏国传上》。
② 《辽史》卷一八《兴宗纪一》。
③ 《续资治通鉴长编》卷一三六，仁宗庆历二年五月庚申条。
④ 《辽史》卷一一五《西夏传》，重熙二年，"十二月，禁夏国使沿路私市金铁"。
⑤ 《辽史》卷一一五《西夏传》，重熙十一年，"十二月，禁吐浑鬻马于夏，沿边筑障塞以防之"。
⑥ 《辽史》卷一九《兴宗纪二》，重熙十三年，四月："甲寅，南院大王耶律高十奏党项等部叛附夏国。丙辰，西南面招讨都监罗汉奴、详稳斡鲁母等奏，山西部族节度使屈烈以五部叛入西夏。"

后打入冷宫，太子宁令哥在没藏讹庞的挑唆下入宫行刺，元昊躲闪不及被削去鼻子。天授礼法延祚十一年，即宋庆历八年（1048），元昊因失血过多而亡，终年46岁。娶妻有①：一米母氏，二索氏，三都罗氏，四咩迷氏，五宪成皇后野利氏，六辽兴平公主耶律氏，七没移氏，另有宣穆惠文皇后没藏氏，生子谅祚。在位15年，改元开运一年，广运二年，大庆二年，天授礼法延祚11年，谥号武烈皇帝，庙号景宗，墓号泰陵②。

夏毅宗李谅祚

景宗元昊子③。母宣穆惠文皇后没藏氏随元昊出猎，于两岔河生谅祚，因此得名"两岔"④。夏天授礼法延祚十年，即宋庆历七年（1047）二月六日生，十一年正月，元昊亡，临死前遗嘱立从弟委哥宁令，大酋惧移赏都、埋移香、热崛浪布、野也浪啰皆拥护之，而没藏讹庞认为委哥宁令非子且无功，不可继，于是未满周岁⑤的谅祚即位。四月，宋朝遣尚书刑部员外郎任颛充册

---

① 有元昊七娶、元昊五娶的说法。《续资治通鉴长编》卷一六二，仁宗庆历八年正月辛未条，载："曩霄凡七娶：一曰米母氏，舅女也，生一子，以貌类他人，杀之。二曰索氏。始，曩霄攻猫牛城，传者以为战没，索氏喜，日调音乐，及曩霄还，惧而自杀之。三曰都罗氏，早死。四曰咩迷氏，生子阿埋，谋杀曩霄，为卧香乞所告，沈于河，杀咩迷氏于王亭镇。五曰野利氏，遇乞从女也，颀长，有智谋，曩霄畏之，戴金起云冠，令他人不得冠。生三子，曰宁明，喜方术，从道士路修篁学辟谷，气忤而死。次宁令哥，曩霄以貌类己，特爱之，以为太子。次薛埋，早死。……。六曰耶律氏。七曰没移氏，初，欲纳为宁令哥妻，曩霄见其美，自取之，号为新皇后。"《隆平集》卷二〇《夏国传》载："曩霄七娶，其五曰野利氏，身颀长，有智谋，曩霄畏之。戴金起云冠，使它无得冠者。生三子，独宁令哥存，僭称太子。又纳没啰女，营天都山居之。野利氏之叔遇乞有言，而曩霄杀遇乞，得遇乞之妻，生谅祚。"《宋史》卷四八五《夏国传上》曰元昊五娶，载："凡五娶，一曰大辽兴平公主，二曰宣穆惠文皇后没藏氏，生谅祚，三曰宪成皇后野力氏，四曰妃没啰氏，五曰索氏。"此处采用《续资治通鉴长编》记载，并把没藏氏统计在内。

② 《宋史》卷四八五《夏国传上》。

③ 谅祚，一说小字宁令哥，一说宁令哥与谅祚并非一人。《宋史》卷四八五，载："谅祚，景宗长子也，小字宁令哥……母曰宣穆惠文皇后没藏氏"；《续资治通鉴长编》卷一六二中野利氏生三子，载："次宁令哥，曩霄以貌类己，特爱之，以为太子。"学界普遍认为谅祚，母没藏氏，与宁令哥并非同一人。

④ 《宋史》卷四八五《夏国传上》。

⑤ 一说谅祚未满周岁即位，一说谅祚为遗腹子，《宋史》卷四八五载：谅祚"庆历七年丁亥二月六日生，八年戊子正月，方期岁即位"。《续资治通鉴长编》卷一六二载："曩霄既死三月，谅祚生。"此处以《宋史》记载为准。

礼使，供备库副使宋守约充副使册封谅祚为夏国主①。

谅祚年幼，以母没藏氏为宣穆惠文太后，舅舅没藏讹庞为国相总揽大权，西夏从此拉开了后族专政的序幕。没藏氏为维护其家族的执政地位，提倡蕃学，反对儒学。夏延嗣宁国元年，即辽重熙十八年（1049），辽兴宗为报河曲之耻趁西夏政局不稳之际亲率大军伐夏，迅速占领唐隆镇，由于轻敌，夏军趁机猛攻，辽军大败②。在此之后，双方又进行了一些规模不大的战役，互有胜负。没藏氏在辽国接连不断的打击下，深感力量不足，遣使依旧例称臣，答应代替数千投夏的党项降户给辽献进马、驼、牛、羊等物，请求归还唐隆镇，乞罢所建城邑③。辽也因为几次战争得不偿失，答应求和。夏福圣承道元年，即辽重熙二十二年（1053），没藏氏进降表，辽兴宗遣林牙高家奴赍诏抚谕，辽夏和平恢复④。

夏福圣承道四年（1056），没藏太后被宠臣李宗贵刺死，讹庞为了继续把持朝政，以女嫁谅祚。奲都三年（1059），12 岁的谅祚开始参与国事。五年（1061），谅祚用计执杀讹庞及其家族，立梁氏为后，结束了没藏氏专权的局面。以皇后弟梁乙埋为国相，进行改革。文化方面，夏奲都五年，即宋嘉祐六年（1061）在国内废行番礼，改从汉仪，"以汉仪迎待朝廷使人"⑤。同年，上表求宋仁宗御制诗章，隶书石本，进马 50 匹，求《九经》《唐史》《册府元龟》及宋正至朝贺礼仪，大力提倡汉文化。宋赐《九经》，还所献马匹⑥。拱化元年，即宋嘉祐八年（1063）谅祚改用汉姓，仍用唐朝赐姓"李"姓⑦。一时之间，西夏汉文化重新占据了上风。

在政治方面，谅祚基本承袭了元昊立国初期的中央官制，增设番、汉官

① 《宋史》卷四八五《夏国传上》。
② 《辽史》卷九三《萧惠传》。
③ 《辽史》卷一一五《西夏传》。
④ 《辽史》卷一一五《西夏传》。
⑤ 《续资治通鉴长编》卷一九五，仁宗嘉祐六年十一月己巳条。
⑥ 《宋史》卷四八五《夏国传上》。
⑦ 《续资治通鉴长编》卷一九九，仁宗嘉祐八年七月丙辰条。

职，重用汉族知识分子为官①，如攻略宋朝秦凤路时俘虏的汉人苏立、因犯罪叛逃至夏国的陕西延安文人景询，等等。

在军事方面，谅祚对元昊时期设立的监军司进行部分调整，更换了一些监军司的名称，改西寿监军司为保泰军，石州监军司为静塞军，韦州监军司为祥祐军，左厢监军司为神勇军②，更于西平府设监军司，以翔庆军总领，并使地方军政分开，文武官互相牵制。这些措施对于加强中央集权、巩固西夏边防起到了一定的作用。

在宋夏边界方面，西夏与宋麟州交界地带，有70里之地没有设置堡垒屏障，其地位于屈野河西，土地肥沃，田腴利厚，没藏讹庞"岁东侵不已"③，宋朝屡禁不止。夏奲都元年，即宋嘉祐二年（1057）宋朝采用经略使庞籍的建议，禁止宋夏陕西缘边和市，夏人因此怨愤，双方矛盾升级。为解决这一问题，夏奲都五年，即宋嘉祐六年（1061）派夏国辄移、拽浪与宋太原府、代州兵马钤辖苏安静议定屈野河西边疆，双方约定恢复旧界，在边界增设堡寨，西界人户不得越界耕种，宋界不得创修新寨，麟、府不耕之地，可以砍柴放牧，不得圈占建屋，违者尽绝和市④。天赐礼盛国庆元年，即宋熙宁二年（1069），又进一步恢复榷场，通互市。

谅祚时期，由于西夏收纳了唃厮啰的叛降之人，加上夏辽关系恶化，辽与吐蕃结为姻亲，因此，西夏同吐蕃的战争比较频繁。夏拱化元年，即宋嘉祐八年（1063）二月，宋河州刺史王韶攻占熙河，降服各部，西使城吐蕃首领禹藏花麻不愿归附率众来降，并以西使城及兰州一带的土地献给西夏，谅祚大喜，封为驸马，与吐蕃联结以协力抗宋⑤。

① 《续资治通鉴长编》卷二三五，神宗熙宁五年七月壬午条载："收纳中国人，与之出入，起居亲厚，多致中国物以娱其意，此非庸人所及。"
② 《宋史》卷四八五《夏国传上》。
③ 《宋史》卷四八五《夏国传上》。
④ 《续资治通鉴长编》卷一九三，仁宗嘉祐六年六月庚辰条。
⑤ 《续资治通鉴长编》卷三六五，哲宗元祐元年二月壬戌条。

谅祚后期，宋夏边境冲突升级。夏拱化四年，即宋治平三年（1066）九月，谅祚亲自率兵数万，大举进攻庆州大顺城（今甘肃庆阳市北），州兵、熟户、蕃官合力反抗，宋用强弩射击，谅祚中箭，西夏退兵而返①，谅祚遣使者向宋进献方物以谢罪，宋英宗同夏讲和，赐绢 500 匹、银 500 两②。宋神宗即位后改变对夏政策，由防御转为进攻，积极谋取横山，以边将种谔诱取绥州③，绥州失守后，谅祚加强银州驻兵，从此拉开了争夺横山的序幕。

夏拱化五年（1067）谅祚去世，年仅 21 岁，他在位 19 年，改元延嗣宁国 1 年，天祐垂圣 3 年，福圣承道 4 年，𫗧都 6 年，拱化 5 年。谥号昭英皇帝，庙号毅宗，墓号安陵④。

夏惠宗李秉常

毅宗谅祚长子，母为恭肃章宪皇后梁氏。夏拱化五年，即宋治平四年（1067）7 岁即位⑤，母梁太后垂帘听政，舅舅梁乙埋为国相，重用党项贵族都啰马尾和罔萌讹，打压嵬名浪遇等皇室宗族，形成梁氏母党集团，把持西夏军政大权。夏天赐礼盛国庆元年，即宋熙宁二年（1069）二月，河南监牧使刘航等册封夏国主⑥。

梁氏掌权后，假托国主秉常之名，对内废去汉仪，恢复蕃礼，对外发动对宋战争，穷兵黩武。夏天赐礼盛国庆元年，即宋熙宁二年（1069）三月，向宋朝上表，请以塞门、安远两寨换回谅祚时期失去的绥州，宋神宗不答应。夏天赐礼盛国庆二年，即宋熙宁三年（1070）五月，宋夏发生了争夺庆州大顺城的战争⑦，吐蕃首领董毡乘夏国空虚，率兵进入，夏人被迫撤兵。天赐礼盛国庆三年（1071），宋以知清涧城种谔为鄜延钤辖，谋取西夏人赖以为生的

---

① 《续资治通鉴长编》卷二〇八，英宗治平三年九月庚辰条。
② 《宋史》卷四八五《夏国传上》。
③ 《宋史》卷三三五《种谔传》。
④ 《宋史》卷四八五《夏国传上》。
⑤ 《宋史》卷四八六《夏国传下》。
⑥ 《宋史》卷四八六《夏国传下》。
⑦ 《宋史》卷四八六《夏国传下》。

横山地区。筑啰兀城，进筑永乐川、赏逋岭寨等①，一系列的筑城活动引起了梁氏集团的恐慌，二月，梁乙埋调集十二监军司发起战争，进攻顺宁寨，围抚宁，由于庆州内部兵变导致宋朝失去援军而败。西夏虽然收复啰兀城，但也受到重创，再次提出以塞门、安远二寨换绥州，被宋神宗断然拒绝，并诏令立定绥德城界，各立烽燧，加强防御②。

　　夏大安三年，即宋熙宁九年（1076）秉常16岁亲政，在皇族的支持下，下令以汉礼代蕃礼，因与梁太后政见相左，只好作罢。夏大安八年，即宋元丰四年（1081）秉常采用李清的计划"以河南归朝廷"，欲借助宋朝的力量摆脱梁氏专权，不料机密泄露，秉常被囚禁③。梁氏母党发动政变的消息传到宋朝后，宋神宗"久欲收灵武"④，认为是对夏取胜的大好时机到了。于是，宋神宗以五路大军大举伐夏，意图一举荡平西夏，最终由于指挥失当、领兵将领未能协同作战等原因而溃败⑤。灵州之役失败后，总统五路的李宪并不甘心，再次向宋神宗提出请求，吸取上次分兵出战的教训，会合各道兵马，集中主力于泾原一路，边进军边筑堡障，用14天筑完永乐城（今陕西米脂西北），赐名"银川寨"⑥。由于永乐城地势险要，西夏发兵30万拼死来争，以铁鹞子渡无定河，切断城中水源，永乐城被攻陷，宋军大败。西夏虽然最终取胜，但为了阻止宋军实现一举灭亡西夏的战略目标，其精锐全部渡河保卫兴、灵，造成前线空虚，使宋军顺利占领银、石、夏、宥等州，并控制了一些北侧的废城和旧寨，从而使横山境内200里的百姓不敢耕种，宋朝也因此次战役罢岁赐，绝和市，引起了西夏国内的不满。梁太后迫于压力，还位于秉常，但实权仍掌握在梁氏手中。天安礼定二年（1086）秉常死，年26岁，幼

---

① 《宋史》卷四八六《夏国传下》。
② 《续资治通鉴长编》卷二二六，神宗熙宁四年九月庚子条。
③ 《宋史》卷四八六《夏国传下》。
④ 《宋史》卷三一二《王珪传》。
⑤ 《宋史》卷四八六《夏国传下》。
⑥ 《宋史》卷四八六《夏国传下》。

子乾顺即位。秉常在位19年，改元乾道一年，天赐礼盛国庆五年，大安十一年，天安礼定二年。谥号康靖皇帝，庙号惠宗，墓号献陵①。

夏崇宗李乾顺

惠宗长子，母梁氏，尊昭简文穆皇太后。夏天安礼定二年（1086）3岁嗣位，梁乞逋姐弟擅权，再次出现梁氏专权的局面，引起诸部不满②。为转移国内矛盾，梁氏连年发动对宋战争，侵扰边界。

夏天仪治平元年，即宋元祐二年（1087）宋遣枢密院都承旨公事刘奉世为册礼使，崇仪副使崔象先为副使册封乾顺为夏国主、定难军节度使、西平王③。宋以土地换永乐战役中俘获人口，答应归还元丰所置葭芦、米脂、浮屠、安疆四寨，其余不可归还地土经画地界，西夏不仅授封没有遣使谢恩，而且梁乞逋以兰州和塞门不在归还之列为由，不断挑起战事。夏天祐民安七年，即宋绍圣三年（1096）梁太后以夏宋连年划界未定，而鄜延兵马荡平夏境护耕堡寨为由，与乾顺亲率大军攻入金明寨④。此时宋哲宗采纳主战派建议，改变对夏策略，不再经画地界，转而开边戍守，进筑堡寨，从熙河路、泾原路、鄜延路、环庆路、河东路诸路并进，占据西夏南侵宋朝的有利位置，修筑平夏城、灵平寨。西夏闻讯，率军前往袭击，被章楶击败。为了巩固平夏城、灵平寨的防务，宋又进筑镇羌寨、高平堡等6处。西夏对失去平夏一带膏腴之地极为不满，夏永安元年，即宋元符元年（1098）乾顺与梁太后点集数十万军队，用名为"对垒"的高车，载数百人填壕而进，围攻平夏城整整十四日，由于宋将郭成守城有方，西夏损失惨重，终不能破⑤。十二月，章楶又派折可适率轻骑两千人，乘虚潜入天都山，以计谋擒获西夏西寿统军嵬名阿埋和监军妹勒都逋。天都山地位险要，在平夏城以西，宋朝对于这次大捷

---

① 《宋史》卷四八六《夏国传下》。
② 《宋史》卷三二八《安焘传》载："梁氏擅权，族党酋渠多反侧顾望。"
③ 《宋史》卷四八六《夏国传下》。
④ 《续资治通鉴长编拾补》卷一三，哲宗绍圣三年十月辛酉条。
⑤ 《续资治通鉴长编》卷五〇三，哲宗元符元年十月己亥条。

尤为重视，朝堂欢庆。与此同时，宋朝在东面的横山地区也取得了很大进展①。

夏永安二年（1099）梁太后亡，乾顺在辽的支持下亲政，结束了长达13年的梁氏专权局面，进行了一系列的改革。在外交政策上，西夏依附辽朝，与宋和解。乾顺之所以能够结束母党专权主要依靠辽道宗的支持，所以在永安二年，即辽寿昌五年（1099）二月，辽国出现拔思母、达里底部叛乱时，乾顺应辽的请求出兵援助②，又向辽请婚，辽以宗室女南仙封成安公主出嫁，夏辽关系更加密切③。

乾顺亲政之后，派南路都统至熙河向宋请和，哲宗并未同意，乾顺请辽出面调和，哲宗认为夏国狡诈反复而拒绝，但乾顺并未放弃和解的希望，遣使至宋谢罪，承认夏国侵扰宋朝边境是由母党梁太后和梁乞逋挑起的，如今奸人已惩，希望宋朝能够谅解，恢复和平友好的关系，哲宗答应和议，十一月，乾顺派嵬名济等向宋朝上誓表，表示整饬边吏，不再滋扰边境④，宋赐夏银器500两、衣着500匹，岁赐照旧。

在对内政策上，乾顺总结外戚专权的经验教训，为了巩固皇权，解除了一些领兵贵族的兵权。同时，乾顺还实行分权，封庶弟察哥为晋王，掌握兵权⑤；封宗室景思子仁忠为濮王，授礼部郎中，次子仁礼为舒王，授河南转运使⑥。除此之外，乾顺以儒治国，命于蕃学之外，特设国学，"设弟子员三百，立养贤务以廪食之"⑦，设教授进行培养。大力推广汉文化，培养皇室子弟，量才录用。以律法治军，颁布军事法典《贞观玉境将》。在乾顺"尚文重法"立国方针的指引下，西夏社会进入一个相对和平的环境，对西夏政治、经济、

<hr>

① 《续资治通鉴长编》卷五〇〇，哲宗元符元年七月甲子条。
② 《辽史》卷二六《道宗六》。
③ 《辽史》卷二七《天祚帝一》。
④ 《宋史》卷四八六《夏国传下》载："谨当饬疆吏而永绝争端，戒国人而常遵圣化。"
⑤ 《西夏书事》卷三一，贞观三年九月条。
⑥ 《西夏书事》卷三三，元德二年三月条。
⑦ 《宋史》卷四八六《夏国传下》。

文化、军事的发展起到了积极的作用，但是，也使西夏军政日弛。

宋徽宗即位后，以蔡京为宰相，将边境延伸，进逼西夏。夏雍宁二年，即宋政和五年（1115），童贯总领陕西六路大兵攻夏，旨在全部夺取西夏横山地区，双方发生了古骨龙之战、臧底河之战、仁多泉之战、靖夏城之战、震武城之战、统安城之战，统安城之战为北宋与夏最后一次正面会战，在宋夏连年战争中，消耗了大量人力物力，双方互有胜负，均感疲惫，西夏主动向宋请和，徽宗同意六路罢兵①。

夏雍宁二年，即金收国元年、辽天庆五年（1115），阿骨打建立金朝，出现了宋、辽、西夏、金四方鼎立的形势，在辽金对抗的过程中，宋朝为了收复燕云十六州，采取“联金灭辽”的方针，西夏则奉行援辽抗金的政策。夏元德四年，即金天辅六年、辽保大二年（1122），在辽金战争中，辽军大败，天祚帝走逃阴山，乾顺曾出兵援辽，正当准备接天祚帝到夏国避难时，金提出若夏擒获天祚帝，并向金称臣纳贡，可以将辽的西北地区割于西夏，乾顺见辽大势已去，同意了金的条件。夏元德六年，即金天会二年（1124）乾顺派使者向金上誓表，要求金履行约定，可是金已将天德军等地交给了宋朝，这一行为引起了宋夏矛盾，西夏出兵宋朝夺取武、朔等州。夏元德七年，即辽保大五年、金天会三年（1125）天祚帝被俘，辽亡，金在灭辽后不久开始侵宋。西夏趁金宋交战之际利用武力和外交手段扩大疆界，宋朝推行李宪进筑之策在夏国边境进筑的城堡又回到西夏的手中，定边军、德靖寨、西宁州、乐州、廓州等原属宋朝的城寨尽归西夏，此外金夏两国在陕西重新划界，大致是东自黄河西岸，南以米脂、萧关、会州一线为界②，至乾顺去世前，西夏疆域扩大到元昊建国以来前所未有的规模。

夏大德五年（1139）乾顺亡，终年57岁，在位53年，改元天仪治平三年，天祐民安八年，永安三年，贞观十三年，雍宁五年，元德八年，正德八

---

① 《宋史》卷四八六《夏国传下》。
② 《金史》卷一三四《西夏传》。

年，大德五年。谥圣文皇帝，庙号崇宗，墓号显陵。子仁孝嗣①。

夏仁宗李仁孝

西夏崇宗长子，尊号"制义去邪"②。夏大德五年，即宋绍兴九年（1139）即位，年16岁，母汉人曹氏，纳后罔氏、罗氏。

夏大庆四年（1143）首都兴庆府发生强烈地震，逾月不止，夏州地裂，黑沙如泉涌出，百姓遇大饥荒，仁孝立井里以赈济③。自然灾害再加上党项贵族日趋腐化，对百姓的剥削逐渐加重，在仁孝即位之初，爆发了西夏历史上著名的蕃部起义，西夏各州县抵挡不住起义军的进攻，朝中大臣主张迅速调集大军进行镇压，而枢密承旨苏执礼提出安抚之策，仁孝一面命西平都统军任得敬领兵镇压，一面发榜招抚，开仓赈济，很快将首领哆讹擒获，起义失败④。任得敬因镇压哆讹领导的蕃部起义功至国相，乾祐元年（1170）欲中分其国，在金朝的支持下，仁孝以谋篡罪诛杀得敬及其党羽。

鉴于蕃部起义的教训，仁孝采取了一系列巩固统治的措施，重视教育，推崇儒学，厘定法律，改革制度，发展佛教。人庆元年（1144）在全国设立学校，皇宫内建立小学，凡宗室子孙7岁至15岁都可以入学，仁宗和皇后罔氏经常亲自训导；仿中原制度，在京城兴庆府（今宁夏银川）设立太学，举行"释奠礼"，仁宗亲临参加；在各地修建孔庙，尊孔子为文宣帝，西夏对儒学的重视程度达到新高度；开创西夏科举制度，始立"唱名法"，复设童子科⑤，通过科举，西夏选拔了一批人才，其中就包括西夏历史上唯一一个状元皇帝李遵顼；复建内学，选拔名儒主持讲授；立翰林学士院，以焦景颜、王佥等为学士，修《实录》；增修法典，赐名《鼎新》⑥，设立铸钱机构通济监，

---

① 《宋史》卷四八六《夏国传下》。
② 《宋史》卷四八六《夏国传下》。
③ 《宋史》卷四八六《夏国传下》。
④ 《西夏书事》卷三五，大庆四年十月条。
⑤ 《宋史》卷四八六《夏国传下》；李蔚：《简明西夏史》，人民出版社2004年版，第234—235页。
⑥ 《宋史》卷四八六《夏国传下》。

为表彰野利仁荣在西夏文字创制方面的功绩，追封其为广惠王①，将西夏宰相斡道冲的画像挂在孔子两侧，供人膜拜，崇尚节俭，大禁奢侈之风。

仁宗时期，佛教在西夏境内得到进一步的发展，除了汉传佛教的广泛传播，藏传佛教也颇为流行。这一时期刊印了大量佛经，并举行大规模施经活动，黑水城出土汉文本《妙法莲华经》、番汉《圣观自在大悲心总持》、西夏文《金刚般若波罗蜜经》等佛经出自此时。乾祐二十年（1189）大度民寺的一次法会，延请国师、禅师，念佛诵咒，长达10昼夜，散施夏、汉文佛经20万卷。

仁宗继位后与金朝建立了友好关系，在兰州、保安、绥德等处置榷场，虽中间有所变动，但在夏乾祐二十二年，即金明昌二年（1191）夏金恢复旧有榷场②。海陵王继位后遣使至夏，意在观察西夏的动向，仁宗使人止于境上，并责问金熙宗为何被废，此后，金夏关系一度紧张。金世宗即位后，迅速调整对夏关系，西夏见金朝局势稳定，返回夺取的城寨，金朝也开放对夏和市，双方关系趋于缓和。

乾祐二十四年（1193）九月二十日，仁孝崩，终年70岁。从夏崇宗乾顺至夏仁宗仁孝，是西夏国家的繁荣昌盛时期，也是西夏儒学大发展、进入鼎盛的时期，仁孝在位55年，改元大庆4年，人庆5年，天盛21年，乾祐24年。谥曰圣德皇帝，庙号仁宗，墓号寿陵③。

夏桓宗李纯祐

西夏仁宗李仁孝长子，母汉人罗氏，17岁即位，次年改元天庆。在位期间奉行仁宗以来的政策，对内安国养民，对外与金重修旧好，但此时的西夏国势败落，由盛转衰，而来自漠北的蒙古正在崛起并逐渐强大，对夏、金构成了严重的威胁。夏天庆四年，即金承安二年（1197）复开金夏保安（今陕

---

① 《宋史》卷四八六《夏国传下》。
② 《金史》卷一三四《西夏传》。
③ 《宋史》卷四八六《夏国传下》。

西志丹县）、兰州榷场①。十二年（1205），成吉思汗在征服乃蛮部后，为追击逃亡的亦剌哈桑昆，首次率兵进入西夏境内，攻破西夏力吉里寨，经落思城，大掠人民及骆驼而还②。蒙古退兵后，纯祐命人修复损毁的城池，大赦天下，改西夏都城兴庆府为中兴府，寓意夏国中兴。

仁孝弟越王仁友在挫败任得敬分国的斗争中立有军功，身亡后其子安全上表为父请功，并由他承袭王爵，纯祐并未答应，将其降为镇夷郡王，安全因此怀恨在心，伺机篡位。应天元年（1206），李安全在纯祐母罗太后的支持下废桓宗自立，不久纯祐死于废所，年30岁，在位12年，谥号昭简皇帝，庙号桓宗，墓号庄陵③。

夏襄宗李安全

西夏崇宗孙，李仁孝弟越王李仁友子④。蒙古名"失相儿忽"⑤。夏应天元年（1206）西夏桓宗母罗氏以其子不能嗣守为名，废帝而立安全⑥。

安全即位初期继续与金结盟交好。夏应天二年，即金泰和七年、元太祖二年（1207），金章宗下令归还所有俘获西夏人口。同年成吉思汗以西夏不纳贡为由，发兵攻打斡罗孩城⑦，夏右厢诸路奋勇抵抗，5个月后，蒙古大军因粮草匮乏而退。应天四年，即元太祖四年（1209），蒙古军队再次来袭，成吉思汗亲率大军自黑水城北兀剌海关口入夏，安全以其子承祯为元帅，率兵5万抵抗失败，副元帅高令公被俘。四月，蒙古军再攻，兀剌海城陷落，太傅西壁氏被俘。七月，进至中兴府外围克夷门，夏军再败，大将嵬名令公被俘，蒙古大军直逼中兴府城下。李安全率部亲自登城激励将士，蒙古兵见都城一

---

① 《金史》卷一三四《西夏传》。
② 《元史》卷一《太祖纪一》。
③ 《宋史》卷四八六《夏国传下》。
④ 《蒙古源流笺证》称为"多尔通"。
⑤ 《元圣武亲征录》称1210年（西夏襄宗皇建元年、元太祖五年）秋，成吉思汗"复征西夏，入孛王庙。其主失相儿忽出降，献女为好"。
⑥ 《金史》卷一三四《西夏传》。
⑦ 《元史》卷一《太祖纪一》。

时无法攻破，引黄河水灌城，河堤决口，城内死伤无数，李安全遣使向金求援，但金卫绍王拒绝出兵，无奈之下，安全向蒙古纳女请和①。夏因此叛金附蒙，夏金宗主关系正式破裂。

皇建二年（1211）八月五日安全去世，终年42岁，在位5年，改元应天四年，皇建一年，谥号敬穆皇帝，庙号襄宗，墓号康陵。安全有子名曰承祯，未继父位，以齐国忠武王彦宗之子大都督府主李遵顼立。

夏神宗李遵顼

西夏崇宗曾孙，齐国忠武王李彦宗子，废襄宗安全自立，年49岁，改元光定。遵顼曾在科举中高中，封大都督府主②，是西夏著名的状元皇帝。

金主动册封遵顼为夏国王，发出友好信号，但夏继续奉行附蒙侵金的政策，频繁与金交战。夏光定二年，即金崇庆元年（1212），发兵攻金葭州（今陕西佳县）等地③。四年，即宋嘉定七年（1214），夏遣使至四川，约宋制置使夹击金朝，宋臣恐夏有诈，未向南宋汇报④，首次议定中断。此后夏、金双方战事不断。七年，即元太祖十二年（1217），遵顼再次发兵配合蒙古攻金平阳府（今山西临汾市西南），夏兵大败，退至宁州（今甘肃宁县），又遭伏兵重创。时值蒙古准备出征花剌子模，要求西夏派兵随征，被遵顼拒绝，成吉思汗因此围攻中兴府，遵顼命其子居守，而自己出走西凉，直至蒙古军退，才返回中兴府。

遵顼附蒙侵金，损失巨大，为了缓和夏金关系，有意求和。夏光定八年，即金兴定二年（1218）遵顼遣书至金保安、绥德、葭州等，乞复互市，以结旧盟，遭到金朝的拒绝⑤。九年，即宋嘉定十二年（1219），遵顼因联金不成，

---

① 《元史》卷一《太祖纪一》。
② 《宋史》卷四八六《夏国传下》。
③ 《金史》卷一三四《西夏传》。
④ 《宋史》卷四八六《夏国传下》。
⑤ 《金史》卷一三四《西夏传》。

转而派遣使臣再次至四川,商议联宋侵金,但宋朝并未按约定出师①。十年,即金兴定四年(1220)八月,夏人发兵金会州,金同意议和,遵顼拒绝②,九月,夏宋联合攻金巩州,失败而返③。

光定十三年,即元太祖十八年(1223)木华黎兵围金凤翔府,西夏也以步骑来会,联军攻城月余而未能克,夏兵损失惨重,自行撤兵,引起了成吉思汗的不满,因此派兵转攻西夏。此时,夏国正在遭受春旱,遵顼不顾百姓死活一意孤行,要求太子德任围攻金巩州,德任提出此时应改变对金策略,遵顼仍执迷不悟,德任请求避太子位,出家为僧,遵顼一气之下软禁德任④,另立德旺。

遵顼错误的政策导致西夏内忧外患,激起了大臣和夏国人民的强烈不满,在这种形势下,遵顼宣布退位,传位于太子李德旺。遵顼是西夏历史上唯一的太上皇,乾定三年(1226)去世,终年64岁,在位13年,谥号英文皇帝,庙号神宗⑤。

夏献宗李德旺

神宗遵顼子,光定十三年(1223)即位,改元乾定。德旺吸取教训,转变政策,改变附蒙侵金的方针,实行联金抗蒙之略,遣使修好议和。乾定元年,即金正大元年(1224),双方议定,夏金结为兄弟之国⑥。但夏金两国大势已去,夏乾定三年,即元太祖二十一年(1226),蒙古以西夏纳其仇人亦剌哈桑昆及不遣质子为由,大举进攻西夏⑦,成吉思汗亲率10万大军自北路侵入夏境,先后攻下黑水、兀剌海等城,至沙州,守将伪降,设伏以待,蒙军初战失利,全力进攻,双方僵持一月,沙州城破,蒙军取甘、肃等州,以及

---

① 《宋史》卷四八六《夏国传下》。
② 《金史》卷一三四《西夏传》。
③ 《金史》卷一一三《赤盏合喜传》。
④ 《金史》卷一三四《西夏传》。
⑤ 《宋史》卷四八六《夏国传下》。
⑥ 《金史》卷一三四《西夏传》。
⑦ 《元史》卷一《太祖纪一》。

西凉府（今甘肃武威），整个河西几乎全部被成吉思汗所占。德旺见蒙古军势如破竹，忧悸而亡，年46岁，在位3年，庙号献宗①。

末主李睍

西夏末代皇帝。蒙古名"亦鲁忽不儿合"，成吉思汗赐名"失都儿忽"②。初封南平王，献宗弟清平郡王之子③。

此时的西夏已奄奄一息，成吉思汗穿越沙漠，至黄河九渡，取应里（今宁夏中卫）等县，夏乾定三年，即元太祖二十一年（1226）十一月攻灵州，睍遣嵬名令公以10万军队来援，成吉思汗亲自率兵作战，西夏战败，灵州陷落④。成吉思汗乘胜攻克盐州，逼近中兴府。夏宝义元年，即元太祖二十二年（1227），中兴府被蒙古军围困，粮食尽绝，兵民皆病，加上强烈地震，已无力抵抗，末主睍出城投降，西夏灭亡。自元昊建国至睍亡，西夏传10帝，189年。

（二）后妃公主志

米母氏

又作默特氏，夏景宗元昊妻，元昊母卫慕氏侄女，产下一子，有谗言样貌不像元昊，母子被杀⑤。

没移氏

又作没啰氏⑥，摩伊克氏，夏景宗元昊妻，没移皆山女。原本要嫁给太子宁令哥，因貌美被李元昊册封为妃，号称"新皇后"，元昊为没移氏修筑天都山宫殿，野利氏心中怨愤被废。宁令哥为报废母夺妻之恨，在没藏讹庞的唆

---

① 《宋史》卷四八六《夏国传下》。

② 《蒙兀儿史记》卷三《成吉思汗本纪下》，作"失的儿忽"《元史》卷一二〇《曷思麦里传》又作"失的儿威"，蒙兀语"正直"之意，因唐兀惕人不正直，反赐名"正直"，以辱之。

③ 《宋史》卷四八六《夏国传下》。

④ 《元史》卷一《太祖纪一》。

⑤ 《续资治通鉴长编》卷一六二，仁宗庆历八年正月辛未条。

⑥ 《续资治通鉴长编》卷一六二，仁宗庆历八年正月辛未条作"没移氏"，《宋史》卷四八五《夏国传上》、《东都事略》卷一二七《附录五》、《隆平集》卷二〇《夏国传》作"没啰氏"。

使下刺伤元昊，元昊因失血过多而亡，宁令哥以弑父罪被诛①。

没藏氏

又作密藏氏，夏景宗元昊妻，毅宗谅祚生母。原为元昊皇后野利氏兄长②野利遇乞妻。元昊诛杀遇乞，野利氏哭诉兄弟无罪被杀，于是元昊下令遍访遗孀，于三香家寻得没藏氏，元昊垂涎于她的美貌，与之私通，野利氏察觉，不忍诛杀，黜居兴州戒坛院尼姑庵，故号"没藏大师"③。没藏氏在与元昊出猎时，于两岔河生谅祚，自小寄养于其兄没藏讹庞家中。元昊被太子宁令哥刺伤而亡，在没藏讹庞的支持下没藏氏幼子谅祚即位，尊没藏氏为太后，讹庞为国相，兄妹独揽国家大权。

新君初立，政权不稳，辽朝认为报河曲战败之仇的机会来了，大举出兵讨伐西夏，占领唐隆镇，进入贺兰山区域，俘获元昊妃没移一家，进攻西夏都城兴庆府，夏人闭门坚守，不敢出战，辽军攻破重要粮食基地摊粮城，尽发廪积而还。在辽国接连不断的打击下，没藏氏深感力量不足，遣使依旧例称臣，答应代替数千投夏的党项降户进献马、驼、牛、羊等物，请求归还唐隆镇，乞罢所建城邑④，辽也因为几次战争得不偿失，答应求和。夏福圣承道元年，即辽重熙二十二年（1053），夏人进降表，辽兴宗遣林牙高家奴赍诏抚谕，辽夏恢复和平。

没藏氏崇奉佛教，在都城兴庆府（今宁夏银川兴庆区）西修建承天寺塔，塔内石碑立于天祐垂圣元年（1050），碑云"皇太后承天顾命，册制临轩，厘万物以辑绥，俨百官而承式"⑤。在没藏氏出家为尼期间，补细吃多已曾侍元

---

① 《续资治通鉴长编》卷一六二，仁宗庆历八年正月辛未条。
② 一说兄长，一说叔父，此处从兄长说。《东都事略》卷一二七《附录五》"野利，遇乞妹也"。《续资治通鉴长编》卷一六二前后不一，前有"野利氏，遇乞从女也，顾长，有智谋，囊霄畏之，戴金起云冠，令他人不得冠"，后又有"囊霄遂族遇乞、刚浪凌、城逋等三家。继而野利氏诉，我兄弟无罪见杀"。
③ 《续资治通鉴长编》卷一六二，仁宗庆历八年正月辛未条。
④ 《辽史》卷一一五《西夏传》。
⑤ 《陇右金石录》卷四《西夏承天寺碑》。

昊及没藏氏于戒坛院，出入没藏氏居处无所间，元昊死后，没藏氏与补细吃多已私通，同时也与野利遇乞出纳李守贵私通，夏福圣承道四年（1056）李守贵杀补细吃多已及没藏氏①，谥宣穆惠文皇后②。

没藏氏

夏毅宗谅祚妻，谅祚母没藏氏侄女，没藏讹庞女。夏福圣承道四年，即宋嘉祐元年（1056），没藏太后死，没藏讹庞为了继续把持朝政，将女儿嫁给谅祚③。奲都五年，即宋嘉祐六年（1061）④ 谅祚用计执杀讹庞及其家族，诛杀皇后没藏氏。

耶律氏

辽兴平公主，夏景宗元昊妻。自继迁始与辽联姻，至元昊时已有三代。辽兴宗即位，将兴平公主嫁给元昊，当时李德明尚在，为夏国王，故封元昊驸马都尉、夏国公。婚后，耶律氏与元昊不睦，夏天授礼法延祚元年，即辽重熙七年（1038）忧郁而亡，辽兴宗怒，遣北院承旨耶律庶成持诏诘问⑤。

耶律氏

夏崇宗乾顺妻，辽宗室女。夏永安三年，即辽寿昌六年（1100），四年、五年，乾顺三次遣使请辽公主，贞观五年，即辽乾统五年（1105），辽以族女南仙封成安公主，嫁夏国王乾顺⑥，婚后夫妻感情很好。八年，即辽乾统八年（1108）成安公主生子仁爱⑦。仁爱早亡，加之辽天祚帝被俘，夏元德七年（1125），耶律氏伤心而亡⑧。

---

① 《续资治通鉴长编》卷一八四，仁宗嘉祐元年十二月甲子条。
② 《宋史》卷四八五《夏国传上》。
③ 《续资治通鉴长编》卷一八四，仁宗嘉祐元年十二月甲子条。
④ 《党项西夏资料汇编》（中3）第3272页按"谅祚诛没藏讹庞事，诸书失载。《宋史·夏国传》但云：'谅祚忌讹庞专，或告讹庞将叛，谅祚讨杀至，夷其族。'事在苏安静与夏拽浪撩黎议疆事'筑堠九'之后，即嘉祐六年六月后。附此待考"。
⑤ 《辽史》卷一一五《西夏传》。
⑥ 《辽史》卷一一五《西夏传》。
⑦ 《西夏书事》卷三二，贞观八年四月条。
⑧ 《西夏书事》卷三三，元德七年九月条。

罗氏

夏仁宗仁孝妻。本为汉人，谥章献钦慈皇后，夏乾祐二十四年（1193）子纯祐即位，是为罗太后[1]。夏天庆七年，即金承安五年（1200）罗太后患病，桓宗纯祐遣使入金求医问药[2]。十三年，即金泰和六年（1206），李安全废主纯祐自立，令罗太后为表，遣使入金求封册。金章宗询问废立的原因，安全再次以罗氏表进。金朝乃封安全为夏国王[3]。罗太后好佛，令人抄写、刻印大量西夏文大藏经，黑水城出土《佛说宝雨经》《大方广佛华严经入不思议解脱境界普贤行愿品》《金刚般若波罗蜜经》等均为罗太后施印[4]。

罔氏

夏仁宗仁孝妻，夏大德五年，即宋绍兴九年（1139），仁孝即位，纳罔氏为后[5]。

咩迷氏

又作密克默特氏，夏景宗元昊妻，生子阿理，阿理欲谋杀元昊，被卧香乞所告，沉于河，咩迷氏被杀于王亭镇[6]。

都罗氏

又作多拉氏，夏景宗元昊妻，早死[7]。

索氏

夏景宗元昊妻，元昊攻猫牛城，误传战死，索氏喜，日调音乐，后来元昊返回，索氏因惧怕而自杀[8]。

---

① 《宋史》卷四八六《夏国传下》。
② 《金史》卷六二《交聘表下》。
③ 《金史》卷六二《交聘表下》。
④ 史金波：《西夏社会》，上海人民出版社 2007 年版，第 763 页。
⑤ 《宋史》卷四八六《夏国传下》。
⑥ 《续资治通鉴长编》卷一六二，仁宗庆历八年正月辛未条。
⑦ 《续资治通鉴长编》卷一六二，仁宗庆历八年正月辛未条。
⑧ 《续资治通鉴长编》卷一六二，仁宗庆历八年正月辛未条。

曹氏

夏崇宗乾顺妻，仁宗仁孝生母。夏大德五年，即宋绍兴九年（1139），仁孝即位，尊曹氏为国母①。

野利氏

又作野力、拽利②、叶勒氏，夏景宗元昊妻，太子宁令哥生母。野利遇乞妹（一说侄女）③，身材修长，有智谋，元昊畏之，喜戴金起云冠。生三子，长子宁明，喜好方术，跟随道士学法，不进食而亡；次子宁令哥，貌似元昊，深受宠爱，立为太子；三子薛埋，早死。元昊欲纳没移氏，营建天都山以居，引起野利族人的不满，认为野利氏嫁元昊二十年而仍居旧址，没移氏新来便修宫殿，再加上种世衡使用离间计，元昊诛杀野利旺荣、野利遇乞2人，野利氏哭诉兄弟无罪被杀，为表悔恨，元昊寻得遇乞妻，并将没藏氏接入宫中厚待④，却被没藏氏的美色所迷惑，野利皇后念其是兄长遗孀不忍杀，将其送入尼姑庵，然而并没有隔断二人的关系。野利氏失宠被废，太子宁令哥因报废母夺妻之耻刺伤元昊，母子二人被诛，野利氏谥号宪成皇后⑤。

梁氏

夏毅宗谅祚妻，秉常生母。原为没藏讹庞儿媳，与毅宗谅祚私通，得知讹庞父子密谋将杀谅祚，告密。谅祚诛讹庞父子及全家，迎其入宫，立为后。夏乾道元年（1068）谅祚死，子秉常7岁继位，梁太后垂帘听政⑥，任弟梁乙埋为国相，重用党项贵族都啰马尾和罔萌讹，打压嵬名浪遇等皇室宗族，形

---

① 《宋史》卷四八六《夏国传下》。

② 野利氏，《续资治通鉴长编》卷一六二，仁宗庆历八年正月辛未条、《隆平集》卷二〇《夏国传》作"野利"，《宋史》卷四八五《夏国传上》作"野力"，《宋朝事实类苑》卷七五《西夏》作"拽利"。

③ 《东都事略》卷一二七《附录五》"野利氏，遇乞妹也"。《续资治通鉴长编》卷一六二，第3901页前后不一，前有"野利氏，遇乞从女也，颀长，有智谋，曩霄畏之，戴金起云冠，令他人不得冠"，后又有"曩霄遂族遇乞、刚浪凌、城逋等三家。继而野利氏诉，我兄弟无罪见杀"。

④ 《续资治通鉴长编》卷一六二，仁宗庆历八年正月辛未条。

⑤ 《宋史》卷四八五《夏国传上》。

⑥ 《宋史》卷四八六《夏国传下》。

成梁氏母党集团，把持西夏军政大权。对内废去汉仪，恢复蕃礼，引起了党项贵族和汉官的不满。对外发动对宋战争，穷兵黩武。大安二年（1075）秉常16岁亲政，下令以汉礼代蕃礼，因与梁太后政见相左，只好作罢。大安八年（1081）秉常采用李清的计划，欲借助宋朝的力量摆脱梁氏专权，不料机密泄露，秉常被囚禁。十年（1083）梁太后迫于国内局势以及拥帝势力，还位于秉常，但实权仍掌握在梁氏手中。梁乙埋死后，其子梁乙逋自立为国相，继续与梁太后把持朝政。天安礼定元年（1085）亡，谥恭肃章宪皇太后①，尊号天生圆能禄番圣祐依法慈睦正国皇太后、天生圆能禄番依法正国皇太后、天生圆能禄番圣祐依法皇太后②、识净皇太后③。宋遣朝奉郎、刑部郎中杜纮充祭奠使，东头供奉官、阁门祇候王有言为吊慰使④。

梁氏

夏惠宗秉常妻，毅宗后梁氏侄女，梁乙埋女，乾顺生母。天安礼定二年（1086），惠宗秉常亡，乾顺3岁即位，尊梁氏为太后⑤，与毅宗后梁氏并称"大小梁太后"，西夏再次出现梁氏母党专权的局面。小梁太后崇尚武力，多次率军亲征。夏天祐民安七年，即宋绍圣三年（1096）与崇宗乾顺率大军攻宋，荡平金明寨（今陕西安塞东南），金明寨守兵2800人仅5人幸免，城中粮食5万石、草千万束皆被扫荡一空，将一纸文书置宋人脖颈上，令送至宋朝经略使处⑥。永安二年（1099）梁太后亡，谥号昭简文穆皇后⑦，尊号智胜禄

———

① 《宋史》卷四八六《夏国传下》。
② 孙伯君：《西夏文献中的帝、后称号》，《民族研究》2013年第2期。
③ 崔红芬、文志勇：《西夏皇帝尊号考略》，《宁夏大学学报》2006年第5期。
④ 《宋史》卷四八六《夏国传下》。
⑤ 《宋史》卷四八六《夏国传下》。
⑥ 《宋史》卷四八六载：留一书置汉人颈上……"夏国昨与朝廷议疆场，惟有小不同，方行理究，不意朝廷改悔，却于坐团铺处立界。本国以恭顺之故，亦龟勉听从，遂于境内立数堡以护耕，而鄜延出兵，悉行平荡，又数数入界杀掠。国人共愤，欲取延州，终以恭顺，止取金明一砦，以示兵锋，亦不失臣子之节也"。
⑦ 《宋史》卷四八六《夏国传下》。

广恤民集礼德盛皇太后①。

察合

西夏公主嵬名氏，夏应天四年，即元太祖四年（1209），蒙古大军入河西，夏国主李安全派世子李承祯、嵬名令公抗敌失败之后，向金朝求援，结果金国主卫绍王并没有出兵援救，蒙古军包围西夏首都中兴府，太傅讹答进城招谕，李安全将女儿察合献给成吉思汗，依附蒙古。成吉思汗这才退兵②。

（三）宗室志

宁令哥

又作宁令受、佞令受、宁凌噶，西夏语"欢嘉"③，意为"大王"④，元昊子。野利氏所生⑤，因长相似元昊而备受宠爱被立为太子。将娶党项大族没移皆山女为妻，元昊见没移氏貌美，自纳为妃，号"新皇后"。野利氏失宠，口出怨言，被元昊废黜，打入冷宫。为报废母夺妻之恨，宁令哥在没藏讹庞的挑唆下入宫行刺，夏天授礼法延祚十一年，即庆历八年（1048）刺伤元昊。元昊最终因流血过多身亡，宁令哥母子二人以弑逆之罪被诛⑥。

宁明

元昊妻野利氏所生长子。喜好方术，从道士路修篁学辟谷之术，气忤而死⑦。

---

① 孙伯君：《西夏文献中的帝、后称号》，《民族研究》2013年第2期。

② 佚名撰，鲍思陶点校：《元朝秘史》卷一三，齐鲁书社2005年版，第174页。

③ 《宋史》卷四八五《夏国传上》。

④ 《梦溪笔谈》卷二五《杂志二》载"元昊后房生一子，曰宁令受。'宁令'者，华言大王也"，文中"宁令哥"为"宁令受"。

⑤ 《续资治通鉴长编》中野利氏生三子，宁明、宁令受、薛理，没藏氏生谅祚。《宋史》以谅祚为宁令哥，载："谅祚，景宗长子也，小字宁令哥"，见《宋史》卷四八五《夏国传上》。《归田录》中宁令受与谅祚为同父异母，同长相所记，载"赵元昊二子，长曰佞令受，次曰谅祚。谅祚之母，尼也，有色而宠。佞令受母子怨望"，文中"宁令哥"为"佞令受"，见《归田录》卷下。此处从《续资治通鉴长编》。

⑥ 《续资治通鉴长编》卷一六二，仁宗庆历八年正月辛未条。

⑦ 《续资治通鉴长编》卷一六二，仁宗庆历八年正月辛未条。

李仁友

越王，夏崇宗李乾顺子，仁宗仁孝弟。仁友子李安全后来废桓宗纯祐自立①。

李仁忠

宗室景思之子。夏元德二年（1120），李仁忠被封为濮王，授礼部郎中②。后又任中书令，但因外戚任得敬等人谏告未能赴任。李仁忠通西夏蕃汉文字，善文学。

李仁礼

李仁忠弟。夏元德二年（1120），仁礼被封为舒王，授河南转运使③，通西夏蕃汉文字，善文学。

李仁爱

西夏崇宗李乾顺的太子。母亲耶律南仙，是辽国宗室女。贞观五年（1105），辽天祚帝封耶律南仙为成安公主，嫁李乾顺为皇后。李仁爱出生后被立为太子。因金灭辽，西夏臣属金朝，郁郁而终④。

李安惠

西夏崇宗朝重臣。尊为尚父，官太师、尚书令、知枢密院事，被封为正献王。永安元年（1098），李安惠随太后梁氏征怀德军。受崇宗命修中兴府。对政事多有进谏。李安惠死后于西夏皇陵置墓陪葬，神宗朝为之树碑立传。

李承祯

越王李仁友孙，襄宗李安全世子。夏应天四年（1209），成吉思汗率大军攻入西夏，襄宗安全遣其为主帅迎敌，战败⑤。光定元年（1211），神宗李遵

---

① 《宋史》卷四八六《夏国传下》。
② 《西夏书事》卷三三，元德二年十一月条。
③ 《西夏书事》卷三三，元德二年十一月条。
④ 《西夏书事》卷三三，元德七年九月条。
⑤ 《西夏书事》卷四〇，应天四年三月条。

项立，襄宗李安全被废，承祯虽为世子而不得嗣位[①]。

李彦忠

夏神宗李遵顼之父。夏仁宗时封齐王。中书令任得敬妒忌他的才能，以流言蜚语中伤彦忠，使其被贬守凉州。夏乾祐元年（1170），任得敬伏诛后，召入为马步军太尉。去世后谥号忠武[②]。

李德任

神宗李遵顼长子，献宗李德旺兄。夏光定七年（1217），蒙古军渡黄河，围中兴府，遵顼出走西凉，命太子德任留守中兴府，德任遣使向蒙古请降，蒙古兵始退[③]。十三年（1223），遵顼令其率师侵金，德任认为金国兵势强盛，不如与之约和，遵顼不应，德任出家为僧，请求退太子位，于是触怒遵顼，被囚于灵州[④]。宝义元年（1227）十一月，蒙古军取灵州，德任被俘后不屈而死[⑤]。

委哥宁令

又作威噶尔宁，元昊从弟。元昊遇刺，死前留下遗言立委哥宁令，大酋惧移赏都、埋移香、热嵬浪布、野也浪啰皆拥护之。而没藏讹庞认为委哥宁令非子，且无功，不可继，西夏国自李继迁以来，一直是父死子继，只有如此，臣民才会信服。于是扶植没藏氏所生子谅祚立为新主[⑥]。

威明正赛

又作嵬名正赛，辅政大臣。夏永安二年，即宋元符二年（1099）十一月，章惇上奏说西夏主乾顺主动恢复与宋关系，谢罪上表，主要得益于威明正赛的辅佐。早在元祐时期，宋朝就曾想以金帛结西夏朝掌事者，既然如此，请

① 《西夏书事》卷四〇，皇建二年七月条。
② 《西夏书事》卷三九，天庆十年三月条。
③ 《西夏书事》卷四〇，光定七年十二月条。
④ 《西夏书事》卷四一，光定十三年四月条。
⑤ 《西夏书事》卷四二，宝义元年十一月条。
⑥ 《续资治通鉴长编》卷一六二，仁宗庆历八年正月辛未条。

赐威明正赛以金帛，结其欢心①。

威明阿乌

又作嵬名阿吴，西夏大首领，夏惠宗秉常族党。领兵权，崇宗乾顺即位后，仍大权在握②。夏天仪治平元年，即宋元祐二年（1087）八月，吐蕃首领董毡死，养子阿里骨嗣位，吐蕃差人至宋朝请求杀阿里骨，立董毡后人。为了自保，阿里骨暂时放弃亲宋抗夏政策，与西夏秘密结盟，约定合击宋朝，事成之后以熙、河、岷三州还吐蕃，兰州定西城还夏国，威明阿乌作为西夏大首领，前往青唐商议合攻之事③。

威明噶勒丹

又作嵬名革丁，西夏首领。夏永安元年，即宋元符元年（1098），投诚北宋的西夏人向鄜延路经略使吕惠卿报告说有西夏人户在大沙堆一带停泊，并由兵马在南面保护。于是吕惠卿遣苗履、刘安领兵前去攻击，威明噶勒丹、嘉纳克多凌星率众迎敌，战败，奔逃 50 余里，八百级被斩，带牌天使 1 人、大首领 2 人、牛马孳畜万计被擒获，族落烧毁殆尽④。

嵬名□□

中书副。编修西夏法典《天盛改旧新定律令》⑤。

嵬名山

又作威明善、威名沙克、威明沙克，银州监军⑥。宋神宗即位后，改变对

---

① 《续资治通鉴长编》卷五一八，哲宗元符二年十一月己丑条作"威明正赛"，四库底本作"嵬名正赛"，旁注"威明正赛"。

② 《续资治通鉴长编》卷四〇五，哲宗元祐二年九月乙丑条，四库底本作"嵬名阿吴"。

③ 《续资治通鉴长编》卷四〇四，哲宗元祐二年八月戊戌条，"威明阿乌"四库底本作"嵬名阿吴"。

④ 《续资治通鉴长编》卷四九八，哲宗元符元年五月庚申条，作"威明噶勒丹嘉纳、克多凌星"，四库底本为"威明噶勒丹、嘉纳克多凌星"。其中"威明噶勒丹"四库底本为"嵬名革丁"，"嘉纳克多凌星"四库底本为"折纳多凌"，影印本据改，标点本未回改。

⑤ 《俄藏黑水城文献》第 8 册彩色图版二，译文见史金波《西夏社会》，上海人民出版社 2007 年版，第 245 页。

⑥ 银州监军，见《宋史》卷三三二《陆诜传》。文献中对于嵬名山的族属有不同的记载，《涑水记闻》中嵬名山为元昊族人，卷五载："拽利王旺荣、天都王刚浪唛者，皆元昊妻之昆弟也，与元昊族人嵬名山等四人为谟宁令，共掌军国之政"；《续资治通鉴长编拾补》中嵬名山为熟户，自幼被掳至夏，卷二，英宗治平四年十月甲寅条载："嵬名山本熟户，自幼被虏为银、夏、绥州军司，有小帅三千余人。"

夏政策，谋取绥州。夏拱化五年，即宋治平四年（1067），弟夷山先降宋，清涧城主种谔让夷山用金盂贿赂嵬名山，嵬名山身边的小吏李文喜接受了金盂，并同意约降，但是嵬名山并不知情，种谔得知嵬名山附宋的消息长驱围其帐，嵬名山大惊，援枪欲斗，准备迎击，李文喜才将所受金盂拿出，名山大哭，率部众酋领三百、户一万五千、兵万人随种谔归宋。种谔因无诏擅自出师西界而被召回，军至怀远，被西夏4万兵团团围住，种谔令嵬名山率新附百余人出战，而谔兵后至，大获全胜，遂城绥州①。自此，西夏失去绥州，只得加强银州的防御。宋朝让嵬名山之众五千户居于大理河，在折继世麾下守绥州。夏天赐礼盛国庆元年，即宋熙宁二年（1069），西夏以投夏宋人景询来换嵬名山，范仲淹等上言若纳景询而拒名山，则以后无人敢向化，宋朝于是拒绝。十月，嵬名山在宋朝立战功，以左监门卫将军嵬名山为供备库使，赐名赵怀顺②。

嵬名山遇

又作威明善约特，名惟亮，李元昊叔父，与从弟惟永分掌左右厢兵，有勇有谋，受到党项族人的拥戴③。夏大庆三年，即宋宝元元年（1038）元昊企图叛宋自立，酋豪有谏言者，杀之。山遇多次阻止，元昊不听，于是找来惟序，让他诬告山遇谋反，将山遇的官爵许诺给他，否则灭整族。惟序将这件事告诉了山遇，山遇走投无路决定降宋。山遇的母亲已经80多岁了，担心会拖累他，于是让山遇烧死自己，他一边哭一边照母亲的话做了。山遇先是寄给金明寨都监李士彬数以万计的奇珍异宝，遣人至边界上与宋约降，士彬没有答应。随后，山遇率其族30余人归宋，并向宋朝献出黄河以南之地。同时，山遇还告知宋朝边将元昊将要叛宋自立。对此，知延州郭劝与兵马铃辖李渭

① 《宋史》卷三三五《种谔传》。
② 《宋史》卷一四《神宗纪一》，载："戊戌，以蕃官礼宾使折继世为忠州刺史；左监门卫将军嵬名山为供备库使，仍赐姓名赵怀顺"；《续资治通鉴长编》卷四七六，元祐七年八月壬戌条，标点本、四库底本作"威明善"，底本标注"嵬名山改威明善"。
③ 《续资治通鉴长编》卷一二二，仁宗宝元元年九月己酉条。

认为自李德明纳贡40年来，宋朝从未收留过从党项政权叛逃的人，因此也没有接纳山遇，命监押韩周执山遇等送回。山遇号哭称冤，元昊身着锦袍，戴黄绵胡帽，不肯接收。当时元昊已经自称兀卒数年。随后，元昊将山遇杀害，僭号叛宋。郭劝、李渭因拒绝山遇降宋被降职。

入野利罗　又作乂野利罗、伊克伊罗罗，嵬名山遇妻，随山遇投宋①。

呵遇　又作阿遇、阿裕尔，嵬名山遇子，随父投宋②。

嵬名乞遇

又作嵬名乙遇唛、威明伊特允凌，西夏钤辖。夏永安二年，即宋元符二年（1099）闰九月，邈川部族反叛宋朝，西夏率三监军兵力助战，宋遣苗履、姚雄为援军一路焚荡族帐，烟尘漫天数百里，联军不知援军的实际数量，引兵渡湟水逃去，溺死者数千，西夏钤辖嵬名乞遇被擒③。

嵬名水

农牧人。西夏天庆十一年（1204）十一月十六日，从白清势功水处买到五齿可用栗马，畜价四石杂粮④。

嵬名仁谋

枢密东拒。编修西夏法典《天盛改旧新定律令》⑤。

嵬名公辅

西夏将领。夏光定十年，即宋嘉定十三年（1220），枢密使都招讨甯子宁

①《续资治通鉴长编》卷一二二，仁宗宝元元年九月己酉条。"入野利罗"四库底本作"乂野利罗"，影印本作"伊克伊罗罗"。

②《续资治通鉴长编》卷一二二，仁宗宝元元年九月己酉条。"呵遇"四库底本作"阿遇"，影印本作"阿裕尔"。

③《续资治通鉴长编》卷五一六，哲宗元符二年闰九月壬午条作"嵬名乞遇"，四库底本作"嵬名乙遇唛"，旁注"威明伊特允凌"，影印本据改。《皇宋十朝纲要校正》卷一四，作"嵬名乙遇唛"，载："会援师大至，羌惧，引兵渡湟水遁去，溺死者数千人，获其伪钤辖嵬名乙遇唛。"

④《俄藏黑水城文献》第14册，第34、35页，译文见史金波《西夏经济文书研究》，社会科学文献出版社2017年版，第299页。

⑤《俄藏黑水城文献》第8册彩色图版二，译文见史金波《西夏社会》，上海人民出版社2007年版，第245页。

出兵攻打金朝巩州，嵬名公辅随军出战。宋将安丙出兵援助，无功而返，嵬
名公辅与甯子宁亦撤退回国①。

嵬名布啰聿介

又作嵬名布啰聿玠、威明布伊裕勒结，西夏使人。夏永安二年，即宋元
符二年（1099）小梁太后去世，西夏遣使至宋送讣告兼附谢罪表状，宋朝拒
不接收。四月，大使庆瑭嵬名科逞、副使磋迈花结香等至顺宁寨，请宋朝尽
早接收西夏公牒。后来，西夏差嵬名布啰聿介再度请求。宋鄜延路传朝旨令
进献生事蕃酋珪布默玛、令介讹遇等，即许接收告哀谢罪表状，嵬名布啰聿
介回去禀告②。

嵬名令公

西夏将领。夏应天四年，即元太祖四年（1209）③，成吉思汗伐夏，夏国
主李安全遣世子率师应战失败，副元帅高令公被擒，兀剌海城陷落，太傅西
壁讹答被俘。蒙古大军进至克夷门，大将嵬名令公被俘，蒙夏双方签订城下
之盟后被释放。夏乾定三年，即元太祖二十一年（1226）十一月，成吉思汗
自河西走廊一路东进，攻打灵州，西夏以嵬名令公为前锋，自中兴府率军前
往支援，双方大军在黄河冰面及河岸上展开激战，成吉思汗践冰渡河，箭无
虚发，大败西夏军④。次年夏季，末主李睍开城投降，嵬名令公与文官李仲谔
等随李睍奉图籍出降。

嵬名地远

中书智足。编修西夏法典《天盛改旧新定律令》⑤。

---

① 《宋史》卷四八六《夏国传下》。

② 《续资治通鉴长编》卷五○八，哲宗元符二年四月己卯条。"嵬名布啰聿介"，四库底本作
"嵬名布啰聿玠"，影印本作"威明布伊裕勒结"。

③ 《元史》卷一《太祖纪》记为1209年"太祖四年"，《蒙兀儿史记》《新元史》记"太祖五年"。

④ 《元史》卷一《太祖纪》。

⑤ 《俄藏黑水城文献》第8册彩色图版二，译文见史金波《西夏社会》，上海人民出版社2007
年版，第245页。

嵬名地暴

北王兼中书令。编修西夏法典《天盛改旧新定律令》①。

嵬名夷山

绥州蕃部，党项首领嵬名山弟。夷山先其兄附宋，在折继世处，与种谔同去招诱嵬名山，未经通报，直抵名山帐，名山大惊，援枪欲斗，夷山说："兄已约降，何为如是？"② 其姐听出或为嵬名夷山，问来者是谁，夷山伸手验明身份，缺一指，并对其兄说，"兄已受种使金盂"③，李文喜将所受金盂拿出，名山大哭，率部众随种谔归宋④，西夏因此失去绥州。

嵬名守全

又作威明硕统，景宗元昊谋臣。立国前，始建官，以嵬名守全主谋议⑤。

嵬名聿正

西夏大首领。夏奲都六年，即宋嘉祐七年（1062）祖儒嵬名聿正、副首领枢铭靳允中使宋贺正旦，贸易约8万贯⑥。

嵬名聿则

又作威明兴则、嵬多聿则、嵬名幸则，西夏使人。夏福圣承道四年，即宋嘉祐元年（1056）十二月，谅祚母没藏氏亡，祖儒嵬名聿则、徐舜卿使宋

---

① 《俄藏黑水城文献》第8册彩色图版二，译文见史金波《西夏社会》，上海人民出版社2007年版，第245页。

② 《宋史》卷三三五《种谔传》。

③ 《涑水记闻》卷一一。

④ 《涑水记闻》附录二《温公日记》载："熙宁四年十月十三日，吴积曰：嵬名山弟亡在折继世所，继世以种谔夜引兵抵其居土窟中，使其弟叩门呼曰：'官军大集，兄速降，不则灭族。'名山使内其手扪之，少一指，信之，遂牵数千户二万余口降。已而见官军少，大悔之。名山今为供备使、高州刺史。"此条"嵬名山"原作"威名沙克"，整理本已改，《续资治通鉴长编》卷二三五，神宗熙宁五年七月乙未条仍为"威名沙克"，四库底本作"嵬名山"，旁注"威明沙克"。

⑤ 《宋史》卷四八五《夏国传上》载："始大建官，以嵬名守全、张陟、张绛、杨廓、徐敏宗、张文显辈主谋议，以钟鼎臣典文书，以成逋、克成赏、都卧、都如定、多多马窦、惟吉主兵马，野利仁荣主蕃学。"

⑥ 《东原录》，第20页载："其所贸易约八万贯，安息香、玉金精石之类，以估价贱，却将回。其余硇砂、琥珀、甘草之类，虽贱亦售尽，置罗帛之旧价例太高，皆由所管内臣并行人抬压价，例亏损远人。其人至贺圣节，即不带安息香之类来，只及六万贯。"

告哀，诏以集贤校理冯浩假尚书刑部郎中、直史馆为吊慰使，文思副使张惟清副之①。

嵬名聿营

又作威明叶云，使宋大臣。庆历和议，宋册封元昊为夏国主，夏天授礼法延祚八年，即宋庆历五年（1045）闰五月，丁卢嵬名聿营、吕则张延寿至宋谢册封②。

嵬名酉牢

黑水转运使。夏天盛十四年（1162）为西夏文佛经文献《大宝积经》撰写发愿文，抄写者梁曼殊，校勘人野利宝成③。

嵬名怀普

又作嵬名嚷普、威明快普，西夏使人。夏天安礼定元年，即宋元丰八年（1085）十月，夏国吕则嵬名怀普将梁太后去世的消息传达到宋朝以告哀，朝见宋朝皇帝于延和殿。宋朝遂依嘉祐元年例，支赐孝赠及安葬物色。遣朝奉郎、刑部郎中杜纮充祭奠使，东头供奉官、阁门祗候王有言充吊慰使至西夏④。

嵬名阿埋

又作威明阿密，西寿保泰监军司统军。勇悍善战，辖六路。宋筑平夏城以遏制西夏扩张，夏永安元年，即宋元符元年（1098）十二月，西寿统军嵬名阿埋、监军妹勒都逋以畜牧为名窥伺宋朝，泾原路章楶遣折可适、郭成轻

---

① 《续资治通鉴长编》卷一八四，仁宗嘉祐元年十二月甲子条，载："夏国主谅祚遣祖儒嵬名、聿则庆厉及徐舜卿等来告哀其母没藏氏卒。"《宋史》卷四八五《夏国传上》，载"母没藏氏薨，遣祖儒嵬多、聿则庆唐及徐舜卿来告哀"。其中"祖儒""庆唐"为西夏蕃官名号，《续资治通鉴长编》人名或为"嵬名聿则"，《宋史》人名或为"嵬多聿则"，四库底本作"嵬名幸则"。

② 《续资治通鉴长编》卷一五六，仁宗庆历五年闰五月丙午条，载"夏国主曩霄遣丁卢、嵬名聿、营吕则依张延寿来谢册命"，四库底本没有"依"字，"丁卢""吕则"为蕃官名，"嵬名聿营""张延寿"为人名，当断为"丁卢嵬名聿营、吕则张延寿"。

③ 惠宏、段玉泉编：《西夏文献解题目录》，阳光出版社2015年版，第104页。

④ 《续资治通鉴长编》卷三六○，神宗元丰八年十月癸未条，"嵬名怀普"，四库底本作"嵬名嚷普"，影印本作"威明快普"。

骑夜袭，直捣其帐，尽俘其家，族属 3000 人，牛羊 10 万，取天都山，建西安州。天都山为西夏要害之地，此次失败震惊夏国，宋宰臣率百官同庆①。宋哲宗下诏用木槛枒舁羁押嵬名阿埋赴阙。次年（1099）正月，因嵬名阿埋招诱西夏归附有功，特免于拘系木槛，俘获人口安置于灵平、镇羌、九羊、通峡、荡羌寨。因生擒嵬名阿埋之功，章粢、郭成、折可适等皆有升迁与赏赐②。二月，军头司引见嵬名阿埋等 27 人，宋哲宗特贷命释缚，押赴怀远驿。元符三年二月，北宋赐嵬名阿埋与妹勒都逋同为率府率，充渭州都监③。

（嵬名）阿理

又作阿哩，夏景宗元昊子。阿理系咩迷氏生，因事欲谋杀元昊，被卧香乞告发。元昊下令将他沉入河中溺死，其母咩迷氏则被杀于王亭镇④。

嵬名直本

上殿宗室御史台，人庆三年（1146），与雕字人王善惠、王善圆、贺善海、郭狗埋等刻《妙法莲华经》⑤。

嵬名忠□

中书令、上国柱。编修西夏法典《天盛改旧新定律令》⑥。

嵬名忠信

枢密人名。编修西夏法典《天盛改旧新定律令》⑦。

嵬名法宝达

农户。由于举借他人钱财，无力偿还，将自属水渠灌溉的土地出卖，地

---

① 《宋史》三二八《章粢传》。
② 《续资治通鉴长编》卷五〇四，哲宗元符元年十二月丙申条；卷五〇五，哲宗元符二年正月壬戌条。"嵬名阿埋"四库底本旁注"威明阿迈"，影印本作"威明阿密"。
③ 《宋会要辑稿》蕃夷六，第 9929 页。
④ 《续资治通鉴长编》卷一六二，仁宗庆历八年正月辛未条。
⑤ 《俄藏黑水城文献》第 1 册，第 270 页。
⑥ 《俄藏黑水城文献》第 8 册彩色图版二，译文见史金波《西夏社会》，上海人民出版社 2007 年版，第 245 页。
⑦ 《俄藏黑水城文献》第 8 册彩色图版二，译文见史金波《西夏社会》，上海人民出版社 2007 年版，第 246 页。

价用小麦支付①。

嵬名妹精嵬

又作威明墨沁威，西夏统军。夏大安九年，即宋元丰五年（1082）六月，统军嵬名妹精嵬、副统军讹勃遇进犯宋怀安寨，环庆经略司遣张守约迎战。嵬名妹精嵬、讹勃遇被斩，宋朝得夏铜印、起兵符契、兵马军书，并获蕃丁三十八首级②。

嵬名革常

又作威明噶勒藏，管勾国事。夏惠宗秉常去世后，宋朝西北诸路均上奏西夏国事由嵬名革常管勾，梁太后不管，只有鄜延路上报的说法不同。宋朝枢密院因此担心西夏有变故，影响边政，遂由赵禼、范纯粹选可靠之人刺探真伪③。

嵬名思能

也作嵬咩思能，国师。沙门族姓嵬名，法名思能，曾从燕丹国师学经礼佛，号之为国师。嵬名正在敛神静居之时，忽感异样，华光灿烂，还伴有诵佛之声，声光飘忽，慢慢隐入地下，嵬名国师万分景仰，立即起身寻求，他"发地尺余，有翠瓦罩焉，复下三尺，有金甓覆焉，得古涅盘佛像"④。嵬名以为这是佛祖显灵，当即动员僧众信徒，化募捐赠，建起了大佛寺。

嵬名律令

又作嵬名律冷、威明律凌，西夏南路都统。夏永安二年，即宋元符二年（1099）二月，西夏部落嵬名密给嵬名律令写信，提及西夏想要遣使再至宋朝

---

① 《中国藏西夏文献》第16册，第46页定名为《嵬名法宝达残卖地契残页》，对于其性质和年代有不同意见，见罗海山《"嵬名法宝达卖地文书"年代考》，《西夏学》第十四辑，甘肃文化出版社，2017年第1期。

② 《续资治通鉴长编》卷三二七，神宗元丰五年六月辛亥条。

③ 《续资治通鉴长编》卷四一七，神宗元祐三年十一月丙辰条。

④ 《甘肃新通志》卷30/56下。

请求修贡，此信被熙河路经略使孙路缴获①。

嵬名姚麦

又作威明约默、威明约默特，部落子大首领。夏永安元年，即宋元符元年（1098）五月归宋，宋熙河兰岷路经略司请特补西头供奉官，带本族巡检②。

嵬名彦

西夏使人。夏乾祐二十年，即金大定二十九年（1189）八月，与刘文庆使金贺天寿节③。

嵬名济

又作嵬名济赖、嵬名寨、巍名济赖、嵬名济迺、嵬名济寨、威明吉鼐、威明济勒、威明济赛，夏惠宗秉常兄。夏大安九年，即宋元丰五年（1082）十一月，南都统昂星嵬名济写信称愿与宋朝欢和如初，命人以书系箭上，射至镇戎军境内，又遣所获宋朝俘囚带信给经略使卢秉。宋回复西夏"依故事于鄜延自通"④。夏天安礼定元年，即宋元丰八年（1085）冬十月，时任"芭良"的嵬名济与升聂张聿正向宋朝进贡山陵马100匹⑤。夏永安二年，即宋元符二年（1099）正月二十日，西夏国母梁太后亡，时为"令迅"的嵬名济作

---

① 《续资治通鉴长编》卷五〇六，哲宗元祐二年二月戊子条。"嵬名律令"，四库底本作"嵬名律冷"，影印本作"威明律凌"；"嵬名密"，四库底本作"嵬名麦"。
② 《续资治通鉴长编》卷四九八，哲宗元符元年五月丙寅条作"威明约默"，四库底本作"嵬名姚麦"，旁注"威明约默特"，影印本据改，《宋会要辑稿》蕃夷六，第9926页作"嵬名姚麦"。
③ 《金史》卷六一《交聘表中》。
④ 《续资治通鉴长编》卷三三一，神宗元丰五年十一月乙巳条，作"嵬名济"，四库底本作"嵬名济迺"，旁注"威明吉鼐"，影印本据改。
⑤ 《宋史》卷四八六点校有误，"十月遣芭良、嵬名济、赖升聂、张聿正进助山陵礼物"，"芭良""升聂"为蕃官名号，《续资治通鉴长编》卷三六〇分别为"芭良""昂聂"，载："冬十月甲子，夏国遣芭良嵬名济、昂聂张聿正进助山陵马一百匹。"《宋会要辑稿》礼二九，第1357页作"芭良""昂聂"，载："三日夏国遣芭良巍名济赖、昂聂张圭正进助山陵马。"两位西夏使臣在三条文献中的名字各不相同，分别是嵬名济赖、张聿正，嵬名济、张聿正，巍名济赖、张圭正，故嵬名济赖、嵬名济、巍名济赖可勘同，张聿正、张圭正可勘同，除此之外，《宋史》卷四八六还有"嵬名济迺"，《宋会要辑稿》兵八，第8776页有"嵬名济寨"，人物志中统一为嵬名济。

为大使与副使谟程田快庸等使宋讣告，兼附谢罪表状①。宋朝认为谢罪表状只是空文，令进献生事蕃酋珪布默玛、令介讹遇等，方可商议。至十二月，时任"副令能"的嵬名济再次进上誓表谢恩，及进奉御马，宋依例回赐银器、衣着，各五百匹、两②。

嵬名挨移

西夏首领。夏天赐礼盛国庆元年，即宋熙宁二年（1069），嵬名挨移等赴塞门与宋人赵秘丞商议分画塞门、安远，交领绥州一事，终未定夺③。

嵬名特克济沙

又作威明特克济沙、威明特克济沙克、威明萧济特沙克，西夏大首领。梁氏专权，把持朝政，忌惮且畏惧，欲除之后而快④。夏天祐民安八年，即宋绍圣四年（1097）四月五日，宋保安军攻入西夏，七日到达洪州城内，遭遇嵬名特克济沙率领的西夏军队，双方展开了激烈的交战。嵬名特克济沙败，宋获级一百六十五，焚毁洪州城内外首领、人民族帐等，得牛马驼畜二千有余⑤。夏永安元年，即宋元符元年（1098）七月，鄜延路遣苗履领七将九千骑

---

① 《续资治通鉴长编》卷五〇六，哲宗元符二年二月甲申条，作"嵬名济"，四库底本作"嵬名济寨"，旁注"威明济赛"，影印本据改。

② 《续资治通鉴长编》卷五一〇，哲宗元符二年五月戊申条，作"嵬名寨"，四库底本作"嵬名济寨"，旁注"威明济寨"，影印本作"威明济赛"；卷五一九，哲宗元符二年十二月庚子条，作"嵬名济"，四库底本"嵬名济寨"，影印本作"威明济赛"。

③ 《宋大诏令集》卷二三五《赐夏国主不还绥州诏》。

④ 嵬名特克济沙、威明特克济沙克、威明特克济沙、威明萧济特沙克似为同一人。《续资治通鉴长编》卷四〇七，哲宗元祐二年十一月丁未条，为"威明特克济"，与影印本相同，载："今夏国酋豪，惟梁氏一门而已，凡其中外亲党，靡不持权用事，方叶心同恶，共有深谋，一切闲言固未可入。其余首领，虽幸存者，彼皆置之散地，于国事、兵权无得干预，其粗有权位，许其管勾人马者，不过如威明特克济、沙克星多、贝中彻辰之类三数人而已，是皆梁氏之忌且畏者，方日夜求端，欲得除去，恨无自以发之者。"文中断句错误，"威明特克济、沙克星多、贝中彻辰"当为"威明特克济沙克、星多贝中、彻辰"，其中"威明特克济沙克"四库底本作"嵬名㵪鸡山"，"星多贝中"四库底本作"人多保忠"，"彻辰"四库底本作"乞成"。

⑤ 《续资治通鉴长编》卷四八五，哲宗绍圣四年四月庚子条，作"威明萧济特沙克"，四库底本作"嵬名泥鸡山"，旁注"威明萧济特沙克"，影印本卷四八五、五〇一、五〇三、五一一均作"威明萧济特沙克"。

出兵征讨西夏，八月行至青岭北，嵬名特克济沙率众迎击，西夏军大败①。九月，鄜延路再遣铃辖刘安以第四将，都监张诚以第三将、第五将、第六将、第七将出塞，刘安至梁圣台，击败西夏主帅朴青。张诚至白地，击败嵬名特克济沙②。是时正值西夏重兵进攻泾原，听闻此事不再有斗志，便撤去了平夏之围。次年（1099）正月，环庆路统制官张诚出兵讨荡招纳不顺部族，与嵬名特克济沙战，斩获百余级③；六月，嵬名特克济沙率兵进攻顺宁寨，遭到鄜延路第三副将张守德的伏击，损失惨重④。

嵬名浪遇

元昊之弟。秉常即位，梁氏家族专权，改变谅祚时期的一系列政策，废汉仪，改用蕃礼，排挤嵬名宗室。嵬名浪遇精通兵法，在谅祚朝曾任国相，掌军权，为都统军，因不愿攀附梁氏而被罢官，后病亡⑤。

嵬名盛山

中书、内宿等司承旨、中兴府副。编修西夏法典《天盛改旧新定律令》⑥。

嵬名麻胡

又作嵬名埋讹、威明玛乌，国相梁乞逋亲信。宋夏双方议定熙兰地界，在质孤、胜如等堡寨的归属上各执一词，梁乞逋屯兵数万于密木关，准备进攻熙、兰，战争一触即发。宋鄜延路经略使赵卨令人传话西夏，要求当面和谈。天祐民安二年，即宋元祐六年（1091）正月，嵬名麻胡、乙吉崚丹等往

---

① 《续资治通鉴长编》卷五〇一，哲宗元符元年八月丙戌条，标点本作"威明特克济沙"，四库底本作"嵬名泥鸡山"，载："七月复遣履护七将九千骑出殄羌，以八月七日会于柳青平，八日至青岭北，贼酋嵬名泥鸡山率众迎敌，与战，破之，斩首五百级，获牛马万计，纵兵践稼，十日自威羌还塞。"

② 《续资治通鉴长编》卷五〇三，哲宗元符元年十月己卯条，作"嵬名特克济沙"，四库底本作"嵬名泥鸡山"。

③ 《续资治通鉴长编》卷五〇五，哲宗元符二年正月庚戌条，作"嵬名特克济沙"，四库底本作"嵬名瀰稽山"，影印本作"威明特克济沙克"。

④ 《续资治通鉴长编》卷五一一，哲宗元符二年六月丁酉条，作"嵬名特克济沙"，四库底本作"嵬名泥鸡山"。

⑤ 《梦溪笔谈》卷二五《杂志二》。

⑥ 《俄藏黑水城文献》第8册彩色图版二，译文见史金波《西夏社会》，上海人民出版社2007年版，第246页。

宋再议，赵卨开导数日，嵬名麻胡词穷，只能说："公言无不是，皆为民为国，奈我家不利何！"① 三月，宋朝下旨务要羁縻夏人，不致议谈中断。

嵬名惟永

李元昊从父嵬名山遇（惟亮）弟，与山遇分掌左右厢兵②。

嵬名惟序

李元昊从父嵬名山遇（惟亮）从弟。夏景宗大庆三年，即宋宝元元年（1038）山遇阻止元昊叛宋自立，因此引来杀身之祸，元昊令惟序诬告山遇谋反，许诺将山遇的官爵给他，否则灭惟序整族。惟序将此事透露给山遇，山遇决定降宋，惟序担心宋朝没有人知道元昊立国之事，不会相信山遇。果然，山遇至宋后旋即被遣返，最终为元昊所杀③。

嵬名谕密

又作威明裕默④，西夏大使。夏天安礼定二年，即宋元祐元年（1086）十月，夏惠宗李秉常亡，子乾顺继位，遣使至宋告哀。宋遣金部员外郎穆衍、供备库张枡出使西夏以祭奠、吊慰。夏天仪治平元年，即宋元祐二年（1087）三月，西夏遣大使映吴嵬名谕密、副使广乐毛示聿等称太皇太后进驼、马以谢奠慰。

嵬名谟铎

西夏陈慰使。夏天安礼定元年，即宋元丰八年（1085）宋神宗驾崩，西夏遣陈慰使丁努⑤嵬名谟铎、副使吕则陈聿精等，进慰表于皇仪门外，退赴紫

① 《续资治通鉴长编》卷四五六，哲宗元祐六年三月乙亥条。"嵬名麻胡"四库底本作"嵬名埋讹"，旁注"威明玛鸟"，影印本据改。
② 《续资治通鉴长编》卷一二二，仁宗宝元元年九月己酉条。
③ 《续资治通鉴长编》卷一二二，仁宗宝元元年九月己酉条。
④ 嵬名谕密，《宋史》卷四八六《夏国传下》载："三月，夏遣大使映吴嵬名谕密、副使广乐毛示聿等诣太皇太后进驼、马以谢奠慰。"《续资治通鉴长编》卷三九六，哲宗元祐二年三月戊辰条作"威明裕默"，载："又差大使扬乌威明裕默、副使恭罗们色勒裕勒等称谢太皇太后。"四库底本作"嵬名谕密"，旁注"威明裕默"，影印本据改。
⑤ 嵬名谟铎蕃号，《宋史》卷四八六《夏国传下》为"丁挈"，《宋史》卷一二四《礼志二七》、《续资治通鉴长编》卷三五八，神宗元丰八年七月乙巳条、《宋会要辑稿》礼二九，第1355页及四三，第1689页为"丁努"。

宸殿门。宋朝对其赐帛有差。

嵬名德源

翻译西夏文《等持集品》，称号为"知译经诠义法门事度解三藏功德司正国师思善觉"。①

（嵬名）薛埋

又作薛理、锡哩，元昊妻野利氏所生第三子，早死②。

嵬名嚛寨

西夏谢恩使。夏天赐礼盛国庆元年，即宋熙宁二年（1069），夏国再差嵬名嚛寨使宋进誓表谢恩，宋降诏，并依庆历五年（1045）正月二十三日誓诏施行绥州事③。

嵬名嚷荣

又作威明科荣，西夏大使。夏天赐礼盛国庆三年，即宋熙宁四年（1071），秉常当政，梁氏母党专权，不断发动对宋战争，在夺回啰兀城后，虽然取得胜利，但连年战争引起了西夏人民的不满。迫于各方面压力，梁氏差大使昂聂嵬名嚷荣，副使吕宁焦文贵赴宋进奉，请求交换谅祚朝失去的绥州城，宋朝不许。第二年双方以绥德城为界，各立烽堠④。

嵬名嚡

又作嵬名璟、嵬名懷、威明懷，使宋大臣。夏天授礼法延祚五年，即宋庆历二年（1042）宋夏定川寨之战后，元昊派遣野利旺令、嵬名嚡、卧誉净三人与宋朝议和，李文贵持书至宋，意欲罢兵，却不肯削僭号，且云"如日方中，止可顺天西行，安可逆天东下"。宋诏庞籍回复，同意与夏议和⑤。

---

① 聂鸿音：《西夏佛经序跋译注》，第 123 页。
② 《续资治通鉴长编》卷一六二，仁宗庆历八年正月辛未条。"薛埋"四库底本作"薛理"。
③ 《宋大诏令集》卷二一四《赐陕西河东经略使司诏》。
④ 《续资治通鉴长编》卷二二六，神宗熙宁四年九月庚子条。
⑤ 《宋史》卷四八五《夏国传上》，作"嵬名璟"。《续资治通鉴长编》卷一三八，仁宗庆历二年十二月乙丑条作"嵬名嚡"，载："月余，文贵复持刚浪凌及其弟旺令、嵬名嚡、卧誉净等书抵籍议和。"四库底本作"嵬名懷"，影印本为"威明懷"。

嵬咩仁显

武功大夫。夏乾祐九年，即金大定十八年（1178）三月，武功大夫嵬咩仁显与宣德郎赵崇道等使金贺万春节①。

嵬咩世安

武节大夫。夏天庆四年，即金承安二年（1197）正月，武节大夫嵬咩世安与宣德郎李师广使金贺正旦②。

察哥

夏崇宗李乾顺庶弟，乾顺亲征后，封为晋王，掌握兵权③。夏元德元年，即宋宣和元年（1119），童贯逼刘法取朔方。刘法领兵二万至统安城，遇察哥率步骑为三阵，挡住刘法前军。察哥又遣精骑翻山至刘法部队的后方，伺机偷袭。宋夏大战了七天，宋前军杨惟忠败入中军，后军焦安节败入左军，仅朱定国一人与西夏鏖战，士兵粮尽、马多渴死，刘法乘夜逃走，坠崖摔断了脚，被斩首。此战宋人死者10万，童贯以捷上报。察哥趁机围震武④，直至刘仲武、何灌等来才解围。

（四）外戚志

三香

或为没藏氏亲族。野利遇乞被元昊诛杀后，其妻没藏氏寄居于三香家，野利皇后哭诉"我兄弟无罪被杀"，元昊下令遍访遗孀，将没藏氏带回宫⑤。

---

① 《金史》卷六一《交聘表中》。
② 《金史》卷六二《交聘表下》。
③ 《西夏书事》卷三一，贞观三年九月条。
④ 《宋史》卷四八六《夏国传下》载："震武在山峡中，熙、秦两路不能饷，自筑三岁间，知军李明、孟清皆为夏人所杀。初，夏人陷法军，围震武，欲拔之。察哥曰：'勿破此城，留作南朝病块。'乃自引去。而宣抚司受解围之赏者数百人，实自去之也。诸路所筑城砦皆不毛，夏所不争之地，而关辅为之萧条，果如察哥之言。"
⑤ 《续资治通鉴长编》卷一六二，仁宗庆历八年正月辛未条。

任得敬

又作任德敬①，称任令公。原为宋朝西安州（今宁夏海原县西）通判，西夏兵攻西安州，任得敬率领军民降夏，被任命为权知州事。大德三年，即宋绍兴七年（1137）四月，任得敬将女儿献给乾顺为妃，擢升静州防御使。夏仁宗即位初期，蕃部作乱，任得敬镇压有功，授翔庆军都统军，封西平公②。夏人庆四年（1147），任得敬上表请求入朝，妄图掌握更大权力，御史大夫杂辣公济等察觉其野心，尽力阻止，但他并未因此罢休，而是用金银珠宝贿赂晋王察哥。察哥向仁宗进言推荐，最终使任得敬于天盛元年（1149）七月被任命为尚书令，不久升至中书令③。天盛八年，即宋绍兴二十六年（1156）任得敬升为国相，从此大权独揽，任其弟得聪为殿前太尉，得恭为兴庆府尹④。天盛十二年，即宋绍兴三十年（1160），获封楚王。随着任得敬权力的增长，他的野心也越来越大，甚至诬杀宗亲大臣，势力渐逼王位，仁孝不能节制。夏天盛十九年，即金大定七年（1167）十二月，任得敬有病，遣使至金朝请求良医诊治，保全郎王师道奉旨医治，使得敬有所好转。任得敬趁机遣任得聪至金朝谢恩，并附表进献礼物，试探金世宗，世宗不受⑤。任得敬没有获得金朝的支持便求助于宋朝。天盛二十年，即宋乾道四年⑥（1168）五月，得敬遣使至宋四川宣抚司，相约发兵攻金，宋虞允文以腊丸书答复。七月，得敬再遣使至宋四川宣抚司，被西夏截获，发现任得敬图谋不轨。夏乾祐元年，即宋乾道六年、金大定十年（1170）任得敬胁迫仁孝中分其国，以西南路及灵州啰庞岭等地划分给自己，并逼迫仁孝遣使至金上表为其求封，金世宗拒绝其贡物，赐仁孝诏："自我国家戡定中原，怀柔西土，始则画疆于乃父，继

---

① 《桯史》卷四《干道受书礼》与《建炎以来朝野杂记》乙集卷一九《边防二·西夏扣关》两处，"任得敬"作"任德敬"。

② 《西夏书事》卷三五，大庆元年十二月条。

③ 《西夏书事》卷三六，人庆四年五月条，天盛元年七月条，天盛二年十月条。

④ 《西夏书事》卷三六，天盛九年六月条。

⑤ 《金史》卷一三四《西夏传》。

⑥ 《宋史》卷三四为"乾道四年"，卷四八六为"乾道三年"。

而锡命于尔躬，恩厚一方，年垂三纪，藩臣之礼既务践修，先业所传亦当固守。今兹请命，事颇靡常，未知措意之由来，续当遣使以询尔。所有贡物，已令发回。"① 夏国在金朝的支持下捕杀任得敬及其党羽，任得敬分国失败，仁孝遣使答谢金朝。

任得聪

殿前太尉，任得敬弟。任得敬权势日盛，意欲分裂夏国。天盛十九年（1167），任得敬染疾，仁孝遣使到金朝为任得敬祈求良医，金朝派遣良医为任得敬医治后，其病情有所好转。西夏天盛二十年，即金大定八年（1168）四月，西夏遣使任得聪至金谢恩，并附表进献礼物，欲试探金世宗，金世宗洞悉任得敬进献礼物的意思，于是以"得敬自有定分，附表礼物皆不可受"的理由拒绝了他②。

没移皆山

又作摩伊克结星，夏景宗李元昊妃没移氏父③。

没藏讹庞

又作密藏罗滂、兀藏讹庞、鄂特彭，宣穆惠文皇后没藏氏兄，毅宗谅祚舅。夏天授礼法延祚十一年，即宋庆历八年（1048）没藏讹庞调唆宁令哥刺杀元昊。元昊身亡后，讹庞以弑父为名，处死宁令哥及野利皇后母子。同时积极争取立外甥谅祚为新国主，惧移赏都大臣等遵遗言拥护元昊从弟委哥宁令为王，而讹庞认为"夏自祖考以来，父死子继，国人乃服"④。于是不满一周岁的谅祚被册封为夏国主，没藏氏为太后，讹庞为相，专国政。没藏讹庞长期侵耕宋夏沿边屈野河土地⑤，这种情况直到麟府管勾军马司贾逵巡行边境时才发现，令其归还所侵耕地，但讹庞并无归意，没藏氏遣其亲信前往勘视。

---

① 《金史》卷一三四《西夏传》。
② 《金史》卷一三四《西夏传》。
③ 《续资治通鉴长编》卷一六二，仁宗庆历八年正月辛未条，四库底本"没移皆山"旁注"摩移克结星"，不同于影印本"摩伊克结星"。
④ 《续资治通鉴长编》卷一六二，仁宗庆历八年正月辛未条。
⑤ 《续资治通鉴长编》卷一八五，仁宗嘉祐二年二月壬戌条，四库底本作"鄂特彭"。

而当事情尚未解决之时，福圣承道四年（1056），没藏氏因荒淫无度被杀，讹庞为了继续控制朝政，将女儿嫁给谅祚为后，以国相兼国主岳父的身份独掌大权，在屈野河侵耕一事上愈发猖狂，屡屡与宋发生争端，宋朝遣使与讹庞讨论边疆问题，讹庞不听。夏奲都元年，即宋嘉祐二年（1057）正月，因西夏屡次侵耕不止，宋朝采用庞籍的建议禁止宋夏陕西缘边和市，直至双方在屈野河划界，侵耕才告一段落①。后来，没藏讹庞因发现谅祚与自己的儿媳梁氏私通，于是意欲杀害国主。然而，梁氏抢先将讹庞的计划全盘告知了谅祚，导致讹庞父子被诛杀，谅祚正式亲政。

黄芦讹庞

又作黄罗滂，宁令哥劓元昊鼻后，藏于黄芦讹庞家②。

野利旺令

野利旺荣弟，夏天授礼法延祚五年，即宋庆历二年（1042）宋夏定川寨战役之后，与嵬名瓌、卧誉诤三人书写议和书。议和书表达了罢兵的希望，但却不肯削去元昊的僭号，且云"如日方中，止可顺天西行，安可逆天东下"③。庞籍认为这些言辞尚未有臣服之意，让元昊自行上书朝廷。最终，朝廷诏庞籍回复，同意与夏议和。

野利旺荣

又作刚浪凌④，景宗元昊野利皇后兄弟，住在夏州东弥陀洞，往东七十里

---

① 《宋史》卷四八六《夏国传下》、卷一八六《食货志下八》为"兀臧讹庞"。
② 《续资治通鉴长编》卷一六二，仁宗庆历八年正月辛未条。"黄芦讹庞"似为没藏讹庞。
③ 《宋史》卷四八五《夏国传上》。
④ 关于刚浪崚的记载并不一致，有资料把刚浪崚与野利遇乞放在一起，可以佐证刚浪崚即为旺荣，如《宋史》卷三三五《种世衡传》中"元昊谋臣，其贵人野利刚浪崚、遇乞兄弟有材谋，皆号大王"。也有资料把旺荣与刚浪崚作为兄弟，如《涑水记闻》卷一一"以野利氏兄弟旺荣为谟宁令，号拽浪王，刚浪崚为宁令，号天都王，分典左右厢兵马，贵宠用事。"文中采用《续资治通鉴长编》的记载，卷一三八，仁宗庆历二年十二月乙丑条"刚浪凌即旺荣也"。刚浪凌，又作纲浪凌、刚浪崚、刚浪嵬、刚浪崚，《宋史》卷三三五《种世衡传》作"刚浪崚"，《续资治通鉴长编》四库底本卷一六二，仁宗庆历八年正月辛未条为"刚浪凌"，旁注"纲朗凌"，《续资治通鉴长编》标点本卷一五五，庆历五年三月壬子为"纲浪凌"，卷一四五，仁宗庆历三年十一月乙酉条为"刚浪嵬"，《东轩笔录》卷八为"刚浪崚"。

有铁冶务，为西夏出铁制造兵器的地方，距离河东麟府界黄河约七八十里[①]。谟宁令，统明堂左厢，称野利王[②]。兵马强劲，勇健有智谋，三川口、好水川战役中击溃宋军所用战略战术就出自旺荣、遇乞兄弟二人的谋略，宋朝欲除之以断元昊臂。夏天授礼法延祚三年，即宋康定元年（1040），范仲淹经略延州时，曾想与麟府、石州、隰州兵马会合掩袭旺荣。夏天授礼法延祚四年，即宋庆历元年（1041），范仲淹被降为户部员外郎，知耀州。元昊派旺荣以书报仲淹，言辞傲慢，范仲淹当着使者的面把信烧了，却偷偷录其副本，宋臣认为范仲淹不该与元昊私通书信，既然已有回信，更不该烧毁，于是降职。范仲淹走后，庞籍代知延州。陕西经略判官田况希望朝廷重贿"阴募死士，陷胸碎首"[③]，但因野利二人防卫森严，难以实现。行刺之计行不通，庞籍又施招降之策，夏天授礼法延祚五年，即宋庆历二年（1042），令保安军刘拯写信，贿赂蕃部破丑以送达旺荣，信中说旺荣方领灵夏之兵，若内附归宋，则以西平茅土分册之。旺荣不但没有接受招降，反而将计就计以浪埋、赏乞、媚娘等三人往清涧城请降，宋洛苑副使种世衡明知其中有诈，却将他们留在宋朝监商税，出入有骑从，甚是看重，企图借机离间元昊与旺荣的关系。除了通过这种方式迷惑夏人，种世衡还让僧人王嵩入境，送腊书给旺荣，曰："浪埋等已至，朝廷知王有向汉心，命为夏州节度使，俸钱月万缗，旌节已至，趣其归附。"[④] 呈以枣缀画龟，喻意"早归"。旺荣看完后万分惊恐，不敢有所隐瞒，执王嵩见元昊，元昊囚禁王嵩于地牢之中，暗中指派教练使李文贵假为旺荣所遣，去见种世衡，种世衡将计就计。李文贵禀报旺荣确有忤逆之心，元昊大怒，夺了旺荣的兵权，此时，元昊子宁令哥将纳旺荣女为妇，野利旺荣密谋在二人成婚之日邀元昊至其帐，想要用伏兵杀害元昊，事情败

---

① 《范文正公集》附件二《年谱》，第5页。
② 《东轩笔录》卷八载："元昊分山界战士为二厢，命两将统之，刚浪崚统明堂左厢，野利遇乞统天都右厢，二将能用兵，山界人户善战，中间刘平、石元孙、任福、葛怀敏之败，皆二将之谋也。"
③ 《续资治通鉴长编》卷一三二，仁宗庆历元年五月甲戌条。
④ 《宋史》卷三三五《种世衡传》。

露，旺荣被诛①。

野利遇乞

景宗元昊野利皇后兄长②，又作叶勒约噶。谟宁令，能用兵、善战，与野利旺荣分统左右厢兵，统天都右厢，称天都王③。宋朝一直想除掉野利旺荣兄弟以断元昊手臂。夏天授礼法延祚四年，即宋庆历元年（1041），陕西经略判官田况行刺野利遇乞，没有成功。宋朝继而又采取招降之策，遣僧法淳持书及金银宝物劝降遇乞，同样也没有结果。北宋将领种世衡得知野利遇乞有一把元昊赐的宝刀，便让其亲信苏吃曩偷出来，并在宋夏边境设祭，在祭文中妄称遇乞已为元昊乳母白姥陷害致死，回忆除夕日相见之欢。到了晚上，种世衡令人火烧纸钱，火光通明，夏人见火光，便走近查看，宋人佯装弃祭具、银器而走，夏人争相抢夺，得元昊所赐宝刀，并发现火炉中尚未烧尽的祭文，送至夏都。元昊大怒，但鉴于遇乞的功绩，并未立即处死，夺其兵权，君臣从此异心。后元昊赐死遇乞，并纳其妻没藏氏，号为没藏皇后。

梁乙埋

又作梁伊特迈，毅宗谅祚梁皇后之弟。谅祚死后，年仅8岁的惠宗即位，梁氏以太后身份摄政，用梁乙埋为国相，重用党项贵族都啰马尾和冈萌讹，打压嵬名浪遇等皇室宗族。梁乙埋又将自己的女儿嫁给谅祚之子秉常，形成梁氏母党集团，把持西夏军政大权。由于谅祚对宋作战屡次失败，耗费了国力导致国中出现饥荒，梁乙埋建议将诱杀宋朝边官杨定的韩道喜执送宋朝④，以换取宋夏和好，同时梁太后上表以塞门、安远二寨交换绥州，宋神宗不许，于是宋夏交恶，夏进攻秦州，宋禁绝和市。夏大安八年，即宋元丰四年

---

① 《涑水记闻》卷一一。

② 《续资治通鉴长编》卷一六二，仁宗庆历八年正月辛未条前后不一，前面野利氏为遇乞从女，"囊霄凡七娶……五曰野利氏，遇乞从女也"，后面野利后称遇乞，刚浪凌为兄弟，载："囊霄遂族遇乞、刚浪凌、城通等三家。继而野利氏诉，我兄弟无罪见杀。"

③ 《东轩笔录》卷八。

④ 《续资治通鉴长编》卷二一六，神宗熙宁三年十月辛酉条作"梁伊特迈"，载："向以梁伊特迈计，絷送韩道喜，于是旺氏与梁氏交怨"，似回改不尽。

（1081）十月，梁乙埋与北宋泾原路在磨哆隘交战并且战败。迫于压力，梁太后让位秉常。秉常亲政后，欲行汉礼，废蕃礼，遭到梁太后与梁乙埋的强烈反对，发动宫廷政变"夺秉常政"，将秉常软禁在兴庆府西北的木寨行宫。此后西夏屡次请求与宋结盟，并诫其部族，禁扰宋界。后来，梁乙埋再度派兵攻打塞门寨，宋朝方面赵卨派军队偷袭洪州行围魏救赵之策，俘获与斩首甚众，乙埋得不偿失。赵卨又派间谍到西夏去对乙埋好言相劝，并送给他战袍、彩锦。乙埋考虑得失，不再进攻宋朝。西夏则中了赵卨的离间计，听闻乙埋私受馈赠，"疑而杀之"①。

梁乞逋

又作梁乙逋、梁移逋、梁叶普，梁乙埋子，惠宗秉常梁皇后之兄。为"没宁令"，汉语"天大王"，世袭居长契②。宋朝在永乐城之战后，再次册封夏国王，并提出以土地换取永乐城战役中被西夏俘获的人口，答应归还宋军在元丰年间占领的葭芦、米脂、浮屠、安疆四寨，并将其余不可归还的土地经画地界。然而，梁乞逋不仅没有遣使谢恩，还以兰州和塞门不在归还之列为由，于夏天仪治平元年，即宋元祐二年（1087）向北宋发起战事。当年五月，梁乞逋与吐蕃新首领阿里骨相约举兵攻打宋洮州、熙州，约定事成之后以熙、河、岷三州还西蕃，兰州定西城还西夏③。八月，梁乞逋再度命十二监军司军队会合于天都山，与吐蕃阿里骨联结进攻熙州、河州。九月，乞逋又派仁多保忠率兵 10 万攻击宋泾原路，宋知庆州范纯粹派副总管曲珍出境外300 里，至曲律山围剿西夏族帐，才解泾原路之困，西夏退兵④。梁乞逋在战争中不断膨胀，连梁太后都不放在眼里，天祐民安五年（1094）梁太后处死梁乞逋，独掌大权。

---

① 《宋史》卷三三二《赵卨传》。
② 《梦溪笔谈》卷二五《杂志二》作"梁移逋"，载："梁乙埋死，其子移逋继之，谓之'没宁令'。'没宁令'者，华言天大王也。"
③ 《续资治通鉴长编》卷四〇〇，哲宗元祐二年五月癸丑条。
④ 《续资治通鉴长编》卷四〇四，哲宗元祐二年八月戊戌条。

（五）诸臣志

乙吉唛丹

又作拽厥唛丁、叶结凌丹，国相梁乙逋亲信。宋夏商议熙兰地界，夏使在质孤、胜如等堡寨的归属问题上与宋朝未能达成一致，遂返回。宋鄜延路经略使赵卨致信宥州，迟迟得不到回复，只得贿赂生蕃乙吴麻带话，邀请西夏派人面谈。天祐民安二年，即宋元祐六年（1091）正月，乙吉唛丹与嵬名麻胡到宋朝再度商议划界，依然未果①。

乙吴麻

又作移勿乜、叶乌玛，生蕃。夏天祐民安二年，即宋元祐六年（1091），宋夏双方经画熙兰地界，在质孤、胜如等堡寨的归属问题上与宋朝未能达成一致。宋鄜延路经略使赵卨多次传信令首领前来议事，迟迟得不到答复，国相梁乙逋令生蕃乙吴麻入延州，赵卨将其捕来，厚予重金，令乙吴麻将宋朝怀柔的想法传达给国相，"朝廷令夏国遣人来听疆议，非惮汝也，特以和好垂成，不忍遽自绝尔。乙逋欲和即来，不欲从汝自便。移书往返，不若遣使面议之。详汝尝为行人，非寇也，汝归，以吾言告乙逋。"② 当时梁乙逋已经点集数万兵马于密木关，不日将进攻熙、兰两州。乙吴麻去后，梁乙逋下令暂缓出兵，派其亲信嵬名麻胡、乙吉唛丹前去宋朝商议边事。

乙灵纪

西夏将领。夏天祐垂圣元年，即辽重熙十九年（1050）二月，乙灵纪与大将洼普、猥货领兵进攻辽朝境内的金肃城，战死③。

---

① 《续资治通鉴长编》卷四五六，哲宗元祐六年三月乙亥条。"乙吉唛丹"四库底本"拽厥唛丁"，旁注"叶结凌丹"，影印本据改。
② 《续资治通鉴长编》卷四五六，哲宗元祐六年三月乙亥条；《苏轼文集编年笺注》卷一五《故龙图阁学士滕公墓志铭》。"乙吴麻"四库底本作"移勿乜"，旁注"叶乌玛"，影印本据改。
③ 《辽史》卷二〇《兴宗纪三》。

乙都

又作哆都、伊都。乙都将西夏点集、发兵的日期上报蕃部屈里匕，西夏果然于是日自满堂川、大会平杀伤防田人马，宋边官李浦出塞迎击。夏大安六年，即元丰二年（1079）八月，鄜延路经略使吕惠卿将此事上奏，宋朝奖赏乙都丝百匹、银百两，蕃部屈里匕丝百匹①。

丁师周

宣德郎。夏天庆七年，即金承安五年（1200）正月，宣德郎丁师周随武节大夫连都敦信入金贺正旦，附奏为罗太后求医问药。八月，再次随武节大夫连都敦信出使金朝贺天寿节②。

丁守素

西夏使人。夏天授礼法延祚七年，即宋庆历四年（1044）九月，庆历和议前，丁守素与尹悦则等入宋议事③。

卜祥

西夏厢官。夏乾祐二十二年，即金明昌二年（1191），夏人于镇戎境内放牧，金朝巡逻兵卒驱赶被掠，边将阿鲁带率兵讨要，中了卜祥等人的伏击，阿鲁带口中流箭身亡，金朝索要杀阿鲁带诸人，夏乃杀卜祥等④。

乃令□文

中书习能、权枢密、上国柱。编修黑水城出土西夏法典《天盛改旧新定律令》⑤。

兀名

西夏将领。夏光定十年，即金兴定四年（1220），夏人攻金巩州，赤盏合

---

① 《续资治通鉴长编》卷二九九，神宗元丰二年八月丙戌条，作"哆都"。四库底本、《宋会要辑稿》蕃夷六，第 9916 页作"乙都"，影印本作"伊都"。"屈里匕"标点本作"吹凌结"。
② 《金史》六二《交聘表下》。
③ 丁守素或为杨守素。《续资治通鉴长编》卷一五二，仁宗庆历四年九月丁丑条案《实录·答契丹书》云：九月甲午，杨守素将誓文入宋，杨守素或与丁守素为同一人，待考。
④ 《金史》一三四卷《夏国传》。
⑤ 《俄藏黑水城文献》第 8 册彩色图版二，译文见史金波《西夏社会》，上海人民出版社 2007 年版，第 246 页。

喜遣兵迎击，夏人败北，大将被擒。兀名与你思丁2人密谋联合宋统制程信对付金朝，赤盏合喜提前获知作战计划，整饬军队严阵以待，宋夏联军伤亡者数以万计①。

兀勒香□

左厢副铃辖②。夏永安元年，即宋绍圣五年（1098），折克行掩袭乌浪娘，兀勒香□与铃辖令王儿没崖被擒获③。

兀㕎

监军、驸马。夏贞观五年，即宋崇宁四年（1105），宋将韩世忠攻银州，斩关杀将，西夏大败。至嵩平岭，韩世忠率精锐部队鏖战，兀㕎带领一队人马从小路杀出直捣宋军大营，宋军将士闻讯皆惊愕不已。韩世忠随即跃马而上，将兀㕎斩首，西夏兵大乱，溃不成军④。

万庆义勇

左枢密使、吐蕃路都招讨使。神宗遵顼奉行附蒙侵金的政策，夏光定四年，即宋嘉定七年、金贞祐二年（1214），左枢密使万庆义勇令蕃僧减波把波将腊书二丸送至四川西和州之宕昌寨，欲与宋朝合从犄角，共图金人，收复侵地，宋制置使黄谊⑤未报，议定中断。

小石通判

黑水城出土夏天庆七年（1200）二月二十二日卖地房契中的卖地人。约定将自属四井坡撒一百石种子土地一块及院舍自愿卖与梁守护铁，地价二百石杂粮，此后诸人子弟有任何官私转贷、争讼时，按原已给地价一石还二石，

---

①　《金史》卷一一三《赤盏合喜传》。
②　付铃辖兀勒香□，康兰英主编《榆林碑石》（三秦出版社2003年版）第369页断句为没崖付铃辖兀勒香，"五年，掩袭贼乌浪娘，获伪左厢铃辖令王儿，没崖付铃辖兀勒香"。
③　《金石萃编》卷一四七《折克行神道碑》。
④　《宋史》卷三六四《韩世忠传》。
⑤　宋制置使黄谊，见于《宋史》卷四八六《夏国传下》。《建炎以来朝野杂记》乙集卷一九《边防二》为董仁父，载"董仁父出入蜀，不之报"；《续编两朝纲目备要》卷一四《宁宗皇帝》为董居谊，载"时董居谊初入蜀，不之报"。

返还四百石，反悔时，依官罚三两金。同立契者梁千父内凉、梁犬羊舅、梁麻则盛，知人梁虎孵子、曹庵斡宝、移合讹花？势、陈犬羊双①。

小卢浪

又作硕勒喇，蕃官刘绍能之舅。夏大安八年，即元丰四年（1081年）刘绍能出界擒夏人，获一首级，言称其舅，以物包裹，不肯保明功赏。宋朝因此担心其有贰心，不敢授领兵权。又，蕃官殿直郝守素遣使到西夏，将宋朝即将对夏开战的消息告诉小卢浪等，让他们迁到远处，以免在战争中受伤。两件事相符合，确如刘绍能所言，所获首级为其舅小卢浪，宋朝差左藏库使、英州刺史、鄜延路钤辖兼第三副将刘绍能权河中府都监②。

山唛

又作沙木凌。夏大安八年，即元丰四年（1081）蕃官殿直郝守素遣吃多理入西界将宋朝即将对夏开战的消息告诉小卢浪及山唛，让他们迁往远处，以免在战争中受伤③。

卫慕山喜

又作默穆尚实。景宗元昊生母卫慕族首领。夏广运元年，即宋景祐元年（1034），为了争夺统治权，依靠皇太后卫慕氏图谋杀害元昊，事情败露，元昊毒杀亲生母亲，并将山喜一族沉河④。

女崖

蕃部首领，凶悍狡黠，时常趁边防空虚，骚扰宋夏边界，致百姓15年不能安宁，宋朝悬赏驱逐。宋将折可存以奇谋制胜，生擒女崖，折可存因此立

---

① 《俄藏黑水城文献》第13册，译文见史金波《西夏经济文书研究》，社会科学文献出版社2017年版，第267—268页。

② 《续资治通鉴长编》卷三一六，元丰四年九月庚子条载："蕃官殿直郝守素等使吃多理入西界，呼舅小卢浪等及谓山唛云：'我受文字相杀，尔往说尔兄子等，令夏人远徙，恐杀我亲故。'"其中有"呼舅小卢浪"似乎小卢浪是郝守素的舅舅，但前文有"蕃兵获一首级，绍能言是其舅，以物裹首，不肯保明功赏"，所以小卢浪当为刘绍能的舅舅。

③ 《续资治通鉴长编》卷三一六，神宗元丰四年九月庚子条。

④ 《续资治通鉴长编》卷一一五，仁宗景祐元年十月丁卯条，作"母米氏族人山喜"。

功，迁秉义郎、阁门祗候，升第四副将①。

习勒遵义

殿前太尉。夏应天三年，即金泰和八年（1208）五月，殿前太尉习勒遵义与枢密都承旨苏寅孙至金朝谢赐生日②。

马子才

宣德郎。夏乾祐二年，即金大定十一年（1171）正月，马子才随武功大夫煞执直使金贺正旦③。

马都

团练使。夏天授礼法延祚五年，即宋庆历二年（1042）九月，降宋，除右班殿直④。

王仁持

博士，晓切韵，夏乾祐十八年（1187），增补西夏谚语、格言集《新集锦合辞》⑤。

王公佐

西夏使人。夏天盛六年，即金贞元二年（1154）三月，金海陵王迁都燕京，王公佐使金祝贺⑥。

王文谅

没藏讹庞家奴，因得罪讹庞归附延州，累官至右侍禁。王安石荐其才，加阁门祗候。韩降宣抚陕西，王文谅为指使。韩降先遣文谅专一监督蕃将赵馀庆等西讨。文谅与馀庆约定于金汤川结明萨庄会面，不至者斩。文谅行至金汤故寨，距离结明萨庄尚有20余里，见西夏兵马即返，赵馀庆率兵达到，

　　① 《宋故武功大夫河东第二将折公（可存）墓志铭》，见《榆林碑石》，三秦出版社 2003 年版，第 263 页。
　　② 《金史》卷六二《交聘表下》。
　　③ 《金史》卷六一《交聘表中》。
　　④ 《续资治通鉴长编》卷一三七，仁宗庆历二年九月癸卯条。
　　⑤ 惠宏、段玉泉编：《西夏文献解题目录》，阳光出版社 2015 年版，第 49 页。
　　⑥ 《金史》卷六○《交聘表上》。

不见文谅，使人打探，得知文谅已归，于是返回。文谅担心赵馀庆揭发，于是诬告馀庆失约，馀庆因此被因。韩降再次遣王文谅出界征讨，"凡官军斩级，多夺与蕃兵，至掘塚戮尸为级。"① 邠宁广锐都虞侯吴逵曾与文谅争买马，文谅怀恨在心。在这次战役中，吴逵奋勇杀敌，用铁链枷杀敌首领，文谅令部曲夺之，并诬告吴逵夜至野�煽动军心。吴逵因此被送至庆州，入狱40余日。夏天赐礼盛国庆三年，即宋熙宁四年（1071）二月，吴逵起兵造反，庆州兵发动哗变。宋朝认为庆州兵变的主要责任在王文谅。同年八月，经过审判，时任右侍禁、阁门祗候的王文谅免于死罪，杖脊，刺配沙门岛。然而，乾州通判廖子孟在审理此案的过程中又发现王文谅的另一罪状。原来，王文谅曾奉宣府司檄文巡视河外荒堆三泉版筑事宜，西夏趁机发动突袭，文谅害怕受伤，脱身逃往帐中。隰州清边承局王信阻止王文谅逃跑，文谅却将其杀死。对此，王文谅完全认罪，被执行死刑，连坐黜罚者10余人②。

王立之

精方瓯匦使。夏宝义元年，即金正大四年（1227），精方瓯匦使王立之使金，未复命，夏国已亡③。

王师信

翰林学士。夏乾祐六年，即金大定十五年（1175）十二月，王师信随中兴尹讹罗绍甫等使金谢横赐④。

王延庆

小监。夏乾祐七年（1176）九月二十五日，小监王延庆等立《黑水河建桥敕碑》⑤。

---

① 《续资治通鉴长编》卷二二〇，神宗熙宁四年二月庚辰条。
② 《续资治通鉴长编》卷二二六，神宗熙宁四年八月己卯条。
③ 《金史》卷六二《交聘表下》。
④ 《金史》卷六一《交聘表中》。
⑤ 《黑水河建桥敕碑》。

王全忠

武节大夫。夏乾祐二十二年，即金明昌二年（1191）正月，武节大夫王全忠与宣德郎张思义使金贺正旦，金许贸易三日①。

王庆崇

宣德郎。夏乾祐十七年，即金大定二十六年（1186）三月，宣德郎王庆崇随武功大夫麻骨德懋等使金贺万春节②。

王安道

宣德郎。夏天庆九年，即金泰和二年（1202）八月，宣德郎王安道随武节大夫天籍辣忠毅使金贺天寿节③。

王金

学士。夏天盛十三年，即宋绍兴三十一年（1161），立翰林学士院，以王金等为学士，修实录④。

王枢

宰相。夏大德五年，即金天眷二年、宋绍兴九年（1139），乾顺遣王枢、哆讹为陕西招抚使与延安招抚使李世辅伐金，欲取陕西五路。大军一路势如破竹，行至延安时，李世辅听闻金人降敕，鄜延路复归宋朝，劝说王枢等降宋，王枢不从，被绑至长安。此时宋环庆路又获夏人190余人，签书枢密院事楼炤奏："陕西新复，正与夏国为邻，此等留之无益，还之可使知恩。"⑤ 十月，王枢入见宋高宗，与其余同时被俘获190人皆送还夏国。送伴官王晞韩护送至境上，为报送还之恩，夏国三司郎君与王晞韩相约三月望日修公牒来保安军入贡，到了约定的时间，知保安军杨顺与西夏商议入贡之事，而王枢托

---

① 《金史》卷六二《交聘表下》。
② 《金史》卷六一《交聘表中》。
③ 《金史》卷六二《交聘表下》。
④ 《宋史》卷四八六《夏国传下》。
⑤ 《建炎以来系年要录》卷一三二，绍兴九年九月甲寅条。

病未至①。

王固策

又作王狗子，国主侍卫。吕惠卿讨荡西夏时招降到王固策，自称西夏衙头，"服事小大王"，宋元符二年（1099）三月，宋哲宗特授予右侍禁，差往宥州统领处充走马，添差充太平州指使。②

王罗

部落首领。夏福圣承道元年，即宋皇祐五年（1053）闰七月十四日夜，王罗与杨诰等率领人马向乾州堡射箭，当晚返回，于吹筬谷休整。乾州堡距古渭州不远，宋判永兴军兼秦凤路兵马事文彦博奏称，西夏意在阻挠添修古渭州，请令枢密院仔细检查古渭州涉及西夏的往来公文等，以便处置③。

王禹玉

宣德郎。夏乾祐十一年，即金大定二十年（1180）三月，宣德郎王禹玉随武功大夫罔进忠使金贺万春节④。

王禹珪

宣德郎。夏乾祐七年，即金大定十六年（1176）三月，宣德郎王禹珪随武功大夫骨勒文昌使金贺万春节⑤。

---

① 《建炎以来系年要录》卷一三四，绍兴十年三月是月条。三司郎君对杨顺说："吴玠七请和于我，我不之许。今诚结好，汝家国势非前日，约我兄弟可也。"顺怒，曰："王枢在都堂，摇尾乞怜，请归求盟为臣妾，朝廷厚赐以遣我，岂须汝盟耶？"三司曰："枢苟生语耳，是事在国主、在宰相，岂预枢事？"三司拿出一纸书，曰："王枢至，备陈秦仆射召至都堂，有欲与夏国讲和之言。息兵睦邻，虽属美事，然须遣使临边计议，赴朝献纳，藏之秘府，此为定式。与晞韩所申不同。"

② 《续资治通鉴长编》卷五〇七，哲宗元符二年三月丁巳条，载："讨荡西界鲁逊满达勒等处，胁降到王固，策称系西界衙头，服事小大王，王差往宥州统领处充走马。诏特与右侍禁，添差充太平州指使。"其中"王固策"标点错误，误为"王固"。四库底本此处为"王狗子"，旁注"王固策"，影印本、标点本据改。

③ 《文彦博集》卷一七《奏西界事》载："臣勘会干川堡去古渭州不远，切虑昨来添修古渭州之时，西界妄有词说，意在阻挠。臣欲乞令枢密院检会自古渭州以来，如曾有西界文字，及昨来傅求往秦州始末一宗文字，尽札录付臣，所贵细得看详。取进止。"

④ 《金史》卷六一《交聘表中》。

⑤ 《金史》卷六一《交聘表中》。

王庭彦

宣德郎。夏乾祐十五年，即金大定二十四年（1184）三月，宣德郎王庭彦随武功大夫晁直信等使金贺万春节①。

王彦才

武节大夫。夏天庆二年，即金明昌六年（1195）正月，武节大夫王彦才与宣德郎高大节使金贺正旦②。

王彦国

宣德郎。夏天庆四年，即金承安二年（1197）八月，宣德郎王彦国随武节大夫啰岼守忠使金贺天寿节③。

王举

秘书监。夏天盛二年，即金天德二年（1150）七月，秘书监王举随开封府尹苏执义使金贺海陵王受尊号④。

王琪

瓯匦使。金世宗即位，夏天盛十四年，即金大定二年（1162）八月，王琪与左金吾卫上将军苏执礼、押进御史中丞赵良使金贺金世宗受尊号⑤。

王德昌

宣德郎。夏天盛二十一年，即金大定九年（1169）三月，宣德郎王德昌随武功大夫浑进忠等使金贺万春节⑥。

王德昌

都大勾当镇夷郡正兼郡学教授。夏乾祐七年（1176）九月二十五日，都大勾当镇夷郡正兼郡学教授王德昌等立《黑水河建桥敕碑》⑦。

---

① 《金史》卷六一《交聘表中》。
② 《金史》卷六二《交聘表下》。
③ 《金史》卷六二《交聘表下》。
④ 《金史》卷六〇《交聘表上》。
⑤ 《金史》卷六一《交聘表中》。
⑥ 《金史》卷六一《交聘表中》。
⑦ 《黑水河建桥敕碑》。

王盥

西夏负责对外交聘的官员。夏拱化五年，即宋治平四年（1067）宋英宗晏驾，以镇戎军驻泊都监高遵裕为告哀使抵宥州，西夏命王盥受命迎接。王盥身着吉服，不合礼制，令改换丧服听遗命。席间提到西夏出兵大顺城，王盥言语不当，高遵裕以毅宗谅祚中箭逃跑回复。夏人自感受辱，遣他人代替①。因王盥祸从口出，新任馆伴不敢说话。遵裕因此擢知保安军。

天籍辣忠毅

武节大夫。夏天庆九年，即金泰和二年（1202）八月，武节大夫天籍辣忠毅与宣德郎王安道使金贺天寿节②。

元叔

宣德郎。夏天庆三年，即金承安元年（1196）正月，宣德郎元叔随武节大夫员元亨等使金贺正旦③。

扎实

又作舻商，环州首领。夏永安二年，即宋元符二年（1099），随环州蕃部首领赏啰讹乞归宋④。

不心□□

殿前司正、枢密居京令。编修黑水城出土西夏法典《天盛改旧新定律令》⑤。

毛示聿

又作色勒裕勒，西夏进奉副使。夏天仪治平元年，即宋元祐二年（1087）三月，西夏副使广乐毛示聿随大使映吴嵬名谕密等称太皇太后进驼、马以谢

---

① 《宋史》卷四六四《高遵裕传》载："既而具食上宫，语及大顺城事，盥曰：'剽掠辈耳。'遵裕曰：'若主寇边，扶伤而遁，斯言非妄邪！'"
② 《金史》卷六二《交聘表下》。
③ 《金史》卷六二《交聘表下》。
④ 《续资治通鉴长编》卷五一三，哲宗元符二年七月甲子条。"扎实"四库底本作"舻商"。
⑤ 《俄藏黑水城文献》第8册彩色图版二，译文见史金波《西夏社会》，上海人民出版社2007年版，第245—246页。

奠慰①。

毛迎啜已

又作美英多吉，供备库使。夏天授礼法延祚三年，即宋康定元年（1040），毛迎啜已奉命到达宋夏边境，意欲与宋朝通和。宋仁宗诏鄜延、环庆经略司，如果夏国上表不亏臣礼，便可以接受②。

毛惟昌

汉人，本为野利遇乞帐下人，因妻为谅祚乳母而得到毅宗的信任，参与朝政。时没藏讹庞掌权，毛惟昌将大臣的议论告知谅祚，引起了讹庞的不满，意欲谋害。最终，没藏讹庞以毛惟昌偷穿夏国王元昊盘龙服为由，诛杀其全家③。

仁多唛丁

又作人多唛丁、星多哩鼎、人多唛丁。仁多族首领，西夏统军，久据西夏西南部落，为宋朝边患④。夏大安八年，即宋元丰四年（1081）宋因惠宗秉常被囚，命李宪大举征夏，焚天都山府库、馆舍，行至啰通州，捕获间谍，获知统军仁多唛丁人马辎重，斩获夏人五百级，生擒20余人，夺马二百余匹，牛羊七千⑤。大安十年，即宋元丰六年（1083）十二月，宋诏："西贼首领最为凶黠者惟仁多唛丁，而自来多于本国西南边出入，料彼方蕃部必有能识其状貌者。宜多方选委将佐，广募蕃兵有能别识之人，令密结敢死侪类，遇事谋

---

① 毛示聿，《宋史》卷四八六《夏国传下》作"毛示聿"，《续资治通鉴长编》卷三九六，哲宗元祐二年三月戊辰条作"色勒裕勒"。

② 《续资治通鉴长编》卷一二六，仁宗康定元年正月甲子条。

③ 《续资治通鉴长编》卷一六二，仁宗庆历八年正月辛未条。

④ 《铁围山丛谈》卷二作"人多零丁"，载："西羌唃氏久盗有古凉州地，号青唐，传子董毡死。其子弱，群下争强，遂大患边。一曰人多零丁，一曰青宜结鬼章。而人多零丁最黠，鬼章其亚也。"

⑤ 《续资治通鉴长编》卷三一九，神宗元丰四年十一月己丑条作"星多哩鼎"，载："又至啰通州捕获闲谍，审问得酋首威明、统军星多哩鼎人马辎重，与本司行营不远，寻勒将兵追袭，斩级千余，生擒百余人，掳牛羊孳畜万计。"此处"星多哩鼎"，四库底本作"人多唛丁"。《宋史》卷四八六作"仁多唛丁"，载："（李）宪营于天都山下，焚夏之南牟内殿并其馆库，追袭其统军仁多唛丁，败之，擒百人，遂班师。"

生擒致之；不然，斩首前来，以团练蕃部钤辖及皇城使蕃兵将官酬之。"[1] 大安十一年，即宋元丰七年（1084）正月，西夏兵围兰州失败而返，李宪上奏：仁多唛丁强硬不屈，恐会卷土重来，宜广布斥候，督责守将，颁发弓箭、火炮箭百万余，严加防范，以备御敌，同时大肆招徕内附蕃户，派出精锐出塞扰其春耕[2]。十月，西夏进攻静边寨和宋第十六堡，泾原路经略使卢秉团兵瓦亭，派姚麟夜趋静边，遣钤辖彭孙、郭振总领兵将，出塞御敌，夏军溃败，仁多唛丁被斩首。卢秉等御敌有功，各有褒奖[3]。

仁多嵬丁

当为仁多唛丁，西夏武将。宋神宗在位时，仁多嵬丁率举国之兵进攻宋朝，进犯熙河定西城，宋人卢秉治兵瓦亭，分两将驻守静边砦，设好埋伏。第二天，夏人果然到了，看见宋兵，大呼天降神兵，惊慌失措，因此大败。有传言嵬丁在双方混战中战死，卢秉请人辨认，果然是仁多嵬丁，宋朝褒赐卢秉服马、金币[4]。

仁多保忠

又作人多保忠、仁多保宗、星多贝中，西夏卓啰右厢监军。西夏仁多族首领仁多唛丁子[5]，久据西夏西南部落，凶悍狡黠，与邈川首领温溪心的地盘相邻，相互友善。乾顺时期，梁乞逋专权，仁多保忠与梁氏分据东、西厢兵

---

① 《续资治通鉴长编》卷三四一，神宗元丰六年十二月癸酉条作"人多唛丁"，此处四库底本作"人多唛丁"，旁注"星多哩鼎"。

② 《续资治通鉴长编》卷三四二，神宗元丰七年正月甲寅条。

③ 《续资治通鉴长编》卷三五〇，神宗元丰七年十一月丁酉条作"仁多唛丁"。此处四库底本前后写法不一，分别为"仁多唛丁"和"仁多唛丁"，载"贼遣黠酋仁多唛丁将举国入寇""仁多唛丁死于阵""所杀真仁多唛丁也"。

④ 《宋史》卷三三一《卢秉传》载："夏酋仁多嵬丁举国入寇，犯熙河定西城，秉治兵瓦亭，分两将驻静边砦。"《续资治通鉴长编》卷三五〇，神宗元丰七年十一月丁酉条载："诏卢秉措置御贼兵将有劳，降诏奖谕，赐带马及银绢五百。初，贼遣黠酋仁多唛丁将举国入寇，秉团兵瓦亭，分遣彭孙、姚雄率师驻静边。"故"仁多嵬丁"当为"仁多唛丁"。

⑤ 《续资治通鉴长编》卷四六七，哲宗元祐六年十月甲戌条作"人多保忠"，为唛丁子，载"夏国首领人多保忠，乃昔日唛丁之子"。《续资治通鉴长编》卷五〇三，哲宗元符元年十月丙戌条作"人多保宗"，为唛丁侄，载"父唛丁死，侄保宗代为统军"。此处四库底本作"保忠"，从《续资治通鉴长编》卷四六七所载，当为唛丁子。

马，互为犄角。董毡死后，阿里骨继，夏天仪治平元年，即宋元祐二年（1087）梁氏与阿里骨联盟抗宋，分别派仁多保忠与鬼章攻打宋朝泾原路，烧掠弓箭手数千人而去。宋朝令温溪心招抚仁多保忠，许诺给他节度使的职官，保守旧土，自为一蕃，后因梁乞逋擅权用事，猜忌保忠①，招抚之事便中断了。夏天祐民安五年，即宋绍圣元年（1094）十月，梁乞逋的野心日益败露，梁太后令仁多保忠等捕杀梁乞逋。夏永安元年，即宋元符元年（1098）十月，仁多保宗有归汉意，宋令经略司多方招诱俘纳②。十一月，宋将李忠杰在刬子山擒仁多保宗未获，得其牛羊部族甚众③。夏永安二年，即宋元符二年，宋将王赡取邈川、青唐，青唐首领乞师夏国求援，西夏派仁多保忠、白岢牟等率三监军兵力，合吐蕃 10 余万人助攻，围邈川 16 日，击退了宋军④。夏贞观四年，即宋崇宁三年（1104）蔡京掌权，令熙河王厚招徕仁多保忠，王厚说"保忠虽有归意，而下无附者"⑤。仁多保宗因密谋归宋而被乾顺收回兵权，王厚认为没必要再继续招徕，蔡京仍厚以重金招致，导致了西夏出兵延、渭、庆三路作为报复。

仁多洗忠

又作星多实钟，西夏仁多族首领仁多唛丁子，西夏卓啰右厢监军仁多保忠弟。夏永安二年，即宋元符二年（1099）八月，宋熙河路遣硬探人⑥入西夏，仁多洗忠挺身出战，被杀，众人夺其尸首而回，所乘马匹及器甲被宋军

---

① 《续资治通鉴长编》卷四〇七，哲宗元祐二年十二月丁未条作"沙克星多"，断句错误，见鬼名特克济沙条，四库底本作"人多保忠"。

② 《续资治通鉴长编》卷五〇三，哲宗元符元年十月乙未条作"仁多保宗"，载"王赡言得蕃书，云仁多保宗有归汉意。令经略司多方招诱抚纳"。四库底本为"仁保忠"。

③ 《续资治通鉴长编》卷五〇四，哲宗元符元年十二月壬辰条作"仁多保宗"，四库底本作"仁多保忠"。

④ 《续资治通鉴长编》卷五一六，哲宗元符二年闰九月壬午条，载："羌人以数千人围邈川。壬午，夏国遣仁多保忠、白岢牟等率三监军，率众助之，合十余万人。""仁多保忠"四库底本作"仁多保钟"，旁注"星多贝中"；"白岢牟"四库底本作"答牟"，旁注"达克摩"。

⑤ 《宋史》卷四八六《夏国传下》。

⑥ 《续资治通鉴长编》卷三三四，神宗元丰六年四月甲戌条载：范纯粹奏"又契勘得自种谔领帅以来，许诸将遣发人马侵入西界，浅攻近掠，谓之硬探"。

掳走①。

仁多哼丁

又作星多雅鼎，首领。夏大安八年，即宋元丰四年（1081），夏人以数万人马攻宋，势不可挡，宋人刘昌祚亲自出阵，令中军射神臂弓，仁多哼丁中箭，夏人有所收敛，宋军乘胜追击，获二印、马140匹、器甲无数②。

仁多楚清

又作人多屈成、星多楚清，御史中丞，自称官在宰相、枢密之下，其父仁多唛丁死，楚清虽官高，却未能继其父统军之位，故而于夏永安元年，即宋元符元年（1098）十月，携家人40余口归宋，随身携带生金200两、绣龙帐等，其冠服、器玩、鞍鞯均与羌人不同③。

乌啰革啰

西夏首领。夏天祐民安八年，即宋绍圣四年（1097）三月，西夏以甘州、右厢、卓啰、韦州、中寨、天都六监军司人马屯驻江州白草原，妹勒都逋、乌啰革啰领兵充塞，宋朝诏令泾原帅司严诚诸将，谨慎行事，务取全胜④。

尹与则

西夏使人。夏天授礼法延祚七年，即宋庆历四年（1044）五月，元昊始称臣，自号夏国主，复遣尹与则、杨守素入宋议事⑤。

尹悦则

西夏使人。夏天授礼法延祚七年，即宋庆历四年（1044）九月，尹悦则与丁守素等入宋商议庆历和约⑥。

----

① 《续资治通鉴长编》卷五一四，哲宗元符二年八月己丑条。
② 《续资治通鉴长编》卷三一九，神宗元丰四年十一月乙酉条。
③ 《续资治通鉴长编》卷五〇三，哲宗元符元年十月乙酉条，"仁多楚清"四库底本作"人多屈成"，影印本作"星多楚清"；《曾布日录》所载，吕永信乃仁多楚清，当考，见"吕永信"条。
④ 《宋会要辑稿》兵八，第8774页。
⑤ 《续资治通鉴长编》卷一四九，仁宗庆历四年五月丙戌条。
⑥ 《续资治通鉴长编》卷一五二，仁宗庆历四年九月丁丑条。

巴里居地

汉学士、大都督府通判。汉译、纂定黑水城出土西夏法典《天盛改旧新定律令》①。

巴诎支

首领。夏永安元年，即宋元符元年（1098）内附宋朝②。

巴鞠

又作巴矩，西蕃首领禹臧结逋药使者。夏大安七年，即宋元丰三年（1080），巴鞠持译书至宋朝，报夏国已点集兵马，将进驻位于河州界黄河之南、洮河之西的撒逋达宗城③。

允稜举特且

又作聿冷举齐，西夏部落首领。夏天祐民安元年，即宋元祐五年（1090）十一月二十一日，允稜举特且来熙河路石硖子，不依宋夏经画熙河边界，执宥州牒要逐城壕外打量，宋差熙河路第五副将李中兴与其对话④。

邓昌祖

宣德郎。夏乾祐十九年，即金大定二十八年（1188）正月，邓昌祖随武功大夫浑进忠等使金贺万春节。天庆六年，即金承安四年（1199）正月，邓昌祖随武节大夫李庆源使金贺正旦⑤。

邓昌福

宣德郎。夏应天二年，即金泰和七年（1207）正月，宣德郎邓昌福随武节大夫限敏修使金贺正旦⑥。

---

① 《俄藏黑水城文献》第 8 册彩色图版二，译文见史金波《西夏社会》，上海人民出版社 2007 年版，第 245—246 页。

② 《宋史》卷一八《哲宗纪二》。

③ 《续资治通鉴长编》卷三〇六，神宗元丰三年七月庚寅条。

④ 《续资治通鉴长编》卷四五二，哲宗元祐五年十二月壬辰条。

⑤ 《金史》卷六一《交聘表中》；卷六二《交聘表下》。

⑥ 《金史》卷六二《交聘表下》。

末臧福罗

宥州团练侍者。夏天授礼法延祚元年，即宋宝元元年（1038）四月，末臧福罗持西夏令公山遇所给三道告身来延州金明寨，欲归顺宋朝，都监李士彬子怀宝及七罗寨指挥使引至宋。鄜延路经略司令士彬还其告身，遣还西夏①。

正名啰

宥州界首领。夏天祐民安七年，即宋绍圣三年（1096）十一月二十四日，正名啰于曲律、六掌等处驻扎，欲进攻宋朝的塞安等寨，宋环庆路钤辖张存领兵将迎击，正名啰战败，所部被斩首九百余首级。②

石方

西夏奉宋使人。夏拱化元年，即宋嘉祐八年（1063）正月，夏国主谅祚进奉人石方自称宣徽南院使。宋诏宣徽南院使非陪臣官号，今后应宜遵用誓诏，不得僭越③。

布沁

又作朴青，西夏将领。夏永安元年，即宋元符元年（1098），时值宋夏平夏城之战，九月二十三日，朴青与鄜延路钤辖刘安战于梁圣台，宋大获全胜，斩首 300 余级，招降 600 余人④。

布阿国吉

黑水监军司首领、正军。夏天庆二年（1195）六月，黑水监军司首领布阿国吉向上级报告纳军籍，与辅主势功吉等为一抄，除此之外还有正军布吉祥暖与辅主羌宝、岁岁有，正军布吉射与辅主小狗喧、吉祥酉，正军布梁吉

---

① 《涑水记闻》卷一二。
② 《宋会要辑稿》礼六二，第 2141 页《赉赐》；兵八，第 8774 页。
③ 《续资治通鉴长编》卷一九八，仁宗嘉祐八年正月癸丑条。
④ 《续资治通鉴长编》卷五〇三，哲宗元符元年十月己卯条，"布沁"四库底本作"朴青"。

与辅主六斤有，正军布讹爬与辅主小狗吉，正军梁牛解等五抄①。

叶乌玛

又作移勿已，宋夏边境顺宁寨生虏，通晓党项语，交际宋夏往来之事。宋哲宗即位，夏国遣兴州衙头差使来贺登宝位，在宋夏边界等候多时，因没有收到宋朝国信，迟迟不敢过界。夏天安礼定二年，即宋元祐元年（1086）闰二月，叶乌玛至顺宁寨告知此事，朝廷传诏给鄜延路经略司指挥保安军："如西人再来计会，即答与'昨来皇帝登宝位，为夏国未修常贡，朝廷难为先遣押赐使命。若夏国差人贺皇帝登宝位，朝廷必须依例差人宣赐'。如西人将到公牒，亦仰依此意回牒。"并令鄜延路经略司记录过界使臣姓名、过界时间，差官引伴②。

叶示归埋

又作伊实恭玛，大首领。夏大安八年，即宋元丰四年（1081）宋鄜延路第三将杨进等降西夏横河平人户，攻破石堡城，斩首自首领叶示归埋以下 168 人，获马 66 匹，牛羊 4000 余只，1676 人降宋③。

叶石悖七

又作叶石悖乜、伊实巴特玛，首领。在西夏任蕃官"叶令吴箇"。叶石悖七降宋后，鄜延路经略使吕惠卿于夏永安二年，即宋元符二年（1099）请求依大使之类，先支给银绢钱各五百，奏补内殿崇班。宋神宗采纳了他的建议，并下诏今后如有不依敕榜所载名目之人，都按照此类方法推恩封赏④。

叶悖麻

又作叶石悖麻、伊实巴特玛，永乐主事官。夏大安九年，即宋元丰五年

① 《英藏黑水城文献》第 5 册，第 194—195 页，译文见史金波《英国国家图书馆藏西夏文军籍文书考释》，《文献》2015 年第 3 期。

② 《续资治通鉴长编》卷三六八，哲宗元祐元年闰二月丙申条。"叶乌玛"四库底本作"移勿已"，影印本作"叶乌玛"。

③ 《续资治通鉴长编》卷三一九，神宗元丰四年十一月辛卯条。

④ 《续资治通鉴长编》卷五一一，哲宗元符二年六月甲戌条作"叶石悖七"，四库底本作"叶石悖乜"，影印本作"伊实巴特玛"。

（1082），西夏以数万兵力进攻北宋塞门、安塞堡，宋知延州刘昌祚遣米赟以少击多，斩级 116 人，统领叶悖麻及副统军咩讹埋、大首领、钤辖等 5 人被杀。宋神宗大喜，遣近侍至军中慰劳，除朝廷已特支给外，以经抚库金帛或御前降去银器先赏有功之人①。

甲玉

西夏将领。夏光定十年，即金兴定四年（1220），夏人攻金巩州未果，退据南冈，以精兵 3 万围城，失败，将领甲玉、刘打被生擒②。

田公懿

宣德郎。夏乾祐三年，即金大定十二年（1172）三月，宣德郎田公懿随武功大夫党得敬使金贺万春节③。

田文徽

知中兴府。夏天庆八年，即金泰和元年（1201）三月，知中兴府田文徽随左金吾卫上将军野遇思文等使金谢恩。夏应天三年，即金泰和八年（1208）十月，光禄大夫田文徽随参知政事浪讹德光等使金奏告④。

田怀荣

西夏使人。夏天安礼定二年，即宋元祐元年（1086）六月，田怀荣随大使春约讹啰聿至宋求所侵兰州、米脂等五砦，见于延和殿，妄奏"神宗自知错"，哲宗起立变色，大怒，二人被押伴退下⑤。

田快庸

又作田嚷荣，西夏副使。夏永安二年，即宋元符二年（1099）西夏国母梁太后亡，大使令迅嵬名济、副使谟程田快庸等使宋讣告，兼附谢罪表状，

---

① 《宋史》卷三四九《刘昌祚传》。《续资治通鉴长编》卷三四五，元丰七年五月壬寅条。"叶悖麻"四库底本作"叶石悖麻"，旁注"伊实巴特玛"，影印本据改。

② 《金史》卷一一三《赤盏合喜传》。

③ 《金史》卷六一《交聘表中》。

④ 《金史》卷六二《交聘表下》。

⑤ 《续资治通鉴长编》卷三八二，哲宗元祐元年七月癸亥条。

宋朝认为谢罪表状为一纸空文，当将有主谋献计作过之人拘执谢罪，方可恢复旧好①。

田若水

西夏使人。夏贞观二年，即辽乾统二年（1102）六月，田若水与李造福使辽求援。贞观四年（1104）六月，再次出使辽朝。贞观五年（1105）十二月，田若水第三次出使辽朝②。

田周臣

中兴府事。夏乾祐二十年，即金大定二十九年（1189）五月，知兴中府事迺令思敬、秘书少监梁介使金，贺章宗登宝位，知中兴府事田周臣为押进使③。

史从礼

宣德郎。夏乾祐二十三年，即金明昌三年（1192）正月，宣德郎史从礼随武节大夫赵好使金贺正旦④。

史屈子

银、夏一带的监军司牙吏。夏拱化五年，即宋治平四年（1067），史屈子假托嵬名山之名至宋内附，种谔与史屈子相约在银州汇集。种谔于约定的日期领蕃汉兵于怀远砦等候，命折继世赴银夏接应，史屈子及诸酋长挟持嵬名山打开城门迎纳折继世，绥州城被宋朝占据⑤。

仪增

西夏使人。夏乾定三年，即金正大三年（1226）正月，副使仪增等随精鼎瓯匣使武绍德至金贺正旦⑥。

---

① 《续资治通鉴长编》卷五〇六，哲宗元符二年二月甲申条，"田快庸"四库底本作"田嚷荣"。
② 《辽史》卷二七《天祚帝一》。
③ 《金史》卷六一《交聘表中》。
④ 《金史》卷六二《交聘表下》。
⑤ 《东都事略》卷六一《种谔传》。
⑥ 《金史》卷六二《交聘表下》。

白庆嗣

宣德郎。夏乾祐六年，即金大定十五年（1175）正月，宣德郎白庆嗣随武功大夫李嗣卿等使金贺正旦①。

白克忠

武节大夫。夏天庆九年，即金泰和二年（1202）正月，武节大夫白克忠与宣德郎苏黄孙使金贺正旦②。

白坚

中书承旨、阁门告知、瓯匦司正、汉大学院博士、内宫走马。编修黑水出土西夏法典《天盛改旧新定律令》③。

白供奉

毅宗谅祚将绥州失守归咎于宋将杨定，令白供奉与李崇贵、韩道喜等诱杀杨定。夏乾道元年，即宋熙宁元年（1068）三月，毅宗谅祚亡，西夏请求遣使告哀，韩琦上奏称西夏自诱害杨定以来，与宋朝断绝往来，如今欲遣使，可见其国内饥丧，应趁机诘责西夏前后违反誓诏，并令缚送凶手白供奉等人，以雪冤屈、正国体④。

白峇牟

又作达克摩，西夏监军。本为吐蕃首领，娶西夏女。宋神宗时开边熙河，以阻断西夏与吐蕃之间联系。夏永安二年，即宋元符二年（1099），洮西安抚使王赡密谋取吐蕃，改邈川为湟州，纵容部下杀掠，导致邈川部族反叛，数千人兵围邈川，吐蕃首领向夏国求援，监军仁多保忠、白峇牟等率三监军兵，合吐蕃10余万人助攻，先断炳灵寺桥，烧省章峡栈道，四面急攻。邈川城中只有守兵2400余人，器械100左右，总管王愍以67岁的高龄披甲跨马，以门

<hr>

① 《金史》卷六一《交聘表中》。
② 《金史》卷六二《交聘表下》。
③ 《俄藏黑水城文献》第8册彩色图版二，译文见史金波《西夏社会》，上海人民出版社2007年版，第246页。
④ 《韩魏公家传》卷七，熙宁二年十一月条。

板为盾，削木棒当戈，征集城中百余名女子充军，儿童数十人炒黍米供饷，招募 300 人组织敢死队奋力抵抗，结果宋将种朴阵亡，宋军被迫撤出河湟地区①。

白姥

元昊乳母，与野利遇乞素有嫌隙。某年除夕日，野利遇乞率兵巡边，深涉宋朝境内达数日。白姥趁机向元昊进谗言，说他有叛逆之心，元昊因此生疑。种世衡借此事在宋夏边境祭奠野利遇乞，回忆除夕日相见之欢，妄称遇乞已被白姥陷害致死，以反间计挑拨元昊与野利兄弟的关系。导致遇乞兵权被夺，君臣从此有贰心②。

令王儿没崖

左厢钤辖③。夏永安元年，即宋绍圣五年（1098），折克行掩袭乌浪娘，令王儿没崖与副钤辖兀勒香□被擒获④。

令王皆保

又作哩旺扎布，西夏钤辖。令王皆保弟移舁为衙头背嵬，投宋后授供奉官。夏永安二年，即宋元符二年（1099）三月，宋河东经略司上言，令王皆保虽然是在战争中被知府州折克行擒获的，但正当诱协招纳之际，宜令移舁保管，府州羁縻，以存抚欲附宋的西夏首领⑤。

令介讹遇

又作令分讹遇、凌吉讹遇、凌吉讹裕、凌结鄂裕、陵结鄂裕⑥，米脂守

---

① 《续资治通鉴长编》卷五一六，哲宗元符二年闰九月壬午条。"白荅牟"四库底本作"荅牟"，旁注"达克摩"，影印本据改。

② 《梦溪笔谈》卷一三《权智》。

③ 左厢钤辖令王儿没崖，康兰英主编《榆林碑石》（三秦出版社 2003 年版）第 369 页断句为令王儿，"五年，掩袭贼乌浪娘，获伪左厢钤辖令王儿，没崖付钤辖兀勒香"。

④ 《金石萃编》卷一四七《折克行神道碑》。

⑤ 《续资治通鉴长编》卷五〇七，元符二年三月庚申条。

⑥ 《宋史》卷四八六作"令分讹遇"。《续资治通鉴长编》卷五〇六，哲宗元符二年二月甲申条，标点本小字作"陵结鄂裕"，标点本作"凌吉讹遇"；卷五〇八，哲宗元符二年四月己卯条为"凌吉讹裕"；卷四九四，哲宗元符元年正月乙丑条，四库底本作"令介讹遇"，旁注"凌结鄂裕"，影印本据旁注改。

将。夏大安八年，即宋元丰四年（1081）惠宗秉常被母梁氏所囚，局势动荡，宋朝趁机西讨，以种谔为鄜延经略安抚副使、高永能为前锋，围米脂城，夏兵8万来援，双方鏖战于无定河，种谔破米脂城，米脂守将令介讹遇率酋长50余人请降，宋收城中老小一万零四百二十一口，给以衣巾，令介讹遇等仍各统所部①。夏天祐民安八年，即宋绍圣四年（1097）七月，鄜延路经略使吕惠卿差副总管王愍至宥州，西夏洪、宥、韦三州总都统军贺浪啰率众迎战，首领令介讹遇等出数千骑，入鸡川，拦路阻断宋军，王愍率将掩击，斩首二百余级②。永安元年，即宋绍圣五年（1098）正月，鄜延路经略使吕惠卿再次遣王愍出界讨击西夏，自塞门出，七日至达克鄂对，令介讹遇合两州监军迎战，双方激战数天，宋人大胜，追奔10余里，斩首千余级，西人以铁骑万人来追，至十里井，王愍令宋军舍弃弓弩，短兵冲击，再次战胜西人，获四州戴金环大首领以下三百余级，并乘胜进筑米脂、开光、临夏、那娘、白洛五寨。西人部族附宋者日益增多，令介讹遇率众阻挠，蕃部欲归宋而不至。永安二年，即宋元符二年（1099）二月，鄜延路经略使吕惠卿遣将会于精秦泊，一路大胜夏人，斩首4000余级，降者五百余人，获器杖马牛10余万，令介讹遇筑暖泉寨以沟通河东路，筑金汤寨以沟通环庆路。这时夏国母梁太后亡，乾顺使人款塞告哀谢罪，且请和③。吕惠卿以军兴力疲想借机讲和，宋朝令执生事首领令介讹遇等，才能接受夏告哀谢罪表章，双方约定以巡绰探望人所至为界，方可通进公牒④。

冬至

又作栋芝，西夏把口小首领。夏大安十年，即宋元丰六年（1083）九月，

---

①　《续资治通鉴长编》卷三一七，神宗元丰四年十月丁巳条，影印本为"凌结阿约勒"。

②　《续资治通鉴长编》卷四九〇，哲宗绍圣四年八月丙戌条。

③　《续资治通鉴长编》卷五〇六，哲宗元符二年二月甲申条。标点本作"凌吉讹遇"，四库底本作"令介讹遇"，影印本作"凌结鄂裕"。

④　《续资治通鉴长编》卷五〇八，哲宗元符二年四月己卯条。标点本作"凌吉讹裕"，四库底本作"令介讹遇"，影印本作"令结鄂裕"。

冬至指说宋环庆路兵马入西夏境内杀人，宋朝因此命环庆路经略司查明是否有士兵到西夏境内讨杀斩获，并让鄜延路做好守备，以防西夏报仇①。

永昌

枢密直学士。夏乾祐二十二年，即金明昌二年（1191）三月，枢密直学士永昌随进奉使知中兴府李嗣卿奉奠皇太后②。

扬彦直

宣德郎。夏乾祐二十一年，即金明昌元年（1190）正月，随武节大夫唐彦超使金贺正旦③。

扬彦敬

宣德郎。夏天盛十四年，即金大定二年（1162）十二月，扬彦敬随武功大夫芭里昌祖使金贺正旦④。

权鼎雄

御史大夫。夏应天三年，即金泰和八年（1208）十月，御史大夫权鼎雄与枢密直学士李文政使金谢横赐⑤。

西壁讹答

又作鲜卑讹答⑥，太傅。夏应天四年，即元太祖四年⑦（1209），成吉思汗伐夏，李安全遣世子率师应战失败，兀剌海城陷落，太傅西壁讹答被俘，蒙古大军继续进攻，兵临中兴府，以河水灌城，堤决，水外溃，殃及蒙古大军，方才撤军，成吉思汗遣西壁讹答入中兴府，招谕夏主，夏主纳女请和。

成皆教

蕃民。夏奲都六年，即宋嘉祐七年（1062）二月，宋讨杀环州平原寨七

---

① 《续资治通鉴长编》卷三三九，神宗元丰六年九月丁卯条。
② 《金史》卷六二《交聘表下》。
③ 《金史》卷六二《交聘表下》。
④ 《金史》卷六一《交聘表中》，同卷第1423、1428页有"杨彦敬"，或与扬彦敬为同一人。
⑤ 《金史》卷六二《交聘表下》。
⑥ 《元史》卷一《太祖纪》。"西壁讹答"在《蒙兀儿史记》卷三第8页下作"鲜卑讹答"。
⑦ 《元史》卷一《太祖纪》。"太祖四年"在《蒙兀儿史记》《新元史》中记"太祖五年"。

臼族，在其地绫子寨修弓箭手营，此地至界首尚有10余里。成皆教以为本国属地，带领人马争占，环庆路经略司令保安军移交宥州①。

成逋克成

景宗元昊臣僚，又作沁布开沁，元昊始建官，成逋克成等主兵马②。

同崇义

武节大夫。夏天庆三年，即金承安元年（1196）八月，武节大夫同崇义与宣德郎吕昌邦使金贺天寿节③。

吕子温

枢密直学士。夏乾祐三年，即金大定十二年（1172），枢密直学士吕子温与殿前马步军太尉讹罗绍甫、押进瓯匦使芭里直信等使金贺加上尊号④。

吕永信

又作吕承信，归宋西蕃大首领。夏永安元年，即宋元符元年（1098）十月，宋赐甘州团练使、凉州一带蕃部都巡检、钤辖等。二年（1099）正月，军头司引见，吕永信父子试艺，各赐靴袍、牌印、对衣、金带、鞍辔马⑤。并自愿改姓赵⑥。

　兰征隔　又作琳沁格，吕永信妻，随夫附宋，封会宁郡君，候引见日。夏永安二年，即元符二年（1099）正月，军头司引见，赐冠帔⑦。

---

① 《宋会要辑稿》兵二七，第9207页。
② 成逋克成、赏都卧移、如定多多马、窦惟吉，《宋史》卷四八五《夏国传上》、《续资治通鉴长编》卷一二〇，仁宗景祐四年十二月癸未条为"成逋、克成赏、都卧、移如定、多多马窦、惟吉"，标点似有误。
③ 《金史》卷六二《交聘表下》。
④ 《金史》卷六一《交聘表中》。
⑤ 《续资治通鉴长编》卷五〇三，哲宗元符元年十月丁亥条，据曾布《日录》按：吕永信乃仁多楚清也。"布曰，熙河奏仁多楚清官虽高，不得统人马，故来归。所携生金二百两，余物称是，有绣龙帐之类，乞优补名目。得旨，除甘州团练使、右厢卓罗一带都巡检使。与实录少不同，当考"。《宋会要辑稿》蕃夷六之三二《吐蕃》作"吕永信"，《宋史》卷一八《哲宗纪二》作"吕承信"，载："西蕃首领李讹嘱、巴咄支、吕承信等内附。"
⑥ 《续资治通鉴长编》卷五〇五，哲宗元符二年正月壬子条。
⑦ 《续资治通鉴长编》卷五〇三，哲宗元符元年十月丁亥，"琳沁格"四库底本作"兰征隔"，《宋会要辑稿》蕃夷六，第9926页作"兰征隔"。

楚清　又作屈成、成屈，吕永信子，随父附宋，封为西头供奉官，赐名良嗣①。

苏沁定玛　又作苏沁定马、细禹轻丁埋，吕永信子，随父附宋，封为供备库副使、卓啰右厢一带蕃巡检②。

吕昌邦

宣德郎。夏天庆三年，即金承安元年（1196）八月，吕昌邦随武节大夫同崇义使金贺天寿节③。

吕昌龄

宣德郎。夏乾祐十八年，即金大定二十七年（1187）三月，吕昌龄随武功大夫遇忠辅等使金贺万春节④。

吕效忠

首领，夏天赐礼盛国庆二年，即宋熙宁三年（1070）西夏攻入德顺军，宋将周永清迎战，吕效忠在战斗中被擒获⑤。

吃多理

又作讫多埋、纥多埋、策木多呼克，梁乙埋侄。夏大安八年，即宋元丰四年（1081）十月，随首领官统军梁乙埋与泾原兵战于磨哆隘。西夏军大败，奔逃二十里，吃多埋等二十余人被擒⑥。

吃多理

又作策木多呼克，夏大安八年，即宋元丰四年（1081）吃多理被蕃官郝

---

① 《续资治通鉴长编》卷五〇三，哲宗元符元年十月丁亥，"楚清"四库底本作"屈成"，《宋会要辑稿》蕃夷六，第9926页作"成屈"。
② 《续资治通鉴长编》卷五〇三，哲宗元符元年十月丁亥，"苏沁定玛"四库底本作"细禹轻丁埋"，《宋会要辑稿》蕃夷六，第9926页作"细禹轻丁理"。
③ 《金史》卷六二《交聘表下》。
④ 《金史》卷六一《交聘表中》。
⑤ 《宋史》卷三五〇《周永清传》。
⑥ 《宋史》卷一六《神宗纪三》，作"讫多埋"。《续资治通鉴长编》卷三一七，神宗元丰四年十月乙丑条作"吃多理"，《宋会要辑稿》兵八，第8769页、兵一四，第8889页作"纥多埋"。

守素派往西夏，将宋朝即将对夏开战的消息告诉小卢浪及山唛，让他们迁至远处，以免在战争中受伤①。

岁移

又作绥移，正钤辖异浪升崖随从。附宋，受命到西夏境内打探事情时与敌人相斗，受重伤，河东路经略司请酌情推恩。夏天祐民安三年，即宋元祐七年（1092）十二月二日，北宋封岁移为副兵马使②。

朱智用

投宋夏人。朱智用向往宋朝已久，一直想要投奔宋朝，但苦于夏国各有把截卓望口铺，而无法达到。后来，朱智用因事至邈川，先与溪心手下首领作般擦到熙州，秘密传出附宋之意，然后阖家从小路行至宋。宋朝奉郎以朱智用为例，请委熙河经略司差熟悉西夏的使臣告谕邈川首领及蕃商等，如能诱至、指引夏人归顺，每名优给茶綵③。

任纯忠

押进枢密副都承旨。夏天盛十四年，即金大定二年（1162）四月，任纯忠与左金吾卫上将军梁元辅、翰林学士焦景颜使金贺世宗登宝位④。

任得仁

武功大夫。夏天盛十九年，即金大定七年（1167）三月，任得仁与宣德郎李澄等使金贺万春节⑤。

伊特香

又作移香，西夏首领，被宋活捉后报告夏天祐民安二年即宋元祐六年（1091）闰八月，梁乞逋统领人马赴麟府路，行至獬鸡流时，有带银牌天使上

---

① 《续资治通鉴长编》卷三一六，神宗元丰四年九月庚子条。

② 《续资治通鉴长编》卷四七九，哲宗元祐七年十二月庚戌条作"绥移"；《续资治通鉴长编》四库底本作"岁移"，旁注"绥移"，影印本据改；《宋会要辑稿》兵一七，第8955页作"岁移"。

③ 《续资治通鉴长编》卷四八七，哲宗绍圣四年五月甲子条。

④ 《金史》卷六一《交聘表中》。

⑤ 《金史》卷六一《交聘表中》。"得仁，得敬族弟。得敬攻破庄浪族，使得仁为贺节使，以觇金主喜怒。"见《西夏书事》卷三七，天盛十九年三月条。

报，鞑国人马入夏啰庞背监军司，打劫人户 1000 有余，牛羊孳畜不知数目。其供词与西夏首领庆鼎察香、投宋蕃部苏尼所言大致相符①。

创格裕

又作床革愚，西夏蕃部。梁太后亡，夏永安二年，即宋元符二年（1099）西夏遣使至送讣告兼附谢罪表状，宋朝拒不接收。四月创格裕到顺宁寨言，"衙头差大使庆瑭嵬名科通、副磋迈花结香等来计会，今国主已恭顺朝廷，告早为收接公牒事。"②

杂辣公济

御史中丞。夏天盛二年，即金天德二年（1150）七月，杂辣公济与中书舍人李崇德使金，贺海陵王登宝位③。

多啰

又作多叶，韦州监军。夏大安八年，即宋元丰四年（1081）四月，环州属羌慕家族首领迎通数次纵火杀人，结连诸部欲作乱，宋朝官方不敢过问，知环州张守约捕获迎通及其党羽 36 人，其余皆逃入西夏，张守约驻兵宋夏边境，数日后，多啰执送迎通等人归宋，斩于环州市④。

色辰岱楚

又作细常答俎，西夏边将。夏天安礼定元年，即宋元丰八年（1085），总领熙州蕃兵将皇城使吕吉等渡河深入西夏，大获全胜。与之对阵的色辰岱楚临阵被斩，吕吉等 124 人迁官⑤。

庄浪义显

武功大夫。夏天盛二十一年，即金大定九年（1169）正月，庄浪义显与

---

① 《续资治通鉴长编》卷四七一，哲宗元祐七年三月丙戌条。

② 《续资治通鉴长编》卷五〇八，哲宗元符二年四月己卯条。"创格裕"四库底本作"床革愚"，其中蕃官名"庆瑭"四库底本为"庆唐"，"磋迈"四库底本作"凑洺"。

③ 《金史》卷六〇《交聘表上》。

④ 《续资治通鉴长编》卷三一二，神宗元丰四年四月丙子条。

⑤ 《续资治通鉴长编》卷三五一，神宗元丰八年二月辛巳条。

宣德郎刘裕等使金贺正旦①。

庆鼎察香

又作轻丁茶香，西夏首领。向宋朝言说鞑国人马于天祐民安二年，即宋元祐六年（1091）闰八月，打劫了西夏贺兰山后面啰庞背监军司界内的人口、孳畜。附宋陷蕃妇人阿声亦将此上报至环庆路经略司，与西夏首领伊特香、西夏投宋蕃部苏尼所言大致相符。据此天祐民安三年章棻上奏，塔坦在夏东北，邈川在夏西南，邈川附宋，可从河东或邈川界，遣使至塔坦详述宋朝威德，许以金帛爵命，令出兵攻扰夏国，与邈川互为犄角，夹攻西夏②。

刘文庆

西夏使人。夏乾祐二十年，即金大定二十九年（1189）八月，与嵬名彦使金贺天寿节③。

刘打

西夏将领。夏光定十年，即金兴定四年（1220），夏人攻金巩州，赤盏合喜遣兵迎击，一日十余战，夏人退据南冈，遣精兵三万围城，再败，将领刘打、甲玉被生擒④。

刘执中

武功大夫。夏乾祐十五年，即金大定二十四年（1184）正月，武功大夫刘执中与宣德郎李昌辅使金贺正旦⑤。

刘光国

宣德郎。夏乾祐十七年，即金大定二十六年（1186）正月，宣德郎刘光国随武功大夫麻骨进德等使金贺正旦⑥。

---

① 《金史》卷六一《交聘表中》。
② 《续资治通鉴长编》卷四七一，哲宗元祐七年三月丙戌条。
③ 《金史》卷六一《交聘表中》。
④ 《金史》卷一一三《赤盏合喜传》。
⑤ 《金史》卷六一《交聘表中》。
⑥ 《金史》卷六一《交聘表中》。

刘仲达

彭城人，西路经略司兼安排官□两处都案。夏天庆八年（1201）下葬，甘肃省武威市西郊林场西夏一号墓出土西夏六面木缘塔题记有载："故亡考任西路经略司兼安排官□两处都案刘仲达灵匣，时大夏天庆八年岁次辛酉仲春二十三日百五侵晨葬讫。"①

李顺娇　刘仲达之妻，天庆元年（1194）正月四十日亡，夫妻合葬。有子刘元秀、刘庆寿。

刘进忠

武功大夫。夏乾祐十四年，即金大定二十三年（1183）正月，武功大夫刘进忠与宣德郎李国安等使金贺正旦②。

刘志直

武功大夫。夏乾祐元年，即金大定十年（1170）正月，武功大夫刘志直与宣德郎韩德容等使金贺正旦③。

刘乞彴

又作刘奇彴，名重信，环州刺史，奉元昊命令入延州界招诱宋朝属羌，被金明寨都监李士彬捕获，执送至宋朝京师，夏天授礼法延祚二年，即宋宝元二年（1039）九月，斩于都市④。

刘忠亮

南院宣徽使。夏天庆七年，即金承安五年（1200）八月，南院宣徽使刘忠亮与知中兴府高永昌等使金谢恩⑤。

---

① 《中国藏西夏文献》第18册，《西夏六面木缘塔题记》，第264页。
② 《金史》卷六一《交聘表中》。
③ 《金史》卷六一《交聘表中》"刘志直"似与"刘志真"为同一人，载："正月庚子朔，夏武功大夫刘志真、宣德郎李师白等贺正旦。"
④ 《续资治通鉴长编》卷一二四，仁宗宝元二年九月甲辰条。"刘奇彴"，四库底本、《宋会要辑稿》兵八，第8766页、《涑水记闻》卷一二作"刘乞彴"，影印本作"刘奇彴"。
⑤ 《金史》卷六二《交聘表下》。

刘屈栗崖

西夏文官。夏天祐民安五年（1094），任重修凉州护国寺小监、行宫三司正①。

刘昭

宣德郎。夏乾祐三年，即金大定十二年（1172）正月，宣德郎刘昭随武功大夫嵬恶执忠等使金贺正旦；九年，即金大定十八年（1178）十二月，翰林学士刘昭随殿前太尉浪讹元智等使金谢横赐；十一年，即金大定二十年（1180）十二月，枢密直学士刘昭随奏告使御史中丞冈永德等使金②。

刘思问

宣德郎。夏天庆元年，即金明昌五年（1194）正月，宣德郎刘思问随武节大夫恶恶世忠等使金贺正旦；四年，即金承安二年（1197）八月，枢密直学士刘思问随知中兴府事李德冲等使金奏告榷场③。

刘思忠

宣德郎。夏乾祐十四年，即金大定二十三年（1183）三月，宣德郎刘思忠随武功大夫吴德昌等使金贺万春节④。

刘俊才

副使枢密直学士。夏天庆元年，即金明昌五年（1194）四月，副使枢密直学士刘俊才与御史中丞浪讹文广、押进知中兴府野遇克忠使金报谢⑤。

刘俊德

知中兴府通判。夏天庆十二年，即金泰和五年（1205）闰八月，知中兴府通判刘俊德随殿前太尉迺来思聪使金谢横赐⑥。

---

① 《中国藏西夏文献》第18册，第93页。
② 《金史》卷六一《交聘表中》。
③ 《金史》卷六二《交聘表下》。
④ 《金史》卷六一《交聘表中》。
⑤ 《金史》卷六二《交聘表下》。
⑥ 《金史》卷六二《交聘表下》。

刘彦辅

宣德郎。夏天庆十年，即金泰和三年（1203）正月，宣德郎刘彦辅随武节大夫崔元佐使金贺正旦①。

刘裕

宣德郎。夏天盛二十一年，即金大定九年（1169）正月，刘裕随武功大夫庄浪义显等使金贺正旦②。

刘筠国

宣德郎。夏天庆八年，即金泰和元年（1201）正月，宣德郎刘筠国随武节大夫卧德忠使金贺正旦③。

刘德仁

西经略司都案。夏天庆五年（1198）四月十六日亡，甘肃省武威市西郊林场西夏二号墓出土西夏六面木缘塔题记有载："西经略司都案刘德仁，寿六旬有八，于天庆五年岁次戊午四月十六日亡殁，至天庆七年岁次庚辰十五日兴工建缘塔，至中秋十三日入课迄。"④

关聿则

又作罔聿则，西夏使人。夏天授礼法延祚八年，即宋庆历五年（1045）二月，夏国主元昊初遣丁弩关聿则使宋贺正旦，自庆历五年之后夏每年都至宋贡纳，成为惯例⑤。

米元杰

宣德郎。夏应天三年，即金泰和八年（1208）十月，宣德郎米元杰随武

---

① 《金史》卷六二《交聘表下》。
② 《金史》卷六一《交聘表中》。
③ 《金史》卷六二《交聘表下》。
④ 《中国藏西夏文献》第18册，《西夏六面木缘塔题记》，第260页。
⑤ 《宋会要辑稿》蕃夷七之二六《朝贡》影印本为"罔聿则"，标点本第9952页，据《长编》，改作"丁弩关""聿则"，《续资治通鉴长编》卷一五四，仁宗庆历五年二月壬辰条作"关聿则"，其中"丁弩"为蕃号。标点有误，载："夏国主曩霄初遣丁弩关、聿则等来贺正旦，自是岁以为常。时聿则以留延州议事，故后至也。"

节大夫李世昌使金贺天寿节①。

米元懿

宣德郎。夏天庆十二年，即金泰和五年（1205）闰八月，宣德郎米元懿随武节大夫赵公良使金贺天寿节②。

米屈啾

又作米屈哆、密吹，西夏首领。夏永安元年，即宋元符元年（1098）附宋，从威戎城被押送至鄜延路经略司，补为内殿崇班③。

米崇吉

中兴尹。夏乾祐十六年，即金大定二十五年（1185）十一月，夏国以车驾还京，中兴尹米崇吉与贺尊安使御史大夫李崇懿、押进瓯匣使李嗣卿等至金朝见④。

忙迷

首领。夏奲都五年，即宋嘉祐六年（1061），西夏派遣忙迷进献金器、锦帛，用骆驼搬运信物赴唃厮啰处商量联姻，唃厮啰未答应⑤。

兴博

又作昇保，西夏太尉。夏天授礼法延祚八年，即宋庆历五年（1045）四月，归附宋朝的兴博被授予太子左清道率府率，其余18人各补三班奉职⑥。

字得贤

宣德郎。夏乾祐二十年，即金大定二十九年（1189）正月，字得贤随武功大夫纽尚德昌使金贺正旦，世宗病危，遣夏使还⑦。

---

① 《金史》卷六二《交聘表下》。
② 《金史》卷六二《交聘表下》。
③ 《续资治通鉴长编》卷四九七，哲宗元符元年四月丁酉条。"米屈啾"四库底本作"米屈哆"，影印本作"密吹"。
④ 《金史》卷六一《交聘表中》。
⑤ 《乐全集》卷二二《奏第二状》。
⑥ 《续资治通鉴长编》卷一五五，仁宗庆历五年四月丙午条。
⑦ 《金史》卷六一《交聘表中》。

安世

宣德郎。夏天盛十八年，即金大定六年（1166）正月，安世随武功大夫高遵义等使金贺正旦①。

安礼

宣德郎。夏应天二年，即金泰和七年（1207）八月，宣德郎安礼与武节大夫啰㖫思忠使金贺天寿节②。

安惟敬

宣德郎。夏乾祐十九年，即金大定二十八年（1188）正月，安惟敬随武功大夫麻奴绍文使金贺正旦③。

安善惠

写作使。刊刻《黑水河建桥敕碑》④。

安德信

武功大夫。夏乾祐十一年，即金大定二十年（1180）正月，武功大夫安德信与宣德郎吴日休使金贺正旦⑤。

讹山

又作讹化唱山、额森、额森强山，西夏西寿监军妹勒都逋亲随得力背嵬，率22人归附宋朝。夏永安元年，即宋元符元年（1098）七月，泾原路经略司上言望特补一殿侍名目⑥。

---

① 《金史》卷六一《交聘表中》。
② 《金史》卷六二《交聘表下》。
③ 《金史》卷六一《交聘表中》。
④ 《黑水河建桥敕碑》。
⑤ 《金史》卷六一《交聘表中》。
⑥ 《续资治通鉴长编》四库底本卷五〇〇，哲宗元符元年七月乙酉条，载："泾原路经略司言：'收到部落子讹山等二十二人归汉。按讹化唱山乃妹勒都逋亲随得力背嵬，能率人归附，心甚明白，望特与补一殿侍名目。'从之。"此处"讹山"旁标注"额森"，影印本从之，标点本回改；"讹化唱山"旁注"额化强山"，影印本"额森强山"，标点本回改，"讹山"与"讹化唱山"或为同一人。

讹名□□

西京尹、汉学士。汉译黑水城出土西夏法典《天盛改旧新定律令》①。

讹劳甘领势

枢密内宿等承旨、殿前司正、内宫走马。编修黑水城出土西夏法典《天盛改旧新定律令》②。

讹罗世

武功大夫。夏天盛十七年，即金大定五年（1165）正月，讹罗世与宣德郎高岳使金贺正旦③。

讹罗绍先

殿前太尉。夏乾祐十八年，即金大定二十七年（1187）十二月，讹罗绍先与枢密直学士严立本使金谢横赐④。

讹罗绍甫

殿前马步军太尉。夏乾祐三年，即金大定十二年（1172），殿前马步军太尉讹罗绍甫与枢密直学士吕子温、押进瓯匣使芭里直信等使金贺加上尊号。乾祐六年，即金大定十五年（1175）十二月，中兴尹讹罗绍甫与翰林学士王师信等使金谢横赐⑤。

讹勃啰

又作额伯尔，西夏监军。夏永安二年，即宋元符二年（1099）七月，知环州种朴领兵缴赤羊川，获赏啰讹乞家属共一百五十余口，孳畜五千。西夏派千余骑追击，监军讹勃啰及首领泪丁讹遇被生擒。宋诏环庆经略司取问讹勃啰在西夏所管地分、人马数目、有何家属及见闻，并速呈讯问结果，管押

---

① 《俄藏黑水城文献》第 8 册彩色图版二，译文见史金波《西夏社会》，上海人民出版社 2007 年版，第 246 页。

② 《俄藏黑水城文献》第 8 册彩色图版二，译文见史金波《西夏社会》，上海人民出版社 2007 年版，第 246 页。

③ 《金史》卷六一《交聘表中》。

④ 《金史》卷六一《交聘表中》。

⑤ 《金史》卷六一《交聘表中》。

人员赴阙①。九月，环庆路管押讹勃啰引见宋哲宗，遣勾当御药院刘友端宣谕释缚，讹勃啰免于死罪。闰九月，送潭州编管，给官屋居住，月支钱10贯，米麦3石，委都监监管，无令失所②。

讹勃遇

又作阿布雅，西夏副统军。夏大安九年，即宋元丰五年（1082）六月，讹勃遇与统军嵬名妹精嵬进攻宋怀安寨，战败被斩③。

讹留元智

武功大夫。夏天盛十五年，即金大定三年（1163）三月，武功大夫讹留元智与宣德郎程公济使金贺万寿节④。

讹啰聿

又作讹罗聿、讹啰聿寨、勒阿拉雅赛⑤，西夏使人。夏天安礼定二年，即宋元祐元年（1086）六月，西夏遣春约讹啰聿进贡，宋以刑部郎中杜纮押伴。哲宗初即位，大使春约讹啰聿与副使吕则田怀荣求所侵兰州、米脂等5砦，二人未至，苏辙两次上疏请与其地，司马光建议仔细考察，七月至宋，见于延和殿，妄奏"神宗自知错"⑥，哲宗起立变色，大怒，二人被押伴退下。

讹脟德昌

武功大夫。夏乾祐八年，即金大定十七年（1177）正月，武功大夫讹脟德昌与宣德郎杨彦和等使金贺正旦⑦。

---

① 《续资治通鉴长编》卷五一三，哲宗元符二年七月甲子条作"讹勃啰"。
② 《续资治通鉴长编》卷五一五，哲宗元符二年九月戊辰条；卷五一六，哲宗元符二年闰九月丙子条，均作"额伯尔"，与影印本同，未回改。
③ 《续资治通鉴长编》卷三二七，神宗元丰五年六月辛亥条。
④ 《金史》卷六一《交聘表中》。
⑤ 讹啰聿，《续资治通鉴长编》标点本卷三八〇，哲宗元祐元年六月壬寅条作"讹罗聿"、三八二哲宗元祐元年七月癸亥条作"讹啰聿"，影印本作"勒阿拉雅赛"；《宋史》卷四八六《夏国传下》作"讹啰聿"；《宋会要辑稿》蕃夷七，第9960页作"讹啰聿寨"，"春约"作"创祐"。
⑥ 《续资治通鉴长编》卷三八二，哲宗元祐元年七月癸亥条。
⑦ 《金史》卷六一《交聘表中》。

异浪升崖

又作伊朗僧鄂，西夏正钤辖，附宋。夏天祐民安三年，即宋元祐七年（1092）十二月二日，河东路经略司请特与异浪升崖一诸司副使名目。朝廷下诏授予内殿承制，给驿券，赴麟府路军马使唤①。

如定多多马

又作如定多特玛，景宗元昊臣僚，元昊始建官，如定多多马等主兵马②。

如定幸舍

又作如定聿舍、为定幸舍、维定兴舍，西夏"吕你"（党项语官名）。夏天授礼法延祚六年，即宋庆历三年（1043）元昊上表宋朝乞封册，更名曩霄而不称臣，宋朝遣邵良佐出使西夏表明拒绝的态度，如定幸舍与杨守素、张延寿等往宋商议。七月，元昊再遣如定幸舍、罔聿㘚等与邵良佐同去，凡请十一事，称男而不称臣，仍同前议③。

约遇

西夏首领。夏天授礼法延祚三年，即宋康定元年（1040）正月，约遇、没兀等二人领兵七百余人驻泊塞门寨，宋朝统帅范仲淹并未出兵攻击，宋枢

---

①　在《续资治通鉴长编》卷四七九，哲宗元祐七年十二月庚戌条作"伊朗僧鄂"，四库底本作"异浪升崖"，旁注"伊朗僧鄂"，影印本据改。《宋会要辑稿》兵一七，第8955页作"异浪升崖"。

②　成逋克成、赏都卧㲿、如定多多马、窦惟吉，《宋史》卷四八五《夏国传上》、《续资治通鉴长编》卷一二〇，仁宗景祐四年十二月癸未条为"成逋、克成赏、都卧、㲿如定、多多马窦、惟吉"，标点似有误。

③　《宋史》卷四八五《夏国传上》作"如定、聿舍"，载："明年，遣六宅使伊州刺史贺从勖与文贵俱来，犹称男邦泥定国兀卒上书父大宋皇帝，更名曩霄而不称臣。兀卒，即吾祖也，如可汗号。议者以为改吾祖为兀卒，特以侮玩朝廷，不可许。诏遣邵良佐、张士元、张子奭、王正伦更往议，且许封册为夏国主，而元昊亦遣如定、聿舍、张延寿、杨守素继来。"《续资治通鉴长编》卷一四二，仁宗庆历三年七月乙酉条，作"如定、幸舍"，载："元昊复遣吕你如定、幸舍寮黎、罔聿㘚与邵良佐俱来，所要请凡十一事。其欲称男而不为臣，犹执前议也。"四库底本作"为定幸舍"，旁注"维定兴舍"，影印本据改。其中"吕你""寮黎"分别为"如定幸舍""罔聿㘚"的蕃号，据此推断《宋史》中的"如定、聿舍"当为一人。

密院对此发文质疑①。

折啰俊乂

武节大夫。夏天庆五年，即金承安三年（1198）八月，武节大夫折啰俊乂与宣德郎罗世昌使金贺天寿节②。

把里公亮

西夏使人。夏元德四年，即金天辅六年、辽保大二年（1122），金破辽兵，辽主走阴山，金太宗命西北、西南两路都统宗望割下寨以北、阴山以南、乙室耶刮部吐禄泺之西的土地与夏议和，并提出如辽主行至夏境，捕送于金。六年，即金天会二年（1124）三月，乾顺遣使臣把里公亮等始至金上誓表，自称臣，以事辽之礼称藩，请受割赐之地③。

花结香

又作贺济寨、喀结桑，西夏副使。夏国母梁太后亡，夏永安二年，即宋元符二年（1099）西夏遣使至送讣告兼附谢罪表状，宋朝拒不接收。四月，副磋迈花结香随大使庆瑭嵬名科遘至宋。却只带了公牒，而谢罪表状皆在衙头④。

严立本

宣德郎。夏天盛二十年，即金大定八年（1168）三月，宣德郎严立本随武功大夫咩布师道等使金贺万春节。夏乾祐三年，即金大定十二年（1172）十二月，枢密直学士严立本随殿前太尉罔荣忠等使金谢横赐。乾祐十八年，即金大定二十七年（1187）十二月，枢密直学士严立本随殿前太尉讹罗绍先

---

① 《范文正公集》附件二《年谱》载范仲淹针对宋朝枢密院的回复，曰："延州去塞门寨，并无人烟，又行川路之中，一水屈曲，五七十处涉渡，恐伤兵士脚手；周回又无旧日熟户，纵得此寨，其势孤绝，亦恐难为驻兵，以此，不如训练兵士，候春暖可以涉水，或轻兵掩袭，或大军攻贼，纵被弃去，自家兵士不致有损。"

② 《金史》卷六二《交聘表下》。

③ 《金史》卷一三四《西夏传》。

④ 《续资治通鉴长编》卷五〇八，哲宗元符二年四月己卯条。"花结香"，四库底本作"贺济寨"，旁注"喀结桑"，影印本据改。

使金谢横赐①。

芭里庆祖

武功大夫。夏乾祐八年，即金大定十七年（1177）三月，武功大夫芭里庆祖与宣德郎梁宇等使金贺万春节②。

芭里安仁

武功大夫。夏乾祐四年，即金大定十三年（1173）三月，武功大夫芭里安仁与宣德郎焦蹈等使金贺万春节。五年，即金大定十四年（1174）三月，再次与宣德郎焦蹈等使金贺万春节③。

芭里直信

押进瓯匣使。夏乾祐三年，即金大定十二年（1172），押进瓯匣使芭里直信与殿前马步军太尉讹罗绍甫、枢密直学士吕子温等使金贺加上尊号④。

芭里昌祖

武功大夫。夏天盛十四年，即金大定二年（1162）十二月，武功大夫芭里昌祖与宣德郎扬彦敬等使金贺正旦。十九年，即金大定七年（1167）十二月，殿前太尉芭里昌祖与枢密都承旨赵衍使金奏告其臣任得敬染疾，请遣良医诊治。金诏赐医。乾祐元年即金大定十年（1170），金助夏仁孝诛任得敬，殿前太尉芭里昌祖与枢密直学士高岳等使金上表陈谢⑤。

苏尼

又作薛奴，西夏投宋蕃部。向宋朝报告说西夏天祐民安二年，即宋元祐六年（1091）鞑靼国人马入西夏右厢打劫了人口孳畜，不知数目。与投宋河东陷蕃妇人阿声、西夏首领伊特香所言大致相符⑥。

─────────

① 《金史》卷六一《交聘表中》。
② 《金史》卷六一《交聘表中》。
③ 《金史》卷六一《交聘表中》。
④ 《金史》卷六一《交聘表中》。
⑤ 《金史》卷六一《交聘表中》。
⑥ 《续资治通鉴长编》卷四七一，哲宗元祐七年三月丙戌条。

苏吃囊

蕃酋之子。父为野利遇乞所宠幸，宋清涧城主种世衡想要除掉股肱之臣野利遇乞，听闻夏景宗元昊曾赐遇乞一把宝刀，于是令苏吃囊前去偷刀，事成之后许以缘边任职、锦袍、真金带。苏吃囊偷刀返宋，种世衡谎称遇乞已死，于宋夏边境设祭，故意令夏人发现这把宝刀，元昊误以为野利遇乞有叛夏附宋之心，君臣自此有贰心①。

苏奴儿

又作索诺尔，令公。夏广运二年，即宋景祐二年（1035）十二月，领兵二万五千攻唃厮啰，大军殆亡，苏奴儿被执。元昊亲自率众攻牦牛城一月不下，假意约和，城开，进城大肆杀戮②。

苏执义

开封府尹。夏天盛二年，即金天德二年（1150）七月，苏执义与秘书监王举使金贺海陵王受尊号③。

苏执礼

左金吾卫上将军、东经略使。金世宗即位，夏天盛十四年，即金大定二年（1162）八月，左金吾卫上将军苏执礼与瓯匣使王琪、押进御史中丞赵良使金贺尊号。十五年，即金大定三年（1163）十月，左金吾卫上将军苏执礼与瓯匣使李子美使金谢横赐④。乾祐八年，即金大定十七年（1177）十月，夏进献百头帐，金不受，仁宗上表："若不包纳，则下国深诚无所展效。"⑤于是允许与贺正旦使同往，十二月，东经略使苏执礼使金进献。

苏志纯

武功大夫。夏乾祐十二年，即金大定二十一年（1181）三月，武功大夫

---

① 《梦溪笔谈》卷一三《权智》。
② 《宋史》卷四八五《夏国传上》。
③ 《金史》卷六〇《交聘表上》。
④ 《金史》卷六一《交聘表中》。
⑤ 《金史》卷六一《交聘表中》。

苏志纯与宣德郎康忠义等使金贺万春节①。

苏悟力

番大学院博士、磨勘司承旨、学士。汉译黑水城出土西夏法典《天盛改旧新定律令》②。

苏寅孙

枢密都承旨。夏应天三年，即金泰和八年（1208）五月，枢密都承旨苏寅孙与殿前太尉习勒遵义至金朝谢赐生日③。

苏御带

西夏边官，受命处理边事。夏大安五年，即宋元丰元年（1078）十二月，西夏牒请宋朝遣官与苏御带分立文字，毁废所侵耕生地，于边界交接西夏前后逃宋被捉人马。宋令鄜延路遣一位谙熟边事的可靠使臣，约定时间与苏御带交接。④

苏黉孙

宣德郎。夏天庆九年，即金泰和二年（1202）正月，宣德郎苏黉孙随武节大夫白克忠使金贺正旦⑤。

杜文广

投附宋朝夏人。夏天授礼法延祚三年，即宋康定元年（1040），想要归附宋朝的杜文广为宋军引路攻破西夏白豹寨，并且协助宋军制造攻城云梯。战后，环庆路总管任福请求上级，将杜文广收录于帐下。夏天授礼法延祚四年，即宋庆历元年（1041），杜文广再度向宋朝报告机密，即元昊将在宋军兵分多

---

① 《金史》卷六一《交聘表中》。

② 《俄藏黑水城文献》第8册彩色图版二，译文见史金波《西夏社会》，上海人民出版社2007年版，第246页。

③ 《金史》卷六二《交聘表下》。苏寅孙与《金史》卷六二《交聘表下》"苏黉孙"似为同一人。载："泰和二年正月丁未朔，夏武节大夫白克忠、宣德郎苏黉孙贺正旦。"

④ 《续资治通鉴长编》卷二九五，神宗元丰元年十二月丙午条。

⑤ 苏黉孙，与《金史》卷六二《交聘表下》"苏寅孙"似为同一人，载：金泰和八年（1208）"五月辛亥，夏殿前太尉习勒遵义、枢密都承旨苏寅孙谢赐生日"。

路入讨西夏时集中优势兵力应对，这与宋朝在诸处探到的情报相同①。

李子美

瓯匦使。夏天盛十五年，即金大定三年（1163）十月，李子美与左金吾卫上将军苏执礼使金谢横赐②。

李元吉

御史大夫。夏乾祐二十四年，即金明昌四年（1193）十一月，御史大夫李元吉与翰林学士李国安等使金讣告。夏应天三年，即金泰和八年（1208）三月，枢密使李元吉与观文殿大学士罗世昌等使金奏告③。

李元贞

殿前太尉。夏乾祐二十年，即金大定二十九年（1189）三月，李元贞与翰林学士余良使金陈慰④。

李元膺

左金吾卫正将军。夏乾祐二十二年，即金明昌二年（1191）三月，左金吾卫正将军李元膺与御史中丞高俊英使金陈慰⑤。

李太尉

西夏白豹城守将。夏天授礼法延祚三年，即宋康定元年（1040）九月，环庆副都部署任福率大军从东、西、南、北四面合攻白豹城，其中驻泊都监王怀政围西面，攻李太尉衙⑥。

李公达

宣德郎。夏天庆六年，即金承安四年（1199）八月，宣德郎李公达随武节大夫纽尚德昌使金贺天寿节⑦。

---

① 《续资治通鉴长编》卷一三一，仁宗庆历元年二月辛巳条；《宋会要辑稿》方域一八，第9639页。
② 《金史》卷六一《交聘表中》。
③ 《金史》卷六二《交聘表下》。
④ 《金史》卷六一《交聘表中》。
⑤ 《金史》卷六二《交聘表下》。
⑥ 《续资治通鉴长编》卷一二八，仁宗康定元年九月壬申条。
⑦ 《金史》卷六二《交聘表下》。

李文政

枢密直学士。夏应天三年，即金泰和八年（1208）十月，枢密直学士李文政随御史大夫权鼎雄使金谢横赐①。

李文贵

教练使。夏天授礼法延祚五年，即宋庆历二年（1042），景宗李元昊受宋清涧城守将种世衡挑唆，怀疑野利旺荣有贰心，遂暗中让李文贵自称是旺荣所派遣，去见种世衡。种世衡将计就计，留下了李文贵。数月后，西夏进攻定川寨。宋仁宗不愿再与西夏开战，想要予以招抚，便传召李文贵，谕以宽大开纳之意，遣还夏国。元昊令李文贵与宋朝僧人王嵩使宋议和，不削帝号，返回。六年（1043），李文贵再与贺从勖至宋，仍称男邦泥定国兀卒上书父大宋皇帝，更名囊霄而不称臣，议和因此未果。②

李文喜

绥州守将嵬名山身边小吏。宋神宗即位后，改变对夏政策，谋取绥州，种谔以金盂贿赂嵬名山，身边小吏李文喜接受了金盂并同意约降，而嵬名山并不知情，种谔至绥州招纳，未等通报长驱直入，嵬名山大惊，举起武器准备反抗，李文喜将所受金盂拿出，嵬名山大哭，率部众附宋③。

李世昌

武节大夫。夏应天三年，即金泰和八年（1208）十月，武节大夫李世昌与宣德郎米元杰使金贺天寿节④。

李叶

又作李喋，西夏首领。夏永安二年，即宋元符二年（1099）三月，钤辖吴名革、首领李叶等率部族 397 人、孳畜三千、牌印附宋。宋朝补李叶为右侍

---

① 《金史》卷六二《交聘表下》。
② 《宋史》卷四八五《夏国传上》。
③ 《宋史》卷三三五《种谔传》。
④ 《金史》卷六二《交聘表下》。

禁，赐银绢①。

李弁

徽猷阁学士。夏乾定元年，即金正大元年（1224），西夏与金通好，遣学士李弁至金议互市，商议多次不能决定，于是又令杨云翼至金，最终定夺②。

李师广

宣德郎。夏天庆四年，即金承安二年（1197）正月，宣德郎李师广随武节大夫嵬茗世安使金贺正旦③。

李师旦

宣德郎。夏乾祐五年，即金大定十四年（1174）正月，宣德郎李师旦随武功大夫煞进德使金贺正旦④。

李师白

宣德郎。夏天盛十六年，即金大定四年（1164）正月，李师白随武功大夫嵬哆执信使金贺正旦；十九年，即金大定七年（1167）正月，随武功大夫刘志真等使金贺正旦；乾祐元年，即金大定十年（1170）三月，随武功大夫张兼善等使金贺万春节⑤。

李仲谔

光禄大夫、吏部尚书。夏乾定二年，即金正大二年（1225）九月，夏金和议，夏称弟，各用本国年号，吏部尚书李仲谔与南院宣徽使罗世昌、中书省左司郎李绍膺聘于金⑥。

李庆源

武节大夫。夏天庆六年，即金承安四年（1199）正月，武节大夫李庆源

---

① 《续资治通鉴长编》卷五〇七，哲宗元符二年三月丁巳条。"李叶"四库底本作"李哷"。
② 《金史》卷一一〇《杨云翼传》。
③ 《金史》卷六二《交聘表下》。
④ 《金史》卷六一《交聘表中》。
⑤ 《金史》卷六一《交聘表中》。
⑥ 《金史》卷六二《交聘表下》。

与宣德郎邓昌祖使金贺正旦①。

李兴

西夏团练使，元昊亲信。夏天授礼法延祚四年，即宋庆历元年（1041），李兴投奔宋后，担忧不得其情，被迁徙到南方。同年六月，宋朝任命他为供备库副使、寿州兵马都监；十一月，改崇仪使、麟府州缘边都巡检使②。

李守贵

曾为野利遇乞掌出纳，结识没藏皇后，没藏氏荒淫无度，既通李守贵又宠补细吃多巳，夏福圣承道四年（1056）李守贵愤而杀补细吃多巳及没藏氏③。

李讹哱

又作李讹哆、李吡哱、李阿雅卜、李额叶，环州定远大首领，蕃中老将，熟悉边事，有勇有谋。夏永安元年，即宋元符元年（1098）三月，宋环庆路钤辖张存进筑西撩哱新寨，李讹哱率妻男并人户2070人、牛羊孳畜四千五十归附宋朝，特封宥州刺史，充环庆缘边兼横山至宥州一带蕃部都巡检使。宋哲宗令环庆路经略司给予金带，赐钱4000贯、银绢各三千，并优给田土安置，令部族上下安居乐业。但由于新附蕃部尚未安定，李讹哱不适合统辖诸蕃官，故宋朝又将原授"宥州刺史、充环庆缘边兼横山至宥州一带蕃部都巡检使"中"环庆路缘边兼"去掉，只让李讹哱充横山至宥州一带蕃部都巡检使④。十二月，李讹哱到阙，赐名怀明⑤。李讹哱居汉地二十年，知晓每年方春未秋边

---

① 《金史》卷六二《交聘表下》。

② 《续资治通鉴长编》卷一三二，仁宗庆历元年十一月丙申条。

③ 《续资治通鉴长编》卷一八四，仁宗嘉祐元年十二月甲子条，第4462页。文中小字引《实录》按，"环庆经略司言：'夏国小大王阿叔嵬迷烈皈与没藏、讹庞杀其国母及补细相公'"。小大王，即谅祚也，补细相公，即吃多巳也。嵬迷裂皈，或是李守贵。但此处与长编记载相去甚远，以长编正文为准。

④ 《续资治通鉴长编》卷四九五，哲宗元符元年三月庚申条；卷四九六，哲宗元符元年三月戊辰条。"讹哱"四库底本旁注"阿雅卜"，影印本四九五、四九六、五〇四均改"额叶"。

⑤ 《续资治通鉴长编》卷五〇四，哲宗元符元年十二月乙未条作"李阿雅卜"，四库底本为"李讹哱"。

廪粮草不足。夏雍宁元年，即宋政和四年（1114），李讹哆写信给西夏统军梁哆哘，称可趁此之际攻宋，自己多年的窖存足以供给粮草，定边唾手可得，言："我居汉二十年，每件春廪既虚，秋庚未积，粮草转输，例给空券，方春未秋，士有饥色。若卷甲二趋，径捣定远，唾手可取，定远既得，则旁十余城不攻而下矣。我储谷累岁，掘地而藏之，所在如是，大兵之来，斗粮无赏，可坐而饱也。"①陕西转运使任谅提前获知此事，迅速运粮至定边及诸城堡，并令人将李讹哆窖藏数十万石全部掘出。梁哆哘以万人围定边军，筑佛口谷为城，由于粮窖被掘，补给不足，只能退兵，李讹哆以部署万人回归西夏②。夏雍宁三年，即宋政和六年（1116）七月，李讹哆最终在与宋朝的战斗中被诛杀③。

李襄渠卜　　又作李赏屈，李讹哆子，随父附宋，赐三班奉职，夏永安元年，即宋元符元年（1098）十二月，赐名世忠④。

李克勤

御史中丞。夏天盛十八年，即金大定六年（1166）三月，御史中丞李克勤与翰林学士焦景颜使金奏告，乞免索正隆末年所虏人口，终许⑤。

李良辅

西夏将领。夏元德四年，即辽保大二年、金天辅六年（1122），金人斡鲁等突袭辽国，辽主在战争中失利，西走阴山；六月，李良辅率兵3万救辽，行至天德军境内修整，娄室命突捻、补撅以骑兵200迎战，被李良辅击败，阿土

---

① 《宋史》卷四八六《夏国传下》。
② 关于李讹哆掘地窖粟而叛的记载，《宋史》《续资治通鉴长编》均有记载，均为李讹哆，《宋史》卷三五六《任谅传》为"李讹哆"。
③ 《宋史》卷二一《徽宗纪三》作"李吒哆"，载："定边军李吒哆伏诛。"《皇宋十朝纲要》中伏诛的是李讹哆的儿子"世恭"，卷一七《徽宗》载："诏夷贼卜漏、黄安俊、李世恭已讫天诛，令晏、沅州、定边军枭首七日。"小字注"世恭，讹哆子"。
④ 《续资治通鉴长编》卷五〇四，哲宗元符元年十二月乙未，"李襄渠卜"四库底本作"李赏屈"。
⑤ 《金史》卷六一《交聘表中》。

罕又带领二百骑兵来战，遇夏军伏兵，仅阿土罕一人逃回。时正值久雨不晴，金朝诸将打算暂且休息，娄室坚持出战，挑选精兵与习室①、拔离速马不停歇，出陵野岭，一路追至野谷，登高而望，洞水暴涨，西夏军队正在渡河，人员不整，娄室分军为二，迭出迭入，转战30里。在宜水，斡鲁大军至，金兵合力击败李良辅大军，斩杀数千人，漂溺者不可胜计②。

李国安

宣德郎。夏乾祐十四年，即金大定二十三年（1183）正月，宣德郎李国安随武功大夫刘进忠等使金贺正旦。二十年，即金大定二十九年（1189）四月，枢密直学士李国安随进奉使御史中丞邹显忠入金祭奠世宗。夏天庆元年，即金明昌五年（1194）十一月，翰林学士李国安随御史大夫李元吉等使金讣告③。

李昌辅

宣德郎。夏乾祐十五年，即金大定二十四年（1184）正月，宣德郎李昌辅随武功大夫刘执中使金贺正旦。夏天庆元年，即金明昌五年（1194）十二月，副使枢密直学士李昌辅随殿前太尉咩铭友直使金奉遗进礼物④。

李金明

西夏使人。夏天授礼法延祚三年，即宋康定元年（1040），三川口战役后，李金明至宋约和⑤。

李建德

殿前太尉。夏天庆九年，即金泰和二年（1202）八月，殿前太尉李建德与知中兴府事杨绍直等使金谢横赐⑥。

---

① 习室，《金史》卷七〇《石土门传》作"习失"。
② 《金史》卷一三四《西夏传》。
③ 《金史》卷六一《交聘表中》，卷六二《交聘表下》。
④ 《金史》卷六一《交聘表中》，卷六二《交聘表下》。
⑤ 《续资治通鉴长编》卷一六二，仁宗康定元年三月戊寅条。
⑥ 《金史》卷六二《交聘表下》。

李屈移

西夏使人。李屈移曾两次出使宋朝，亲眼所见宋朝的礼义文法，非金可比。夏天盛十一年，即宋绍兴二十九年（1159），李屈移对宋归朝官李宗闵说，金朝许诺给西夏四军八馆之地，使夏出兵联合攻宋。李宗闵据此上奏夏恶金人而喜宋①。

李绍膺

中书省左司郎。夏乾定二年，即金正大二年（1225）九月，夏金和议，夏称弟，各用本国年号，中书省左司郎李绍膺随光禄大夫吏部尚书李仲讹、南院宣徽使罗世昌使金来聘②。

李彦崇

御史大夫。夏天庆二年，即金明昌六年（1195）三月，御史大夫李彦崇与知中兴府事郝庭俊使金谢赐生日③。

李造福

宋徽宗即位后，加紧了对夏的进攻，夏贞观二年，即辽乾统二年（1102）六月，西夏派李造福与田若水使辽求援。四年（1104）六月，二人再次使辽。五年（1105）正月，李造福等又至辽求援，且请求伐宋。十二月，西夏第三次遣李造福、田若水求援。六年（1106）正月，辽遣牛温舒使宋令归所侵西夏地。六月，李造福至辽答谢。十年（1110），李造福等至辽纳贡④。

李崇贵

六宅使。与韩道喜、白供奉等诱杀宋朝知保安军杨定、都巡检侍其臻，并掳去杨定子杨仲通。宋朝要求移送杀人凶手。此时毅宗谅祚亡，惠宗秉常即位，太后梁氏欲以塞门、安远两寨易绥州，将李崇贵等押送到宋朝。李崇

---

① 《建炎以来系年要录》卷一八一，绍兴二十九年夏四月条作"李宗闵"，《宋史》卷四八六《夏国传下》作"李宗闻"。
② 《金史》卷六二《交聘表下》。
③ 《金史》卷六二《交聘表下》。
④ 《辽史》卷二七《天祚帝一》。

贵等详细地叙述了杨定出使西夏期间的所作所为，言说杨定向谅祚跪地称臣，擅自答应归还缘边熟户，收取谅祚赠送的金银财宝及宝剑、宝镜，归宋后，仅将宝剑、宝镜上交，而大量的金银财宝全部据为己有。西夏之所以诱杀杨定，是因为他出卖了谅祚，所以绥州才会失守。宋神宗听后大怒，削去杨定官职，罚没田宅万计，对李崇贵、韩道喜二人从轻发落，李崇贵刺面发配洪州①。夏天赐礼盛国庆五年，即宋熙宁六年（1073）三月，宋神宗批赐西夏归明人李崇贵田十顷，后改赐开封府界屋租钱，日五百②。

李崇德

中书舍人。夏天盛二年，即金天德二年（1150）七月，李崇德随御史中丞杂辣公济使金，贺海陵王登宝位③。

李崇懿

御史大夫。夏乾祐十六年，即金大定二十五年（1185）十一月，夏国以车驾还京，贺尊安使御史大夫李崇懿与中兴尹米崇吉、押进甄匣使李嗣卿等使金朝见④。

李清

又作李青、李郎君⑤，本秦人，流亡至夏，官至将军，深得秉常信任。夏大安八年，即宋元丰四年（1081）四月，李清劝秉常以河南地归宋，招诱宋朝境内的娼妇、乐人，希望借助宋朝的力量摆脱母党专权。梁太后得知此事后，置酒诱诛李清，囚禁秉常。

李遇

西夏将领。夏元德六年，即金天会二年（1124），金定陕西，欲取威戎

①　《宋史》卷四八五《夏国传上》；卷四八六《夏国传下》。
②　《续资治通鉴长编》卷二四三，神宗熙宁六年三月戊辰条。
③　《金史》卷六〇《交聘表上》。
④　《金史》卷六一《交聘表中》。
⑤　《宋史》卷四八六《夏国传下》作"李清"，《梦溪笔谈》卷二五《杂志二》作"李青"，《续资治通鉴长编》卷三一二，神宗元丰四年四月庚辰条作"李郎君"。

城，在与宋军交战的过程中获知威戎城已被夏将李遇所获，双方商议，李遇在威戎西，蒲察在威戎东，若金兵近夏境，则互为犄角，互不侵犯，与此同时金朝答应李遇以陕西以北归夏①。待蒲察凯旋回师，金睿宗并未履行承诺。正德三年，即金大会七年、宋建炎三年（1129），金连陷长安、凤翔等地，宋开封尹欲北伐，请辩士向西游说夏国，往东游说高丽，助其出兵，联合攻金，李遇并未出兵②。

李遇昌

环庆蕃将李讹啰子，宋大观年间，父子叛归西夏③。夏雍宁三年，即宋政和六年（1116）李遇昌以20万大军包围府州，宋永兴路马步军副都总管杨宗闵以索橐二千运粮塞上，令骨雄驻兵以待。宗闵亲率1万兵马，由石州监军路攻夏州，李遇昌日夜驰驱百里，奔救其国，遭遇早已埋伏的宋军，伤亡无数。夏雍宁五年，即宋政和八年（1118），李遇昌以数万骑再度攻宋，杨宗闵预先得知，将树木砍断堵住进出之路，夏人仅能单骑通过，宗闵趁机出击，四战四克④。夏元德八年，即宋靖康元年（1126），李遇昌与太子率兵20余万攻打怀德军，瓦平寨第一正将刘铨迎战，双方僵持不下，夏人伤亡很大，太子欲撤退，遇昌说："城中纵矢石无数，度亦无继，且连诸郡兵不能下一城，益示弱。"⑤ 当时正值天气大寒，刘铨教人团泥和水，以击夏人，遇昌见后大喜，知城中武器所剩无几，乃令急攻，刘铨最终弹尽粮绝而败，西夏遂胜。

李敦复

夏仁宗大庆二年，即宋绍兴十一年（1141）十二月，娶宋徽宗被金朝俘虏后所生女儿全福帝姬为妻⑥。

---

① 《金史》卷一三四《西夏传》载"夏国既以天德、云内归大国，大国许我陕西北鄙之地"。
② 《宋史》卷四八六《夏国传下》。
③ 《东都事略》卷一二八《附录六》。
④ 《苕溪集》卷四八《宋故武功大夫魏国公杨公（宗闵）墓碑》。
⑤ 《三朝北盟会编》卷六一《靖康中帙三六》。
⑥ 《靖康稗史笺证》卷六《呻吟语笺证》。

李嗣卿

武功大夫。夏乾祐六年，即金大定十五年（1175）正月，武功大夫李嗣卿与宣德郎白庆嗣等使金贺正旦。乾祐十六年，即金大定二十五年（1185）十一月，西夏以车驾还京，押进瓯匣使李嗣卿与贺尊安使御史大夫李崇懿、中兴尹米崇吉等使金朝见。乾祐二十二年，即金明昌二年（1191），进奉使知中兴府李嗣卿与枢密直学士永昌奉奠皇太后。天庆四年，即金承安二年（1197）十二月，金恢复兰州、保安榷场，殿前太尉李嗣卿与知中兴府事高德崇使金谢复榷场①。

李德广

武节大夫。夏天庆十一年，即金泰和四年（1204）八月，武节大夫李德广与宣德郎韩承庆使金贺天寿节②。

李德冲

知中兴府事。夏天庆四年，即金承安二年（1197）八月，知中兴府事李德冲与枢密直学士刘思问等使金奏告榷场③。

李澄

宣德郎。夏天盛十九年，即金大定七年（1167）三月，李澄随武功大夫任得仁等使金贺万春节④。

李穆

宣德郎。夏天盛二十年，即金大定八年（1168）正月，李穆随武功大夫利守信使金贺正旦⑤。

李膺

宣德郎。夏大德四年，即金天眷元年（1138）正月，金主宣改元天眷，

---

① 《金史》卷六一《交聘表中》，卷六二《交聘表下》。
② 《金史》卷六二《交聘表下》。
③ 《金史》卷六二《交聘表下》。
④ 《金史》卷六一《交聘表中》。
⑤ 《金史》卷六一《交聘表中》。

副使宣德郎李膺随大使武功大夫没细好德等带《贺正表》奉表贺正旦①。

杨□

枢密承旨、御史正、秘书监、汉大学院博士、内宫走马。编修黑水城出土西夏法典《天盛改旧新定律令》②。

杨巳良

夏宋划界使。夏天赐礼盛国庆二年，即宋熙宁三年（1070）宋朝在绥州筑城。西夏国主遣亲信杨巳良分划地界，立界堠，筑中山堡而归③。

杨正黄□

御前帐门官、内宿司承旨、御庖厨、瓺匣司等正。编修黑水城出土西夏法典《天盛改旧新定律令》④。

杨师裕

太史令、卜算院头监。夏光定四年（1214）与卜算院头监时国胥等修纂五年西夏文御制具注历⑤。

杨守素

景宗元昊谋臣。多次入宋议事。元昊筑坛受封，建国称夏，改元年号，多用杨守素等人之谋。夏天授礼法延祚六年，即宋庆历三年（1043）元昊上表宋朝乞封册，称男邦泥定国兀卒上书父大宋皇帝，更名曩霄而不称臣等十一事。宋朝认为兀卒即吾祖，类如可汗，是对朝廷的侮辱，不能答应。双方各派使者商议，宋遣邵良佐等前往，册封元昊夏国主，元昊遣杨守素、如定

---

①　《三朝北盟会编》卷一六六《炎黄下帙六六》。

②　《俄藏黑水城文献》第8册彩色图版二，译文见史金波《西夏社会》，上海人民出版社2007年版，第246页。

③　《姑溪居士后集》卷二〇《折渭州墓志铭》。

④　《俄藏黑水城文献》第8册彩色图版二，译文见史金波《西夏社会》，上海人民出版社2007年版，第246页。

⑤　《俄藏黑水城文献》第10册，第142页，译文见史金波《西夏社会》，上海人民出版社2007年版，第479页。

幸舍、张延寿等往宋①。天授礼法延祚七年，即宋庆历四年（1044），西夏在经历了三川口、好水川、定川寨三次大规模的战事后，虽然取胜，但人员伤亡很大，而且宋朝断绝了对夏贸易，得不偿失。元昊在权衡利弊后，派杨守素、尹与则为使臣，上表求和。此次至宋，元昊始称臣，自号夏国主，双方在增岁赐等问题上没有达成共识，杨守素等滞留宋朝，请求早早发遣回夏，谏官余靖上言，和好之谋在于元昊而不在旁人，杨守素等虽有商量之名，但无法定夺，不如早早发遣②。经过协商，宋夏双方最终达成庆历和议。天授礼法延祚八年，即宋庆历五年（1045）十二月，杨守素持誓表及地图献卧尚庞、吴移、巳布等城寨9处，并索要过界人户400户。保安军将其引伴至延州，宋仁宗诏鄜延经略司如果杨守素只是索要在宋朝的降户，就可以用夏国原来所进之誓表诏谕。然而，杨守素所献城寨都在宋朝境内，他所索取的"投来边户"也都是原属宋朝的人户，所以宋朝认为不应遣还。九年（1046）正月，宋降诏夏国主，又增设誓条，"自今有过界者，虽旧系边户，亦不得容纳，其缘边封界，只以誓诏所载为定"③。十年（1047），杨守素至延州商议宋夏边境事宜及河东路丰州地界。十一年（1048），元昊死后，杨守素再次至宋告哀，任颛问其主的死因，杨守素无以言对。

杨巴凌

又作杨芭良、扬巴凌，承担划界工作的西夏首领。秉常在位时与宋朝商议移绥州侧本国已有寨棚，以距绥州二十里为界。西夏方面负责划界的首领杨巴凌与知绥德城折克隽商议时，未约定二十里，仅在中间立堠开壕。夏天赐礼盛国庆四年，即宋熙宁五年（1072）二月，宋令折克隽就以此事与夏人再行商量④。

---

① 《宋史》卷四八五《夏国传上》。
② 《续资治通鉴长编》卷一五〇，仁宗庆历四年六月戊戌条。
③ 《续资治通鉴长编》卷一五八，仁宗庆历六年正月戊子条。
④ 《续资治通鉴长编》卷二三〇，神宗熙宁五年二月辛酉条。

杨时中

奏副、中兴府正、汉大学院博士。黑水城出土《天盛改旧新定律令》合汉文①。

杨绍直

知中兴府事。夏天庆九年，即金泰和二年（1202）八月，知中兴府事杨绍直随殿前太尉李建德等使金谢横赐②。

杨彦和

宣德郎。夏乾祐八年，即金大定十七年（1177）正月，宣德郎杨彦和随武功大夫讹哆德昌等使金贺正旦③。

杨彦敬

翰林学士。夏天盛十八年，即金大定六年（1166）十二月，翰林学士杨彦敬随御史中丞贺义忠使金谢横赐。夏乾祐元年，即金大定十年（1170）闰五月，夏权臣任得敬中分其国，胁迫其主李仁孝遣参知政事杨彦敬、左枢密使浪讹进忠、押进翰林学士焦景颜等使金上表为得敬求封，金未许，遣使问其详情④。

杨诰

部落首领，与王罗等率领人马于福圣承道元年即宋皇祐五年（1053）闰七月十四日夜往乾州堡放箭，当晚返回，在吹筱谷休整⑤。

杨廓

景宗元昊谋臣。元昊始建官，杨廓等主谋议⑥。

----

① 《俄藏黑水城文献》第8册彩色图版二，译文见史金波《西夏社会》，上海人民出版社2007年版，第246页。
② 《金史》卷六二《交聘表下》。
③ 《金史》卷六一《交聘表中》。
④ 《金史》卷六一《交聘表中》。同卷有"扬彦敬"，载，金大定二年十二月"夏武功大夫芭里昌祖、宣德郎扬彦敬等贺正旦"，扬彦敬或与杨彦敬为同一人。
⑤ 《文彦博集》卷一七《奏西界事》。
⑥ 《宋史》卷四八五《夏国传上》。

杨德先

枢密直学士。夏天庆六年，即金承安四年（1199）八月，枢密直学士杨德先随殿前太尉迺令思聪使金谢横赐①。

来子敬

武功大夫。夏乾祐十年，即金大定十九年（1179）三月，武功大夫来子敬与宣德郎梁介等使金贺万春节②。

连都敦信

武节大夫。夏天庆七年，即金承安五年（1200）正月，武节大夫连都敦信与宣德郎丁师周入金贺正旦，时罗太后患病，桓宗纯祐令其附奏为太后求医问药。金遣太医时德元、王利贞往夏诊治，赐御制药。八月，连都敦信与宣德郎丁师周再次出使金朝，贺天寿节③。

时国胥

卜算院头监。夏光定四年（1214），与卜算院头监杨师裕等修纂五年西夏文御制具注历④。

吴子正

宣德郎。夏天庆二年，即金明昌六年（1195）八月，宣德郎吴子正随武节大夫宋克忠使金贺天寿节⑤。

吴日休

宣德郎。夏乾祐十一年，即金大定二十年（1180）正月，宣德郎吴日休随武功大夫安德信使金贺正旦⑥。

---

① 《金史》卷六二《交聘表下》。
② 《金史》卷六一《交聘表中》。
③ 《金史》卷六二《交聘表下》。
④ 《俄藏黑水城文献》第 10 册，第 142 页，译文见史金波《西夏社会》，上海人民出版社 2007 年版，第 479 页。
⑤ 《金史》卷六二《交聘表下》。
⑥ 《金史》卷六一《交聘表中》。

吴名革

又作乌莽格，西夏钤辖。夏永安二年，即宋元符二年（1099）正月，吴名革等390余人、孳畜三千、牌印附宋，秦凤路经略司并无田土给予耕种，访得南厮罗川接巴经谷至甘谷城约四十里，地土肥美，川谷平漫，可以摽拨。宋哲宗遂下诏如缘边城寨侧近无地土摽拨，可将吴名革与其弟吴名山发遣一处，率部族于甘谷城西堡之外安置。同年三月，又补吴名革为内殿承旨，赐银、绢各五百①。

吴名山　又作乌明沙克，西夏钤辖吴名革弟，于泾原路归附宋朝，其兄吴名革于秦凤路归附宋朝，拟将二人于甘谷城西堡之外安置②。

吴没兜

西夏文官。夏天祐民安五年（1094），任重修凉州护国寺官员、行宫三司正③。

吴昊

原名不可考，元昊谋臣。宋永兴军路华州华阴县人④。吴昊与张元、姚嗣宗是好朋友，负气倜傥，有纵横才。曾薄游塞上，觇览山川风俗，有志于经略，他们想拜见韩琦、范仲淹，又以自荐为耻，于是在大石头上刻其诗，令壮夫拽至路上，3人从后哭，想要引起韩琦、范仲淹的注意。后来，他们果然被韩、范2人所召见，正当宋朝踌躇二人是否可用期间，吴昊与张元径走西夏，范仲淹派急骑来追，却已经来不及了，于是只得上表请求让姚嗣宗加入自己的幕府。此时元昊势力日盛，正在用人之际，张元、吴昊想要以奇招引起元昊的关注，便更名为张元、吴昊，整日在都城兴庆府的一家酒店饮酒，并在酒店的墙壁上写上"张元、吴昊来饮此楼"，巡逻的兵士执之送府，元昊

---

① 《续资治通鉴长编》卷五〇五，哲宗元符二年正月甲子条。影印本作"乌莽格"。
② 《续资治通鉴长编》卷五〇五，哲宗元符二年正月甲子条。影印本作"乌明沙克"。
③ 《中国藏西夏文献》第18册，第93页。
④ 《闻见近录》第7页"张元，许州人也。客于长葛间，以侠自任"。

问他们为何犯讳称元称昊。二人说："姓尚不理会，乃理会名耶?"① 此时元昊尚未更名，仍用宋朝的赐姓"赵"，元昊听后"悚然异之"，倚为谋主，以抗宋朝。

吴明契

西夏厢官。夏乾祐二十二年，即金明昌二年（1191），西夏于镇戎境内放牧，金朝巡逻兵卒驱赶被掠，边将阿鲁带率兵讨要。西夏吴明契、信陵都、卜祥、徐余立等埋伏 3000 兵力接战，阿鲁带口中流箭身亡，金朝索要杀阿鲁带诸人，夏乃杀吴名契等②。

吴宗

西夏使节。夏拱化二年，即宋治平元年（1064），西夏遣吴宗贺宋英宗即位。诏令门见，不从，至顺天门，欲佩鱼及仪物自己前往。宋引伴使高宜阻止，只留厩置一晚，断绝供给。八月，宋赐谅祚诏，以此事为戒，精选使人，勿再生事③。

吴埋保

钤辖。夏天赐礼盛国庆五年，即宋熙宁六年（1073）二月，折克行在三角川击败西夏军队，夏军钤辖吴埋保等被斩④。

吴哆遂良

武节大夫。夏乾祐二十四年，即金明昌四年（1193）正月，武节大夫吴哆遂良与宣德郎高崇德使金贺正旦⑤。

吴德昌

武功大夫。夏乾祐十四年，即金大定二十三年（1183）三月，武功大夫

① 《桯史》卷一《张元吴昊》。
② 《金史》卷一三四《西夏传》。
③ 《续资治通鉴长编》卷二〇二，英宗治平元年九月戊子条。
④ 《金石萃编》卷一四七《折克行神道碑》，"吴埋保"《榆林碑石》第 369 页作"吴理堡"。
⑤ 《金史》卷六二《交聘表下》。

吴德昌与宣德郎刘思忠等使金贺万春节①。

员元亨

武节大夫。夏天庆三年，即金承安元年（1196）正月，武节大夫员元亨与宣德郎元叔等使金贺正旦②。

吹同山乞

又作策卜腾善沁，西夏首领。夏天授礼法延祚五年，即宋庆历二年（1042），吹同山乞与吹同乞砂降宋，安置于湖南，补为三班借职，有虚衔而非实授。知谏院富弼上言："二人之降，其家已诛夷，当厚赏以劝来者。"③ 于是宋仁宗听从富弼的建言，将二人并为左千牛卫将军，各赐帛 30 匹、茶 30斤，使还本族，抵御西夏④。

吹同乞砂

又作策卜腾沁沙克，西夏首领。夏天授礼法延祚五年，即宋庆历二年（1042），吹同乞砂与吹同山乞降宋，先安置于湖南，补为三班奉职，有虚衔而非实授，后改为左千牛卫将军，赐帛、茶，使还本族，抵御西夏⑤。

利守信

武功大夫。夏天盛二十年，即金大定八年（1168）正月，利守信与宣德郎李穆使金贺正旦⑥。

伯德

又作勃爹，韦州蕃官。夏天安礼定元年，即宋元丰八年（1085）正月，伯德率丁口二百五十归附宋朝，授供备库副使、本族巡检，赐银绢三百⑦。

---

① 《金史》卷六一《交聘表中》。
② 《金史》卷六二《交聘表下》。
③ 《续资治通鉴长编》卷一二六，仁宗康定元年二月丁酉条。
④ 《续资治通鉴长编》卷一二六，仁宗康定元年二月庚子条。
⑤ 《续资治通鉴长编》卷一二六，仁宗康定元年二月丁酉、庚子条。
⑥ 《金史》卷六一《交聘表中》。
⑦ 《续资治通鉴长编》卷三五一，神宗元丰八年正月己未条。

你思丁

西夏将领。夏光定十年，即金兴定四年（1220），夏人攻金巩州，赤盏合喜遣兵迎击，夏人败北，大将被擒。你思丁与兀名二人密谋联合宋统制程信对付金朝，赤盏合喜提前得知作战计划，整饬军队严阵以待，果然兵至，联军死伤数以万计，夏人见大势已去，焚其攻具，拔栅而去，途中遭遇伏击，损伤惨重①。

你斯闷

又作尼斯们，西夏使人。夏天授礼法延祚二年，即宋宝元二年（1039）正月，你斯闷与驽涉俄疾、卧普令济、嵬伽崖妳等使宋上奉表，请册元昊为南面之君，许以西郊之地②。

彻辰

又作贝中彻辰、乞成，西夏部落首领。与仁多保忠等在西夏管勾人马，为梁氏忌惮畏惧③。

余良

翰林学士。夏乾祐二十年，即金大定二十九年（1189）三月，余良随殿前太尉李元贞使金陈慰④。

邹显忠

进奉使、御史中丞。夏乾祐二十年，即金大定二十九年（1189）四月，邹显忠与枢密直学士李国安入金祭奠世宗⑤。

汪三郎

兰州葩俄族都管。夏光定六年，即金贞祐四年（1216）四月，率其蕃户

① 《金史》卷一一三《赤盏合喜传》。

② 《续资治通鉴长编》卷一二三，仁宗宝元二年正月辛亥条。

③ 《续资治通鉴长编》卷四〇七，哲宗元祐二年十二月丁未条作“贝中彻辰”，断句有误，当为“彻辰”，见“嵬名特克济沙”条，“彻辰”四库底本作“乞成”。

④ 《金史》卷六一《交聘表中》。

⑤ 《金史》卷六一《交聘表中》。

归金，以千羊进，赐姓完颜，后为西方名将①。

汪奴哥

监府。夏光定十一年，即金兴定五年（1221）八月，木华黎由东胜渡河往西，夏主李遵顼惧，以汪奴哥监府与塔海监府等进方物，兵5万隶木华黎麾下②。

没兀

西夏首领，夏天授礼法延祚三年，即宋康定元年（1040）正月，与约遇等领兵700余人驻泊塞门寨③。

没细好德

又作穆齐好德，武功大夫。夏大德四年，即金天眷元年（1138）正月，金主亶改元天眷，夏国主李乾顺遣大使没细好德与副使宣德郎李膺等带《贺正表》奉表贺正旦④。

没细游成宁

又作玛新云且宁，西夏首领。夏永安元年，即宋元符元年（1098）附宋，权知兰州兼缘边安抚司公事王舜臣请补没细游成宁为崇班带巡检，依敕榜支给银、绢、钱各二百，锦袍、银带，宋诏特与内殿崇班，差充本族巡检，更赐银、绢、钱各二百⑤。

没啰卧沙

大首领。夏大安八年，即宋元丰四年（1081）十月，宋泾原兵至磨哆隘，与西夏统军梁乙埋发生了一场遭遇战，西夏战败。宋军追奔20里，获铜印一枚，斩西夏大首领没啰卧沙、监军使梁格嵬等15级，小首领219级。此外，

---

　① 《金史》卷一四《宣宗纪上》。
　② 《元朝名臣事略》卷一《太师鲁国忠武王》。
　③ 《范文正公集》附录《年谱》。
　④ 《三朝北盟会编》卷一六六《炎黄下帙六六》作"没细好德"，《建炎以来系年要录》卷一一八，绍兴八年正月乙卯条作"穆齐好德"。
　⑤ 《续资治通鉴长编》卷四九四，哲宗元符元年二月乙未条。"没细游成宁"影印本作"玛新云且宁"。

还有 2460 人被斩首，统军侄吃多理等 20 余人被擒①。

怀克

又作嚎讹，西夏观察使。夏天授礼法延祚四年，即宋庆历元年（1041）九月，怀克在与宋鄜州、环庆两路的交战中，被郑福所斩②。

宋弘

宣德郎。夏乾祐七年，即金大定十六年（1176）正月，宣德郎宋弘随武功大夫嵬宰师宪等使金贺正旦③。

宋克忠

武节大夫。夏天庆二年，即金明昌六年（1195）八月，武节大夫宋克忠与宣德郎吴子正使金贺天寿节④。

补细吃多巳

又作保细吃多巳、拜锡齐特济勒，史称补细相公。没藏氏出家为尼时，曾侍元昊及没藏讹庞于戒坛院，故可随意出入没藏氏住所。夏福圣承道四年，即宋嘉祐元年（1056），因与没藏氏私通，被李守贵愤而诛杀⑤。

张元

原名张源，元昊谋臣，宋永兴军路华州进士⑥。与吴昊、姚嗣宗皆为关中人，三人负气倜傥、有纵横才，是好朋友。张元在科场上一再碰壁，多次科考不中，平日里饮酒作诗，借以消愁。作鹦鹉的诗句，"好著金龙收拾取，莫教飞渠别人家"；作吟雪的诗句，"五丁仗剑决云霓，直取银河下帝畿，战死

---

① 《宋史》卷一六《神宗纪三》。
② 《续资治通鉴长编》卷一三三，仁宗庆历元年九月庚申条。
③ 《金史》卷六一《交聘表中》。
④ 《金史》卷六二《交聘表下》。
⑤ 《续资治通鉴长编》卷一八四，仁宗嘉祐元年十二月甲子。"补细吃多巳"四库底本作"保细吃多巳"，旁注"拜锡齐特济勒"，影印本此条据改。
⑥ 《续资治通鉴长编》卷一二六，仁宗康定元年二月丁未条载"华州进士张源"，《闻见近录》第 7 页载"张元，许州人也。客于长葛间，以侠自任"。从《长编》所记。

玉龙三十万，败鳞风卷满天飞"；[1] 作鹰的诗句，"有心待搦月中兔，更向白云头上飞"[2]。张元在范仲淹踌躇是否能够重用之期，与吴昊径走西夏，以犯元昊名讳的方式引起元昊的注意，成为西夏立国初期的谋臣。张元入西夏后，宋赐其家米 10 石、钱 2 万文，诏其家属赴阙，后捕送房州，羁縻于随州，张元、吴昊等使谍者伪造宋朝诏书将其释放[3]。

张公甫

翰林学士。夏应天元年，即金泰和六年（1206）十二月，翰林学士张公甫随御史大夫谋宁光祖使金谢册封[4]。

张公辅

宣德郎。夏天庆元年，即金明昌五年（1194）八月，宣德郎张公辅随武节大夫野遇思文使金贺天寿节[5]。

张文显

景宗元昊臣僚。夏天授礼法延祚八年，即庆历五年（1045）四月，张文显随素齐哗布移则使宋贺乾元节[6]。

张世恭

笔手。写《黑水河建桥敕碑》[7]。

张团练

西夏白豹城守将。夏天授礼法延祚三年，即宋康定元年（1040）九月，环庆副都部署任福攻白豹城，四面合击，烧庐舍、酒税务、仓草场、太尉衙，

---

① 《容斋随笔》三笔卷一一《记张元事》。
② 《西塘集耆旧续闻》卷六《张元姚嗣宗诗》。
③ 《续资治通鉴长编》卷一二六，仁宗康定元年二月丁未条。《宋史》卷二九八《陈希亮传》作"诏徙其族（指张元）百余口于房，几察出土，饥寒且死。希亮曰：'元事虚实不可知，使诚有之，为国家终不顾家，徒坚其为贼耳。此又皆其疏属，无罪。'乃密以闻，诏释之"。
④ 《金史》卷六二《交聘表下》。
⑤ 《金史》卷六二《交聘表下》。与《金史》卷六二《交聘表下》"张公甫"似为同一人。
⑥ 《续资治通鉴长编》卷一二○，仁宗景祐四年十二月癸未条；卷一五五，仁宗庆历五年四月辛卯条。
⑦ 《黑水河建桥敕碑》。

以及破荡骨哗等41族，烧死土埪中所藏蕃人不知人数，获头级二百五十、马牛羊橐驼七千一百八十、器械三百三、印记六。西夏守将张团练及蕃官私人、麻魁七人被擒，首领七人被杀①。

张延寿

西夏使人。夏天授礼法延祚六年，即宋庆历三年（1043），张延寿与杨守素、如定幸舍往宋商议元昊称男而不称臣诸事②。十二月，元昊一面点集兵马，一面再遣张延寿等使臣入宋商议议和之事，最终达成庆历和议。八年（1045），张延寿、嵬名聿营至宋谢册封③。

张仲文

宣德郎。夏乾祐二十一年，即金明昌元年（1190）八月，宣德郎张仲文随武节大夫拽税守节使金贺天寿节④。

张聿正

又作张圭正，西夏使人。夏天安礼定元年，即宋元丰八年（1085）冬十月，西夏派芭良嵬名济、昂聂张聿正出使北宋，献马一百匹⑤。

张希圣

宣德郎。夏乾祐十年，即金大定十九年（1179）正月，宣德郎张希圣随武功大夫张兼善等使金贺正旦⑥。

张希道

宣德郎。夏乾祐四年，即金大定十三年（1173）正月，宣德郎张希道随

---

① 《续资治通鉴长编》卷一二八，仁宗康定元年九月壬申条。
② 《宋史》卷四八五《夏国传上》。
③ 《续资治通鉴长编》卷一五六，仁宗庆历五年闰五月丙午条。
④ 《金史》卷六二《交聘表下》。
⑤ 《续资治通鉴长编》卷三六〇，神宗元丰八年十月甲子条，此事《宋史》《宋会要辑稿》均有记载，略有不同。《宋史》卷四八六《夏国传下》点校有误，载："十月遣芭良、嵬名济、赖升聂、张聿正进助山陵礼物"，《宋会要辑稿》礼二九，第1357页载："三日，夏国遣芭良魏名济赖、昂聂张圭正进助山陵马。"
⑥ 《金史》卷六一《交聘表中》。

武功大夫卧落绍昌等使金贺正旦①。

张灵州奴

又作张灵州弩、张灵周努，西夏间谍。夏大安六年，即宋元丰二年（1079）十二月，张灵州奴伪装成汉人来宋侦查边事。被捕获后，宋神宗下诏将他刺配郴州牢城②。

张政思

西夏文官。夏天祐民安五年（1094），负责供写重修凉州护国寺感通塔碑南北章表并篆额③。

张思义

宣德郎。夏乾祐二十二年，即金明昌二年（1191）正月，宣德郎张思义随武节大夫王全忠使金贺正旦，金许使者贸易三日④。

张祐

兰州仓使。夏光定九年，即金兴定三年（1219）十一月，兰州仓使张祐自夏国归金⑤。

张陟

景宗元昊谋臣。元昊始建官，张陟主谋议⑥，曾任右仆射兼中书侍郎平章事，并撰写《大夏国葬舍利碣铭》⑦。

张绛

景宗元昊谋臣。元昊始建官，张绛等主谋议⑧。

---

① 《金史》卷六一《交聘表中》。

② 《续资治通鉴长编》卷三〇一，神宗元丰二年十二月己亥条。"张灵州奴"四库底本作"张灵州弩"，旁注"张灵周努"，影印本据改。

③ 《中国藏西夏文献》第18册，第93页。

④ 《金史》卷六二《交聘表下》。

⑤ 《金史》卷一五《宣宗纪中》。

⑥ 《宋史》卷四八五《夏国传上》。

⑦ 《嘉靖宁夏新志》卷二《大夏国葬舍利碣铭》。

⑧ 张绛，《宋史》卷四八五《夏国传上》主谋议诸臣僚中有，《续资治通鉴长编》标点本卷一二〇，仁宗景祐四年十二月癸未条没有张绛。

张兼善

武功大夫。夏乾祐元年，即金大定十年（1170）三月，张兼善与宣德郎李师白等使金贺万春节。乾祐十年，即金大定十九年（1179）正月，与宣德郎张希圣等使金贺正旦①。

张崇师

宣德郎。夏乾祐二十四年，即金明昌四年（1193）八月，宣德郎张崇师随武节大夫庞静师德使金贺天寿节②。

陆文政

夏天赐礼盛国庆五年（1073），陆文政印施《般若密多心经》③。

阿山兆精

西夏首领。夏雍宁五年，即宋政和八年（1118），宋节制诸路兵马在席苇平修筑城池。城池刚修建完成，西夏就已攻至，种师道以曲充、赵朴径出横岭，杨可世绕至夏人后方，姚平仲率精骑正面迎击，西夏大溃，魁首阿山兆精仅以身免，宋斩首五千级，获橐驼牛马万计、符印数方④。

阿讹

又作阿克阿，部落首领。夏福圣承道三年，即宋至和二年（1055），阿讹等200余人内附宋朝。宋仁宗下诏按双方约定，将附宋人口归还西夏⑤。

阿沙敢不

西夏武将。"阿沙"其名，"敢不"犹如"赞普"，唐兀人之美称，夏神宗李遵顼臣僚。夏光定七年，即元太祖十二年（1217），元太祖成吉思汗借兵西夏征花刺子模，阿沙敢不谏言夏神宗不必出兵，并嘲讽成吉思汗。太祖听

① 《金史》卷六一《交聘表中》。
② 《金史》卷六二《交聘表下》。
③ 《俄藏黑水城文献》第4册，第7页。
④ 《三朝北盟会编》卷六〇《靖康中帙三五》。
⑤ 《宋史》卷一二《仁宗四》附在至和二年末，载"是岁，西界阿讹等内附，诏遣还"，《续资治通鉴长编》卷一七九，仁宗至和二年三月乙亥条作"阿克阿"。

后决定在西征后伐夏。夏乾定三年，即元太祖二十一年（1226）春，蒙古大军入西夏，阿沙敢不据贺兰山寨誓死抵抗，夏败，阿沙敢不被擒①。

阿敏

又作阿明，邈川大首领温溪沁侄，原名阿明，后改为鄂特丹卓麻②，走投西夏，为衙头首领。夏永安二年，即宋元符二年（1099）遣从斫龙城蕃部尚锦等送蕃字至熙河兰会路，欲归宋，宋诏熙河兰会路经略使孙路以讨荡招纳为名，多方诱谕，迎接阿敏。

阿遇

又作阿裕尔，西夏观察使。天圣中，阿遇之子投奔宋朝，阿遇则进攻麟州，掳走了宋朝编户。后宋夏双方约定，宋朝先归还其子，阿遇再归还所掳走的编户。麟州依照约定，归还了阿遇的儿子，而阿遇则没有如约归还编户。宋朝安抚使遣张岊前去诘问，阿遇理屈词穷，留张岊吃饭。其间，阿遇用佩刀穿大块的肉给张岊，张岊伸长脖子直接在刀上吃，并不惧怕。阿遇又弦弓张镞，对准张岊，张岊神情自若。阿遇赞叹张岊是真勇士。第二天，2 人一起去打猎，双兔跑到马前，张岊两发两箭射中兔子，阿遇惊服，遂将所掳橐驼、马等归还张岊③。

陈师古

宣德郎。夏天盛十六年，即金大定四年（1164）三月，随武功大夫纽卧文忠使金贺万春节并附状奏告④。

陈聿精

西夏使人。夏大安礼定元年，即宋元丰八年（1085）宋神宗崩，七月，

---

① 《蒙兀儿史记》卷四四《脱栾传》。
② 《续资治通鉴长编》卷五〇六，哲宗元符二年二月丙戌条，"阿敏"四库底本作"阿明"，"鄂特丹卓麻"四库底本作"温党征密"，旁注"鄂特丹卓勒玛"，影印本据改。
③ 《续资治通鉴长编》卷一三三，仁宗庆历元年九月壬申条。
④ 《金史》卷六一《交聘表中》。

陈慰副使吕则陈聿精随陈慰使丁努嵬名谟铎等赴宋朝进慰表①。

陈岊

西夏间谍。夏光定六年，即金贞祐四年（1216）五月，金来远镇获夏谍陈岊，得知夏人将图临洮、巩州，窥长安，命陕西行省严阵以待②。

纳木乞僧

又作南乙山、纳木依卜绅，蕃部使人。夏永安二年，即宋元符二年（1099）环州蕃部首领赏啰讹乞欲附宋，遣纳木乞僧赴宋内报，知环州种朴领兵至赤羊川前来迎接③。

纽卧文忠

武功大夫。夏天盛十六年，即金大定四年（1164）三月④，与宣德郎陈师古使金贺万春节，附状奏告免征索正隆末年所虏人口，此后屡次为请，终许。

纽尚德

武节大夫。夏应天元年，即金泰和六年（1206）正月，武节大夫纽尚德与宣德郎郑勗使金贺正旦⑤。

纽尚德昌

武功大夫。夏乾祐二十年，即金大定二十九年（1189）正月，武功大夫纽尚德昌与宣德郎字得贤使金贺正旦，金世宗病危，夏使遣还。夏天庆六年，即金承安四年（1199）八月，武节大夫纽尚德昌与宣德郎李公达使金贺天寿节⑥。

武用和

宣德郎。夏乾祐九年，即金大定十八年（1178）正月，宣德郎武用和随

---

① 《宋史》卷四八六《夏国传下》。

② 《金史》卷一四《宣宗纪上》。

③ 《续资治通鉴长编》卷五一三，哲宗元符二年七月甲子条。"纳木乞僧"四库底本作"南乙山"，旁注"纳木伊卜绅"，影印本为"纳木依卜绅"。

④ 《金史》卷六一《交聘表中》。《金史》卷一三四《西夏传》中夏武功大夫纽卧文忠贺万春节的时间记载在大定四年二月甲申条下。

⑤ 《金史》卷六二《交聘表下》。

⑥ 《金史》卷六一《交聘表中》，卷六二《交聘表下》。

武功大夫恶恶存忠等使金贺正旦①。

武绍德

精鼎瓯匣使。夏乾定三年，即金正大三年（1226）正月，瓯匣使武绍德与副使仪增、御史中丞咩元礼使金贺正旦②。

拉旺

又作浪黄，西夏首领。夏天授礼法延祚四年，即宋庆历元年（1041）十一月，宋仁宗诏河东路招谕麟府州界熟户蕃官马崖、西夏首领拉旺、唐龙镇首领来守顺、府州界巡检乜罗等能挺身自归宋者，除节度、观察至刺史，赐锦袍带③。

耶布移守贵

又作雅布移守贵，容州刺史。夏天授礼法延祚五年，即宋庆历二年④（1042）西夏攻打丰州，宋将张岊迎战，破耶布移守贵三寨，俘获万计⑤。

范时□

同中书副、授覆全、文孝恭敬东南姓官上国柱。编修黑水城出土西夏法典《天盛改旧新定律令》⑥。

述仆

西夏将领。夏光定十一年，即元太祖十六年（1221）十月，述仆率师遇到木合黎，述仆问相见之礼，木合黎："汝见汝王、汝主见我主，即其礼

　　① 《金史》卷六一《交聘表中》。

　　② 《金史》卷六二《交聘表下》。

　　③ 《续资治通鉴长编》卷一三四，仁宗庆历元年十一月辛酉条。

　　④ 耶布移守贵，在《续资治通鉴长编》卷一三三，仁宗庆历元年九月壬申条记述"张岊"时提及，"岊与诸将一日数战，破伪容州刺史耶布移守贵三寨"，《折继闵神道碑》中此事在庆元二年，"兵至骂泊，斩贼酋贱遇，破伪容州刺史耶布移堡障，夺其牛马千余，得器械数百。"

　　⑤ 《续资治通鉴长编》卷一三三，仁宗庆历元年九月壬申条作"耶布移守贵"，四库底本旁注"雅布移守贵"，影印本据改。

　　⑥ 《俄藏黑水城文献》第8册彩色图版二，译文见史金波《西夏社会》，上海人民出版社2007年版，第246页。

也。"① 述仆说未受主名，不敢拜，返回西夏。等到木合黎进逼延安时，述仆又来见木合黎，并挚马而拜。

卧瓦哆

又作卧瓦哷、鄂斡伊特，西夏钤辖。夏天安礼定元年，即宋元丰八年（1085）五月，卧瓦哆被宋鄜延路擒获，送江南羁管②。

卧讹立

御前帐门官、殿前司正。编修黑水城出土西夏法典《天盛改旧新定律令》③。

卧勃哆

又作威巴伊，首领。夏大安八年，即宋元丰四年（1081）卧勃哆被宋俘获，旋即向宋朝告知西夏在熙河路方面的作战计划，大致分为三部分，一部分西夏军队将正面迎战，一部分旁伏隐藏伺机而动，另一部分则待宋军营垒未定之时伺隙出击，宋诏沈括将此通知前方将帅④。

卧香乞

又作鄂桑格，景宗元昊近臣。夏景宗元昊与咩迷氏所生子阿理欲杀其父，卧香乞告知，阿理被沉河，咩迷氏被杀于王亭镇⑤。

卧落绍昌

武功大夫。夏乾祐四年，即金大定十三年（1173）正月，武功大夫卧落绍昌与宣德郎张希道等人使金贺正旦⑥。

卧普令济

又作鄂普凌济，西夏使人。夏天授礼法延祚二年，即宋宝元二年（1039）正月，卧普令济与弩涉俄疾、你斯闷、崑伽崖妳使宋上奉表，请册元昊为南

① 《永乐大典》卷一二九六八《宋》。
② 《续资治通鉴长编》卷三五六，神宗元丰八年五月戊申条。"卧瓦哆"四库底本作"卧瓦哷"。
③ 《俄藏黑水城文献》第 8 册彩色图版二，译文见史金波《西夏社会》，上海人民出版社 2007 年版，第 246 页。
④ 《续资治通鉴长编》卷三一六，神宗元丰四年九月己酉条。
⑤ 《续资治通鉴长编》卷一六二，仁宗庆历八年正月辛未条。
⑥ 《金史》卷六一《交聘表中》。

面之君，许以西郊之地①。

卧誉诤

又作沃裕正，使者。夏天授礼法延祚五年，即宋庆历二年（1042）宋夏定川寨战役之后，卧誉诤与野利旺令、嵬名嵍三人书写议和书。议和书表明元昊意欲罢兵，却不肯削僭号②。

卧德忠

武节大夫。夏天庆八年，即金泰和元年（1201）正月，武节大夫卧德忠随宣德郎刘筠国使金贺正旦③。

迺令思敬

知兴中府事。夏乾祐二十年，即金大定二十九年（1189）五月，迺令思敬与秘书少监梁介使金，贺章宗登宝位④。

迺令思聪

御史中丞。夏乾祐二十四年，即金明昌四年（1193）八月，御史中丞迺令思聪使金谢横赐。天庆六年，即金承安四年（1199）八月，殿前太尉迺令思聪与枢密直学士杨德先使金谢横赐⑤。

迺来思聪

殿前太尉。夏天庆十二年，即金泰和五年（1205）闰八月，殿前太尉迺来思聪与知中兴府通判刘俊德使金谢横赐⑥。

卓贺

西夏大首领。夏天祐民安八年，即宋绍圣四年（1097）宋在泾原路进筑平夏、灵平二寨，同知枢密院林希欲率百官入贺，宰相章惇认为这件事不足

---

① 《续资治通鉴长编》卷一二三，仁宗宝元二年正月辛亥条。
② 《续资治通鉴长编》卷一三八，仁宗庆历二年十二月乙丑条。
③ 《金史》卷六二《交聘表下》。
④ 《金史》卷六一《交聘表中》。
⑤ 《金史》卷六二《交聘表下》。
⑥ 《金史》卷六二《交聘表下》。

以令宋哲宗庆贺，等不久后生擒梁乞逋、卓贺、夏主乾顺，再庆贺也不迟①。

尚锦

又作赏金，祈龙城蕃部。夏永安二年，即宋元符二年（1099）替遐川首领鄂特丹卓麻送蕃字至熙河兰会路②。

旺罗

又作汪落、江落，西夏驸马，属卓啰右厢。夏永安元年，即宋元符元年（1098）十月，旺罗驸马与宋熙河兰会路副都统王愍在罗沙激战，战败被斩首。宋在此次争斗中斩首 1300 余人，俘获 300 余人，牛马羊驼 25000 多，烧毁西夏数百里族帐③。

昊嵬

中书副、上国柱。编修西夏法典《天盛改旧新定律令》④。

味浪文茂

刻字司头监、殿前金堂管勾、御史正、番学士。夏乾祐十六年（1185），味浪文茂与刻字司头监、三学苑百法师傅骨勒善源，笔受和尚刘法雨等共同负责西夏刻本文学作品《大诗》《月月乐诗》《道理诗》等⑤。

昌宁

又作唱娘，西夏间谍。昌宁曾假称归顺宋朝，实则刺探边境军情，被宋朝抓获。夏大安六年，即宋元丰二年（1079）三月，面临西夏的屡次索要，环庆路经略司认为若依法处置，恐生嫌隙，倾向于让昌宁回到西夏。但最终朝廷却将其处死，并且酬奖捕获蕃官，令鄜延路转牒西夏取问首领擅自遣人

① 《续资治通鉴长编》卷四八六，哲宗绍圣四年四月甲辰条。
② 《续资治通鉴长编》卷五〇六，哲宗元符二年二月丙戌条，"尚锦"四库底本作"赏金"。
③ 《续资治通鉴长编》卷五〇三，哲宗元符元年十月壬寅条作"旺罗"，四库底本作"汪落"，旁注"旺罗"，影印本据改，《宋会辑稿》兵八，第 8775 页作"江落"。
④ 《俄藏黑水城文献》第 8 册彩色图版二，译文见史金波《西夏社会》，上海人民出版社 2007 年版，第 246 页。
⑤ 《俄藏黑水城文献》第 10 册，第 268、271、278 页；惠宏、段玉泉编：《西夏文献解题目录》，阳光出版社 2015 年版，第 44、45 页。

入宋刺探之罪，严加戒断①。

易里马乞

又作昌里马乞、伊里玛奇，西夏武将。夏天授礼法延祚元年，即宋宝元元年（1038），元昊筑坛受册，即皇帝位，遣潘也布、易里马乞点集兵马于蓬子山，亲自去凉州府祀神②。

易浪升结

西夏首领。夏天赐礼盛国庆三年，即宋熙宁四年（1071），易浪升结被宋擒获后表态希望能回到西夏，河东经略司致牒宥州接收③。

忠翼

西夏使者。夏光定九年，即宋嘉定十二年（1219）三月，金人南迁，重兵宿巩州。西夏担心金朝进攻，忠翼随枢密使都招讨甯子宁赴蜀商议联宋夹攻秦、巩二州，宋朝虽同意结盟但并未出兵④。

罗世昌

宣德郎。夏天庆五年，即金承安三年（1198）八月，宣德郎罗世昌随武节大夫折哆俊义使金贺天寿节，铺叙夏国世次称，"元魏衰微，居松州者因以旧姓为拓跋氏"⑤。夏应天三年，即金泰和八年（1208）三月，观文殿大学士罗世昌随枢密使李元吉等使金奏告。夏乾定二年，即金正大二年（1225）九月，夏国和议定，恢复友好关系，夏称弟，各用本国年号，南院宣徽使罗世昌与光禄大夫吏部尚书李仲谔、中书省左司郎李绍膺使金聘⑥。

---

① 《续资治通鉴长编》卷二九七，神宗元丰二年三月丁丑条载："昌宁虽本西人，自是入中国刺事，理亦不可牒还，纵令遣回，未知于夏人疑我之心如何可解，显亦全无意谓，可令依法施行。其捕获蕃官，速依条酬奖。"

② 《宋史》卷四八五作"昌里马乞"；《续资治通鉴长编》标点本、四库底本作"易里马乞"，影印本作"伊里玛奇"。

③ 《潞公文集》卷二〇《奏降羌事》。

④ 《宋史》卷四八六《夏国传下》。

⑤ 《金史》卷一三四《西夏传》。

⑥ 《金史》卷六二《交聘表下》。

罗逋

西夏武将。元昊进攻延州，宋将王仲宝领兵至贺兰谷，罗逋战败于长鸡岭①。

罔长信

又作旺普信、王长信，西夏文官。惠宗秉常朝梁太后摄政时，作西夏文《妙法莲华经序》，官至摄枢密章典礼司受广修孝武恭敬东南族官上柱国②。

罔永德

奏告使、御史中丞。夏乾祐十一年，即金大定二十年（1180）十二月，奏告使、御史中丞罔永德与枢密直学士刘昭等使金③。

罔聿谟

又作依纲裕玛，西夏使人。夏天安礼定二年，即宋元祐元年（1086）十月，秉常亡，子乾顺即位，吕则罔聿谟等人出使宋朝告哀④。

罔聿嚷

西夏"寮黎"（党项语官名）。夏天授礼法延祚六年，即宋庆历三年（1043）七月，元昊派罔聿嚷、如定幸舍与邵良佐赴宋议和，凡请十一事，称男而不称臣，仍同前议⑤。

罔进忠

武功大夫。夏乾祐十一年，即金大定二十年（1180）三月，武功大夫罔进忠与宣德郎王禹玉使金贺万春节。二十一年，即金明昌元年（1190）八月，

① 《宋史》卷三二五《王仲宝传》。
② 聂鸿音：《西夏佛经序跋译注》，上海古籍出版社 2016 年版，第 6 页。史金波《西夏佛教史略》译作"旺普信"，认为序言为毅宗谅祚时（1049—1067）作；西田龙雄译作"王长信"，认为序言为惠宗秉常朝梁太后摄政时（1067—1086）作；聂鸿音认为罔为西夏大姓，改"王"为"罔"，作序的时间同意西田龙雄的观点。
③ 《金史》卷六一《交聘表中》。
④ 《宋史》卷四八六《夏国传下》、《续资治通鉴长编》卷三八九，哲宗元祐元年十月壬辰条，"罔聿谟"四库底本旁注"依纲裕玛"，影印本据改，标点本回改。
⑤ 《续资治通鉴长编》卷一四二，仁宗庆历三年七月乙酉条。

知中兴府罔进忠使金谢横赐①。

罔佐执中

御史大夫。夏应天元年，即金泰和六年（1206）正月，李安全废其主纯祐自立，令纯祐母罗氏为表，御史大夫罔佐执中等使金求封册②。

罔育讹

西夏谢册封使。惠宗秉常即位，宋册封夏国主。夏天赐礼盛国庆元年，即宋熙宁二年（1069）十月，遣罔育讹入宋谢册封③。宋令西夏奉守约定，勿生边事。

罔荣忠

殿前太尉。夏乾祐三年，即金大定十二年（1172）十二月，殿前太尉罔荣忠与枢密直学士严立本等使金谢横赐④。

罔萌讹

又作旺莽额，西夏大臣，西夏监军讹勃啰之叔父⑤。宋熙宁元年（1068）夏惠宗李秉常即位，太后梁氏专权。罔萌讹是太后梁氏的亲信，与梁氏首为悖乱⑥。西夏欲以安远、塞门二砦换取绥州。夏天赐礼盛国庆元年，即宋熙宁二年（1069）三月，宋朝同意以安远、塞门二砦易绥州，西夏欲得绥州，却无意归还二砦，罔萌讹持誓诏至宋交涉，欲先得绥州。机宜文字赵卨受命交接且议定地界，罔萌讹曰："朝廷本欲得二砦，地界非所约。"赵卨回复："若

---

① 《金史》卷六一《交聘表中》，卷六二《交聘表下》。
② 《金史》卷六二《交聘表下》。
③ 《续资治通鉴长编拾补》卷五，熙宁二年十月己未条载："夏国使者罔育讹来谢封册。王安石曰：'今既封册，秉常宜坚明约束，勿令边将生事，妄立城堡，争小利害，自作不直。'"
④ 《金史》卷六一《交聘表中》。
⑤ 《续资治通鉴长编》卷五一五，哲宗元符二年九月戊辰条，载："环庆路管押到生擒西界监军讹勃啰引见。上谓：近臣曰：'此人颇魁伟，夏人多令鞫狱。'问：'与罔萌讹甚族属附？'译者对云：'是侄。'又问：'是与不是？'殿上人对曰：'是'。""旺莽额"四库底本作"罔萌讹"，旁注"旺莽额"，影印本、标点本据改。
⑥ 《续资治通鉴长编》卷三二六，神宗元丰五年五月丙午条。

然，安远、塞门二墙墟耳，安用之!"① 于是议地界之事作罢，宋在绥州筑城。夏乾道三年，即宋熙宁三年（1070）因执送韩道喜至宋与梁乙埋交怨，于是，宋集贤校理赵禼建言借机招募或擒获 2 人②。大安七年（1080）罔萌讹与梁太后合谋，诱杀劝惠宗与宋朝议和的夏将李清，将惠宗囚禁。这使得西夏社会处于一片混乱之中。

罔敦信

武节大夫。夏乾祐二十三年，即金明昌三年（1192）八月，武节大夫罔敦信与宣德郎韩伯容使金贺天寿节③。

罔豫章

又作旺裕勒宁，西夏使人。夏天安礼定二年，即宋元祐元年（1086）四月，西夏遣鼎利罔豫章等前往宋朝，祝贺哲宗皇帝即位。宋朝诏以西京左藏库副使王克询押赐往夏，五月，罔豫章等见于宋延和殿④。

周宗义

西夏告哀使。夏拱化五年，即宋治平四年（1067），周宗义与薛宗道使宋告谅祚之丧，且请归还绥州，未许，于是西夏提出以塞门、安远二寨换绥州⑤。

狗儿

西夏边将。范仲淹知延州，修清涧城，以马怀德为兵马监押攻入夏境，破遮鹿、要册二寨，射杀狗儿厢主⑥。

---

① 《宋史》卷四八六《夏国传下》。
② 《续资治通鉴长编》卷二一六，神宗熙宁三年十月辛酉条载："请令边吏谕他，如能禽致旺莽额、结明爱及同谋首领来者，朝廷赐予无所吝。如此则彼腹心暌离，虽有狡计，当不得发。若此二人至，厚宠之以示余酋，宜各解体，因而招横山之众，不战而屈人兵也。"
③ 《金史》卷六二《交聘表下》。
④ 《续资治通鉴长编》卷三七四，哲宗元祐元年四月辛卯条，作"罔豫章"，《宋史》卷四八六《夏国传下》载："五月，遣鼎利、罔豫章来贺哲宗即位。"《续资治通鉴长编》卷三七七，哲宗元祐元年五月庚申条载："夏国贺登宝位进贡使鼎里、旺裕勒宁等见于延和殿。""鼎利"和"鼎里"为蕃号，"旺裕勒宁"似回改不尽。
⑤ 《范太史集》卷四〇《检校司空左武卫上将军郭公墓志铭》。
⑥ 《宋史》卷三二三《马怀德传》。

庞静师德

武节大夫。夏乾祐二十四年，即金明昌四年（1193）八月，武节大夫庞静师德与宣德郎张崇师使金贺天寿节①。

闹罗

又作诺尔，团练使。夏天授礼法延祚五年，即宋庆历二年（1042）五月，降宋，宋环庆招讨司乞补班行，诏除右班殿直②。

郑勗

宣德郎。夏应天元年，即金泰和六年（1206）正月，宣德郎郑勗随武节大夫纽尚德使金贺正旦③。

泪丁讹遇

又作泪丁讹裕、垺丹鄂特裕勒，西夏首领。夏永安二年，即宋元符二年（1099）七月，知环州种朴擒获赏啰讹乞家属共 150 余口，孳畜五千。西夏派千余骑来追，被宋击败，监军讹勃啰及首领泪丁讹遇被生擒④。

诘丹格

又作结当噶尔，西夏部落子。夏大安九年，即宋元丰五年（1082）十月，诘丹格与勒厥被宋熙河兰会路部落子乞山擒获。宋朝将 2 人刺配淮南本城兵，其中诘丹格被发配至真州⑤。

孟伯达

宣德郎。夏天盛十八年，即金大定六年（1166）三月，孟伯达与武功大

---

① 《金史》卷六二《交聘表下》。
② 《续资治通鉴长编》卷一三六，仁宗庆历二年五月庚午条。《续资治通鉴长编》卷一三七，仁宗庆历二年九月癸卯条，马都降宋注释中"疑马都即闹罗"。
③ 《金史》卷六二《交聘表下》。
④ 《宋史》卷四八六《夏国传下》，《续资治通鉴长编》四库底本均作"泪丁讹遇"，标点本卷五一三，哲宗元符二年七月甲子条作"泪丁讹裕"，载："夏贼千余骑来追，与战，生擒监军讹勃啰并首领泪丁讹裕。"
⑤ 《续资治通鉴长编》卷三三〇，神宗元丰五年十月丙寅条。

夫曹公达、押进知中兴府赵衍使金贺万春节①。

妹勒

侍卫。景宗元昊选拔骁勇善战者，分为 10 队，以妹勒、浪讹遇移、细赏香埋、里里奴、杂熟屈则鸡、隈才浪罗、细母屈勿、李讹移岩名、细母嵬名、没罗埋布等为侍卫队长，军备严明，元昊每出入前后环拥②。

妹勒都逋

又作昧勒都逋、穆赉多卜③，西寿监军，驻天都山，勇悍善战。夏天祐民安八年，即宋绍圣四年（1097）三月，甘州、右厢、卓啰、韦州、中寨、天都六监军司人马屯驻江州白草原，首领妹勒都逋、乌啰革哆领兵充塞，宋朝令泾原帅司严诫诸将，谨慎行事，务取全胜④。夏永安元年，即宋元符元年（1098）十二月，妹勒都逋随西寿统军嵬名阿埋以畜牧为名窥伺宋境，泾原路章楶遣折可适、郭成轻骑夜袭，直捣其帐，尽俘其家，获族属 3000 人，牛羊 10 万，取天都山，建西安州，此役震惊夏国。宋朝宰臣率百官同庆大获全胜，因生擒有功，泾原路经略安抚使章楶等迁官⑤。宋令仔细询问妹勒都逋所知夏国事，鉴于其曾有意归宋，免去槛车。妹勒都逋被俘后，其族帐首领接续扶老携幼争相投宋，并欲归都逋部下。二年，即宋元符二年（1099）正月，宋诏所俘生口安置于灵平、镇羌、九羊、通峡、荡羌寨。同年二月，军头司引妹勒都逋等 27 人觐见皇帝。宋哲宗特贷命释缚，押赴怀远驿。宋元符三年

---

① 《金史》卷六一《交聘表中》。
② 《儒林公议》卷上《元昊志在恢拓》。
③ "妹勒都逋"，《宋史》卷二五三《折可行传》作"昧勒都逋"，载："嵬名阿埋、昧勒都逋，皆夏人桀黠用事者，诏可适密图之。"
④ 《宋会要辑稿》兵八，第 8774 页。
⑤ 《续资治通鉴长编》卷五〇四，哲宗元符元年十二月丙申条；卷五〇五，哲宗元符二年春正月壬戌条载："以擒获嵬名阿埋、妹勒都逋，宰臣率百官贺于紫宸殿。泾原路经略安抚使、龙图阁学士、左中散大夫章楶为太中大夫，仍赐银绢各二千、对衣、金带、银鞍辔马；其获级重伤将士，赐袍带、锦袄子、器械、银椀、绢有差。""诏东上阁门使、雄州防御使、泾原路钤辖郭成为引进使，皇城使、成州防御使、权泾原路都监折可适为东上阁门使、权泾原路钤辖，蕃官东上阁门使、雄州防御使李忠杰为引进使，皇城使、管勾环州永和、平远等寨蕃兵人马公事慕化为遥郡刺史，以生擒六路统军嵬名阿埋、锡硕克监军妹勒都逋赏功也。"

（1100）二月，北宋以妹勒都逋为率府率，充渭州都监①。

弩涉俄疾

又作努舍额济，西夏使人。夏天授礼法延祚二年，即宋宝元二年（1039）正月，元昊受册即皇帝位后，遣弩涉俄疾、你斯闷、卧普令济、嵬伽崖姤使宋上奉表，请仁宗许以西郊之地，册为南面之君②。

城逋

又作沁布，野利遇乞同党。野利遇乞兄弟密谋在元昊子宁令哥娶亲之日刺杀元昊，事情败露，元昊诛野利兄弟及城逋三家③。

赵□

东经略副使、枢密承旨、三司正、汉学士。编修黑水城出土西夏法典《天盛改旧新定律令》④。

赵公良

武节大夫。夏天庆十二年，即金泰和五年（1205）闰八月，武节大夫赵公良与宣德郎米元懿使金贺天寿节⑤。

赵公直

西夏将领。夏元德五年，即金天辅七年（1123）十一月，西夏在可敦馆驻扎军队，宗翰派娄室戍守朔州，在霸德山西南二十里处修筑城池，并以此攻破朔州西山的二万夏军，夏军统帅赵公直被金人擒获⑥。

赵好

武节大夫。夏乾祐二十三年，即金明昌三年（1192）正月，武节大夫赵

---

① 《宋会要辑稿》蕃夷六，第 9929 页，作"昧勒都逋"。
② 《续资治通鉴长编》卷一二三，仁宗宝元二年正月辛亥条。
③ 《续资治通鉴长编》卷一六二，仁宗庆历八年正月辛未条。
④ 《俄藏黑水城文献》第 8 册彩色图版二，译文见史金波《西夏社会》，上海人民出版社 2007年版，第 246 页。
⑤ 《金史》卷六二《交聘表下》。
⑥ 《金史》卷七二《娄室传》。

好与宣德郎史从礼使金贺正旦①。

赵良

押进御史中丞。金世宗即位，夏天盛十四年，即金大定二年（1162）八月，赵良随左金吾卫上将军苏执礼、瓯匦使王琪使金贺尊号②。

赵衍

押进知中兴府。夏天盛十八年，即金大定六年（1166）三月，押进知中兴府赵衍随武功大夫曹公达、宣德郎孟伯达使金贺万春节。十九年，即金大定七年（1167）十二月，枢密都承旨赵衍与殿前太尉芭里昌祖使金奏告，其臣任得敬有疾，请遣良医诊治，金诏赐医③。

赵崇道

宣德郎。夏乾祐九年，即金大定十八年（1178）三月，宣德郎赵崇道随武功大夫嵬茗仁显等使金贺万春节④。

拽浪

又作叶朗，西夏划界使，党项语官名"撩黎"。夏奲都五年，即宋嘉祐六年（1061）六月，拽浪与宋太原府代州铃辖、供备库使、忠州刺史苏安静划定麟州屈野河界⑤。

拽税守节

武节大夫。夏乾祐二十一年，即金明昌元年（1190）八月，武节大夫拽税守节与宣德郎张仲文使金贺天寿节⑥。

---

① 《金史》卷六二《交聘表下》。
② 《金史》卷六一《交聘表中》。
③ 《金史》卷六一《交聘表中》。
④ 《金史》卷六一《交聘表中》。
⑤ 《宋史》卷四八五《夏国传上》载："太原府、代州兵马铃辖苏安静得夏国吕宁、拽浪撩黎来合议，乃筑堡九，更新边禁，要以违约则罢和市，自此始定。"《续资治通鉴长编》卷一九三，仁宗嘉祐六年六月庚辰条作"安静与其国人辄移吕宁、拽浪撩黎始议定"，《宋会要辑稿》兵二七，第9206页据《长编》补，作"辄移吕宁、拽浪撩黎"。其中"吕宁"、"撩黎"为党项语官名。
⑥ 《金史》卷六二《交聘表下》。

郝处俊

宣德郎。夏乾祐十二年，即金大定二十一年（1181）正月，宣德郎郝处俊随武功大夫谋宁好德使金贺正旦①。

郝庭俊

知中兴府事。夏天庆二年，即金明昌六年（1195）三月，知中兴府事郝庭俊随御史大夫李彦崇使金谢赐生日②。

荔茂先

又作哩穆先，西夏贺正使。贺正使荔茂先附表，认为宋夏在秦凤、泾原的纠纷是宋朝边吏挑起的。宋遣文思副使王无忌携诏戒谕谅祚，谅祚不受诏。夏拱化三年，即宋治平二年（1065）正月，再诏夏国主谅祚，从今以后泾原、秦凤路熟户及弓箭手处不可随意侵扰，谅祚不接受③。

药熟

又作约苏，西夏钤辖。夏大安八年，即宋元丰四年（1081）十一月，西使监军司管辖西番剡毛鬼、驴耳、金星、啰述等四部族大首领，药熟等230余户，2000余口前来附宋。宋朝依级别支给例物，各令归族，有会州人户，给官地安置，补与职名④。

轻泥嚷侧

部落首领。据宋臣奏议记载，夏毅宗谅祚部将轻泥嚷侧早有归宋之心，欲以横山之众攻取谅祚，宋朝令招纳⑤。

哖布移则

又作咩布移则、密卜伊则，西夏使人。夏天授礼法延祚八年，即庆历五

① 《金史》卷六一《交聘表中》。
② 《金史》卷六二《交聘表下》。
③ 《续资治通鉴长编》卷二〇四，英宗治平二年正月丁卯条，影印本作"哩穆先"。
④ 《续资治通鉴长编》卷三二〇，神宗元丰四年十一月辛丑条作"约苏"，《宋会要辑稿》蕃夷六，第9917页作"药熟"。
⑤ 《奏议》卷一三六《上神宗纳横山非便》。

年（1045）四月，元昊建国后，初遣素齐咩布移则、张文显使宋贺乾元节，从此以后成为惯例①。

咩讹埋

又作咩吡埋、密乌玛，永乐主事官。夏大安九年，即宋元丰五年（1082）副统军咩讹埋与统领叶悖麻、大首领、钤辖等 5 人在与宋将刘昌祚的战争中被杀②。

咩元礼

御史中丞。夏乾定三年，即金正大三年（1226）正月，御史中丞咩元礼与精鼎瓯匦使武绍德、副使仪增使金贺正旦③。

咩布师道

西夏使人。武功大夫。夏天盛二十年，即金大定八年（1168）三月，咩布师道与宣德郎严立本等使金贺万春节④。

咩保吴良

西夏大首领。惠宗秉常被囚后，宋朝乘机发动五路大军讨伐。河东路按原计划赴夏州与鄜延兵会师，所获不多。宋将张世矩班师回营，以知府州折克行奉命断后，阻击追击的夏军。夏酋咩保吴良以万骑追随，追至俄枝盘堆时，折克行抓住咩保吴良军队只有一半通过隘口的时机，突然发起进攻，夏人战败，咩保吴良被杀⑤。

咩迷乞遇

又作咩迷乙遇、蔑密伊裕，西夏使者。夏大安十年，即宋元丰六年（1083）

---

① 《续资治通鉴长编》卷一五五，仁宗庆历五年四月辛卯条，"咩布移则"四库底本作"咩布移则"。

② 《宋史》卷三四九作"咩吡埋"；《续资治通鉴长编》卷三四五，神宗元丰七年五月壬寅条，四库底本和标点本作"咩讹埋"，影印本作"密乌玛"。

③ 《金史》卷六二《交聘表下》。

④ 《金史》卷六一《交聘表中》。

⑤ 《宋史》卷二五三《折克行传》。

闰六月①，夏国主秉常遣使谟箧咩迷乞遇至宋进贡上表，请求归还夏国疆土城寨。

咩铭友直

殿前太尉。夏乾祐二十四年，即金明昌四年（1193）十二月，殿前太尉咩铭友直与副使枢密直学士李昌辅使金奉遗进礼物②。

贱遇

部落首领。夏天授礼法延祚五年，即宋庆历二年（1042），夏军入萧关，围镇戎军，宋折继闵与高继元出塞捣其空虚，兵至骂泊，斩贱遇③。

骨勒文昌

武功大夫。夏乾祐七年，即金大定十六年（1176）三月，武功大夫骨勒文昌与宣德郎王禹珪使金贺万春节④。

骨勒善源

刻字司头监、三学苑百法师傅、蕃座主。夏乾祐十六年（1185），骨勒善源与刻字司头监、殿前金堂管勾、御史正、蕃学士味浪文茂，笔受和尚刘法雨等共同负责西夏刻本文学作品《大诗》《月月乐诗》《道理诗》等⑤。

钟伯达

宣德郎。夏天庆五年，即金承安三年（1198）正月，宣德郎钟伯达随武功大夫隗敏修使金贺正旦⑥。

钟鼎臣

景宗元昊臣僚。西夏立国初典文书⑦。

---

① 《宋史》卷四八六，此事记在元丰六年闰六月，《续资治通鉴长编》记在神宗元丰七年十一月甲辰条下，见卷三五〇。"咩迷乞遇"，四库底本作"咩迷乙遇"，旁注"蔑密伊裕"，影印本据改。

② 《金史》卷六二《交聘表下》。

③ 《折继闵神道碑》。

④ 《金史》卷六一《交聘表中》。

⑤ 《俄藏黑水城文献》第 10 册，第 268、271、278 页；惠宏、段玉泉编：《西夏文献解题目录》，阳光出版社 2015 年版，第 44、45 页。

⑥ 《金史》卷六二《交聘表下》。

⑦ 《宋史》卷四八五《夏国传上》。

香布

女乜族太尉、钤辖。夏天授礼法延祚七年，即宋庆历四年（1044）十月，香布率其族 18 人内附，宋以为右千牛卫将军、本族巡检①。

玛尔布　又作埋保，香布子，团练使。随父附宋，宋朝授玛尔布右班殿直。

香都

又作香多，磚诈寨守将。夏国主秉常遣人追索磚诈寨守兵约 3000 人，香都焚本寨楼橹，降宋。夏大安八年，即宋元丰四年（1081）十一月，宋环庆路收磚诈寨并发掘窖物，令经略司修葺磚诈寨并指挥差兵防拓②。

屈名　又作吹明，香都之妻。夏大安八年，即宋元丰四年（1081）屈名随夫降宋。

香逋

又作香布，投宋夏人。夏大安十年，即宋元丰六年（1083）五月，知府州折克行令香逋选择可靠之人入西夏招谕首领归投，香逋所说兵马数多与宋朝诸处探报数量不符，目的是庇护夏国的真正实力，宋朝认为香逋虽然内附归府州，但未必忠心，恐边事泄露，所以令王居卿详加审度，郭忠绍密切防范③。

香崖

西夏首领。熙宁年间，香崖率军与宋将王文郁战于吐浑河。战败后，香崖趁夜晚遣使以剑为信物，打算率众投降。文郁应允。次日晨夏军来降，王文郁率部众与其同路行进。不料中途，夏军突然鼓噪而逃。王文郁挥军追杀 20 余里。双方据险而战，矢如雨下，香崖最终再次战败，2000 余人降宋。对于招降香崖一事，群臣态度不一，王文郁认为招降是制敌上策。最终，宋神

---

① 《续资治通鉴长编》卷一五二，仁宗庆历四年十月庚戌条。
② 《续资治通鉴长编》卷三一九，神宗元丰四年十一月丁亥条。
③ 《续资治通鉴长编》卷三三五，神宗元丰六年五月丙戌条。"香逋"四库底本作"香布"。

宗采纳了王文郁的意见①。

保德遇瓖

又作保德遇環、布达约噶，部落首领。侍中管宥州兵马埋移香请求附宋后，保德遇瓖也请求附宋，夏天授礼法延祚五年，即宋庆历二年（1042）五月，宋朝授保德遇瓖叙州防御使，并赐封衣金带。然而宋朝诏令虽下，埋移香、保德遇瓖等人却未至②。

俄易儿

又作阿裕尔，西夏首领，被宋来远寨主张岊手杀，夺走甲马，张岊因此一战成名③。

信陵都

西夏厢官。夏乾祐二十二年，即金明昌二年（1191），夏人于镇戎境内放牧，金朝巡逻兵卒驱赶被掠，边将阿鲁带率兵讨要，中了信陵都等人的伏击，阿鲁带口中流箭身亡，金朝索要杀阿鲁带诸人，夏乃杀信陵都等④。

禹臧结逋药

又作万藏结逋药⑤、裕勒藏嘉卜约勒，西蕃首领。夏大安七年，即宋元丰三年（1080），禹臧结逋药遣蕃部巴鞫等持译书来告宋朝，夏国已点集兵马，将进筑位于河州界黄河之南、洮河之西的撒逋达宗城。宋朝下旨命熙河路经略司多备兵马禁止⑥。

---

① 《宋史》卷三五〇《王文郁传》，第 11075 页，王文郁对丁招纳香崖一事对神宗说："并边生羌善驰突，识乡导，倘能抚柔之，所谓以外夷而攻外夷也。"帝于是决意招纳，多获其用。

② 《续资治通鉴长编》卷一三六，仁宗庆历二年五月癸亥条，"保德遇瓖"四库底本作"保德遇環"，旁注"布达约噶"，影印本据改。

③ 《续资治通鉴长编》卷一三三，仁宗庆历元年九月壬申条。

④ 《金史》卷一三四《西夏传》。

⑤ "禹臧结逋药"，《宋会要辑稿》兵二八，第 9221 页作"万藏结逋药"。

⑥ 《续资治通鉴长编》卷三〇六，神宗元丰三年七月庚寅条。上批："如若所报，乃属河州之境，岂可听其修筑！深虑经略司不详上件所指地分，都无为备，驱逐约阑次第，可速下本司多备兵马禁止之。"

禹藏花麻

又作裕勒藏喀木、禹臧苑麻、裕勒藏哈木、禹臧花麻，夏国驸马，西使城大首领，夏拱化元年，即宋嘉祐八年（1063），宋河州刺史王韶攻占熙河，降服各部，吐蕃首领禹藏花麻不愿归附宋朝。率众投降西夏，并献出西使城及兰州一带的土地。谅祚大喜，封禹藏花麻为驸马，与吐蕃联结以协力抗宋①。花麻所居西使城，距离古渭寨120里，川原广阔，置质孤、胜如仓，号称"御庄"。西夏在此建保泰军，以花麻任统军。天赐礼盛国庆四年，即宋熙宁五年（1072），王韶贿赂禹藏花麻钱物，以探听西夏动静。大安四年，即宋熙宁十年（1077），花麻怀疑宋朝边境有阴谋，遣人以入塞卖马为名打探消息，宋边臣蔡延庆看穿了花麻的计策，付马钱遣使人回夏。后来，宋将苗授率军出古渭州取定西，荡扫禹藏花麻诸族，迫使其5万户降宋，其余人皆逃往天都山及会州之境②。夏大安五年，即宋元丰元年（1078）八月，因花麻上报宋朝西夏诸事多是实情，宋朝边将认为他颇有忠心，便依例给月支、彩绢，并将所说情况写好，送至经略司③。大安八年，即宋元丰四年（1081）五月，花麻向宋朝报告说夏国大梁太后与秉常不合，梁太后杀宰相，囚禁秉常，可趁机伐夏，自己愿作为内应。宋将李宪遂率军入境，花麻出战佯装失败，弃城逃往西夏都城④。大安九年，即宋元丰五年（1082）三月，禹藏花麻再度向宋朝表明归附之意，宋神宗诏李宪宜速为接应。

---

① 《续资治通鉴长编》卷三六五，元祐元年二月壬戌条载："其定西及兰州，议者或谓本花麻所居，赵元昊以女妻之。"《续资治通鉴长编》卷二二八，神宗熙宁四年十二月戊辰条"裕勒藏喀木"，载："谅祚不得全以为狂妄，见韩缜说嫁女与裕勒藏喀木，所资送物极厚，此所以能得裕勒藏喀木也。抚结羌夷须厚。"

② 《续资治通鉴长编》卷二八四，神宗熙宁十年九月戊辰条作"禹臧苑麻"，载："泾原路经略司言，德顺军捕获西界禹臧苑麻使来卖马蕃部萨沁等十四人。诏经略司估直给钱安慰遣之。或言萨沁等非卖马，实为间也。"《续资治通鉴长编》卷二二六，神宗熙宁四年八月辛酉条作"裕勒藏哈木"，载：（文）彦博曰"西蕃不愿归夏国。"王安石曰："裕勒藏哈木见归夏国。"《宋史》卷三五○《苗授传》作"禹藏花麻"，载："元丰西讨，授出古渭取定西，荡禹藏花麻诸族，降户五万。"

③ 《续资治通鉴长编》卷二九一，神宗元丰元年八月己未条。

④ 《续资治通鉴长编》卷三一二，神宗元丰四年五月戊申条。

禹藏郢成四

又作裕勒藏颖沁萨勒，豪酋。夏大安八年，即宋元丰四年（1081）十月，禹藏郢成四遣人至打啰城川①，欲附宋，请求熙河路派兵接应。后郢成四携同汪家等族大首领6人并蓄部及母、妻、男30余人降。宋朝授予他内殿崇班，其余6人为右班殿直及三班差使，遣家属老小回到西使城及尨谷堡族帐，又以郢成四等随军②。

律移吉祥有

黑水监军司首领，正军。律移吉祥有与辅主有宝结成一抄，除此之外还有两抄，有正军律移酉犬，辅主势有盛等，夏应天元年（1206）六月，向上级报告纳军籍，负责登记的主簿是命屈犬疤奴、命屈心喜奴，案头为命屈有长③。

洼普

西夏将领。夏毅宗李谅祚即位之初，辽兴宗为报河曲战役之耻趁机亲率大军伐夏，被夏击退，此后双方又发生了一些小的战争。夏天祐垂圣元年，即辽重熙十九年（1050）二月，大将洼普、猥货、乙灵纪领兵攻辽朝境内的金肃城，被辽南面林牙耶律高家奴击破，洼普受伤逃亡④。

浑光中

武节大夫。夏应天三年，即金泰和八年（1208）正月，武节大夫浑光中与宣德郎梁德懿使金贺正旦⑤。

---

① 《续资治通鉴长编》卷三一九，神宗元丰四年十一月丁亥条，"打啰城川"疑为打啰川城。
② 《续资治通鉴长编》卷三一八，神宗元丰四年十月乙亥条为"裕藏颖沁萨勒"。
③ 《俄藏黑水城文献》第13册，第195—197页，译文见史金波《西夏文军籍文书考略——以俄藏黑水城出土军籍文书为例》，《中国史研究》2012年第4期。
④ 《辽史》卷二〇《兴宗纪三》，"夏将洼普、猥货、乙灵纪等来攻金肃城"在二月丁亥条下，卷一一五《西夏传》此事记在"正月，遣使问罪于夏"与"三月，殿前都点检萧迭里得与夏军战于三角川"之间，"遣使问罪于夏"在《兴宗纪》正月辛丑日，其后还有其他内容才记夏将攻金肃城，故而，此处时间按《兴宗纪》所载，记在二月。
⑤ 《金史》卷六二《交聘表下》。

浑进忠

武功大夫。夏天盛二十一年，即金大定九年（1169）三月，浑进忠与宣德郎王德昌等使金贺万春节。乾祐十九年，即金大定二十八年（1188）三月，浑进忠与宣德郎邓昌祖等使金贺万春节①。

浑甩名遇

西夏文官。夏天祐民安五年（1094），负责书写重修凉州护国寺感通塔碑西夏文碑文并旌记②。

贺九言

西夏大臣。元昊建国初遣人至宋，依旧例称臣纳表，至三川口之战后，言语逾骄。夏天授礼法延祚二年，即宋宝元二年（1039）闰十二月，元昊遣贺九言赍嫚书③至宋，不称臣，纳旌节，及以所授敕告并所得敕榜置于神明匣，留归娘族而去。

贺义忠

武功大夫。夏天盛十四年，即金大定二年（1162）四月，武功大夫贺义忠与宣德郎高慎言使金贺万春节。十八年，即金大定六年（1166）十二月，御史中丞贺义忠与翰林学士杨彦敬使金谢横赐④。

贺从勖

伊州刺史。夏天授礼法延祚六年，即宋庆历三年（1043），夏遣六宅使、伊州刺史贺从勖与李文贵持元昊书至宋纳款，自称男邦泥定国兀卒上书父大

① 《金史》卷六一《交聘表中》。
② 《中国藏西夏文献》第18册，第93页。
③ 《续资治通鉴长编》卷一二五，仁宗宝元二年闰十二月壬子条，嫚书有载："持命之使未还，南界之兵噪动，于鄜延、麟府、环庆、泾原路九处入界。""既先违誓约，又别降制命，诱导边情、潜谋害主，谅非圣意，皆公卿异议，心膂妄图，有失宏规，全忘大体。""蕃汉各异，国土迥殊。幸非僭逆，嫉妒何深！况元昊为众所推，盖循拓跋之远裔，为帝图皇，又何不可！""伏冀再览菲言，深详微恳，回赐通和之礼，浡行结好之恩。""贺九言"，《宋史》卷四八五《夏国传上》，元昊所遣为"贺永年"，天授礼法延祚二年"又遣贺永年赍嫚书，纳旌节及所授敕告置神明匣，留归娘族而去"。贺永年、贺九言当为同一人。
④ 《金史》卷六一《交聘表中》。

宋皇帝，更名曩霄而不称臣，从勖曰："子事父，犹臣事君也。若得至京师，天子不许，更归议之。"① 庞籍认为宋夏久未通和市，国人怨愤，如今言辞渐顺，必有改事宋朝之意，可遣使再议。

贺英

西夏派往宋军中的奸细。夏大安元年，即宋熙宁七年（1074）元宵节，西夏乘宋熙河统帅王韶回开封府入朝之机，在熙州城北关设下伏兵，又让贺英等29人至宋军中诈降，打算与木征派到城中的探子王遂等合谋攻击宋军，双方相约举火为内应。宋权领熙州兵事蔡延庆暗中知道了此事，将贺英等斩首示众，西夏在北关的伏兵得知计谋败露，仓皇逃走②。

贺宗寿

经略使，中书相。夏乾祐二十四年（1193）于护国宝塔下，中书相贺宗寿请禅师、提点、副使、判使，在家出家僧众三千人，举办大型系列佛事活动，并雕印、散施《拔济苦难陀罗尼经》西夏文汉文本 2000 余卷，天庆七年（1200）命智广、慧真、金刚幢三位高僧辑录、译定并编成《密咒圆因往生集》③。

贺真

西夏牙将。夏天授礼法延祚三年，即宋康定元年（1040）春，元昊派遣牙将贺真诈降宋朝延州知州范雍，自言将改过自新，投降宋朝。延州知州范雍大喜，赠送厚礼，而且将以前战役中所获俘虏的枭首瘗而葬之。贺真进入宋境后，西夏大举进攻，先前投降的西夏人皆充当内应，金明寨守将李士彬当时尚在黄堆寨，听闻夏兵至，立刻出发迎击。然而，左右侍奉的西夏内应却只为他准备了弱马，导致李士彬与其子怀宝在战役中被俘④。

---

① 《宋史》卷三一一《庞籍传》。

② 《续资治通鉴长编》卷二五一，神宗熙宁七年三月甲寅条。

③ 聂鸿音：《俄藏西夏文〈拔济苦难陀罗尼经〉考释》，"西夏语文与华北宗教文化国际学术研讨会"论文，台北，2009 年；孙伯君：《普宁藏本〈密咒圆因往生集〉的八思巴字注音研究》，《中华文史论丛》2009 年第 3 期。

④ 《续资治通鉴长编》卷一二六，仁宗康定元年春正月庚辰条。

贺浪啰

又作贺朗理、贺朗赉，洪、宥、韦三州总都统军。夏天祐民安八年，即宋绍圣四年（1097）七月，鄜延路副总管王愍袭宥州，贺浪啰率众迎战失利，奔逃 20 余里，宋斩首五百级，烧毁官廨、仓场、刑狱、民居 50 余间，以及行宫军司簿书案籍等，掘窖藏、践禾稼、荡族帐不可胜计。王愍屯兵淖河，贺浪啰率部众再来，首领移卜淖、令介讹遇以数千骑入鸡川拦路阻断宋军，贺浪啰等一路向南 70 余里追至秦王井处，王愍以神臂弓射之，获器械 50 余件，牛羊 15000 余头①。

柔思义

武节大夫。夏天庆八年，即金泰和元年（1201）八月，武节大夫柔思义与宣德郎焦思元等使金贺天寿节②。

结明爱

又作正名怡，活动于洪、宥两州的党项酋首，与罔萌讹时常侵扰宋朝边境。夏天赐礼盛国庆二年，即宋熙宁三年（1070），因韩道喜与梁乙埋交怨，恐被梁氏算计。十月，宋集贤校理赵卨建言借机招募或擒获 2 人③。

结胜

又作结星，夏国钤辖。结胜与麟州部将王文郁战败而降宋，补为供奉官。后欲归夏国，宋朝内部意见不一。有认为结胜家在西夏，如果想回去，应该听之任之。刘庠担心结胜在宋时间长，熟悉情况，返夏后为夏人向导。最后，由于宰相王安石力主遣还结胜，宋神宗乃于夏天赐礼盛国庆三年，即宋熙宁四年（1071）十二月④下诏，放麟州蕃部结胜还夏国，给口券、路费，牒宥州

---

① 《续资治通鉴长编》卷四九〇，哲宗绍圣四年八月丙戌条。"贺浪啰"四库底本作"贺朗理"，"朗理"二字有圈改，影印本作"贺朗赉"。

② 《金史》卷六二《交聘表下》。

③ 《续资治通鉴长编》卷二一六，神宗熙宁三年十月辛酉条，或与正名卨为同一人。

④ 《续资治通鉴长编》卷二二八，神宗熙宁四年十二月戊午条，《宋史》卷四八六《夏国传下》记在熙宁五年正月条下。

于界首交割。

骆永安

司吏。夏乾祐七年（1176）九月二十五日，司吏骆永安等立《黑水河建桥敕碑》①。

珪布默玛

又作归伏乜埋，西夏首领。夏永安二年，即宋元符二年（1099）夏国母梁太后亡，崇宗李乾顺遣人款塞告哀谢罪，且请和。宋鄜延路经略使吕惠卿令西夏送来生事首领珪布默玛、令介讹遇，才能接受夏告哀谢罪表章，约定以把截堡铺外巡绰卓望所至处为界，方可通进公牒②。

敖保

又作鄂博，西夏军主。夏天授礼法延祚四年，即宋庆历元年（1041），元昊进攻鄜延路，宋仁宗诏麟府还击。宋将张岊以都教练使从折继闵破浪黄、党儿两族，射杀数十人，敖保在此战中被斩杀③。

埋笃皆

西夏文官。夏天祐民安五年（1094），任重修凉州护国寺感通塔监修、都大勾当、三司正、右厢韡祖乩介臣④。

埋移香

又作密香，侍中，管宥州兵马。庞籍使归娘族军主阿讹入西夏侦察，埋移香将此事告知元昊，并建议元昊将所掠得的宋朝人马送给契丹，让契丹出兵宋朝⑤。夏天授礼法延祚五年，即宋庆历二年（1042）五月，埋移香请求归

---

① 《黑水河建桥敕碑》。

② 《续资治通鉴长编》卷五〇六，哲宗元符二年二月甲申条，"珪布默玛"四库底本作"归伏乜埋"。

③ 《宋史》卷三二六《张岊传》作"敖保"，《续资治通鉴长编》卷一三三，仁宗庆历元年九月壬申条作"鄂博"，四库底本作"敖保"，旁注"鄂博"。

④ 《中国藏西夏文献》第18册，第93页。

⑤ 《续资治通鉴长编》卷一三六，仁宗庆历二年五月癸亥条载："埋移香言元昊以所掠缘边人马送契丹，请助兵入汉界，宜预为之备，续遣人赍伪补文字求封。"

附宋朝。宋朝授埋移香为顺德军节度使，封顺德郡王，赐姓名白守忠，并赐封衣金带。诏令虽下，但埋移香最终却没有投奔宋朝。

埋移香

又作密香硕，议政大臣。夏天授礼法延祚十一年，即宋庆历八年（1048）春正月，元昊亡，埋移香与大酋惧移赏都、热嵬浪布、野也浪啰等遵元昊遗愿，拥立委宁令哥①。

都罗重进

又作都啰重进，西夏使人。夏天赐礼盛国庆元年，即宋熙宁二年（1069），秉常即位，宋欲以官爵贿赂夏之首领，秉常不奉诏，遣都罗重进进誓表，言宋方以孝治天下，怎能教臣叛君。宋乃停止分赐酋豪之议，只令西夏归安远、塞门二寨后，就可归还绥州②。

都啰马尾

又作都勒玛斡，西夏都枢密，秉常朝武臣，有战功。夏天赐礼盛国庆三年，即宋熙宁四年（1071）正月，都啰马尾与其他将领4人，聚兵啰兀城之北马卢川，准备偷袭前来争夺啰兀城的种谔。种谔提前获知消息，以轻兵3000偷袭，夏兵大败。都啰马尾脱身逃走，与其将3人驻兵立赏平。种谔留下三套衣服，令吕真率千人防御，第二日，大风尘起，衣服飘起，夏人惊呼"汉人至！"溃不成军，种谔趁机占领啰兀城③。

热嵬浪布

又作克威朗布，议政大臣。天授礼法延祚十一年，即宋庆历八年（1048）春正月，元昊亡，热嵬浪布与大酋惧移赏都、埋移香、野也浪啰等遵元昊遗

---

①《续资治通鉴长编》卷一六二，仁宗庆历八年正月辛未条。

②《宋史》卷四八六《夏国传下》。"都罗重进"，《宋大诏令集》卷二三五《赐夏国主不还绥州诏》作"都啰重进"。

③《续资治通鉴长编》卷二一九，神宗熙宁四年正月己丑条。

愿，拥立委宁令哥①。

莽布赛

又作咩布嗷移，西夏团练使。夏天授礼法延祚七年，即宋庆历四年（1044）九月，从西夏投宋的蕃官莽布赛被宋朝加官右千牛卫将军，居汝州②。夏奲都四年，即宋嘉祐五年（1060）十月，时为右监门卫将军的莽布赛和香布③升为右领军。

椴厥嵬名

又作拽厥嵬名、叶结威明皆、叶结威明嘉勒，宥州监军。夏天安礼定元年，即宋元丰八年（1085）四月，宥州正监军、驸马椴厥嵬名于贺兰原屯扎重兵，经常出没于宋夏沿边，宋人赵卨遣李照用和蕃官归仁，各领兵3000左右分击，亲自与耿端彦率兵4000向贺兰原进发，并以蕃官贝威等3人，从小路至夏人寨后，断其后路。战争中，椴厥嵬名等兵败，逃往平夏，遇到埋伏在此的宋兵千人，被生擒，押赴阙④。

格众

又作伊克众，西夏宥州观察使。神龙四厢都指挥使、绛州防御使曲珍率步骑二万，假意袭葭芦，夏人全部备兵东方，宋军行数里后，反班师向西，三日至金汤，夏兵措手不及，大败，夏人一千五百首级被斩，格众等数千人被俘⑤。

格圩克

又作革唛，西夏首领。泾原路经略司上奏，第十二将折可适收接到西夏

① 《续资治通鉴长编》卷一六二，仁宗庆历八年正月辛未条。"热嵬浪布"四库底本旁注"克威浪布"，影印本作"克威朗布"。

② 《续资治通鉴长编》卷一五二，仁宗庆历四年九月乙丑条。

③ 《续资治通鉴长编》卷一九二，仁宗嘉祐五年十月辛丑条，莽布赛、香布为莽布、赛香布，"辛酉，西蕃官、右监门卫将军莽布、赛香布为右领军。"

④ 《续资治通鉴长编》卷三五四，神宗元丰八年十月甲申条，作"拽厥嵬名"；《宋史》卷三三二《赵卨传》、《续资治通鉴长编》卷三五六，神宗元丰八年五月丙辰条、卷三八二，哲宗元祐元年七月壬戌条作"椴厥嵬名"；《续资治通鉴长编》四库底本均作"拽厥嵬名皆"。

⑤ 《续资治通鉴长编》卷三二五，神宗元丰五年四月甲子条。

大首领格埒克的归宋申请，因无照据，故暂时补为三班差使。后来格埒克领部落子十人攻入西夏，斩获首级 14，招降到 72 人，于夏永安二年，即元符二年（1099）闰九月被宋朝补为右侍禁①。

格斡宁

又作革瓦娘，西夏兰会正钤辖。夏永安二年，即宋元符二年（1099）六月，格斡宁以所部孳畜和部落子隆登等一并投宋。被宋朝授予内殿崇班，仍赐银绢缗钱各 300②。

索九思

夏州知州。夏大安八年，即宋元丰四年（1081）十月，宋将种谔引兵攻打夏州，西夏知州索九思遁去，种谔入夏州③。

索遵德

宣德郎。夏乾祐十八年，即金大定二十七年（1187）正月，随武功大夫嵬德昭使金贺正旦④。

恶恶世忠

武节大夫。夏天庆元年，即金明昌五年（1194）正月，武节大夫恶恶世忠与宣德郎刘思问等使金贺正旦⑤。

恶恶存忠

武功大夫。夏乾祐九年，即金大定十八年（1178）正月，武功大夫恶恶存忠与宣德郎武用和等使金贺正旦⑥。

党儿

西夏部落首领。宋康定某年秋，党儿与观察来守顺企图趁宋朝境内庄稼

---

① 《续资治通鉴长编》卷五一六，哲宗元符二年闰九月庚辰条，"格埒克"四库底本作"革唛"。
② 《续资治通鉴长编》卷五一一，哲宗元符二年六月己丑条，"格斡宁"四库底本作"革瓦娘"，《宋史》卷四八六《夏国传下》作"革瓦娘"。
③ 《续资治通鉴长编》卷三一八，神宗元丰四年十月戊辰条。
④ 《金史》卷六一《交聘表中》。
⑤ 《金史》卷六二《交聘表下》。
⑥ 《金史》卷六一《交聘表中》。

收获之机发动进攻。折继闵提前得到情报，乃设伏以待，宋人大获全胜，来守顺仅以身免，党儿下落史料未载①。

党移赏浪

西夏使者。夏天赐礼盛国庆元年，即宋熙宁二年（1069），都罗重进进誓表，乞以二寨易绥州。党移赏浪来交二寨，提出二寨和绥州同日交割。宋意先交二寨地界，然后还绥州②。

党移赏粮

西夏右枢密。夏拱化三年，宋治平二年（1065）三月，谅祚遣右枢密党移赏粮出兵进攻保安军，围顺宁砦，双方相持半月，最终被宋将刘绍能击破③。

党得敬

武功大夫。夏乾祐三年，即金大定十二年（1172）三月，武功大夫党得敬与宣德郎田公懿使金贺万春节④。

唛移

又作玛伊克，探事人、副兵马使。夏大安十年，即元丰六年（1083）五月，投奔西夏的唛移被宋鄜延路蕃弓箭手副指挥使乙轻斩首。宋朝赏乙轻绢二十匹，迁两资⑤。

晁直信

武功大夫。夏乾祐十五年，即金大定二十四年（1184）三月，武功大夫晁直信与宣德郎王庭彦等使金贺万春节⑥。

哩博晋巴

又作立逋京哌，西夏蕃部。夏天安礼定二年，即宋元祐元年（1086）闰

---

① 《折继闵神道碑》。
② 《范太史集》卷四〇《检校司空左武卫上将军郭公墓志铭》。
③ 《宋史》卷三五〇《刘绍能传》。
④ 《金史》卷六一《交聘表中》。
⑤ 《续资治通鉴长编》卷三三五，神宗元丰六年五月丁酉条。
⑥ 《金史》卷六一《交聘表中》。

二月，哩博晋巴向宋朝报告西夏的军事点集活动，因此得到宋朝赏赐，被授予都虞侯，于近里族分安置①。

哩那没桑

又作犛牛乜香，西夏番落。夏大安九年，即宋元丰五年（1082）三月，新归顺宋朝的部落子嘛唛称黄河以北有其亲家翁哩那没桑一家 15 口，乞求用船只将他们渡过黄河，宋将李浩差东头供奉官孙晞等去接。结果却落入了西夏设下的陷阱，孙晞与当职兵士 2 名被捉②。

徐余立

西夏厢官。夏乾祐二十二年，即金明昌二年（1191），夏人于镇戎境内放牧，金朝巡逻兵卒驱赶被掠，边将阿鲁带率兵讨要，中了徐余立等人的伏击，阿鲁带口中流箭身亡，金朝索要杀阿鲁带诸人，夏乃杀徐余立等③。

徐敏宗

景宗元昊谋臣。元昊始建官，徐敏宗等主谋议④。

徐舜卿

西夏使人。夏福圣承道四年，即宋嘉祐元年（1056）十二月，谅祚母没藏氏亡，徐舜卿与祖儒嵬名聿则使宋告哀⑤。

凌结兴嫩

又作令介声暖，羌酋令介讹遇弟。夏大安九年，即宋元丰五年（1082）九月，西夏围攻永乐城，令介讹遇以 8 万人南袭绥德，属羌三百人欲翻墙接应，弟兴嫩将行动计划告知宋将沈括，沈括弃永乐城，退而保绥德，杀反叛

① 《续资治通鉴长编》卷三六八，哲宗元祐元年闰二月庚寅条。
② 《续资治通鉴长编》卷三二四，神宗元丰五年三月乙酉条。
③ 《金史》卷一三四《西夏传》。
④ 《宋史》卷四八五《夏国传上》。
⑤ 《宋史》卷四八五《夏国传上》。

者三百人并屠城，令介讹遇率部众退①。

高大节

宣德郎。夏天庆二年，即金明昌六年（1195）正月，宣德郎高大节随武节大夫王彦才使金贺正旦②。

高大伦

宣德郎。夏天庆十二年，即金泰和五年（1205）正月，宣德郎高大伦随武功大夫遇惟德使金贺正旦③。

高大亨

宣德郎。夏天庆十年，即金泰和三年（1203）八月，宣德郎高大亨随武节大夫瓷德元使金贺天寿节④。

高永昌

知中兴府。夏天庆七年，即金承安五年（1200）八月，知中兴府高永昌随南院宣徽使刘忠亮等使金谢恩⑤。

高延德

宋塞门寨主，被西夏俘虏。夏天授礼法延祚四年，即宋庆历元年（1041），元昊遣高延德持书至延州与范仲淹约定附宋⑥。

高守忠

西夏臣僚。夏大德五年，即宋绍兴九年（1139），高守忠家后堂生灵芝，夏崇宗乾顺作灵芝歌，中书相王仁宗和之⑦。

---

① 《续资治通鉴长编》卷三二九，神宗元丰五年九月乙未条，载："羌领凌结阿约勒以八万人南袭绥德，属羌三百人欲翻城应之，阿约勒之弟兴嫩以告括。"其中，"凌结阿约勒"四库底本作"令介讹遇"，旁注"凌结阿约勒"，影印本据改；"兴嫩"四库底本作"声暖"，旁注"兴嫩"，影印本据改。

② 《金史》卷六二《交聘表下》。

③ 《金史》卷六二《交聘表下》。

④ 《金史》卷六二《交聘表下》。

⑤ 《金史》卷六二《交聘表下》。

⑥ 《续资治通鉴长编》卷一三〇，仁宗庆历元年正月戊寅条。

⑦ 《宋史》卷四八六《夏国传下》。

高怀正

汉人，与毛惟昌皆为野利遇乞帐下人。谅祚时期，没藏讹庞掌权，以毛惟昌、高怀正二人妻为李谅祚乳母而得到谅祚的信任，2 人参与朝政，并将大臣的议论告知谅祚，引起了没藏讹庞的不满。后因放高利贷而被没藏讹庞诛其全家①。

高岳

宣德郎。夏天盛十七年，即金大定五年（1165）正月，宣德郎高岳随武功大夫讹罗世使金贺正旦。乾祐元年，即金大定十年（1170），因任得敬被诛，枢密直学士高岳与殿前太尉芭里昌祖等使金上表陈谢②。

高俊英

御史中丞。夏乾祐二十二年，即金明昌二年（1191）三月，御史中丞高俊英与左金吾卫正将军李元膺使金陈慰③。

高崇德

宣德郎。夏乾祐二十四年，即金明昌四年（1193）正月，宣德郎高崇德随武节大夫吴哆遂良使金贺正旦④。

高良惠

西夏末期驸马⑤，右丞相。世仕夏国，父高逸。夏应天四年，即元太祖四年⑥（1209），成吉思汗伐夏，副元帅高良惠被擒，时任令公⑦。生子高智耀，

---

① 《续资治通鉴长编》卷一六二，仁宗庆历八年正月辛未条。
② 《金史》卷六一《交聘表中》。
③ 《金史》卷六二《交聘表下》。
④ 《金史》卷六二《交聘表下》。
⑤ 《元史·高智耀传》或《庙学典礼》卷一《秀才免差发》条下附《高智耀传》皆叙及高良惠为驸马。按钱大昕撰《潜研堂金石文跋尾》续集卷六所收苏州当地佚碑《中书平章政事高公勋德碑》载元末平章高纳麟"曾大父为西夏驸马"，纳麟为高智耀之孙，其曾大父当是高智耀之父高良惠。
⑥ 《元史》卷一《太祖纪》载"太祖四年"，《蒙兀儿史记》《新元史》记"太祖五年"。
⑦ 西夏沿唐制，称宰相为令公。

为元初名臣。①

高逸 高良惠父，高智耀曾祖，西夏大都督府尹②。

高慎言

宣德郎。夏天盛十四年，即金大定二年（1162）四月，高慎言随武功大夫贺义忠使金贺万春节③。

高德崇

知中兴府事。夏天庆四年，即金承安二年（1197）十二月，恢复兰州、保安榷场，知中兴府事高德崇随殿前太尉李嗣卿使金谢复榷场④。

高遵义

武功大夫。夏天盛十八年，即金大定六年（1166）正月，高遵义与宣德郎安世等使金贺正旦⑤。

郭那正成

又作郭正威，主案。夏乾祐七年（1176）九月二十五日，郭那正成等立《黑水河建桥敕碑》⑥。

唐彦超

武节大夫。夏乾祐二十一年，即金明昌元年（1190）正月，唐彦超与宣德郎扬彦直使金贺正旦⑦。

---

① 按《元史·高智耀传》载志主"曾祖逸，大都督府尹；祖良惠，右丞相"，按此推测，高良惠为高智耀之祖父；但据成书更早的《庙学典礼》卷一《秀才免差发》条下附《高智耀传》云"祖某，仕至大都督府尹，父某仕至中书右丞相"，可知大都督府尹高逸是高智耀的祖父，而中书右丞相高良惠是高智耀的父亲。

② 《元史》卷一二五《高智耀传》。

③ 《金史》卷六一《交聘表中》。

④ 《金史》卷六二《交聘表下》。

⑤ 《金史》卷六一《交聘表中》。

⑥ 《黑水河建桥敕碑》，"郭那正成"在《陇右金石录》中录为"郭正威"，见《石刻史料新编》（二十一）（台湾新文丰出版公司 1979 年版，第 16086 页）载"立石主案郭正威"。

⑦ 《金史》卷六二《交聘表下》。

部曲嘉伊克

又作部曲皆移，谅祚即位后，没藏氏专制国事，以嘉伊克为亲信，前去调查没藏讹庞侵耕屈野河田地事宜①。

洒京州

御前面帐门官、枢密承旨、汉学士。编修西夏法典《天盛改旧新定律令》②。

浪讹元智

殿前太尉。夏乾祐九年，即金大定十八年（1178）十二月，殿前太尉浪讹元智与翰林学士刘昭等使金谢横赐③。

浪讹文广

御史中丞。夏天庆元年，即金明昌五年（1194）四月，御史中丞浪讹文广与副使枢密直学士刘俊才、押进知中兴府野遇克忠使金报谢④。

浪讹心□□

中书、内宿等司承旨、瓯匣司正。编修西夏法典《天盛改旧新定律令》⑤。

浪讹进忠

左枢密使。夏乾祐元年，即金大定十年（1170）闰五月，权臣任得敬中分其国，胁迫其主李仁孝遣左枢密使浪讹进忠、参知政事杨彦敬、押进翰林学士焦景颜等使金上表为得敬求封，金不许，遣使问其详情⑥。

浪讹德光

参知政事。夏应天三年，即金泰和八年（1208）十月，参知政事浪讹德

---

① 与补细吃多巳似为同一人，《续资治通鉴长编》卷一八五，仁宗嘉祐二年二月壬戌条，载："讹庞之妹使其亲信部曲嘉伊克来视之，还自所耕皆汉土，乃召还讹庞，欲还所侵地。会嘉伊克作乱诛而国母死，讹庞益得自恣。"《宋会要辑稿》兵二七，第9206页，"部曲嘉伊克"作"部曲皆移"。

② 《俄藏黑水城文献》第8册彩色图版二，译文见史金波《西夏社会》，上海人民出版社2007年版，第246页。

③ 《金史》卷六一《交聘表中》。

④ 《金史》卷六二《交聘表下》。

⑤ 《俄藏黑水城文献》第8册彩色图版二，译文见史金波《西夏社会》，上海人民出版社2007年版，第246页。

⑥ 《金史》卷六一《交聘表中》。

光与光禄大夫田文徽等使金来奏告①。

浪埋

部落首领。夏天授礼法延祚五年，即宋庆历二年（1042），野利旺荣令浪埋、赏乞、媚娘等去清涧城假意请降，宋洛苑副使种世衡明知其有诈，仍将他们留在宋朝监管商税，并让他们作为自己的骑从，甚是受宠。种世衡认为与其杀掉他们，不如借他们之手离间元昊与旺荣的关系，以便除掉旺荣。种世衡还让僧人王嵩入境，送腊书给旺荣，曰："浪埋等已至，朝廷知王有向汉心，命为夏州节度使，俸钱月万缗，旌节已至，趣其归附，以枣缀画龟，喻其早归之意。"②

浪斡

又作浪嵬、郎斡，庆州蕃部。夏天赐礼盛国庆四年，即宋熙宁五年（1072），浪斡附宋后，在庆州周边熟户蕃部内买地安居耕种，宋朝给应迁徙者作三等修造价钱，经略司计口贷粮，常加存恤。后宋朝知庆州王广渊上奏提到官给浪斡、臧嵬所买土地为侵耕生地，担心会有疆界之争，于是退地给夏国，改徙浪斡、臧嵬③。

悟儿思齐

西夏武将。金夏盟约夹击宋朝，麟府诸城多降，夏人设木鹅梯以临震威城下，飞矢雨激，悟儿思齐着甲胄、蔽以毡盾，劝降宋震威城兵马钤辖朱昭，未成，于是悟儿思齐以利诱守城士兵，最终得以攻城，大败宋军④。

悮移赏都

又作悮哆赏都、威尚对，议政大臣。夏天授礼法延祚十一年，即宋庆历八年（1048）春正月，元昊亡，临死前遗言，立从弟委宁令哥为国主，没藏

讹庞欲立没藏氏子谅祚，西夏大酋惧移赏都、埋移香、热嵬浪布、野也浪啰与没藏讹庞共议即位事宜，终立没藏为太后，谅祚为西夏第二位国主①。

宪邑改

元昊求援使。夏天授礼法延祚七年，即辽重熙十三年（1044）六月，阻卜酋长乌八遣其子执元昊所遣求援使宪邑改至辽，乞以兵助战②。

诺尔

又作尧儿，定西城蕃部首领禹藏花麻弟。夏大安二年，即宋熙宁八年（1075）十月，诺尔向宋朝探报西夏集兵抄掠并边熟户丁家等族，焚族帐，杀人口。宋神宗诏令熙河路高遵裕等赏赐诺尔③。

诺尔鼎佐

又作若儿奈俎、诺尔繭佐，西夏钤辖。夏大安八年，即宋元丰四年（1081）十一月，宋秦州通判郑民瞻等至甘谷城，招降到诺尔鼎佐并首领等共253人④。

勒厥

又作埒克居，西夏部落子。夏大安九年，即宋元丰五年（1082）十月，勒厥与诘丹格被宋熙河兰会路部落子乞山擒获，宋朝将二人刺配淮南本城兵，其中勒厥被刺配到楚州⑤。

勒喀玛

又作勤懹谟、勒喀玛，西夏进奉副使。夏天仪治平元年，即宋元祐二年（1087），随进奉大使祝能野乌裕实克等进马、橐驼总270头、匹，诣阙称谢⑥。

黄移都

又作黄伊特，黄族军主。夏天授礼法延祚八年，即宋庆历五年（1045）

① 《续资治通鉴长编》卷一六二，仁宗庆历八年正月辛未条。"惧移赏都"四库底本作"惧哆赏都"。
② 《辽史》卷一一五《西夏纪》。
③ 《续资治通鉴长编》卷二六九，神宗熙宁八年十月丙午条。
④ 《续资治通鉴长编》卷三二〇，神宗元丰四年十一月戊申条。
⑤ 《续资治通鉴长编》卷三三〇，神宗元丰五年十月丙寅条。
⑥ 《续资治通鉴长编》卷三九六，哲宗元祐二年三月戊辰条。

十二月，之前被西夏人掳走的黄移都等49人，投奔宋鄜延经略司。朝廷下令将他们遣回西夏。于是鄜延经略司再次上奏称黄移都等害怕被杀，与其族人集结兵马，决意投宋，不愿回西夏；同时，宋朝虽在盟约中承诺遣返前来投奔的西夏人，但黄移都来投是在宋夏未约盟之前，不当前去①。

萌山

又作明山，部落子。夏永安元年，即宋元符元年（1098）五月，萌山附宋，特与副兵马使②。

萨沁

又作撒蝉，西使城蕃部，禹藏花麻遣萨沁等14人入宋卖马探查军情，被德顺军捕获。夏大安四年，即宋熙宁十年（1077）九月，泾原路经略司上奏此事，宋诏估价买马，并遣送萨沁等人返回西夏③。

梅讹宇文

武节大夫。夏天庆十一年，即金泰和四年（1204）正月，武节大夫梅讹宇文与宣德郎韩师正使金贺正旦④。

曹介

又作曹价，西夏使人。夏元德四年，即辽保大二年（1122）七月，辽天祚帝被金人大败，尽失辎重。夏崇宗乾顺不忘旧情，遣使曹介问辽起居⑤。

曹公达

武功大夫。夏天盛十八年，即金大定六年（1166）三月，曹公达与宣德郎孟伯达、押进知中兴府赵衍使金贺万春节⑥。

---

① 《续资治通鉴长编》卷一五七，仁宗庆历五年十二月甲戌条。
② 《续资治通鉴长编》卷四九八，哲宗元符元年五月庚申条。"萌山"影印本作"明山"。
③ 《续资治通鉴长编》卷二八四，神宗熙宁十年九月戊辰条载："或言萨沁等非卖马，实为间也，蔡延庆曰：'彼疑，故未觇；执之，是成其疑也。'卒遣之。"
④ 《金史》卷六二《交聘表下》。
⑤ 《辽史》卷七〇《属国表》作"曹介"，卷二九《天祚帝纪三》作"曹价"。
⑥ 《金史》卷六一《交聘表中》。

曹勉

西夏把关太尉。夏齀都元年，即宋嘉祐二年（1057）二月，西夏数次遣人至宋以求通宁星和市。宋知麟州张继勋提出以屈野河划界一事作为开设和市的条件。曹勉及管勾和市曹勍曰："若通宁星和市，其麟府疆界请一切如旧。"① 二人至保安军，宋朝认为疆界既然照旧，就答应了他们的请求。

曹勍

西夏管勾和市。夏齀都元年，即宋嘉祐二年（1057）二月，曹勍与把关太尉曹勉往宋商议恢复麟府旧界，以通宁星和市②。

曹偶

西夏使人。夏天授礼法延祚五年，即宋庆历二年（1042），宋朝厌兵，欲赦元昊，密诏庞籍怀柔之。野利旺荣牙校李文贵以旺荣、曹偶四人执书来宋修好，其言不逊，宋命庞籍纳而勿拒③。

曹道乐

番大学院教授，编译《德行集》《新集慈孝传》（成书于桓宗 1194—1205）等汉文典籍为西夏文④。

辄移

又作哲伊，西夏划界使，党项语官名"吕宁"。夏齀都五年，即宋嘉祐六年（1061），西夏派大臣辄移、拽浪，与宋太原府代州钤辖苏安静再次商议屈野河西划界事宜。双方约定府州自桦泉骨堆、埋浪庄、蛇尾掐、横阳河东西一带，筑堠九；自蛇尾旁顺横阳河东岸西界步军照望铺间，筑堠十二；自横阳河西以南直埋井烽，筑堠六；自埋井烽西南直麟州界俄枝军营，筑堠三；自俄枝军营南至大横水、染枝谷、伺堠烽、赤犍谷、掌野狸坞西界步军照望

---

① 《续资治通鉴长编》卷一八五，仁宗嘉祐二年二月壬戌条。
② 《续资治通鉴长编》卷一八五，仁宗嘉祐二年二月壬戌条。
③ 《涑水记闻》卷一一。
④ 惠宏、段玉泉编：《西夏文献解题目录》，阳光出版社 2015 年版，第 19 页。

铺相望，筑堠十二。奢俄寨、讹也山成寨等 11 寨并存如故，寨东西四里，各有西夏步军照望铺，筑堠十二。自约定之日起，西夏人户不得过所筑堠东侧耕种。丰州外宋朝堡寨及府州界蕃户旧奢俄寨修复完，府州沿边旧奢俄寨 33 更不创修。麟州界人户，不耕屈野河西之地。麟府州不耕之地，允许两界人户就近砍柴放牧，不得插立梢圈，盖房屋，违者捉拿赴官，禁罢和市。两界巡逻人员，不得带衣甲器械超过 30 人骑①。

野也浪啰

又作叶木朗罗，议政大臣。夏天授礼法延祚十一年，即宋庆历八年（1048）春正月，元昊亡，野也浪啰与大酋俣移赏都、啰埋移香、热嵬浪布等遵元昊遗愿，拥立委宁令哥②。

野乌裕实克

又作也惟聿捨、野惟聿捨，西夏进奉大使。惠宗秉常亡，宋朝遣使祭奠吊慰，西夏附表称谢。天仪治平元年，即宋元祐二年（1087），乾顺再次差进奉大使祝能野乌裕实克、副使吕宁勒喀玛等进马、橐驼总 270 头、匹，诣阙称谢。西夏随后又差大使映吴嵬名谕密、副使广乐毛示聿等称谢太皇太后③。

野利仁荣

元昊臣僚。宋景祐四年（1037），西夏建官制，设文武官员，以野利仁荣主蕃学，元昊自制文字，命仁荣演绎成 12 卷，西夏字形体方整，笔画多有重复，国人纪事多用西夏文。天盛十四年，即宋绍兴三十二年（1162），因创制文字封仁荣为广惠王④。

---

① 《续资治通鉴长编》卷一九三，仁宗嘉祐六年六月庚辰条，作"辄移吕宁、拽浪獠黎"，《宋史》卷四八五《夏国传上》作"吕宁、拽浪獠黎"。

② 《续资治通鉴长编》卷一六二，仁宗庆历八年正月辛未条。

③ 《续资治通鉴长编》卷三九六，哲宗元祐二年三月戊辰条。"野乌裕实克"四库底本同一卷前后分别为"也惟聿捨""野惟聿捨"。

④ 《宋史》卷四八五《夏国传上》，卷四八六《夏国传下》。

野遇克忠

押进知中兴府。夏天庆元年，即金明昌五年（1194）四月，押进知中兴府野遇克忠随御史中丞浪讹文广、副使枢密直学士刘俊才使金报谢①。

野遇思文

武节大夫。夏天庆元年，即金明昌五年（1194）八月，武节大夫野遇思文、宣德郎张公辅使金贺天寿节。夏天庆八年，即金泰和元年（1201）三月，左金吾卫上将军野遇思文、知中兴府田文徽等使金来谢恩②。

鄂齐尔

又作讹乞，西夏团练使。夏天授礼法延祚五年，即宋庆历二年（1042）蕃部巡检赵明招诱到环庆路团练使鄂齐尔及手下蕃官共 23 户，范仲淹赏赐银碗、头巾、角茶、交椅、银带、锦袄等物，与系官房舍居住。正月初二日，范仲淹奏请为鄂齐尔等补官，授怀化将军，给供奉官、巡检俸禄③。

鄂迪

又作吴替，西夏驸马。夏大安元年，即宋熙宁七年（1074）锡硕克鄂则尔移牒至宋熙河路经略司，称七月癸未日将与鄂迪驸马赴三岔堡与宋商议偷劫西夏人畜的归属问题④。

鄂特结

又作讹疥，西夏团练使。夏天授礼法延祚八年，即宋庆历五年（1045），鄂特结被宋朝环州苏家族巡检薛乞擒获⑤。

唱噎

又作昌噶、唱噎，夏大安八年，即宋元丰四年（1081）泾原路刘昌祚与

---

① 《金史》卷六二《交聘表下》。
② 《金史》卷六二《交聘表下》。
③ 《续资治通鉴长编》卷一三五，仁宗庆历二年正月丁卯条，作"鄂齐尔"，四库底本、《范文正公集》附录二《年谱》作"讹乞"。
④ 《续资治通鉴长编》卷二六六，神宗熙宁八年七月丁亥条。
⑤ 《续资治通鉴长编》卷一五五，仁宗庆历五年四月壬辰条，"薛乞"四库底本作"薜乞"。

西夏军队在磨哆隘口交战。刘昌祚军在战争中生擒22名西夏人，留为向导，唱嗺等12名西夏军人则被斩杀①。

啰埋

西夏防御使。夏天授礼法延祚二年即宋宝元二年（1039）冬十月，曾为元昊防御使的环州生户啰埋率其族归宋，特录啰埋为宋朝右班殿直②。

日威　又作惹嵬，啰埋子，随父归宋，录为本族军主③。

啰哆守忠

武节大夫。夏天庆四年，即金承安二年（1197）八月，武节大夫啰哆守忠与宣德郎王彦国使金贺天寿节④。

啰哆思忠

武节大夫。夏应天二年，即金泰和七年（1207）八月，武节大夫啰哆思忠与宣德郎安礼使金贺天寿节⑤。

崔元佐

武节大夫。夏天庆十年，即金泰和三年（1203）正月，武节大夫崔元佐与宣德郎刘彦辅使金贺正旦⑥。

移卜淖

又作叶石牛儿、伊实诺尔，部落首领。夏天祐民安八年，即宋绍圣四年（1097）七月，鄜延路经略使差副总管王愍袭宥州，西夏洪、宥、韦三州总都统军贺浪啰率众迎击失败，王愍屯兵淖河，首领移卜淖、令介讹遇以数千骑，入鸡川，拦路阻断宋军⑦。

---

① 《续资治通鉴长编》卷三一九，神宗元丰四年十一月丙戌条。“唱嗺”，《宋会要辑稿》兵八，第8770页作“唱嗺”。

② 《续资治通鉴长编》卷一二四，仁宗宝元二年十月辛酉条。

③ 《续资治通鉴长编》卷一二四，仁宗宝元二年十月辛酉条。

④ 《金史》卷六二《交聘表下》。

⑤ 《金史》卷六二《交聘表下》。

⑥ 《金史》卷六二《交聘表下》。

⑦ 《续资治通鉴长编》卷四九〇，哲宗绍圣四年八月丙戌条。

移舁

又作移舁、伊锡，衔头背嵬，西夏铃辖令王皆保弟，靖化堡麻也族蕃官。投宋后，常为宋军向导，致宋大获全胜。夏永安二年，即宋元符二年（1099）五月，随折可大讨荡，夺渡过河，率先立功，宋诏移舁转三官，特支驿券①。

勃嵬英

武节大夫。夏乾祐二十二年，即金明昌二年（1191）八月，武节大夫勃嵬英与宣德郎焦元昌使金贺天寿节②。

麻女阤多革

又作麻女喫多革、麻女吃多革、玛尼策多克，西夏枢密院都案官。夏大安八年，即宋元丰四年（1081），宋将种谔攻围米脂寨，在银水生擒麻女阤多革等7人，获5000余首级，马5000匹，孳畜铠甲万计③。因麻女阤多革熟知兴灵等州道路、粮窖处所及十二监军司所管兵数，宋补为借职，军前驱使④。

麻奴绍文

武功大夫。夏乾祐十九年，即金大定二十八年（1188）正月，麻奴绍文与宣德郎安惟敬使金贺正旦⑤。

麻骨进德

武功大夫。夏乾祐十七年，即金大定二十六年（1186）正月，武功大夫麻骨进德与宣德郎刘光国等使金贺正旦⑥。

麻骨德懋

武功大夫。夏乾祐十七年，即金大定二十六年（1186）三月，武功大夫

---

① 《续资治通鉴长编》卷五一〇，哲宗元符二年五月乙卯条。"移舁"，四库底本作"移昇"，旁注"伊锡"，影印本据改。

② 《金史》卷六二《交聘表下》。

③ 《续资治通鉴长编》卷三一六，神宗元丰四年九月庚戌条，作"麻女阤多革"。

④ 《续资治通鉴长编》卷三一八，神宗元丰四年十月丙寅条作"麻女喫多革"，四库底本作"麻女吃多革"。

⑤ 《金史》卷六一《交聘表中》。

⑥ 《金史》卷六一《交聘表中》。

麻骨德懋与宣德郎王庆崇等使金贺万春节①。

康忠义

宣德郎。夏乾祐十二年，即金大定二十一年（1181）三月，宣德郎康忠义随武功大夫苏志纯等使金贺万春节②。

梁元辅

左金吾卫上将军。夏天盛十四年，即金大定二年（1162）四月，梁元辅与翰林学士焦景颜、押进枢密副都承旨任纯忠使金贺世宗登宝位③。

梁介

宣德郎。夏乾祐十年，即金大定十九年（1179）三月，宣德郎梁介随武功大夫来子敬等使金贺万春节。乾祐二十年，即金大定二十九年（1189）五月，秘书少监梁介随知兴中府事迺令思敬使金，贺章宗登宝位④。

梁永能

西夏官员。夏大安八年，即宋元丰四年（1081），曾写信给宋将高永能⑤。

梁行者乜

西夏文官。夏天祐民安五年（1094），任重修凉州护国寺感通塔碑庆寺都大勾当⑥。

梁宇

宣德郎。夏乾祐八年，即金大定十七年（1177）三月，宣德郎梁宇随武功大夫芭里庆祖等使金贺万春节⑦。

① 《金史》卷六一《交聘表中》。
② 《金史》卷六一《交聘表中》。
③ 《金史》卷六一《交聘表中》。
④ 《金史》卷六一《交聘表中》。
⑤ 《续资治通鉴长编》卷三一六，神宗元丰四年九月甲辰条。
⑥ 《中国藏西夏文献》第18册，第93页。
⑦ 《金史》卷六一《交聘表中》。

梁讹㖫

又作梁额叶①，蕃族。环庆路经略使高遵裕令蕃部乙讹及柔远兵马监押王顾入西夏。途见蕃族梁讹㖫正在执行侦察任务，遂诱导其降宋。

梁阿革

又作梁阿格。与梁乞逋为伍，专权祸国，被诛杀②。

梁哆唛

西夏统军。夏雍宁元年，即宋政和四年（1114）降宋环州定远大首领李讹㖫写信给梁哆唛，称定远唾手可得，陕西转运使任谅提前获知此事，迅速募人尽发李讹㖫多年积累的窖藏，得粮数十万石，梁哆唛如约而至，以万人围定边军，筑佛口谷为城，因得不到粮食补给，七日而退③。

梁格嵬

监军。夏大安八年，即宋元丰四年（1081）十月，随西夏统军梁乙埋与泾原兵战于磨哆隘。西夏军大败，奔逃 20 里，梁格嵬等被斩，吃多理等 20 余人被擒④。

梁惟忠

殿前太尉。夏天盛十六年，即金大定四年（1164）十二月，梁惟忠与翰林学士枢密都承旨焦景颜封奏告使至金上章奏告，乞免征索正隆末年所虏人口⑤。

梁德枢

押进使知中兴府。夏应天元年，即金泰和六年（1206）十二月，御史大夫谋宁光祖、翰林学士张公甫使金谢册封，押进使知中兴府梁德枢等入见⑥。

---

① 《续资治通鉴长编》卷二九八，神宗元丰二年五月己巳条作"梁讹㖫"，《宋会要辑稿》职官六六，第 4826 页作"梁讹移"。
② 《续资治通鉴长编》卷四六七，哲宗元祐六年十月庚申条。
③ 《宋史》卷四八六《夏国传下》。
④ 《宋史》卷一六《神宗纪三》。
⑤ 《金史》卷六一《交聘表中》。
⑥ 《金史》卷六二《交聘表下》。

梁德养

御史承旨、番学士。夏乾祐七年（1176），梁德养编西夏谚语、格言集《新集锦合辞》，后经博士王仁持增补刻版印行①。

梁德懿

宣德郎。夏应天三年，即金泰和八年（1208）正月，宣德郎梁德懿随武节大夫浑光中使金贺正旦②。

密乌成尾

又作咩讹成尾、密鄂特成斡，首领。夏永安元年，即宋元符元年（1098）十二月，首领密乌成尾投至宋鄜延路威戎城，按例补为内殿崇班③。

谋宁光祖

御史大夫。夏应天元年，即金泰和六年（1206）十二月，御史大夫谋宁光祖与翰林学士张公甫使金谢册封④。

谋宁好德

武功大夫。夏乾祐十二年，即金大定二十一年（1181）正月，武功大夫谋宁好德与宣德郎郝处俊使金贺正旦⑤。

隗敏修

武功大夫。夏天庆五年，即金承安三年（1198）正月，武功大夫隗敏修与宣德郎钟伯达使金贺正旦⑥。

㿟敏修

武功大夫。夏应天二年，即金泰和七年（1207）正月，武功大夫㿟敏修

---

① 惠宏、段玉泉编：《西夏文献解题目录》，阳光出版社 2015 年版，第 49 页。
② 《金史》卷六二《交聘表下》。
③ 《续资治通鉴长编》卷五〇四，哲宗元符元年十二月丁丑条。"密乌成尾"四库底本作"咩讹成尾"，影印本作"密鄂特成斡"。
④ 《金史》卷六二《交聘表下》，"张公甫"与《金史》卷六二《交聘表下》"张公辅"似为同一人。
⑤ 《金史》卷六一《交聘表中》。
⑥ 《金史》卷六二《交聘表下》，与《金史》卷六二《交聘表下》的"㿟敏修"二人均为武功大夫，似为同一人。

与宣德郎邓昌福使金贺正旦①。

隆登

又作陇丁，部落子。夏永安二年，即宋元符二年（1099）六月，隆登随正钤辖格斡宁投宋熙河兰会路，赐银绢缗钱各三百②。

崦咛

又作遇娘、约宁，西寿监军妹勒都逋之部曲。尽知监军妹勒都逋、统军嵬名阿埋等巢穴所在。夏永安元年，即宋元符元年（1098），泾原路折可适与郭成以二千余骑分六头项前往天都山，崦咛为向导，协助宋朝捕到嵬名阿埋和妹勒都逋，因惧罪降宋③。

塔海

监府。夏光定十一年，即金兴定五年（1221），木华黎假道西夏取关中，八月至天德，由东胜涉河往西，夏主李遵顼惧，以塔海监府、汪奴哥监府进方物，以兵5万隶木华黎麾下，请大军勿践其境④。夏乾定元年，即金正大元年（1224）九月，蒙古攻克银州，斩首数万级，获生口、马驼牛羊数十万，塔海被俘⑤。

超诸

间谍。夏宝义元年，即元太祖二十二年（1227）三月，成吉思汗于杭爱山设围，超诸奉命打探成吉思汗军队的行踪⑥。

韩师正

宣德郎。夏天庆十一年，即金泰和四年（1204）正月，宣德郎韩师正随

---

① 《金史》卷六二《交聘表下》，与《金史》卷六二《交聘表下》的"隗敏修"二人均为武功大夫，似为同一人。

② 《续资治通鉴长编》卷五一一，哲宗元符二年六月己丑条，"隆登"四库底本作"陇丁"。

③ 《续资治通鉴长编》卷五〇四，哲宗元符元年十二月壬辰条，"崦咛"，四库底本作"遇娘"，旁注"约宁"，影印本据改。

④ 《元朝名臣事略》卷一《太师鲁国忠武王》。

⑤ 《元史》卷一一九《孛鲁传》。

⑥ 《蒙古源流笺证》卷四《额纳特珂克土伯特特·古汗等源流》。

武节大夫梅讹宇文使金贺正旦①。

韩伯容

宣德郎。夏乾祐二十三年，即金明昌三年（1192）八月，宣德郎韩伯容随武节大夫阁敦信使金贺天寿节②。

韩承庆

宣德郎。夏天庆十一年，即金泰和四年（1204）八月，宣德郎韩承庆随武节大夫李德广使金贺天寿节③。

韩道喜

右侍禁。与李崇贵、白供奉诱杀宋朝知保安军杨定、都巡检侍其臻，并掳去杨定子杨仲通。梁太后欲以塞门、安远二寨易绥州，将韩道喜等押送到宋朝。宋神宗得知杨定在夏的表现后削去其官职，罚没田宅万计，对李崇贵、韩道喜2人从轻发落，韩道喜编管卢州④。

韩福

附宋夏人，籍贯夏州，原名韩怀亮。投宋后为神卫军士。宋枢密院担心他是元昊派到宋朝刺探军事的间谍，于是令开封府鞫状调查。经查，怀亮在元昊尚未叛宋时就已经内附宋朝，隶属神卫军。后来，韩福因破白豹城有功，补承局，特迁一资⑤。

韩德容

宣德郎。夏乾祐元年，即金大定十年（1170）正月，韩德容随武功大夫刘志直等使金贺正旦⑥。

---

① 《金史》卷六二《交聘表下》。
② 《金史》卷六二《交聘表下》。
③ 《金史》卷六二《交聘表下》。
④ 《续资治通鉴长编拾补》卷三上，神宗熙宁元年五月丙戌条。
⑤ 《续资治通鉴长编》卷一三四，仁宗庆历元年十月庚子条。
⑥ 《金史》卷六一《交聘表中》。

嵬德元

武节大夫。夏天庆十年，即金泰和三年（1203）八月，武节大夫嵬德元与宣德郎高大亨使金贺天寿节①。

嵬德昭

武功大夫。夏乾祐十八年，即金大定二十七年（1187）正月，武功大夫嵬德昭与宣德郎索遵德使金贺正旦②。

赏乞

部落首领。夏天授礼法延祚五年，即宋庆历二年（1042），与浪埋、媚娘等去清涧城请降，宋洛苑副使种世衡明知诈，却让他们留在宋朝监商税，离间元昊与旺荣的关系③。

赏屈

成德军首领。夏雍宁四年，即宋政和七年（1117），宋将刘延庆、知庆州姚古与西夏战于成德军，擒其酋赏屈，降青唐吐蕃唃厮啰董毡弟益麻党征④。

赏都卧㪍

又作尚对乌札，景宗元昊臣僚，元昊始建官，赏都卧㪍等主兵马⑤。

赏啰讹乞

又作尚罗格依，环州蕃部首领。赏啰讹乞欲附宋，遣纳木乞僧前去告知，夏永安二年，即宋元符二年（1099）七月，知环州种朴领兵至赤羊川来迎，接收到赏啰讹乞家属共150余口，孳畜五千。西夏遣千余骑来追，却被宋朝打败，监军讹勃啰及首领泪丁讹遇被生擒。宋持赏啰讹乞家信号招诱本家，诏

① 《金史》卷六二《交聘表下》。
② 《金史》卷六一《交聘表中》。
③ 《宋史》卷三三五《种世衡传》。
④ 《宋史》卷三五七《刘延庆传》。
⑤ 成逋克成、赏都卧㪍、如定多多马、窦惟吉，《宋史》卷四八五《夏国传上》、《续资治通鉴长编》卷一二〇，仁宗景祐四年十二月癸未条为"成逋、克成赏、都卧、㪍如定、多多马窦、惟吉"，标点似有误。

"所有赏啰讹乞之家属，即多方存恤，无令少有失所"①。

遇忠辅

武功大夫。夏乾祐十八年，即金大定二十七年（1187）三月，遇忠辅与宣德郎吕昌龄等使金贺万春节②。

遇惟德

武功大夫。夏天庆十二年，即金泰和五年（1205）正月，武功大夫遇惟德与宣德郎高大伦使金贺正旦③。

景询

又作景珣，汉人谋士。本宋朝进士，因不得意而投夏④，为毅宗谅祚和惠宗秉常所倚重。秉常即位，遣使入贡，学士景询书写表章，乞以塞门、安远二寨易绥州⑤，宋朝不允。横山酋长朱令陵附宋后，西夏向宋朝边将种谔索要，种谔提出以景询交换，西夏不应⑥。后种谔取绥州，嵬名山率族归宋，西夏提出用景询换嵬名山。宋朝边帅郭逵认为景询乃一介庸人，嵬名山是党项大首领，如果用他交换嵬名山，恐怕以后蕃部再也不敢附宋向化了⑦，遂拒绝了西夏的提议。景询投夏后，宋朝加强边境防控，拱化四年，即宋治平三年（1066）七月宋英宗诏"令沿边居民三家至五家合为一保，不得含匿奸细及亡背之人。如敢隐藏或同谋诱诱，过致资给，并听保中捕告"⑧。

喝强山

又作喝唱山、强山，降宋羌人。夏永安元年，即宋元符元年（1098）七

---

① 《续资治通鉴长编》卷五一三，哲宗元符二年七月甲子条。

② 《金史》卷六一《交聘表中》。

③ 《金史》卷六二《交聘表下》。

④ 《续资治通鉴长编》卷二三五，神宗熙宁五年七月壬午条作"景询"，四库底本同，载："谅祚所收，不过中国之弃人，如景询。"

⑤ 《续资治通鉴长编》卷二二六，神宗熙宁四年九月庚子条，"景询"作"景珣"，四库底本为"景珣"，载："伪学士景珣之辞也。"

⑥ 《宋史》卷三三五《种谔传》。

⑦ 《宋史》卷二九〇《郭逵传》。

⑧ 《宋会要辑稿》兵二八，第9209页。

月，降宋羌人喝强山言，西夏欲在本年秋天点集兵马进攻泾原一路，"士骨堆，作头底"，意思是不攻城寨，只杀掠人户。宋朝遂商议宜详戒边臣，为防御之策①。

嵬心

又作隈乞、嵬沁，西夏间谍。夏大安五年，即宋元丰元年（1078）三月，嵬心入宋刺探边事，并扬言西夏将点集大军出兵攻宋，藏匿于熟户吹宁家中。环庆路捕获上报，宋诏经略司仔细盘查，皆斩二人②。

嵬名科逋

又作吴啰嘿浦、嵬科卜，西夏大使。夏永安二年，即宋元符二年（1099）小梁太后去世，西夏遣使至送讣告兼附谢罪表状，宋朝拒不接收。四月，衔头差大使庆瑭嵬名科逋、副使磋迈花结香等已至宋，但二人等只带了公牒，而谢罪表状皆在衔头，宋朝令科逋等人回去，另差使副或使臣送来③。

嵬伽崖婘

又作嵬伽崖密，嵬崖婘，西夏使人。夏天授礼法延祚二年，即宋宝元二年（1039）正月，嵬伽崖婘与弩涉俄疾、你斯闷、卧普令济使宋上奉表，请册元昊为南面之君，许以西郊之地④。

嵬迦

又作鄂特伽，西夏使人。元昊派嵬迦出使宋朝，带回的诏书与界首张悬

---

① 《续资治通鉴长编》卷五〇〇，哲宗元符元年七月戊申条。泾原路将此消息上奏后，曾布曰："泾原并边，人物富庶，若贼马入境，所获不赀，为中国害不细，此诚不可忽，当更详戒边臣，为备御之计。""喝强山"，四库底本作"喝唱山"，旁注"唱山改强山"，影印本作"强山"，脱"喝"字。

② 《续资治通鉴长编》卷二八八，神宗元丰元年三月壬午条。"嵬心"四库底本作"隈乞"，旁注"嵬沁"，影印本据改。

③ 《续资治通鉴长编》卷五〇八，哲宗元符二年四月己卯条；卷五一〇，哲宗元符二年五月戊申条。"嵬名科逋"四库底本卷五〇八作"吴啰嘿浦"，卷五一〇作"吴啰浦嘿"，旁注"嵬科卜"，影印本据改。

④ 《续资治通鉴长编》卷一二三，仁宗宝元二年正月辛亥条作"嵬伽崖婘"，《宋史》卷四八五《夏国传上》作"嵬崖婘"。

敕旨不同①。

嵬恶执忠

武功大夫。夏乾祐三年，即金大定十二年（1172）正月，武功大夫嵬恶执忠与宣德郎刘昭等使金贺正旦②。

嵬宰师宪

武功大夫。夏乾祐七年，即金大定十六年（1176）正月，武功大夫嵬宰师宪与宣德郎宋弘等使金贺正旦③。

嵬移拉灌黑

黑水监军司首领，正军。夏天庆十二年（1205）六月，向上级报告纳军籍，与辅主羊牧、老房势结为一抄，公文中另外还有一抄，正军势吉塔小前黑。负责登记军籍的主簿命屈犬疤奴④。

嵬移慧小狗

黑水监军司属下的首领，正军。夏天庆七年（1200）向上级报告纳军籍，与辅主小狗酉、犬盛等为一抄，该文书中共保存了四抄，有正军卧利羌势、酪布犬羊子、讹吉，辅主讹有、寂显、那征讹等⑤。

嵬嗦执信

武功大夫。夏天盛十六年，即金大定四年（1164）正月，嵬嗦执信与宣德郎李师白使金贺正旦⑥。

程公济

宣德郎。夏天盛十五年，即金大定三年（1163）三月，程公济随武功大

---

① 《续资治通鉴长编》卷一二五，仁宗宝元二年闰十二月壬子条。

② 《金史》卷六一《交聘表中》。

③ 《金史》卷六一《交聘表中》。

④ 《英藏黑水城文献》第1册第208页与第4册第216页拼合，译文见史金波《英国国家图书馆藏西夏文军籍文书考释》，《文献》2015年第3期。

⑤ 《英藏黑水城文献》第1册，第79—80页，译文见史金波《英国国家图书馆藏西夏文军籍文书考释》，《文献》2015年第3期。

⑥ 《金史》卷六一《交聘表中》。

夫讹留元智使金贺万寿节①。

答加沙

又作荅加沙②。沙陀族，西夏遗民昔里钤部曾祖父，为夏国必吉，意宰相，兄为夏经略使玉里止吉住。

策木多伊克

又作吃多哆，西夏间谍。夏大安九年，即宋元丰五年（1082）七月，策木多伊克自称是弓箭手，十年前为西夏所俘，隶牙头、祗候殿直屈埋部下，听闻牙头点集十二监军司兵马，欲往宋鄜延路。宋怀疑策木多伊克为西夏首领，谎称隶属屈埋部下，下令鄜延路经略司查明，并详细拷问西夏国内政事③。

策木多莽

又作吃多埋，西夏探事部落子。夏大安十年，即宋元丰六年（1083）闰六月，西夏刺探边事部落子策木多莽被宋熙河兰会路擒获。由于他擅长制造马鞍，其产品被边疆民众称赞，宋朝故特诏其免死，押赴京制造军器所，刺配钦州牢城④。

焦元昌

宣德郎。夏乾祐二十二年，即金明昌二年（1191）八月，宣德郎焦元昌随武节大夫夙嵬英使金贺天寿节⑤。

焦文贵

西夏使人。夏天赐礼盛国庆三年，即宋熙宁四年（1071），副使吕宁焦文

---

① 《金史》卷六一《交聘表中》。
② 《雪楼程先生文集》卷二《魏国公先世述》，作"答加沙"，为昔里钤部曾大父，《廿二史考异》卷九四《昔里钤部传》中答加沙为昔里钤部的父亲，"昔里钤部之父荅加沙，仕其国为必吉，华言宰相也。"
③ 《续资治通鉴长编》卷三二八，神宗元丰五年七月辛卯条。"策木多伊克"四库底本作"吃多哆"，旁注"策木多伊克"，影印本据改，标点本未回改。
④ 《续资治通鉴长编》卷三三六，神宗元丰六年闰六月辛巳条。
⑤ 《金史》卷六二《交聘表下》。

贵与大使昂聂嵬名嚷荣赴宋进奉，请求宋朝归还谅祚在位时失去的绥州城①。

焦思元

宣德郎。夏天庆八年，即金泰和元年（1201）八月，宣德郎焦思元随武节大夫柔思义等使金贺天寿节②。

焦景颜

翰林学士兼枢密都承旨，性格刚毅，守正不阿。夏天盛十三年，即宋绍兴三十一年（1161），立翰林学士院，以焦景颜、王金等为学士，修实录。十四年，即金大定二年（1162）四月，翰林学士焦景颜与左金吾卫上将军梁元辅、押进枢密副都承旨任纯忠贺金世宗登宝位。十六年（1164）十二月，奏告使殿前太尉梁惟忠、翰林学士枢密都承旨焦景颜使金上章奏告，请免征索正隆末年所虏人口。十八年（1166）三月，翰林学士焦景颜随御史中丞李克勤再次使金乞免索正隆末年所虏人口，金朝同意。乾祐元年，即金大定十年（1170）闰五月，夏权臣任得敬中分其国，胁迫其主李仁孝遣左枢密使浪讹进忠、参知政事杨彦敬、押进翰林学士焦景颜等使金为得敬上表求封，金主不许，遣使问其详情③。

焦蹈

宣德郎。夏乾祐四年，即金大定十三年（1173）三月以及次年，宣德郎焦蹈随武功大夫芭里安仁使金贺万春节④。

猥货

西夏将领。夏天祐垂圣元年，即辽重熙十九年（1050）二月，大将猥货与洼普、乙灵纪领兵攻辽朝境内的金肃城，战死⑤。

---

① 《续资治通鉴长编》卷二二六，神宗熙宁四年九月庚子条。
② 《金史》卷六二《交聘表下》。
③ 《金史》卷六一《交聘表中》。
④ 《金史》卷六一《交聘表中》。
⑤ 《辽史》卷二〇《兴宗纪三》。

甯子宁

枢密使都招讨。夏光定九年，即宋嘉定十二年（1219），金人重兵宿巩州。西夏担心金朝进攻，夏主遣枢密使都招讨甯子宁、忠翼赴蜀商议联宋夹攻秦、巩二州，宋将聂子述令利州安抚丁焴回复，将整顿将士严阵以待。后来聂子述被免职，丁焴并未出兵，十二月，甯子宁遣使再次询问此事，并责备宋朝违约。十年（1220），甯子宁出兵攻打金朝，四川宣抚使安丙决定出兵援助，上奏宋朝，未等回复，便举兵，分遣将士向秦、巩、凤翔进发，夏人以甯子宁率20余万，夹击金朝，相约宋师攻城，夏兵野战，终攻巩州不克，无功而返，夏人甯子宁、嵬名公辅率众归宋①。

裕木攀

又作聿攵，西夏使人。夏永安二年，即宋元符二年（1099），梁太后亡，与德明雅卜等至宋上告哀公牒，却无谢罪，宋朝不受②。

媚娘

部落首领。夏天授礼法延祚五年，即宋庆历二年（1042），与浪埋、赏乞等去清涧城请降，宋洛苑副使种世衡明知诈，却让他们留在宋朝监商税，离间元昊与旺荣的关系③。

靳允中

西夏副首领。夏奲都六年，即宋嘉祐七年（1062），与大首领祖儒嵬名聿正使宋贺正旦，贸易约8万贯④。

蒲鲁合野

夏将。夏乾祐九年，即金大定十八年（1178）蒲鲁合野攻金麟州，至宕遵源，邛都部多禄东贺按照与蒲鲁合野的约定叛金，并与夏人形成首尾夹击

---

① 《宋史》卷四八六《夏国传下》。
② 《续资治通鉴长编》卷五一一，哲宗元符二年六月庚辰条。"裕木攀"四库底本作"聿攵"。
③ 《宋史》卷三三五《种世衡传》。
④ 《东原录》，第20页。

之势，麟州城陷，夏人掳金帛人口数万，毁城而去①。

楚鼐裕勒囊

又作紬腻遇难，西夏观察使。夏天授礼法延祚六年，即宋庆历三年（1043）二月，楚鼐裕勒囊归附宋朝。宋朝以楚鼐裕勒囊为内殿崇班②。

威玛　又作嵬埋，楚鼐裕勒囊之子。威玛随父归宋，被授予三班借职。

锡硕克鄂则尔

又作西寿讹祖啰，西夏首领。夏大安二年，即宋熙宁八年（1075）锡硕克鄂则尔移牒宋熙河路经略司，称屡次索要被宋朝以及沿边熟户偷劫不还的西夏人户与牲畜，请宋朝高太尉、王团练七月癸未日赴三岔堡商议。牒文使用西夏自己的年号"大安二年"。宋朝令保安军移牒宥州，责问西夏妄称年号，且移牒非其地界，邀边臣会议，令西夏国主严惩锡硕克鄂则尔③。

煞执直

武功大夫。乾祐二年，即金大定十一年（1171）正月，煞执直与宣德郎马子才使金贺正旦④。

煞进德

武功大夫。夏乾祐五年，即金大定十四年（1174）正月，武功大夫煞进德与宣德郎李师旦使金贺正旦⑤。

窦惟吉

景宗元昊臣僚，元昊始建官，窦惟吉等主兵马⑥。

---

① 《大金国志校证》卷一七《纪年·世宗圣明皇帝中》。

② 《续资治通鉴长编》卷一三九，仁宗庆历三年二月癸亥条。"楚鼐裕勒囊"四库底本作"紬腻遇难"，旁注"楚鼐裕勒囊"，影印本据改，标点本未回改。

③ 《续资治通鉴长编》卷二六六，神宗熙宁八年七月丁亥条。

④ 《金史》卷六一《交聘表中》。

⑤ 《金史》卷六一《交聘表中》。

⑥ 成逋克成、赏都卧舒、如定多多马、窦惟吉，《宋史》卷四八五《夏国传上》、《续资治通鉴长编》卷一二○，仁宗景祐四年十二月癸未条为"成逋、克成赏、都卧、舒如定、多多马窦、惟吉"，标点似有误。

福山

夏光定七年，即金兴定元年（1217）夏人福山以俘户降金，除同知泽州军州事①。

嘉纳克多凌星

又作折纳多凌，西夏首领。夏永安元年，即宋元符元年（1098），威明噶勒丹、嘉纳克多凌星率领的西夏军队与宋鄜延路苗履、刘安战于大沙堆，失败，奔逃 50 余里，族落烧毁殆尽②。

慕洧

又称慕容洧③，宋时党项人，环州豪族，原为宋环庆统制。夏正德四年即宋建炎四年（1130）附夏④。次年，金破庆阳。乘势取环州，慕洧降金，为熙河经略使⑤。夏大德五年，即宋绍兴九年（1139）金宋议和，慕洧惧诛，谋取关陕，兵败逃入夏，官至枢密使。夏仁宗大庆二年，即宋绍兴十一年（1141）四月，慕洧又谋侵犯川陕。六月，与弟慕濬投金，经灵州，为夏军获得，被杀。

慕濬

西夏枢密使慕容洧弟。夏大庆二年，即宋绍兴十一年（1141）六月，慕濬谋反，被西夏所诛杀⑥。

斡三哥

前宫侍。夏乾祐四年（1173）施印《达摩大师观心论》⑦。

---

① 《金史》卷一三四《西夏传》。
② 《续资治通鉴长编》卷四九八，哲宗元符元年五月庚申条，作"克多凌星"，载"威明噶勒丹嘉纳、克多凌星"，依据四库底本断为"威明噶勒丹、嘉纳克多凌星"，见威明噶勒丹条。
③ 《建炎以来系年要录》卷三八，建炎四年十月庚寅条作"慕容洧"。
④ 《宋史》卷四八六《夏国传下》。
⑤ 《宋史》卷二六《高宗纪三》。
⑥ 《宋史》卷四八六《夏国传下》。
⑦ 孙伯君：《俄藏西夏文〈达摩大师观心论〉考释》，中国社会科学院民族学与人类学研究所编《薪火相传——史金波先生 70 寿辰西夏学国际学术研讨会论文集》，中国科学出版社 2012 年版。

斡道冲

讳道冲，字宗圣，祖籍灵武人，官至中书、宰相。李德明将临时都城由西平府（今宁夏灵武）迁至兴州（今宁夏银川），斡道冲的先祖也随之由灵州迁至兴州，并数代担任修史官员。夏永安三年，即宋元符三年（1100），西夏第四代国主乾顺为了培养各级封建官吏，在西夏始建国学，招收贵族子弟300人，又实行科举取士。斡道冲当时年仅8岁，以《尚书》中童子举。他精通五经，将汉文《论语注》译成西夏文，又作《论语解义》20卷，称《论语小义》，还用西夏文著《周易卜筮断》，这些书在夏境流行广泛。夏天盛三年（1151），斡道冲被西夏第五代皇帝李仁孝任命为番汉教授，夏人尊孔子为至圣文宣帝，仁宗画斡道冲像，从祀于孔庙，夏亡后，郡县被毁，庙学荒废，仅有甘州保存了这些遗迹。斡道冲不仅学问渊博，而且刚正不阿，西夏乾祐二年（1171），擢中书令，奸臣任得敬在朝廷任国相时，专横跋扈，唯有斡道冲等少数耿直之士敢于同他抗争。后来，斡道冲升任西夏国相。卒于乾祐十四年（1183）秋八月①。

厮多罗潘

又作旺登吉凌郭，西使城界西蕃注丁擦令归等三族大首领。夏大安八年，即宋元丰四年（1081），厮多罗潘等率300余户，1300余口附宋，给例物、犒设，令依旧地安置②。

臧鬼

又作障嵬、章威，庆州蕃部。夏天赐礼盛国庆四年，即宋熙宁五年（1072）四月，移至宋庆州近里汉界熟户部内买地住坐耕种，作三等给修造价钱，经略司计口贷粮，常加存恤。宋朝知庆州王广渊言，官给浪斡、臧鬼所买土地现以耕牧，在给夏国的牒文报为不曾耕种土地，担心会有疆界之争，

---

① 《西夏书校补》卷三《臣传》，第125—127页。
② 《续资治通鉴长编》卷三一九，神宗元丰四年十一月己亥条。

于是退地给夏国，改徙浪斡、臧嵬①。六月，臧嵬因庆州荔原堡管理失察而投奔西夏，宋神宗谕资给廪食，臧嵬等逃归。为安抚内附蕃部，宋诏环庆荔原堡、大顺城降羌每口给地50亩，首领加倍，不足的以里外官职田及逃绝田充，还不足的就由官府买地给他们。王安石以臧嵬等给田图进呈令倍价买地，足存恤，不令失所②。

裴永昌

白豹寨都指挥使。夏天授礼法延祚二年，即宋宝元二年（1039）二月，裴永昌率族附宋。宋朝补永昌为三班借职，本族巡检③。

嵺勿乜

又作移勿乜、叶乌玛，首领。乾顺亲政后希望恢复宋夏关系，派首领嵺勿乜送宥州牒至保安军顺宁寨，称夏永安二年，即宋元符二年（1099）正月二十日西夏国母梁太后亡，定差大使令迅嵬名济、副使谟程田快庸等使宋讣告，兼附谢罪表状。宋诏鄜延路经略使吕惠卿令谕嵺勿乜："彼界累年作过，今国母已死，有谢罪表状，缘止是空文，别无实事，未敢闻达朝廷。今若是恭顺实情，即令遣亲信谨密可委之人，同嵺勿乜等界说话。"④ 即要求嵺勿乜按照宋朝的旨意，将有过蕃酋珪布默玛、令介讹遇等拘执至宋谢罪，约定以巡绰探望人所至为界，方可通公牒。

嵺讹

武臣。夏大德五年，即金天眷二年、宋绍兴九年（1139）李世辅为报延安战役之耻，请兵伐金，乾顺封武臣嵺讹、文臣王枢为陕西招抚使随征，至延安，金人降赦，鄜延路复归宋朝，世辅劝说王枢等降宋，嵺讹不从，世辅

---

　　① 《续资治通鉴长编》卷二三二，神宗熙宁五年四月辛未条。"臧嵬"四库底本作"障嵬"，旁注"章威"，影印本据改。

　　② 《续资治通鉴长编》卷二三四，神宗熙宁五年六月乙卯条。

　　③ 《续资治通鉴长编》卷一二三，仁宗宝元二年二月癸酉条。

　　④ 《续资治通鉴长编》卷五〇六，哲宗元符二年二月甲申条，"嵺勿乜"四库底本作"移勿乜"，影印本作"叶乌玛"。

抽刀砍之，不中，绑王枢至长安①。

漫咩

毅宗谅祚重臣。漫咩官位高于外戚没藏讹庞，不满讹庞专权。夏奲都三年，即宋嘉祐四年（1059）冬，夏毅宗谅祚在漫咩的支持下，伏兵诛杀没藏讹庞②，开始亲政。

髯耍

又作染硕，夏天祐民安二年，即宋元祐六年（1091），西夏人髯耍毁坏了宋朝安定堡内新修的增子、土门两堡③。

嘅移

附宋蕃部。夏天授礼法延祚三年，即宋康定元年（1040），蕃部嘅移团练使13户附宋，岚石都巡检司奉敕文于海州安置，嘅移不肯去，宁愿杀其妻子再自刎。范仲淹说："嘅移归投新来，其心未安，若必遣住海州安泊，不惟远去乡土，全失蕃情；又其人不测朝廷意旨，却自刑害。今来西事未宁，边上蕃部闻之，绝其向化之意，则皆为怨敌，边害愈深。"④ 于是发遣嘅移至府州，重新分配田土耕种，令召唤本族未附蕃部。

嘅嵬

又作噉嵬、堪威，部落首领。侍中管宥州兵马埋移香请求附宋后，嘅嵬也请求内附，夏天授礼法延祚五年，即宋庆历二年（1042）五月，宋朝授嘅嵬为会州防御使，赐封衣金带。然而宋朝诏令虽下，嘅嵬等人却未至⑤。

德明雅卜

又作特名耶布，西夏大使。夏永安二年，即宋元符二年（1099），小梁太

---

① 《宋史》卷三六七《李显忠传》。
② 《东原录》，第20页。
③ 《续资治通鉴长编》卷四六四，哲宗元祐六年八月乙巳条。
④ 《范文正公集》附《言行拾遗事录》卷三。
⑤ 《续资治通鉴长编》卷一三六，仁宗庆历二年五月癸亥条，"嘅嵬"四库底本作"噉嵬"，旁注"堪威"，影印本据改。

后去世，西夏大使德明雅卜、裕木攀等上札子告哀公牒，却无谢罪，而是称西夏与宋是父子之国，按例先送告哀公牒，然后再差使送谢罪表赴宋。宋保安军顺宁寨官李子明等不敢接收。于是宋哲宗下诏道：所奏公牒与以往不同，不上报，若送告哀谢罪表状，再奏①。

潘也布

又作潘七布、潘乜布、攀密布，西夏武将。夏天授礼法延祚元年，即宋宝元元年（1038），元昊上表遣使至五台山供佛宝，欲窥探河东道路。与诸豪酋歃血为盟，约定先攻鄜延路，分别从德靖寨、塞门寨、赤城路三路会合，遂筑坛受册，即皇帝位，又遣潘也布、易里马乞点集兵马于蓬子山，亲自去凉州府祀神②。

额勒齐乌楚肯

又作移吴屈精，西夏首领。夏永安二年，即宋元符二年（1099）五月，额勒齐乌楚肯被宋泾原路擒获。宋朝认为额勒齐乌楚肯为人精明干练，值得一用，于是就想将他的家属交于镇戎军质院拘管，作为人质③。

薛老峰

西夏奉宋使人，伶人，夏奲都六年，即宋嘉祐七年（1062），谅祚始请称汉官，以薛老峰为副使，称左司郎中兼侍御史、知杂事。谅祚欲以安远、塞门二寨向宋朝换取绥州，遣薛老峰与宋祠部郎中韩缜于边界议事④。

薛宗道

西夏告哀使。夏乾道元年，即宋熙宁元年（1068）三月，毅宗谅祚亡，

---

① 《续资治通鉴长编》卷五一一，哲宗元符二年六月庚辰条。"德明雅卜"，四库底本作"特名耶布"，旁注"德明雅布"，与标点本、影印本不同。
② 《宋史》卷四八五《夏国传上》作"潘七布"，《续资治通鉴长编》卷一二二，仁宗宝元元年十月甲戌条作"潘也布"，载"天授礼法延祚元年，遣潘也布易里马乞点兵集蓬子山，自诣西凉府祠神，仍遣使以僭号来告"，四库底本作"潘乜布"，影印本为"攀密布"。
③ 《续资治通鉴长编》卷五一〇，哲宗元符二年五月己未条。
④ 《涑水记闻》卷一一。

薛宗道等 13 人使宋告哀，宋神宗命河北转运使韩缜①、陕西经略司勾当公事刘航在都亭西驿诘问杀杨定及掳掠熟户、不遣使贺即位、降诏不承等事。薛宗道言杀人者李崇贵等已囚禁，待朝旨至即刻拘送宋朝，且西夏国主子母已经悔过。神宗令韩缜谕旨，取夏国亲贵任事首领三至五人，由宋朝授官，岁赐 5 万为官俸；还绥州，归安远、塞门二寨；赐夏国秉常诏，令薛宗道宣谕。宗道回夏复命，秉常不许部下接受宋朝册封。宗道再赴延州，与韩缜、刘航商议绥州事宜②。

穆纳僧格

又作没纳香讹，带牌天使。夏天祐民安八年，即宋绍圣四年（1097）九月，熙河兰岷路经略司奏降将穆纳僧格按例当补为内殿崇班，由于穆纳僧格为降敕榜后率先归顺首领，宋特予礼宾副使，充兰州部落子巡检，赐金带银器③。

磨美勃儿

又作玛克密巴勒，西夏首领，附宋。夏大安十年，即宋元丰六年（1083）五月授内殿崇班④。

耀密滂

又作耀乜移庞，西夏钤辖。夏永安二年，即宋元符二年（1099）二月，耀密滂归附宋。虽然他没有随身携带能够证明自己身份的凭据，但是由于有其他蕃官的指证，宋朝还是承认了他在西夏的职官，让河东经略司依钤辖例

---

① 《续资治通鉴长编拾补》卷三上，神宗熙宁元年三月庚辰条载："三月庚辰，夏国主秉常告哀使薛宗道等十三人至。命新河北转运使韩缜、陕西经略司勾当公事刘航，就都亭西驿站，诘问贼杀伤杨定等及虏掠熟户、不遣使贺即位、降诏不承等事。"其中新河北转运使为韩缜，而《宋史》卷四八六中新河北转运使为薛宗道，载："熙宁元年三月，遣新河北转运使、刑部郎中薛宗道等来告哀，神宗问杀杨定事。"此处以《续资治通鉴长编拾补》为准。

② 《续资治通鉴长编拾补》卷三上，熙宁元年三月庚辰条。

③ 《续资治通鉴长编》卷四九一，哲宗绍圣四年九月丙辰条，"穆纳僧格"四库底本作"没纳香讹"。

④ 《续资治通鉴长编》卷三三五，神宗元丰六年六月己未条。

补官、支赐①。

耀密楚美

又作乜屈卖，西夏右厢把边头首领。夏大安三年，即宋熙宁九年（1076）二月，耀密楚美以下三十余人请求纳土归顺宋朝。然而宋朝认为西夏刚刚纳款归顺，此时不适宜招诱蕃部，故令权知鄜州王文郁、通判麻元伯等不得擅自招纳生事②。

（六）百姓志

卜小狗势

农牧人。某年腊月初三日从梁势功宝处借贷粮食 16 石，其中麦 5 石、杂粮 11 石，以 2 只全齿公母骆驼、一齿母骆驼抵押，至九月一日还，到期不还，以先抵押骆驼抵债，反悔时依官罚交杂粮、麦 15 石③。

兀尚般若山

西夏光定九年（1219）粮食借贷契约中的出借人。约定兀尚般若山借给梁十月狗麦 1 石 5 斗，每石 5 斗利，共计 2 石 2 斗 5 升，限同年八月一日还。逾期 1 石还 2 石④。

王望喜

户主。西夏光定十三年（1223），在对外战争中，户下被杀一口。⑤

韦移捞崖

又作韦移移崖，石匠。在夏天祐民安五年（1094）正月十五日重修护国

---

① 《续资治通鉴长编》卷五〇六，哲宗元祐二年二月辛卯条，"耀密滂" 四库底本作 "耀乜移庞"。
② 《续资治通鉴长编》卷二七三，神宗熙宁九年二月癸丑条。
③ 《俄藏黑水城文献》第 13 册，第 182 页，译文见史金波《西夏经济文书研究》，社会科学文献出版社 2017 年版，第 378 页。
④ 《俄藏黑水城文献》第 14 册，第 145—146 页，译文见史金波《西夏经济文书研究》，社会科学文献出版社 2017 年版，第 211 页。
⑤ 《俄藏黑水城文献》第 6 册，第 160 页。

寺感通塔碑上题名①。

左支信

石匠，在夏天祐民安年间重修护国寺感通塔碑上题名②。

左伴兄

石匠，在夏天祐民安年间重修护国寺感通塔碑上题名③。

左移犬孩子

农牧人。西夏天庆十年（1203）二月二十五日，将自属红马等自愿卖给梁讹吉，若有其他人、同抄子弟争讼时，左移犬孩子承管，若反悔，依官罚交1石5斗杂粮。同立契人？祥瑞犬，知人哆讹小狗宝、卜犬有④。

平尚氏阿明

黑水城出土户籍账册中的户主，一家两口，有一女，一小子寿长有，同一户籍账册还记有梁夜犬一家两口、律移十月盛一家三口、寡妇杨氏福一家四口、千叔讹吉一家两口等共计30户的户主、家庭成员姓名以及人口数量⑤。

平尚岁岁有

农牧人。西夏天庆元年（1194）二月六日，将自属撒3石种子土地及四间老房卖给普渡寺粮食经手人梁那征茂及梁喇嘛，地价5石杂粮，若有同抄子弟争讼时，依官罚交5石麦。知人息尚老房子、邱犬羌乐⑥。

平尚讹山

农牧人。西夏天庆元年（1194）二月三日，将自属一二齿公骆驼自愿卖

---

① 《中国藏西夏文献》第18册，第93页作"韦移移崖"，《陇右金石录》作"韦移捞崖"。

② 《中国藏西夏文献》第18册，第93页。

③ 《中国藏西夏文献》第18册，第93页。

④ 《俄藏黑水城文献》第13册，第84页，译文见史金波《西夏经济文书研究》，社会科学文献出版社2017年版，第296页。

⑤ 《俄藏黑水城文献》第14册，第118—123页，译文见史金波《西夏经济文书研究》，社会科学文献出版社2017年版，第58—63页。

⑥ 《俄藏黑水城文献》第14册，第21页，译文见史金波《西夏经济文书研究》，社会科学文献出版社2017年版，第262—263页。

给普渡寺梁那征茂、梁喇嘛，畜价 2 石大麦、1 石糜，若有其他人、同抄子弟争讼时，不仅按《律令》承罪，还依官罚交 2 石杂粮。同立契人妻子酪布氏母犬宝，知人梁善盛、梁老房酉。就在同一年平尚讹山从梁那征茂、梁喇嘛等处租雇一母马，疑似在卖畜之后，价格 1 石 4 斗麦及 1 石 8 斗杂粮，九月一日给付。同立契人梁驴子母，知人梁善盛、梁老房酉①。

只移酉长

农牧人。从梁势功处以一全齿母骆驼、一二竖母骆驼、一调伏公骆驼作为抵押，借 5 石麦、10 石杂粮②。

白清势功水

农牧人。西夏天庆十一年（1204）十一月十六日，将自属五齿可用栗马卖给嵬名水，畜价 4 石杂粮，若有争讼，白清势功水管，嵬名水不管，若反悔，依官罚交 5 石杂粮。知人燕吉祥③。

尼则寿长

农牧人。西夏乾定二年（1225）九月，将自属一全齿黑牛自愿卖给命屈般若铁，畜价 65 贯，若有争讼，先前钱数 1 贯付 2 贯，若反悔，罚交 30 贯钱。同立契人吴茂，知人赵八月犬④。

尼积力仁有

农牧人。西夏天庆元年（1194），尼积力仁有和梁铁盛等雇用梁喇嘛二牛与一全齿黑牛，价格 3 石 5 斗麦及 1 石 2 斗杂粮，八月一日给付，逾期 1 石付

① 《俄藏黑水城文献》第 14 册，第 20 页，译文见史金波《西夏经济文书研究》，社会科学文献出版社 2017 年版，第 364 页。

② 《俄藏黑水城文献》第 13 册，第 182 页，译文见史金波《西夏经济文书研究》，社会科学文献出版社 2017 年版，第 381 页。

③ 《俄藏黑水城文献》第 14 册，第 34、35 页，译文见史金波《西夏经济文书研究》，社会科学文献出版社 2017 年版，第 299 页。

④ 《中国藏西夏文献》第 16 册，第 387—388 页，译文见史金波《西夏经济文书研究》，社会科学文献出版社 2017 年版，第 305 页。

2 石。立契人尼积力仁有等，知人嵬名隐藏有、平尚讹山①。

老房势

西夏光定九年（1219）粮食借贷契约中出借人兀尚般若山的持粮者，与梁十月狗签订契约②。

地勿苏足

农牧主。西夏皇建元年（1210），将自属使军九月乐、正月成等 4 人卖与同抄讹七金刚西，议价 100 贯钱。若有官私争讼，或有反悔时，依卖家 1 贯付 2 贯，依官罚交 50 贯钱③。

地宁吉祥有

黑水城出土户税粮账中的西夏户主，交杂粮 2 斗，麦 5 升，与地宁吉祥有在同一账册的还有嵬悉丑盛、嵬移容颜戏、嵬移容颜丑、嵬移那征盛、嵬移正月山等 60 余户的户主姓名和交纳粮食数，杂粮是小麦的 4 倍，反映了黑水城地区粮食税的征收情况④。

任遇子

石匠，在夏天祐民安年间重修护国寺感通塔碑上题名。

庆现罗成

农牧人。西夏天庆元年（1194）二月一日，将自属撒 10 石种子土地及大小房舍、牛具、石笆门等自愿卖给普渡寺粮食经手人梁那征茂及梁喇嘛，地价 10 石麦、10 石杂粮、10 石糜，若牵扯其他人，同抄子弟争讼时，庆现罗成承管，反悔时，依官罚交 3 两金。同立契人恶恶兰往金，同卖人恶恶花美犬，

① 《俄藏黑水城文献》第 14 册，第 17 页，译文见史金波《西夏经济文书研究》，社会科学文献出版社 2017 年版，第 364 页。

② 《俄藏黑水城文献》第 14 册，第 145—146 页，译文见史金波《西夏经济文书研究》，社会科学文献出版社 2017 年版，第 211 页。

③ 《俄藏黑水城文献》第 14 册，第 221—222 页，译文见史金波《西夏经济文书研究》，社会科学文献出版社 2017 年版，第 320 页。

④ 《俄藏黑水城文献》第 13 册，第 295 页，译文见史金波《西夏经济研究》，社会科学文献出版社 2017 年版，第 86 页。

知人梁酉犬白褐梁善盛①。

刘狗儿

修塔寺匠人，在夏天祐民安年间重修护国寺感通塔碑上题名②。

刘寨

千户。西夏光定十三年（1223），在对外战争中，户下被杀一口名刘胜③。

祁氏舅舅金

农牧人。某年五月十日卖糜 5 斗，除祁氏舅舅金外，五月十一日西普小狗那卖糜 4 斗，五月十六日贾鸟鸠卖麦 2 斗、播盃般若宝卖麦 3 斗④。

祁师子

户主。西夏光定十三年（1223），在对外战争中，户下被杀 4 口，3 男 1 女⑤。

讹一吉祥宝

农牧主。西夏天庆三年⑥（1196），将自属使军、奴仆等 6 人卖给讹移法宝，其中有成讹年 60、犬母盛年 57、犬妇宝年 35、增犬年 23，价格共计 450 贯铁钱，如有官私诸人同抄子弟争讼时，吉祥宝管，若反悔，监军司判断，不仅罚交 500 贯钱，其罪按《律令》判。同立契者讹一吉祥宝子吉祥大，知人每埋慧聪、每埋乐军、梁晓慧⑦。

讹七金刚酉

农牧主。西夏皇建元年（1210），地勿苏足？？将自属使军九月乐、正月

---

① 《俄藏黑水城文献》第 14 册，第 14 页，译文见史金波《西夏经济文书研究》，社会科学文献出版社 2017 年版，第 258—259 页。

② 《中国藏西夏文献》第 18 册，第 93 页。

③ 《俄藏黑水城文献》第 6 册，第 160 页。

④ 史金波：《西夏经济文书研究》，社会科学文献出版社 2017 年版，第 153—154 页。

⑤ 《俄藏黑水城文献》第 6 册，第 160 页。

⑥ 文书中为乾祐甲辰二十七年，乾祐仅有 24 年，顺延为夏桓宗纯祐天庆三年，即 1196 年，下同。

⑦ 《俄藏黑水城文献》第 14 册，第 91 页，译文见史金波《西夏经济文书研究》，社会科学文献出版社 2017 年版，第 317—318 页。

成等 4 人卖与同抄讹七金刚酉，议价 100 贯钱①。

讹命犬宝

凉州百姓。武威小西沟岘山洞出土一份西夏文记账单所载，天庆元年（1194）正月七五日，讹老娘娘、袜墨阿辛记、令介小屋玉、讹命小狗宝、苏小狗铁、酪布小屋宝、讹六氏舅金、讹劳氏舅导、吴氏狗牛宝、讹命娘娘，各出钱 50 至 150 不等，共计 750 钱，入众钱中，由讹命犬宝汇集②。

讹移法宝

农牧主。西夏天庆三年（1196），从讹一吉祥宝处买到使军、奴仆、军讹 6 人，价格 450 贯铁钱③。

孙惹子

石匠，在夏天祐民安年间重修护国寺感通塔碑上题名④。

苏老房子

农牧人。西夏天庆元年（1194）正月二十四日，包租普渡寺撒二十石种子土地一块，时间一年，地租 10 石 5 斗麦及 5 石杂粮，限九月一日归还，过期不还，已有地租 1 石还 2 石，若反悔，依官罚交 1 两金。同立契人苏泉源盛⑤。

李春狗

小业主。西夏光定十二年（1222），李春狗、刘番家等于王元受处扑买到面北烧饼房舍，里面有大小铮二口、炉鏊一富、铁匙一张、大小槛二个、大小案三面、大小口袋二个等各种物品齐全，每月租赁的价格为杂 1 石 5 升，不

---

① 《俄藏黑水城文献》第 14 册，第 221—222 页，译文见史金波《西夏经济文书研究》，社会科学文献出版社 2017 年版，第 320 页。

② 《中国藏西夏文献》第 16 册，第 257 页，译文见史金波《西夏社会》，上海人民出版社 2007 年版，第 824 页。

③ 《俄藏黑水城文献》第 14 册，第 91 页，译文见史金波《西夏经济文书研究》，社会科学文献出版社 2017 年版，第 317—318 页。

④ 《中国藏西夏文献》第 18 卷，第 93 页。

⑤ 《俄藏黑水城文献》第 14 册，第 14 页，译文见史金波《西夏经济文书研究》，社会科学文献出版社 2017 年版，第 332—333 页。

能按时送达每 1 石罚 1 倍，扑限至 50 日①。

杨山

西夏乾祐十八年（1187）九月，俄藏 8081 号《三才杂字》刻本的所有者②。

杨青士

户主。西夏光定十三年（1223），在对外战争中，户下被驱虏两口，一名男孩 10 岁，一名女孩 11 岁③。

每乃宣主

农牧人。西夏天庆元年（1194）二月二日，将自属撒 5 石种子土地一块卖给普渡寺粮食经手人梁那征茂及梁喇嘛，地价 6 石杂粮及 1 石麦，若有官私二种转贷时，每乃宣主承管，违约时，按《律令》承罪，罚交 1 两金。同立契每乃宣主弟势乐铁、妻子貌浞氏，知人梁势乐娱、恶恶显盛令④。

邱娱犬

农牧人。西夏天庆元年（1194）正月二十四日卖地契约中的卖地人。约定将自属渠尾左渠接撒 20 石种子土地一块及宅舍院共四间房全部自愿卖给普渡寺粮食经手人梁那征茂及梁喇嘛，地价杂粮 15 石、麦 15 石，若有官私二种转贷及诸人共抄子弟争讼时，邱娱犬承管，以原地价数 1 石付 2 石，反悔时，按《律令》，依官罚交 2 两金。同立契人邱娱犬子奴黑，同卖人邱娱犬子犬红，知人多移众水? 吉、恶恶显啰岁，写文书者翟宝胜⑤。

没水隐藏犬

农牧人。西夏乾定元年（1224）二月二十五日，没水隐藏犬从讹国师处

---

① 《俄藏敦煌文献》第 17 册，第 310 页。

② 惠宏、段玉泉编：《西夏文献解题目录》，阳光出版社 2015 年版，第 10 页。

③ 《俄藏黑水城文献》第 6 册，第 160 页。

④ 《俄藏黑水城文献》第 14 册，第 19 页，译文见史金波《西夏经济文书研究》，社会科学文献出版社 2017 年版，第 261—262 页。

⑤ 《俄藏黑水城文献》第 14 册，第 13—14 页，译文见史金波《西夏经济文书研究》，社会科学文献出版社 2017 年版，第 252—254 页。

借糜 1 石，1 石 8 斗利，限同年九月一日还。逾期，除还所借糜数外，依官法罚交 70 贯钱。相借者李祥和善、李氏祥和金，知人李显令犬①。

没细苗盛

凉州地区里溜头领。辖内一户折学戏增纳税草二束，其中一束麦草、一束粟草②。

没移铁乐

农牧人。西夏天庆五年（1198）正月十日，自愿将一全齿花牛与梁守护铁讹一全齿白牛互换，白牛增加 1 石杂粮，畜谷两无相欠，若畜谷有官私同抄子弟及其余诸人争讼时，铁乐管，如有反悔，罚交 2 石杂粮。同立契人儿子盛铁、显令，知人吴隐藏山、移契老房③。

没藏吉人

农牧人。某年某月以一卷毡、一只羊作为抵押借麦 1 石，八月以内还时为 1 石 5 斗，若到期不还，抵押物抵贷④。

张顺利

农牧人。西夏光定五年（1215）三月二十七日，将自属一六竖牛卖给啰铺博士，时价 10 石，其中实付 1 石，六月二十日付 8 石杂粮⑤。

阿声

投宋陷蕃妇人，居河东，听闻西夏首领庆鼎察香说塔坦国人马于夏天祐民安二年，即宋元祐六年（1091）闰八月打劫了西夏贺兰山后面啰庞背监军

---

　　① 《中国藏西夏文献》第 16 册，第 389 页，译文见史金波《西夏经济文书研究》，社会科学文献出版社 2017 年版，第 215 页。

　　② 《中国藏西夏文献》第 16 册，第 390—393 页，译文见史金波《西夏经济文书研究》，社会科学文献出版社 2017 年版，第 103 页。

　　③ 《俄藏黑水城文献》第 13 册，第 195 页，译文见史金波《西夏经济文书研究》，社会科学文献出版社 2017 年版，第 370 页。

　　④ 《俄藏黑水城文献》第 13 册，第 182 页，译文见史金波《西夏经济文书研究》，社会科学文献出版社 2017 年版，第 379 页。

　　⑤ 《俄藏黑水城文献》第 14 册，第 243 页，译文见史金波《西夏经济文书研究》，社会科学文献出版社 2017 年版，第 302—303 页。

司界内的人口、孳畜。所言与投宋蕃部苏尼所言大致相符，据此天祐民安三年（1092），环庆路经略司章粢上奏，可从河东或邈川界遣使至塔坦，详述宋朝威德，许以金帛爵命，与邈川互为犄角，夹攻西夏①。

耶和氏宝引

农妇。西夏天盛二十二年（1170），将自属撒 2 石种子土地一块，连同院落、三间草房、二株树等一并自愿卖给耶和米千，地价二足齿骆驼、一二齿骆驼、一老牛，共 4 头，此后诸人不得有争讼，若有争讼时，宝引等管，若有反悔时，依《律令》承罪，且罚交 30 石麦。同立契人耶和氏宝引子没啰哥张、没啰口鞭，知人耶和铁、梁犬千、耶和舅盛、没啰树铁②。

耶和米千

农牧人。天盛二十二年（1170），从寡妇耶和氏宝引处买到撒二石种子土地一块，连同院落、三间草房、二株树等③。

耶和沉矿宝

黑水城出土人口税账中的户主，家有二口，其中男大口陈矿宝纳税 3 斗，女大口舍妻千玉氏福有纳税 3 斗，共计 6 斗。与耶和沉矿宝在一册人口税账的还有浪酩犬吉一家 2 口、梁恶恶铁一家 3 口以及耶和势功山一家 2 口的姓名和所纳粮数，反映了西夏人口税的交纳④。

耶和般若盛

雇畜人。十八年二月二十八日，耶和般若盛雇到通判一母马骡、一可用牛，价格 1 石 5 斗，八月一日给付，若未付，1 石付 2 石，依官贷罚交麦。同

---

① 《续资治通鉴长编》卷四七一，哲宗元祐七年三月丙戌条。

② 《俄藏黑水城文献》第 14 册，第 2 页，译文见史金波《西夏经济文书研究》，社会科学文献出版社 2017 年版，第 251—252 页。

③ 《俄藏黑水城文献》第 14 册，第 2 页，译文见史金波《西夏经济文书研究》，社会科学文献出版社 2017 年版，第 251—252 页。

④ 《英藏黑水城文献》第 1 册，第 130 页，译文见史金波《西夏经济文书研究》，社会科学文献出版社 2017 年版，第 114 页。

立契者般若盛子，知人梁善戌犬①。

忠茂

信众。在其母七七日办法事、舍净资，请工刊印，散施千卷《佛说父母恩重经》，劝人受持②。

罗般若乐

黑水城出土户税粮账册中西夏户主，交大麦 1 石 1 斗 5 升，麦 2 斗 8 升 7 合半，与罗般若乐在同一账册的还有叔嵬西九铁等 5 户，他们交纳粮食大麦为小麦的 4 倍，反映了黑水城地区粮食税的征收情况③。

罗啰清白

信众。为报父母大恩，发愿施《佛说父母恩重经》④。

命屈般若铁

农牧人。西夏乾定二年（1225）九月，从尼则寿长处买到一全齿黑牛，畜价 65 贯⑤。

郝那征奴

农牧人。西夏天庆十一年（1204）十一月十五日，从讹七？盛处买到一有辔母马，畜价 5 石杂粮，若反悔，依官罚 5 石杂粮⑥。

郝隐藏宝

农牧人。西夏天庆十二年（1205）腊月三十日，将自属四齿能用红母马

---

① 《俄藏黑水城文献》第 13 册，第 162 页，译文见史金波《西夏经济文书研究》，社会科学文献出版社 2017 年版，第 362—363 页。"十八年"或为天盛十八年（1166）或乾祐十八年（1187）。

② 聂鸿音：《论西夏本〈佛说父母恩重经〉》，甘肃省古籍文献整理编译中心编译《文献研究》（第一辑），学苑出版社 2010 年版。

③ 《俄藏黑水城文献》第 13 册，第 293 页，译文见史金波《西夏经济文书研究》，社会科学文献出版社 2017 年版，第 85 页。"罗般若乐"在第 465 页中为"柔般若乐"。

④ 聂鸿音：《西夏佛经序跋译注》，上海古籍出版社 2016 年版，第 157 页。

⑤ 《中国藏西夏文献》第 16 册，第 387—388 页，译文见史金波《西夏经济文书研究》，社会科学文献出版社 2017 年版，第 305 页。

⑥ 《俄藏黑水城文献》第 14 册，第 34、35 页，译文见史金波《西夏经济文书研究》，社会科学文献出版社 2017 年版，第 298 页。

自愿卖与涂千犬，畜价 7 石杂粮。同立契人郝吉乐①。

药乜心喜势

农牧人。西夏天庆十年（1203）二月十八日，以一全齿公驴子、一庹花褐布、1 石 5 斗杂粮买他人一全齿黑公骆驼②。

骨勒茂才

夏汉合璧字词书《番汉合时掌中珠》作者，于乾祐二十一年（1190）作序③。

律移吉祥势

农牧人。天盛三年（1151）二月二十九日，借 4 石麦，抵押二齿公骆驼，至七月一日还时当付 6 石麦，若过期不还，以抵押的骆驼抵 6 石麦，反悔依官罚交 6 石麦④。

饶尚般百

黑水城出土户籍账册中的里溜，管辖 79 户，220 人，其中大口 180 人，小口 40 人⑤。

速哥

助蒙古征伐的夏人。西夏人速哥来告，黄河有白坡可渡，蒙古大军从其言，渡河，元太宗三年（1231），攻河中府，大获全胜⑥。

恶恶显令盛

农牧人。西夏天庆元年（1194）正月二十九日，将自属渠尾左渠撒八石

---

① 《俄藏黑水城文献》第 13 册，第 119 页，译文见史金波《西夏经济文书研究》，社会科学文献出版社 2017 年版，第 300—301 页。

② 《俄藏黑水城文献》第 13 册，第 135 页，译文见史金波《西夏经济文书研究》，社会科学文献出版社 2017 年版，第 371 页。

③ 《俄藏黑水城文献》第 10 册，第 2 页。

④ 《俄藏黑水城文献》第 13 册，第 161 页，译文见史金波《西夏经济文书研究》，社会科学文献出版社 2017 年版，第 377 页。

⑤ 《俄藏黑水城文献》第 14 册，第 123—124 页，译文见史金波《西夏经济文书研究》，社会科学文献出版社 2017 年版，第 68 页。

⑥ 《元圣武亲征录》，辛卯年二月条。

种子土地一块，以及二间房、活树五棵，自愿卖给普渡寺粮食经手人梁那征茂及梁喇嘛，地价4石麦及6石杂粮，若有官私二种转贷及诸人共抄子弟争讼时，恶恶显令盛承管，以原地价数1石还2石，反悔时，按《律令》，依官罚交1两金。同立契人恶恶显令盛弟小老房子、妻子计盃氏子答盛，知人平尚讹山、梁枝绕犬①。

高世昌

砌垒匠。参与西夏陵修建，六号陵东碑亭出土石雕人像碑座题刻其姓名②。

涂千犬

农牧人。西夏天庆十二年（1205）腊月三十日，从郝隐藏宝处买到四齿能用红母马，畜价7石杂粮③。

诺儿

又作喏尔，宥州蕃户。夏大安五年，即宋元丰元年（1078）宋夏双方叙盟，宥州移牒请求宋朝派遣官员与夏国边官苏御带谈判划界，毁弃侵耕生地，以及将之前逃离西夏的人马交回等事。十二月，鄜延路经略使吕惠卿索要被西夏俘获的人马。宋神宗下诏让双方各出文字，理辨交会。宋朝认为诺儿一户是在未叙盟以前由西夏逃往宋朝，于誓诏理应交回④。

啰铺小狗酉

农牧人。西夏光定三年（1213）五月三十日，将自属一四竖生牛卖给嵬移小狗子，畜价4石杂粮，若有同抄子弟争讼，卖者管，罚交8石杂粮。立契

　　① 《俄藏黑水城文献》第14册，第16页，译文见史金波《西夏经济文书研究》，社会科学文献出版社2017年版，第256—257页。

　　② 《中国藏西夏文献》第18卷，第169页。

　　③ 《俄藏黑水城文献》第13册，第119页，译文见史金波《西夏经济文书研究》，社会科学文献出版社2017年版，第300—301页。

　　④ 《续资治通鉴长编》卷二九五，神宗元丰元年十二月丙午条。

人梁小狗子，知人铭布正月吉①。

啰铺博士

农牧人。西夏光定五年（1215）三月二十七日，从张顺利处买到一六竖牛，时价 10 石，其中实付 1 石，六月二十日付 8 石杂粮，如有争讼，1 石付 2 石，如反悔，罚交 3 石杂粮②。

移合讹千男

军丁。为叔父移合吉祥山养子，原本与前内侍正军移合讹吉祥犬为一抄，属行监嵬移善盛管辖，后分抄重新登记土地、人口、畜产。有接新渠撒 7 石种子、接律移渠撒 6 石种子、接习判渠撒 7 石种子、接场口杂地撒 7 石种子土地四块。除户主移合讹千男外，家里有 7 人，其中男祥和吉年 40 岁、成犬年 25 岁、七月乐年 5 岁、十月犬年 3 岁，女吉妇年 50 岁、吉金年 30 岁、三姐年 25 岁。除土地外，家中还有骆驼 3 峰、牛 10 头、羊 80 只及毯等其他物品③。

移合讹金刚盛

农牧主。西夏天庆六年（1199），从嵬移软成有处买到使军五月犬等二老幼，价格 50 石杂粮④。

移祥瑞善

农牧人。西夏乾定三年（1226）四月八日，将自属一麻黄驴子卖给提佛鸠，价格 50 贯，实付 25 贯，如有盗欺、官私转贷、同抄子弟争讼时，卖

① 《俄藏黑水城文献》第 14 册，第 187 页，译文见史金波《西夏经济文书研究》，社会科学文献出版社 2017 年版，第 301—302 页。
② 《俄藏黑水城文献》第 14 册，第 243 页，译文见史金波《西夏经济文书研究》，社会科学文献出版社 2017 年版，第 302—303 页。
③ 《俄藏黑水城文献》第 14 册，第 256—257 页，译文见史金波《西夏经济文书研究》，社会科学文献出版社 2017 年版，第 74—75 页。其中"移合讹吉祥犬""移合讹千男"在该书第 459 页为"移讹吉祥犬""移讹千男"。
④ 《俄藏黑水城文献》第 13 册，第 223 页，译文见史金波《西夏经济文书研究》，社会科学文献出版社 2017 年版，第 318—319 页。

者管①。

麻则犬

农牧人。西夏天庆五年（1198）正月五日，将自属酪布坡渠二十三亩土地及院落一并卖与梁守护铁，地价 8 石杂粮，此后有官私人争讼及反悔，不仅按已取地价数 1 石还 2 石，还据情况按文书所载处罚。同卖人犬父子弟显令、梁税梁，知人梁真盛②。

麻则羌德盛

农牧人。西夏天庆元年（1194）二月一日，麻则羌德盛从普渡寺粮食经手人梁喇嘛和梁那征茂处包租土地一块，地租 7 石麦、12 石谷，限九月一日谷、地付清。知人梁酉犬白、梁善盛③。

康菊

石匠，在夏天祐民安年间重修护国寺感通塔碑上题名④。

埌讹遣茂

信众。为报父母养育之恩，书写金字墨字《心经》散施⑤。

梁十月狗

农牧人。西夏光定九年（1219），梁十月狗从兀尚般若山处借麦 1 石 5 斗，每石 5 斗利，共计 2 石 2 斗 5 升，限同年八月一日还。逾期 1 石还 2 石。同借者兀尚老房狗、梁九月狗、李满德，知人杨老房狗、杨神山⑥。

---

　　① 《中国藏西夏文献》第 16 册，第 386 页，译文见史金波《西夏经济文书研究》，社会科学文献出版社 2017 年版，第 306 页。

　　② 《俄藏黑水城文献》第 13 册，第 194 页，译文见史金波《西夏经济文书研究》，社会科学文献出版社 2017 年版，第 266 页。

　　③ 《俄藏黑水城文献》第 14 册，第 15 页，译文见史金波《西夏经济文书研究》，社会科学文献出版社 2017 年版，第 335 页。

　　④ 康菊，《中国藏西夏文献》第 18 册第 93 页作"康菊"，《陇右金石录》作"康□□"。

　　⑤ 聂鸿音：《西夏译本〈持诵圣佛母般若多心经要门〉述略》，《宁夏社会科学》2005 年第 2 期。

　　⑥ 《俄藏黑水城文献》第 14 册，第 145—146 页，译文见史金波《西夏经济文书研究》，社会科学文献出版社 2017 年版，第 211 页。

梁小善麻

农牧人。西夏天庆元年（1194）二月六日包租契约中的租地人。从普渡寺粮食经手人梁喇嘛和梁那征茂处包租 5 石杂粮土地一块，地租 2 石杂粮，限九月一日备齐偿还。知人邱犬羌乐①。

梁犬势

农牧人。西夏光定六年（1216）五月十六日，将自属一二竖母骆驼、六母骆驼、一栗色马等卖给他人，畜价 90 两银子，如有争讼，卖者管，若反悔，依官罚交 10 贯钱②。

梁功铁

农牧人。西夏天庆元年（1194）正月二十九日，梁功铁从普渡寺梁任麻处借大、小麦各 10 石，自二月一日始，一月有 1 斗 2 升利，至本利相等时还，逾期按官罚麦 10 石。同立契人有梁功铁子般若善、梁生？口恶口恶禅定善，知人平尚讹山、梁生？③。

梁吉祥有

黑水城出土户耕地税役草账中户主，账册记录地 10 亩，纳粮食税 1 斗 2 升半，其中杂 1 斗、麦 2 升半，出役 5 天，税草 10 束④。

梁老房西

农牧人。西夏天庆元年（1194）正月二十九日，梁老房西将自属渠尾左渠撒 15 石种子的土地，以及院舍、树等一并自愿卖给普渡寺粮食经手人梁喇嘛，地价 6 石麦及 10 石杂粮，若有官私二种转贷及诸人共抄子弟争讼时，梁

---

① 《俄藏黑水城文献》第 14 册，第 21 页，译文见史金波《西夏经济文书研究》，社会科学文献出版社 2017 年版，第 339 页。

② 《俄藏黑水城文献》第 14 册，第 145 页，译文见史金波《西夏经济文书研究》，社会科学文献出版社 2017 年版，第 303—304 页。

③ 《俄藏黑水城文献》第 13 册，第 279—280 页，译文见史金波《西夏经济文书研究》，社会科学文献出版社 2017 年版，第 210 页。

④ 《俄藏黑水城文献》第 13 册，第 180 页，译文见史金波《西夏经济文书研究》，社会科学文献出版社 2017 年版，第 93 页。

老房西承管，不仅以原地价数 1 石付 2 石，还要依官罚交 3 两金。同立契人梁老房西弟老房宝、五部宝，同知人子征吴西，知人平尚讹山、恶恶现处宝、恶恶显盛令。就在卖地的同一天，梁老房西签订了包租契约，从普渡寺梁喇嘛处包租撒 8 石种子土地一块，地租 2 石 8 斗麦及 3 石 6 斗杂粮，限八月一日归还，过期不还，已有地租 1 石还 2 石。同立契人梁老房茂，知人平尚讹山①。

梁老房势

农牧人。西夏天庆元年（1194）正月二十九日，梁老房势包租普渡寺撒 15 石种子土地一块，时间一年，地租 6 石杂粮及 4 石 2 斗麦，限八月一日归还，过期不还，已有地租 1 石还 2 石。同立契人梁老房势子势乐茂，知人嵬名铁犬②。

梁老房茂

农牧人。西夏天庆元年（1194）二月一日和二月二日，梁老房茂相继从普渡寺粮食经手人梁那征茂、梁喇嘛处包租土地两块，地租为 3 石 6 斗杂粮、1 石 4 斗麦，以及 2 石 8 斗麦、5 石 4 斗杂粮，限八月一日归还，过期不还，已有地租 1 石还 2 石。相接契者梁嵬名宝、梁势乐茂，知人平尚讹山、梁老房西；相接契者梁势乐西，知人梁盛铁③。

梁守护铁

农牧主。西夏天庆三年（1196）六月十六日、天庆五年（1198）正月五日、天庆七年（1200）二月二十二日，从梁善因熊鸣、麻则老父子、小石通判等处买到四井坡渠撒十石种子土地 70 亩、酪布坡渠 23 亩土地及院落、四井

---

① 《俄藏黑水城文献》第 14 册，第 13、15、16 页，译文见史金波《西夏经济文书研究》，社会科学文献出版社 2017 年版，第 255、333—334 页。

② 《俄藏黑水城文献》第 14 册，第 15 页，译文见史金波《西夏经济文书研究》，社会科学文献出版社 2017 年版，第 333 页。

③ 《俄藏黑水城文献》第 14 册，第 18 页，译文见史金波《西夏经济文书研究》，社会科学文献出版社 2017 年版，第 335—336 页。

坡撒 100 石种子土地一块及院舍，地价分别为 5 石杂粮、8 石杂粮及 200 石杂粮，同时约定梁善因熊鸣地上租役草由梁守护铁承担，若有官私二种转贷及同抄子弟争讼时，先前所取地价数 1 石还 2 石，同时梁善因熊鸣买卖契约还约定依官罚交 10 石杂粮、小石通判契约中谁反悔时罚交 3 两金①。

梁讹吉

农牧人。西夏天庆十年（1203）二月二十五日，从左移犬孩子处买到红马等②。

梁那征讹

农牧人。西夏天庆十年（1203）二月三十日，将自属一全齿母骆驼自愿卖给嵬移十月犬，畜价 6 石杂粮，若有其他人、同抄子弟争讼时，梁那征讹承管，若反悔，依官罚 5 石杂粮。同立契人嵬移，知人嵬移那征讹③。

梁势乐酉

农牧人。西夏天庆元年（1194）二月一日，将自属撒 10 石种子土地一块及房舍、墙等，自愿卖给普渡寺粮食经手人梁那征茂及梁喇嘛，地价杂粮 2 石麦、2 石糜、4 石谷，若有官私二种转贷及诸人共抄子弟争讼时，梁势乐酉承管，以原地价数 1 石付 2 石，反悔时，按《律令》，依官罚交 1 两金。同立契人梁势乐酉妻子恶恶氏犬母宝及子寿长盛、势乐宝，知人平尚讹山、梁老房酉④。

梁势乐茂

农牧人。西夏天庆元年（1194）二月二日，从普渡寺粮食经手人梁喇嘛和梁那征茂处包租撒 5 石种子土地一块，地租 7 斗麦、3 石 6 斗杂粮，限八月

---

① 史金波：《黑水城出土西夏文卖地契研究》，《历史研究》2012 年第 2 期。

② 《俄藏黑水城文献》第 13 册，第 84 页，译文见史金波《西夏经济文书研究》，社会科学文献出版社 2017 年版，第 296 页。

③ 《俄藏黑水城文献》第 13 册，第 84 页，译文见史金波《西夏经济文书研究》，社会科学文献出版社 2017 年版，第 297 页。

④ 《俄藏黑水城文献》第 14 册，第 17 页，译文见史金波《西夏经济文书研究》，社会科学文献出版社 2017 年版，第 258 页。

一日归还，过期不还，已有地租 1 石还 2 石。同立契人每乃势乐铁，知人恶恶显盛令、平尚讹山①。

梁势乐娱

农牧人。西夏天庆元年（1194）二月二日，将自属撒 5 石种子土地一块卖给普渡寺粮食经手人梁那征茂及梁喇嘛，地价 4 石麦及 9 石杂粮，若有官私二种转贷时，梁势乐娱承管，违约按律承罪，依官罚交 1 两金。同立契人梁势乐茂、每乃宣主、梁老房虎，知人陈盐双、平尚讹山②。

梁肃寂

黑水城出土里溜人口纳税账中的里溜，管辖全户 59 户及单身 39 人，大小共计 221 人，纳税粮食 56 石 4 斗，其中男 113 人纳谷 29 石 1 斗，女 108 人纳谷 27 石 3 斗。辖内一户梁吉祥势三口，纳税 7 斗 5 升，一户依蓴鸟接犬二口，纳税 4 斗 5 升③。

梁盛犬

农牧人。西夏天庆元年（1194）二月三日，将自属全齿母骆驼及一匹马自愿卖给普渡寺梁喇嘛及梁那征茂，畜价 2 石麦、3 石杂粮，若有其他人、同抄子弟争讼时，不仅按《律令》承罪，还依官罚交 3 石麦。同立契人梁盛犬子打子，知人积力隐藏子、梁老房西。就在卖畜的同一年，梁盛犬还从梁那征茂、梁喇嘛等处租雇一二齿公骆驼，疑似在卖畜之后，价格 1 石 8 斗杂粮，九月一日给付。同立契人梁盛犬子羌子，知人梁驴子母、积力仁有④。

梁善因熊鸣

农牧人。西夏天庆三年（1196）六月十六日，将自属四井坡渠撒 10 石种

　　① 《俄藏黑水城文献》第 14 册，第 18、19 页，译文见史金波《西夏经济文书研究》，社会科学文献出版社 2017 年版，第 338 页。

　　② 《俄藏黑水城文献》第 14 册，第 15、18 页，译文见史金波《西夏经济文书研究》，社会科学文献出版社 2017 年版，第 260—261 页。

　　③ 《俄藏黑水城文献》第 13 册，第 323 页，译文见史金波《西夏经济文书研究》，社会科学文献出版社 2017 年版，第 111—112 页。

　　④ 《俄藏黑水城文献》第 14 册，第 20 页，译文见史金波《西夏经济文书研究》，社会科学文献出版社 2017 年版，第 294、365 页。

子土地 70 亩自愿卖给梁守护铁，地价 5 石杂粮，地上租役草由梁守护铁承担，若有官私二种转贷及同抄子弟争讼时，依官罚交 10 石杂粮，先前所取地价数 1 石还 2 石①。

提佛鸠

农牧人。西夏乾定三年（1226）四月八日，从移祥瑞善处买到一麻黄驴子，价格 50 贯，实付 25 贯②。

嵬移十月犬

农牧人。西夏天庆十年（1203）二月三十日，从梁那征讹处买到一全齿母骆驼，畜价 6 石杂粮③。

嵬移小狗子

农牧人。西夏光定三年（1213）五月三十日，从啰铺小狗酉处买到一四竖生牛，畜价 4 石杂粮④。

嵬移氏祥瑞宝

农牧人。西夏天庆元年（1194）正月二十九日，将自属一全齿黑牛等自愿卖给普渡寺梁喇嘛，畜价 5 石麦及 2 石杂粮，若有其他人、官私争讼时，依官罚交 5 石麦。同立契人嵬移氏祥瑞宝子十月盛、尼积力息玉盛，知人平尚讹山、嵬名隐藏有⑤。

嵬移成酉男

黑水城出土人口税账中的户主，家有 3 口，共纳人口税 7 斗 5 升，其中有

① 《俄藏黑水城文献》第 13 册，第 199 页，译文见史金波《西夏经济文书研究》，社会科学文献出版社 2017 年版，第 264—265 页。

② 《中国藏西夏文献》第 16 卷，第 386 页，译文见史金波《西夏经济文书研究》，社会科学文献出版社 2017 年版，第 306 页。

③ 《俄藏黑水城文献》第 13 册，第 84 页，译文见史金波《西夏经济文书研究》，社会科学文献出版社 2017 年版，第 297 页。

④ 《俄藏黑水城文献》第 14 册，第 187 页，译文见史金波《西夏经济文书研究》，社会科学文献出版社 2017 年版，第 301—302 页。

⑤ 《俄藏黑水城文献》第 14 册，第 16、17 页，译文见史金波《西夏经济文书研究》，社会科学文献出版社 2017 年版，第 293 页。

2男，一大成酉男纳税3斗，一小三宝犬纳税1斗5升，有1女，卜氏显令纳税3斗，与嵬移成酉男同在一册人口税账的还有其余几户，反映了西夏人口税的交纳[①]。

嵬移软成有

农牧主。西夏天庆六年（1199），将自属使军五月犬等二老幼卖给移合讹金刚盛，价格50石杂粮，若有官私诸人同抄子弟争讼时，软成有当管，如有反悔，依官罚交30石杂粮。同立契人嵬移软成有子、嵬移女易养[②]。

嵬移铁明

黑水城出土里溜户籍账中的里溜，其下仅保存乃福增犬一户，有妻梁氏母娘盛，子驴明[③]。

嵬啄氏夫人

信众。发愿施《圣六字增寿大明陀罗尼经》[④]。

程陈僧

兰州译人。夏光定四年，即金贞祐二年（1214）十一月，程陈僧叛入夏。此后，金连年与夏交兵[⑤]。

蒲梁尼

褐布商人。西夏乾祐十八年（1187），刻版印行由博士王仁持增补的西夏谚语、格言集《新集锦合辞》[⑥]。

---

① 《俄藏黑水城文献》第13册，第322页，译文见史金波《西夏经济文书研究》，社会科学文献出版社2017年版，第109页。

② 《俄藏黑水城文献》第13册，第223页，译文见史金波《西夏经济文书研究》，社会科学文献出版社2017年版，第318—319页。

③ 《俄藏黑水城文献》第13册，第322页，译文见史金波《西夏经济文书研究》，社会科学文献出版社2017年版，第55页。

④ 孙伯君：《黑水城出土〈圣六字增寿大明陀罗尼经〉译释》，载《西夏学》第四辑，宁夏人民出版社，2009年。

⑤ 《金史》卷六二《交聘表下》。

⑥ 惠宏、段玉泉编：《西夏文献解题目录》，阳光出版社2015年版，第49页。

酪布驴子盛

农牧人。西夏天庆十一年（1204）二月二十四日，将自属一齿马与律移？铁善交换一骆驼，若有同抄子弟及诸人争讼及反悔时，依官罚交 10 石麦。同立契者酪布翁大盛，知人萧替十月讹、萧替寿长讹、浑吉祥宝、耶和乐宝[1]。

裴松寿

典当商人。天庆六年（1199）至天庆十一年（1204）之间向胡住儿、夜□讹令嵬、兀女浪粟等典糜麦，英藏、俄藏黑水城文献中保留了典当契约的底账[2]。

播盃犬粪茂

雇工。西夏光定十年（1220）腊月五日立契，自正月一日至十月一日九个月出雇工，力价 5 石，其中现付 2 石，其余 3 石秋上付，夏衣 3 丈白布，忙日旷工时，一日当还二日，工价至十月未给，一日当还二日。反悔时，按官法罚交 5 石杂粮。知人千玉吉祥酉、麻则犬男、杨那证增[3]。

（七）僧道志

□智宣

赐绯僧。据夏天祐民安五年（1094）重修护国寺感通塔碑记载，□智宣为参与修寺塔的汉众僧副[4]。

王那徵遇

赐绯僧。据夏天祐民安五年（1094）重修护国寺感通塔碑记载，王那徵

---

① 《俄藏黑水城文献》第 14 册，第 8 页，译文见史金波《西夏经济文书研究》，社会科学文献出版社 2017 年版，第 372 页。

② 《俄藏黑水城文献》第 2 册，第 37、38 页；陈国灿：《西夏天庆间典当残契的复原》，《中国史研究》1980 年第 1 期。

③ 《俄藏黑水城文献》第 14 册，第 94 页，译文见史金波《西夏经济文书研究》，社会科学文献出版社 2017 年版，第 350 页。

④ 《中国藏西夏文献》第 18 册《凉州重修护国寺感通塔碑》，第 93 页不录"□智宣"，见《西陲石刻录》，载《石刻史料新编》第二辑第十五，台湾新文丰出版公司 1979 年版，第 11047 页。

遇为参与修寺塔的番汉四众提举①。

王善惠

刻工，西夏都城周家寺僧。夏人庆三年（1146），与王善圆、贺善海、郭狗埋等刻俄藏西夏汉文佛教文献《妙法莲华经》②。天盛十三年（1161）雕印《大方广佛华严经普贤行愿平》，刻印施经僧人有张盖利、李智宝，写经僧人有索智深等③。

韦勒般若华

僧人。作武威出土佛教修行诗歌《五更转》④。

不动金刚

四续善巧国师。传授西夏文《吉祥遍至口合本续》⑤。

日巴帝师

帝师。拔绒噶举派创始人达玛旺秋的弟子，又称桑恰喇钦、喜饶僧格等，名字是底室哩喇实巴，西夏天庆三年（1196）来到西夏，藏波哇的西夏弟子，藏波哇之后的西夏帝师，西夏灭亡前返回西藏⑥。

白法信

国师，来自龟兹的回鹘僧人。元昊称帝后便开始了西夏文大藏经的翻译，至崇宗乾顺天祐民安元年（1090）终于译完了从《开宝藏》中挑选出来的经典 812 部，3579 卷，主持翻译工作的就是国师白法信以及他的后继者白智光等人，这些内容在国家图书馆收藏的《过去庄严劫千佛名经》题记有所

---

① 赐绯僧，《中国藏西夏文献》第 18 册《凉州重修护国寺感通塔碑》，第 93 页作"赐绯僧"，《陇右金石录》作"赐绯僧正"。

② 《俄藏黑水城文献》第 1 册，第 270 页。

③ 史金波：《西夏佛教史略》，宁夏人民出版社 1988 年版，第 148 页。

④ 《中国藏西夏文献》第 16 册，第 515 页，译文见梁继红《武威出土西夏文献研究》，社会科学文献出版 2015 年版，第 237 页。

⑤ 聂鸿音：《论西夏本〈佛说父母恩重经〉》，《文献研究》第 1 辑。

⑥ 崔红芬：《再论西夏帝师》，《中国藏学》2008 年第 1 期。

记载①。

白智光

国师。西夏惠宗时期有名的译经大师②，来自龟兹的回鹘僧人，主持翻译过包括《大智度论》在内的一批佛教文献，译过《过去庄严劫千佛名经》《金光明最胜王经》，称号"渡解三藏安全国师"，他所翻译的佛经，文字"华明"，语义"妙澄"，具有很高的水准。《现在贤劫千佛名经》卷首西夏译经图在显著位置上画的僧人就是白智光，旁边的题款为"都译勾管作者安全国师白智光"，另有北却慧月、赵法光、嵬名广愿、吴法明、曹广智、田善尊、西玉智园、鲁布智云等 16 位僧人分列两旁③。

令介成庞

赐绯僧。据夏天祐民安五年（1094）重修护国寺感通塔碑记载，令介成庞时为修塔寺小监、崇圣寺僧正④。

令部慧茂

坐谛和尚。夏乾祐四年（1173）施印《达摩大师观心论》的发愿者⑤。

兰山崇法禅师

僧人。《密咒圆因往生集》的译定者⑥。

西壁智海

真义国师。西夏晚期洞窟榆林窟 29 窟上绘的供养像高僧⑦。

---

① 樊丽沙、杨富学：《西夏境内的汉僧及其地位》，《敦煌学辑刊》2009 年第 1 期。
② 史金波先生认为《现在贤劫千佛名经》木板刻译经图中的高僧即为"白智光"，见史金波《〈西夏译经图〉解》，《文献》1971 年第 1 期。
③ 樊丽沙、杨富学：《西夏境内的汉僧及其地位》，《敦煌学辑刊》2009 年第 1 期。
④ 《中国藏西夏文献》第 18 册《凉州重修护国寺感通塔碑》，第 93 页。
⑤ 孙伯君：《俄藏西夏文〈达摩大师观心论〉考释》，中国社会科学院民族学与人类学研究所编《薪火相传——史金波先生 70 寿辰西夏学国际学术研讨会论文集》，中国科学出版社 2012 年版。
⑥ 史金波：《西夏社会》，上海人民出版社 2007 年版，第 590 页。
⑦ 樊丽沙：《浅谈西夏番文大藏经翻译相关问题》，《兰台世界》2015 年第 36 期。

任集立

觉照国师。传译《身中围上依以四主受顺广典》①。

刘法雨

笔受和尚。夏乾祐十六年（1185）刘法雨与刻字司头监、殿前金堂管勾、御史正、番学士昧浪文茂，刻字司头监、三学院百法师傅骨勒善源等共同负责刊刻西夏文学作品《大诗》《月月乐诗》《道理诗》等②。

刘德真

邠州开元寺僧人。12世纪30年代女真人占据西安后，迁居西夏，于天盛十年（1158）雕印《注华严经界观门》，写经和尚为法随③。

讹布慧度

西夏乾祐十九年（1188）九月发愿刊印《佛说圣曜母陀罗尼经》④。

讹国师

西夏乾定元年（1224）二月二十五日，讹国师处借给没水隐藏犬糜1石，1石8斗利，本利一同，限同年九月一日还。若逾期，除还所借糜数外，依官法罚交70贯钱⑤。

折慕善花

印施《尊者圣妙吉祥智慧觉增上总持》千卷⑥。

李阿善

御前笔受。西夏乾祐十九年（1188）九月，发愿刊印《佛说圣曜母陀罗尼经》的书者，乾祐二十一年（1190），赎印《佛说一切如来悉皆摄受三十五

---

① 史金波：《西夏佛教新探》，《宁夏社会科学》2001年第5期。

② 《俄藏黑水城文献》第10册，第268、271、278页，译文见惠宏、段玉泉编《西夏文献解题目录》，阳光出版社2015年版，第44、45页。

③ 《俄藏黑水城文献》第4册，第295页。

④ 聂鸿音：《西夏佛经序跋译经》，第96—98页。

⑤ 《中国藏西夏文献》第16册，第389页，译文见史金波《西夏经济文书研究》，社会科学文献出版社2017年版，第215页。

⑥ 段玉泉：《西夏文〈尊者圣妙吉祥之智慧觉增上总持〉考释》，《西夏研究》2012年第3期。

佛忏罪法事》的书版者，西夏天庆三年（1196），张啰斡等捐印《大密咒受持
经》的"书印版者"①。

李慧月

高僧。贺兰山佛祖院摄禅园和尚，平尚重照禅师的弟子，为报福恩，印
12 部大藏经契以及 54 部华严经，又抄写金、银华严经，金觉莲花般若菩萨戒
经契行信论等②。

杨智幢

高僧。住西夏佛教圣地五台山大清凉寺，因精通经律论三藏，封"知解
三藏国师沙门"，参与西夏文《胜慧彼岸到要门教授现前解庄严论诠颂》的译
经工作③。

杨慧广

西夏乾祐十九年（1188），为鲜卑宝源所集《鲜卑国师劝世集》（又名贤
智集）作序文，皇城检视司承旨成嵬德进撰④。

妙领真乘

燕丹国师，嵬名思能的老师，曾西行天竺求佛⑤。

卧屈皆

赐绯僧。据夏天祐民安五年（1094）重修护国寺感通塔碑记载，卧屈皆
参与了修寺塔⑥。

知金刚国师

吐蕃僧人。师承大乘玄密帝师⑦，传授《吉祥遍至口合本续》，由沙门提

① 张玉海：《西夏佛经所见官职名人名述考》，《西夏研究》2016 年第 4 期。
② 樊丽沙、杨富学：《西夏境内的汉僧及其地位》，《敦煌学辑刊》2009 年第 1 期。
③ 聂鸿音：《俄藏 5130 号西夏文佛经题记研究》，《中国藏学》2002 年第 1 期。
④ 聂鸿音：《大度民寺考》，《民族研究》2003 年第 4 期。
⑤ 史金波：《西夏社会》，上海人民出版社 2007 年版，第 590 页。
⑥ 《中国藏西夏文献》第 18 册，第 93 页。
⑦ 谢继胜：《吐蕃西夏历史文化渊源与西夏藏传绘画》，《西藏研究》2001 年第 3 期，考证出知
金刚的师承为玛尔巴——米拉日巴——日琼巴——玄密帝师——知金刚国师——玄照国师。

点海照翻译①。

周慧海

高僧。任职在出家功德司，精通西夏文、梵文、藏文，翻译《圣胜慧到彼岸功德宝集偈》《顶尊胜相总持功德依经录》《如来一切之百字要论》，与印度高僧嵺也阿难捺合作翻译《圣观自在大悲心总持功德依经集》②。

净戒国师

高僧。仁宗乾祐二十年（1189），与大乘玄密国师、宗律国师被请到大度民寺作求生兜率内宫弥勒广大法会七天七夜，烧结坛，奉广大施食，并念佛诵咒，读汉、藏经及大乘经典，说法作大乘忏悔，散施西夏文、汉文《观弥勒菩萨上生兜率天经》10万卷，汉文《金刚经》《普贤行愿经》《观世音经》等各5万卷③。

法狮子

觉照国师。来自西藏的传法上师，曾驻于西夏兰山寺院大度民寺中掌管藏传佛教，活跃于西夏仁宗乾祐年间，祥仁波切和萨钦贡噶宁波的弟子，曾把两位上师所传的多种经典传至西夏，西夏文佛经《断魔要门》等的译者④。

法海

座主，赐绯沙门。将黑水城出土佛教文献《佛说十王经》由汉文译为西夏文⑤。

法慧

祥云山慧净国师，也称金解国师，与贤觉帝师显胜等传译《求生极乐净

---

① 孙昌盛：《西夏文佛经〈吉祥遍至口和本续〉题记译考》，《西藏研究》2004年第2期。

② 段玉泉：《西夏文〈圣胜慧到彼岸功德宝集偈〉考论》，载《西夏学》第四辑，宁夏人民出版社2009年；段玉泉：《西夏藏传佛教文献周慧海译本述略》，《中国藏学》2009年第3期。

③ 聂鸿音：《大度民寺考》，《民族研究》2003年第4期。

④ 聂鸿音：《大度民寺考》，《民族研究》2003年第4期。

⑤ 惠宏、段玉泉编：《西夏文献解题目录》，阳光出版社2015年版，第94页。

土念定》①。

宗律国师

高僧。仁宗乾祐二十年（1189），与大乘玄密国师、净戒国师被请到大度民寺作求生兜率内宫弥勒广大法会七天七夜，烧结坛，奉广大施食，并念佛诵咒，读汉、藏经及大乘经典，说法作大乘忏悔，散施西夏文、汉文《观弥勒菩萨上生兜率天经》10 万卷，汉文《金刚经》《普贤行愿经》《观世音经》等各 5 万卷②。

药乜永诠

又作药乜永铨，赐绯僧。据夏天祐民安五年（1094）重修护国寺感通塔碑记载，药乜永诠时为都大勾当行宫三司正兼圣容寺、感通塔两众提举律晶③。

显胜

法名波罗显胜或显胜，贤觉帝师，讲经律论，功德司正，偏袒都大提点，嚷卧勒沙门，仁孝前期的帝师，奉敕命组织《胜慧到彼岸功德宝集偈》《佛说阿弥陀经》等的传经和译经，主持皇家法会④。

毗菩提福

报恩利民寺院副使。翻译西夏木活字印本《吉祥遍至口合本续》《吉祥遍至口合本续之科文》《吉祥遍至口合本续之广义文》《吉祥遍至口合本续之喜解补》⑤。

哈喇刚噶

善法术的老妪。成吉思汗至西夏，将图尔默格依城围困三层，哈喇刚噶在女墙上摇动青旗，施镇压之术。蒙古骟马倒闭二群，眼看军中骟马将尽，苏伯格特依巴图尔奏报成吉思汗，令哈萨尔出，乘骑淡黄色备用马，发矢射

---

① 聂鸿音：《西夏文献中的净土求生法》，载《吴天墀教授百年诞辰纪念文集 1913—2013》，四川人民出版社 2013 年版。

② 聂鸿音：《大度民寺考》，《民族研究》2003 年第 4 期。

③ 《中国藏西夏文献》第 18 册，第 93 页，"药乜永铨"，《陇右金石录》作"药乜永诠"。

④ 崔红芬：《再论西夏帝师》，《中国藏学》2008 年第 1 期。

⑤ 惠宏、段玉泉编：《西夏文献解题目录》，阳光出版社 2015 年版，第 232 页。

中哈喇刚噶膝盖，应弦而毙①。

咩布慧明

夏乾祐十六年（1185）发愿雕印《白伞盖佛母总持》②。

格西藏波哇

高僧。也称宝狮子，又称藏巴底室哩、仁波切僧格、贡却僧格③，法号"三藏知觉""大喜智"，噶玛噶举派创始人都松钦巴的弟子，仁宗曾遣使到西藏楚布寺迎都松钦巴，都松钦巴未能亲往，派弟子格西藏波哇前往西夏，被尊为上师，职业生涯与慧明的重合。美国学者邓如萍认为格西藏波哇于1218年或1219年（阳土虎）卒于凉州，他目睹了仁孝子纯祐被堂兄安全废，而安全又被遵顼罢黜④。熊文彬先生认为他是襄宗安全时的帝师，光定九年（1219）圆寂于凉州⑤。其继承者为日巴帝师。

吉外吉法正

又作俱外己法正，僧人。庆历和议，宋封册元昊为夏国主，夏天授礼法延祚八年，即宋庆历五年（1045）五月，元昊遣丁卢嵬名聿营、吕则张延寿至宋谢册封。又遣僧吉外吉法正谢赐藏经⑥。

高法慧

为勾管印经者沙门释子⑦。

---

① 《蒙古源流笺证》4/3下，参见《新译校注蒙古源流》4/175。王静安校：友而《马哥波罗游记注》谓"萨囊徹辰屠说西夏之衣儿格依城"，《元史》"衣儿格依城"为"斡罗孩城"，《地理志》作"兀剌海城"，《元朝秘史》作"额里合牙"，又作"兀剌孩"。而田案："此说非是，辨见下。静安又引屠氏说，谓即灵州，则与余合。"

② 孙伯君：《真智译〈佛说大白伞盖总持陀罗尼经〉为西夏译本考》，《宁夏社会科学》2008年第4期。

③ 崔红芬：《再论西夏帝师》，《中国藏学》2008年第1期；邓如萍、聂鸿音：《西夏佛典中的翻译史料》，《中华文史论丛》2009年第3期。

④ 邓如萍：《党项王朝的佛教及其元代遗存——帝师制度起源于西夏说》，《宁夏社会科学》1992年第5期。

⑤ 熊文彬：《从版画看西夏佛教艺术对元代内地藏传佛教艺术的影响》，《中国藏学》2003年第1期。

⑥ 《续资治通鉴长编》卷一五六，仁宗庆历五年闰五月丙午条。

⑦ 孙昌盛：《西夏文佛经〈吉祥遍至口和本续〉题记译考》，《西藏研究》2004年第2期。

酒智清

赐绯僧。据夏天祐民安五年（1094）重修护国寺感通塔碑记载，酒智清为参与修寺塔的僧官[1]。同年他还书写了梁太后施印西夏文《大乘无量寿经》[2]。

第讹平玉

赐绯僧人，《维摩诘所说经》的抄经者[3]。

减波把波

使宋蕃僧。遵项奉行附蒙侵金的政策，夏光定四年，即宋嘉定七年、金贞祐二年（1214），西夏左枢密使吐蕃路都招讨使万庆义勇令减波把波将腊书二丸送至四川西和州之宕昌寨，欲与宋朝合从犄角，共图金人，收复侵地，宋制置使黄谊未报，议定中断[4]。

梁吉祥屈

夏天盛四年（1152）五月雕版施印《佛说父母恩重经》[5]。

梁任麻

普渡寺贷粮经手人，或为僧人。西夏天庆元年（1194）正月二十九日与梁功铁签订契约，将普渡寺大、小麦各10石借给梁功铁，自二月一日始，一月有1斗2升利，至本利相等时还，逾期按官罚麦10石[6]。

梁那征茂

普渡寺贷粮经手人，或为僧人。梁那征茂及梁喇嘛皆以普渡寺粮食经手人的身份，在夏天庆元年（1194）正月末至二月初与邱娛犬、梁老房酉、恶恶显盛令、梁氏乐酉、庆现罗成、梁势乐娛、每乃宣主、平尚岁岁有签订土

① 《中国藏西夏文献》第18册，第93页。
② 孙颖新：《西夏文〈大乘无量寿经〉考释》，《世界宗教文化》2018年第3期。
③ 文健：《略论西夏佛教管理的特色——以〈天盛改旧新定律令〉为例》，《西夏研究》2018年第3期。
④ 《宋史》卷四八六《夏国传下》。
⑤ 孙昌盛：《西夏文佛经〈吉祥遍至口和本续〉题记译考》，《西藏研究》2004年第2期。
⑥ 《俄藏黑水城文献》第13册，第279—280页，译文见史金波《西夏经济文书研究》，社会科学文献出版社2017年版，第210页。

地买卖契约，与梁老房茂、麻则羌德盛、梁势乐茂、梁小善麻签订土地包租契约，与梁盛犬、平尚讹山签订卖畜契约①。

梁喇嘛

普渡寺贷粮经手人。梁喇嘛及梁那征茂皆以普渡寺粮食经手人的身份，在西夏天庆元年（1194）正月末至二月初，与邱娱犬、梁老房酉、恶恶显盛令、梁氏乐酉、庆现罗成、梁势乐娱、每乃宣主、平尚岁岁有签订土地买卖契约，与梁老房势、梁老房酉、麻则羌移盛、梁老房茂、梁势乐茂、梁小善麻签订土地租赁契约，与崀移氏祥瑞宝、梁盛犬、平尚讹山签订卖畜契约②。

寂照帝师

夏末元初帝师。弘扬华严宗，编《大方广佛华严经》③。

哕也阿难捺

也作捋耶阿难答④，五明显密国师。天竺僧人，精通汉文、西夏文、梵文，任功德司正，官衔封号嚛乃将。《胜相顶尊总持功能依经录》《圣观自在大悲心总持功能依经录》由哕也阿难捺所传，鲜卑宝源和周慧海分别译为汉文和西夏文，与库敦·朵德拔合作翻译藏文经典《因明正理论》，与贡噶扎合作翻译藏文经典《入中论颂注疏》⑤。

智明

圆共法师，与贤觉帝师显胜等一同传译西夏文佛经文献《求生极乐净土念定》⑥。

---

①　史金波：《黑水城出土西夏文卖地契研究》，《历史研究》2012 年第 2 期；《黑水城出土西夏文租地契研究》，载《吴天墀教授百年诞辰纪念文集 1913—2013》，四川人民出版社 2013 年版。

②　史金波：《黑水城出土西夏文卖地契研究》，《历史研究》2012 年第 2 期；《黑水城出土西夏文租地契研究》，载《吴天墀教授百年诞辰纪念文集 1913—2013》，四川人民出版社 2013 年版。

③　史金波：《西夏社会》，上海人民出版社 2007 年版，第 582 页。

④　崔红芬：《西夏僧人"德慧"师号考》，《宁夏社会科学》2010 年第 2 期。

⑤　段玉泉：《西夏藏传佛教文献周慧海译本述略》，《中国藏学》2009 年第 3 期。

⑥　聂鸿音：《西夏文献中的净土求生法》，《吴天墀教授百年诞辰纪念文集 1913—2013》，四川人民出版社 2013 年版。

智海

赐绯僧人，《慈悲道场罪忏法》的经文检校者①。

智冥

兰山通圆国师。夏仁宗时集《四分律行事集要显用记》②。

番汉法定国师

西夏光定四年（1214）施印的西夏文泥金字《金光明最胜王经》发愿文记载，建译场，延请番汉法定国师等重合旧经，新译疏义，与汉本仔细比较，刻印流传③。

鲁布智云

秉常时的国师，党项族④。

道慧

僧人。与慧照作佛教诗文劝善集《三代相照言文集》文后所附跋文⑤。

瑜伽士天圣子师

僧人。集黑水城出土佛教修行诗歌《五更转》⑥。

路修篁

道士。教授元昊子宁明辟谷之术，致其气忤而死⑦。

路赞讹

演义法师。与周慧海同为《如来一切之百字要论》的梵文译者⑧。

新圆真证帝师

夏末元初国师。与寂照帝师有师承关系，传藏传佛教的经典《净土求生

---

① 文健：《略论西夏佛教管理的特色——以〈天盛改旧新定律令〉为例》，《西夏研究》2018 年第 3 期。
② 樊丽沙、杨富学：《西夏境内的汉僧及其地位》，《敦煌学辑刊》2009 年第 1 期。
③ 《俄藏黑水城文献》第 3 册，第 282 页。
④ 史金波：《西夏译经图解》，载《文献》第一辑，书目文献出版社 1979 年版。
⑤ 惠宏、段玉泉编：《西夏文献解题目录》，阳光出版社 2015 年版，第 48—49 页。
⑥ 惠宏、段玉泉编：《西夏文献解题目录》，阳光出版社 2015 年版，第 47 页。
⑦ 《续资治通鉴长编》卷一六二，仁宗庆历八年正月辛未条。
⑧ 段玉泉：《西夏藏传佛教文献周慧海译本述略》，《中国藏学》2009 年第 3 期。

顺要论》①。

斡讹平

赐绯僧人，《维摩诘所说经》的刻写者②。

裴慧净

赐绯僧人，《慈悲道场罪忏法》的抄经者③。

鲜卑宝源

显法国师。融入党项的鲜卑人，精通梵文、汉文，西夏皇家寺院大度民寺诠教国师，是负责管理佛教的政府官员，曾任番汉三学院并偏袒提点、嚷卧耶沙门，在以仁孝皇帝为名义开展的大型校译番大藏经的活动中担任实际负责人，在西夏有很高的地位，信奉汉传佛教，称号"显法国师"，以区别"密法"，翻译、编写大量佛教经典。乾祐十九年（1188）编写佛教劝世诗文集《贤智集》（又名《鲜卑国师劝世集》）时升为诠教国师，汉译《圣胜慧到彼岸功德宝集偈》，现藏于北京房山云居寺④。

慧护

又作慧守⑤，至觉国师，与贤觉帝师显胜等一同传译西夏文佛经文献《求生极乐净土念定》⑥。

慧觉

兰山云岩慈恩寺护法国师。显、密兼通，夏末元初人，主要活动在蒙元时期，最初在贺兰山慈恩寺出家，修行密法，后到洛阳白马寺从龙川大师研

---

①　史金波：《西夏社会》，上海人民出版社 2007 年版，第 583 页。

②　文健：《略论西夏佛教管理的特色——以〈天盛改旧新定律令〉为例》，《西夏研究》2018 年第 3 期。

③　文健：《略论西夏佛教管理的特色——以〈天盛改旧新定律令〉为例》，《西夏研究》2018 年第 3 期。

④　聂鸿音：《大度民寺考》，《民族研究》2003 年第 4 期。

⑤　崔红芬：《西夏僧人"德慧"师号考》，《宁夏社会科学》2010 年第 2 期；聂鸿音：《西夏文献中的净土求生法》，载《吴天墀教授百年诞辰纪念文集 1913—2013》，四川人民出版社 2013 年版。

⑥　聂鸿音：《西夏文献中的净土求生法》，载《吴天墀教授百年诞辰纪念文集 1913—2013》，四川人民出版社 2013 年版。

习华严义理，深得龙川大师的赏识，元世祖时协助龙川重修白马寺，随龙川去大都校经，被授"宗密圆融大师"称号，曾出任河南僧录和白马寺第三任释源宗主，多次前往河西地区弘扬佛法。元皇庆二年（1313），圆寂于白马寺，送往凉州供养，曾作《大方广佛华严经海印道场十重行愿常徧礼忏礼》等①。

慧称

也作慧宣②，大乘玄密国师。藏文名字为喜饶扎巴或益西扎巴，纯祐时期的帝师，噶举派僧人，米拉日巴大师的再传弟子，修习的是玛尔巴、米拉日巴传承下来的"大手印"教法，在乾祐二十二年（1191）《观弥勒菩萨上生兜率天经》发愿文中有所记载③。

慧照

也作慧明④，俗姓李，五明显生寺僧人。通晓藏文、西夏文，西夏晚期的主要译师，有"讲经律论辩番羌语沙门"之称⑤。

德妙

出家功德司承旨。俗姓李，译《道之间休止顺要论》《依止身坛城而四灌顶法广根》等，与法狮子、鲜卑宝源为同时代的人⑥。

德源

讲经律论国师，奉敕译《菩提勇勤之业中入顺》⑦。

德慧

国师。显、密兼修，精通汉文、西夏文、藏文、梵文，擅长般若类经典，

① 崔红芬：《僧人"慧觉"考略——兼谈西夏的华严信仰》，《世界宗教研究》2010年第4期。
② 史金波：《西夏社会》，上海人民出版社2007年版，第582页。
③ 崔红芬：《再论西夏帝师》，《中国藏学》2008年第1期。
④ ［美］邓如萍、聂鸿音：《西夏佛典中的翻译史料》，《中华文史论丛》2009年第3期。
⑤ 崔红芬：《〈俄藏黑水城出土西夏文佛经文献叙录〉中的帝师与国师》，《西北第二民族学院学报》（哲学社会科学版）2004年第4期。
⑥ 聂鸿音：《吐蕃经师的西夏译名考》，《清华大学学报》（哲学社会科学版）2002年第1期；惠宏、段玉泉编：《西夏文献解题目录》，阳光出版社2015年版，第250页。
⑦ 史金波：《西夏佛教新探》，《宁夏社会科学》2001年第5期。

熟悉藏传佛教的经典和仪轨等。最晚在仁宗大庆二年（1141）已经有了觉行法师的称号，至天盛十七年（1165）前后已由觉行法师升为觉行国师，到乾祐十五年（1184）左右改为兰山智昭国师。与西夏皇室关系密切，主持皇室重大法事活动，还常奉诏翻译佛经，参加了仁宗皇姒的周忌法会活动，翻译《佛说圣大乘三归依经》《圣大乘胜意菩萨经》《佛说圣佛母般若波罗蜜多心经》等[1]。

藏巴·东库瓦旺秋扎西

蔡巴噶举派僧人。贡塘喇嘛的弟子涅麦释迦益喜的弟子，受西夏之请，为西夏王的上师，并在西夏弘扬蔡巴噶举派法，西夏灭亡后，受成吉思汗之邀去往蒙古[2]。

---

[1] 崔红芬：《西夏僧人"德慧"师号考》，《宁夏社会科学》2010 年第 2 期。
[2] 崔红芬：《再论西夏帝师》，《中国藏学》2008 年第 1 期。

附　　录

（一）西夏遗民人物

西夏遗民人物指 1227 年西夏灭亡以后方登上历史舞台的西夏后裔人物。

西夏遗民研究是西夏学的下延命题。西夏虽然立国时间不长，仅仅不到两个世纪，但却为后代留下了丰富的物质文化遗产和非物质文化遗产。由于史书的散佚与元朝未修西夏正史，诸多西夏史迹在历史长河中逐渐消逝，给今日认知西夏历史全貌带来了些许困难。然而，西夏或党项人的文明和文化都具有一定稳定性。在国家被消灭，政权被摧毁后，仍然会在一定时间内维持其旧有状态。正如学者谈论西夏儒文化时会引用高智耀、朵儿赤、余阙等元代唐兀儒生，而讨论西夏佛教文化时则会借助元刊河西字大藏经来说明问题那样，元代西夏遗民所表现或创造出来的文明，亦有助于我们解读党项人在西夏未灭亡以前，乃至上至初唐内迁后的历史，弥补西夏史籍不足的缺憾。因此有必要在本志附录中收录元代西夏遗民人物。

由于元代西夏遗民史料较西夏史料更成体系，某些西夏遗民家族数代人的事迹在史料中皆有记载。为了更完整地呈现元代西夏遗民家族的发展，凡出自同一家族的人物将集中介绍，先为该家族核心成员立传，然后将其他家族成员的事迹附于核心成员之下。本附录按照西夏遗民人物姓名首字笔画数进行排列。

一行慧觉

俗姓杨氏，武威人，其父仕西夏为高官，西夏灭亡后隐居。慧觉幼时就倾慕佛教，于是剃发为僧，在贺兰山慈恩寺出家修行，研习密宗，深得其道。后到洛阳白马寺从龙川大师研习华严义理，深受赏识。世祖时，慧觉协助龙川重修白马寺，且随龙川去大都校经，被授以"宗密圆融大师"之号。恰好永昌王遣使延请慧觉。于是慧觉赴凉州讲学，他的道行遂在故乡获得广大传播。慧觉在凉州创修了寿光、觉海两座寺院。龙川大师去世后，慧觉不远数千里赴白马寺送葬。此时，有圣旨任命慧觉为河南行省僧录。他认为这一职务非享有名望的人不可胜任，于是推荐真觉大师于朝。朝廷同意了慧觉的意见，让真觉大师担任白马寺主持、释源宗主。真觉坐化后，慧觉也西归凉州，当时有不少人争夺释源宗主的位子。朝廷认为慧觉更加合适，于是任命他为释源宗主。皇庆二年（1313）五月，慧觉在白马寺坐化。其作品有《华严经海印道场忏仪》与《华严经九会请佛仪》等①。

丁公

西夏人，名讳不详。丁公疑为元末时某官署之长官。为人聪明爱人，曾将歙县典史黄克明罗致于幕下，让他总统庶事，凡是军需供给，驿传送迎，书写公文与考课成果之事，丁公都会咨询黄克明。②

卜颜

河西人。卜颜曾以散官进义副尉知龙泉县（一说为龙泉县达鲁花赤），在任期间有均赋役，简词讼，垦荒田，崇学校等事迹③，以诗书治理民众，有

---

① 李灿、侯浩然：《西夏遗僧一行慧觉生平、著述新探》，《西夏学》第六辑，上海古籍出版社2010年版。

② 《送黄克明之歙任序》，见李修生主编《全元文》第五二册，凤凰出版社2004年版，第205—206页。

③ （嘉靖）《江西通志》卷二五《吉安府》。

《龙泉集》①，今佚。

卜元吉

河西唐兀氏。原为海宁州儒户②，寓居天台，中乡试副榜，任庆元路翁洲书院山长③，又任庆元路录事④。明朝以故官起授。

卜颜铁木儿

字珍卿，唐兀吾密氏，阿术之侄。卜颜铁木儿早年入宿卫，历事武宗、仁宗、英宗等皇帝。天历初年，由太常署丞拜监察御史，升殿中侍御史，累官大都路达鲁花赤、都转运盐使、肃政廉访使等，由行中书省参知政事升左右丞，擢行御史台中丞，遂拜江浙行省平章政事。至正十二年（1352）春，红巾军首领徐寿辉遣兵攻陷湖广，又进攻江东、江西。元顺帝下诏令卜颜铁木儿率军讨伐。卜颜铁木儿相继收复铜陵县、池州等地，解安庆之围。十三年（1353），卜颜铁木儿收复江州，蕲州，与其他元将分道进攻蕲水县，攻克了天完红巾军的首都，俘虏徐寿辉麾下将相四百余人，徐寿辉仅以身免。元廷以功诏赐卜颜铁木儿上尊、黄金带，总统帅脱脱令卜颜铁木儿独控长江。至正十六年（1356）六月，卜颜铁木儿再度以军守池州。同年十一月卒。卜颜铁木儿为人廉洁，时人不敢以私事找他。卜颜铁木儿常乘花色马，当时之人称之为"花马儿平章"。⑤

阿术　卜颜铁木儿之叔父。卜颜铁木儿年幼时被阿术养大。成年后，性情孝顺的卜颜铁木儿像对待自己的生父一样侍奉阿术。⑥

八里颜

唐兀台氏，至正十一年（1351）前后任崇明州达鲁花赤。由于崇明州州学受海水侵蚀，八里颜先后重修了崇明州学与崇明州公署。⑦

---

① （康熙）《吉安府龙泉县重修县志》卷六《名宦》。
② （嘉庆）《海州直隶州志》卷二八《海宁州重建庙学碑阴之记》。
③ （民国）《台州府志》卷九九《寓贤录》。
④ （延祐）《四明志》卷二《职官考上》。
⑤ 《元史》卷一四四《卜颜铁木儿传》。
⑥ 《元史》卷一四四《卜颜铁木儿传》。
⑦ （洪武）《苏州府志》卷四七《迁建崇明州记》《崇明州迁建儒学记》。

八哈都儿

八哈都儿，唐兀惕人，异密。蒙古军队在浑罕地区的边境进行了征服与掠夺之后，为了防守该地区，他们派出了八哈都儿，率领一支军队作为"探马"到那里去。凡对此事不满并有非议者，窝阔台合罕即位后，都用上述札撒迫使其缄默了。①

九住哥

一作玖珠格，唐兀氏。至正元年，九住哥以散官奉直大夫郎任江南行台监察御史。②

三旦八

汉名旦景初，字山堂，西夏人。三旦八初为僧侣，至治间任功德司副使。天历元年（1328），三旦八站在大都一方参加了两都之战，赢取了大都朝廷的信任。至正四年（1344），三旦八由某院院使外任云南行省右丞。至正十二年（1352）七月，天完红巾军项普略、彭莹玉进占江浙行省首府杭州，元参知政事樊执敬战死，震惊朝廷。元顺帝便以三旦八为江浙行省平章，"外制便宜"，迫使红巾军退出杭州。至正十三年（1353）春，从浙西撤回的天完红巾军继续据徽、饶等路，在皖南进行抗元斗争。为根除后顾之忧，元廷催促三旦八继续西征平乱。在三旦八的带领下，元军陆续收复徽州、饶州、婺源等地。但在他返回杭州以后，其部下不能齐心，且未派遣援军，致使饶州路于至正十五年（1355）再度失陷于起义军。至正十五年（1355）冬，三旦八出镇嘉兴，抵御张士诚的南下，却没有什么表现。十八年（1358）八月，三旦八从江浙行省平章任上遁走福建，被福建闽海道廉访司佥事般若帖木儿弹劾"贪财玩寇，久而无功"，被拘禁于兴化路。三旦八联合福建行省的平章政事普化帖木儿，前任兴化路总管安童共集乡兵，并以钱财收买泉州的亦思巴奚军首领赛甫丁与阿迷里丁，意欲借这支武装，排挤福建闽海道廉访司的政敌，发

---

① ［波斯］拉施特主编，余大钧、周建奇译：《史集》第 2 卷，商务印书馆 1985 年版，第 32 页。
② （至正）《金陵新志》卷六《官守志》。

起了"省宪构兵"。至正十九年（1359）正月，三旦八自称平章，安童自称参政，开分省于兴化路。二月，三旦八亲自统帅兴化乡兵及亦思巴奚军北上福州夺权。不料留守兴化后方的安童却与亦思巴奚军发生了冲突，阿迷里丁遂率部攻城。正在前线的三旦八听闻后方内讧，连忙轻骑赶回兴化，劝安童开城和解，却被阿迷里丁扣押。亦思巴奚军破城后，在兴化大肆掳掠一番，直至四月方才押着三旦八和战利品撤回泉州。至正二十四年（1364）的《重修弥陀岩石室题记》是现存可见三旦八活动的最晚记载，该石刻记载了三旦八等人重修泉州清源山弥陀岩石室之事。从客观角度评价，在元末江浙行省动荡的政局中，三旦八曾一度力挽狂澜，成为元廷统治江南的基石，无愧于时人"独当一面东南天"的高度赞誉。然而，晚年的他因执着于政争，不惜与同朝官员兵刃相见，直接酿成亦思巴奚兵乱，导致各支军阀混战兴化、泉州近十年之久，其破坏不可估量。作为乱局的最初制造者之一，三旦八应对元廷在福建统治秩序的崩坏负有一定责任。①

三宝

河西僧，居住在杭州。他在杭州钱塘门西边的石函桥叠石建西番塔。②

大不花

唐兀氏，居新安县铁门镇水延村。蒙古不花曾参与至大二年（1309）新安县洞真观的重修。③

大礼普化

字君宝，西夏人。至元中叶，任襄城县达鲁花赤④。襄城任期满后，大礼普化又转任崞州同知，为政以兴衰补敝为己任。崞州的学宫、城池、祠庙，大礼普化都一一亲自规划修葺，朝夕不倦。当遭遇歉收年份时，大礼普化则

---

① 邓文韬：《元代西夏遗裔三旦八事迹考》，《宁夏社会科学》2016 年第 4 期。

② 《遂昌山人杂录》。

③ 王俊伟、周峰：《元代新安县的西夏遗民》，《薪火相传——史金波先生 70 寿辰西夏学国际学术研讨会论文集》，中国社会科学出版社 2012 年版，第 129—137 页。

④ （嘉靖）《许州志》卷五《官绩志》。

徒步登山，向龙神虔诚祈祷，求来甘霖，民间认为是被他的精诚所感动。①

大都子敬

唐兀氏。至正七年（1347），大都子敬任奉议大夫、山东东西道廉访司金事。同年六月，他偕书吏赴东平等处审囚分司，巡历各个路府州县。当他到达曲阜时，曾沐浴斋戒，拜谒孔庙、孔林。②

大德辉公

元代宁夏奉天寺僧人。③

兀南卜

疑党项兀南氏。兀南卜于至顺三年（1332）前后在任崞县达鲁花赤。④

山马

字山斋，西夏人。山马个性好学不倦，在任醴州同知期间颇有治行，其离任后，民间向翰林学士欧阳玄求去思碑文以记载他的事迹。⑤

山东

字子春，号元斋，河西人。⑥ 山东出自世家大族，由国子学贡举出仕，历京师与地方官多任，于元统元年（1333）到任德清县达鲁花赤。在任期间，山东有平均徭役之事迹，又不冤杀一人，有仁爱的名声。他尤其崇尚学校，为县学修饰坛壝、廊舍，又将预备的仓库拿来作为祠堂以祭祀乡贤。对于整修桥梁之类的设施，他也同样有功劳⑦。后升任福建闽海道廉访司金事⑧。

---

① 《峄县志点注》卷二三《霖泽庙灵应记（梁宜）》。
② 《元唐兀氏大都子敬林庙题名碣》，载杜建录《党项西夏碑石整理研究》，上海古籍出版社2015年版，第260页。
③ 《胜公和尚道行碑》，载杜建录《党项西夏碑石整理研究》，上海古籍出版社2015年版，第231页。
④ （乾隆）《崞县志》卷二《职官》。
⑤ （万历）《慈利县志》卷一五《宦绩志》。
⑥ （同治）《湖州府志》卷五《职官表》。
⑦ （同治）《湖州府志》卷五三《德清县达鲁花赤山东去思之碑》。
⑧ 《安雅堂集》卷三《分题得南台送山子春金事之闽中》。

乞台普济

西夏人，拉吉尔威之孙，算智尔威次子。乞台普济还是幼童时，便随其父出入于元世祖帐中，他的勤奋与恭敬很早就被元世祖所察觉。至元三年（1266），元世祖选派乞台普济入东宫辅佐真金太子，一待就是20年。当真金次子答剌麻八剌生下元武宗海山以后，真金太子派乞台普济保育他。每逢元世祖召见，乞台普济都会怀抱海山入朝。海山幼年问学，乞台普济以他的嫡子也儿吉尼陪读。大德二年（1298），元成宗派海山赴漠北统辖大军，镇压西北诸王叛乱。海山将军情事务，都委任给乞台普济。到漠北后，乞台普济训练六军，总裁法令。大德四年（1300），乞台普济入朝取得真金太子之信宝。大德五年（1301），海都叛军来攻，乞台普济为了区分，让元军穿上红色的铠甲，战败敌军。大德十一年（1307），成宗驾崩，使臣前来报告海山。海山想要放弃大军，单独前去奔丧。乞台普济认为大都方面的事情，很难揣测，应等皇太后召还再去。随后，仁宗爱育黎拔力八达以削平了大都内乱再来报告，且敦促海山尽快入大都。海山即日便让乞台普济暂任平章政事，经驿路至大都，准备迎接海山归来与登基。同年五月，海山正式即位为元武宗，遂授予乞台普济中书平章政事。次月，时任皇太弟的仁宗奏陈乞台普济昔日为武宗即位的筹划、调度之功劳，于是武宗为他加官银青光禄大夫，封庆国公。七月，又进仪同三司、太子太保。九月，加开府、太子太傅。至大元年（1308）二月，加拜乞台普济为中书左丞相，又以为太子太保、加上柱国。四月，拜太保。六月，进太子太傅，再进太子太师。七月，加录军国重事。十一月进为中书右丞相，遂位极人臣。乞台普济娶妻库库楞，至大元年（1308）二月封庆国夫人。[①] 同母兄阿拉克普济，弟昂吉、日尔塞、托罗岱，异母弟乌尼尔威、珠特尔威，子也儿吉尼、厘日、尔禄，孙达实和尔布、伦图尔威、塔海、诺海、都迪尔威、伊齐特穆尔，戬伊特楚、按巴、哈达逊、斡斡、聂辰、世

---

① 《牧庵集》卷二六《开府仪同三司太尉太保太子太师中书右丞相史公先德碑》。

兼千户、聂尔布、吉连布、染齐、善布，曾孙额尔吉纳威、玖哲尔威、布都尔威、卓尔齐、阿噜珲彻尔、济勒尔威。

拉吉尔威　西夏人，夏臣持持理威之子。拉吉尔威为成吉思汗宿卫，死后赠太师、服勤翊卫功臣、上柱国，谥敬简。娶蔡氏，封夏国夫人。[①]

算智尔威　拉吉尔威之子。算智尔威善于骑马射箭，非常勇敢，元世祖忽必烈尚在潜邸时，算智尔威即入侍之。1253年，他跟从忽必烈远征云南大理国，在战斗中以骁勇，果敢著称。战后论功行赏，赐给他马五匹，钞2500两，价与银等。1259年，算智尔威再度跟随忽必烈渡江攻鄂州，奋力作战。中统元年，忽必烈即位为帝，算智尔威从征漠北，镇压阿里不哥，参与小大战役共计15场，赐白金币锦，朝廷任命他为蒙古唐兀军民达鲁花赤。去世时享年78岁。赠太师、推诚翊运功臣、上柱国，谥号忠宣。初娶妻乌纳氏，系西夏国主之外孙女，封夏国夫人。第二任其子同样是乌纳氏。[②]

阿拉克普济　算智尔威长子。阿拉克普济于至大年间被授予荣禄大夫、司徒，都元帅。[③]

昂吉　算智尔威第三子。昂吉于至大年间被授予荣禄大夫、司徒，遥授中书平章政事。[④]

日尔塞　算智尔威第四子。日尔塞于至大年间被授予宣政院使兼宁夏、甘肃释教都总统。[⑤]

托罗岱　算智尔威第五子。托罗岱任管军千户，早年去世。[⑥]

也儿吉尼　乞台普济长子。也儿吉尼于22岁时扈从武宗出镇漠北。也儿吉尼多次挫败海都叛军。大德十一年（1307），海都之乱暂平，武宗论功行

① 《牧庵集》卷二六《开府仪同三司太尉太保太子太师中书右丞相史公先德碑》。
② 《牧庵集》卷二六《开府仪同三司太尉太保太子太师中书右丞相史公先德碑》。
③ 《牧庵集》卷二六《开府仪同三司太尉太保太子太师中书右丞相史公先德碑》。
④ 《牧庵集》卷二六《开府仪同三司太尉太保太子太师中书右丞相史公先德碑》。
⑤ 《牧庵集》卷二六《开府仪同三司太尉太保太子太师中书右丞相史公先德碑》。
⑥ 《牧庵集》卷二六《开府仪同三司太尉太保太子太师中书右丞相史公先德碑》。

赏，以也儿吉尼的胆略与功绩而推为冠军。武宗正式登基以后，授予也儿吉尼资德大夫、同知枢密院事。六月，赐予他虎符，让他任太府院使兼唐兀亲军都指挥使。同年七月，加特进，遥授中书左丞相，又进知枢密院事，又兼使典瑞院。至大之元（1308）五月，也儿吉尼兼使仁虞院，十一月拜他为御史大夫。至大三年（1310）三月，改知枢密院事。①

元仁宗即位后，罢仁虞院，于是仅让也儿吉尼知枢密事。延祐七年（1320），英宗即位后，留意边防，派遣也儿吉尼检核巩昌等路屯戍，选甘州戍卒。回来后不久，也儿吉尼出任江西行省平章。泰定元年（1324），朝廷召也儿吉尼赴阙，命他知枢密院事。没过多久又派出他任云南行省左丞相。在任丞相期间，也儿吉尼横行不法。对行省郎中文如玉的劝谏置若罔闻，相反还移文中书省诬告他专擅，使其调任为四川行省理问。② 天历初年，元文宗一再征召也儿吉尼，他却观望不应。后来云南诸王答失不花、秃坚不花及平章马忽思等欲举兵叛乱，也儿吉尼没有响应。天历二年（1329），答失不花等聚集五万士兵，数也儿吉尼专擅等罪，将要杀他。于是也儿吉尼逃入八番之地，不久后入朝，授翰林学士承旨，改知枢密院事。至顺二年（1331），朝廷加也儿吉尼太尉，赐银印。此后事迹不详。③ 也儿吉尼初娶武宗所赐女子，再娶怀远大将军、高丽国副元帅平壤君赵瑞女赵氏。④

厘日　乞台普济次子。厘日最初侍奉晋王甘麻剌，以谨慎、机敏筑城。海山到漠北的次年，与叛军大战阔别列。厘日负责为海山提供军粮。后来海山觉得厘日很忠诚，于是将他留在左右。武宗登基次月，授予厘日资善大夫、翰林学士承旨。十月，进荣禄大夫，遥授平章政事，行大宗正府也可札鲁忽赤。十二月，授卿典牧。至大之元（1308）二月，使尚服。五月，拜光禄大

① 《牧庵集》卷二六《开府仪同三司太尉太保太子太师中书右丞相史公先德碑》。
② 《燕石集》卷一四《奉元路总管致仕文公神道碑》。
③ 《蒙兀儿史记》卷一二一《也儿吉尼传》。
④ 《高丽史》卷一〇五《赵仁规传》。

夫，遥授中书左丞相。七月，兼使将作院。至大三年（1310）二月，以遥授中书右丞相领司礼监，八月拜御史大夫，委以风宪重任。元仁宗登基后，令武宗之子周王和世瓎出镇云南。厘日因为自己是武宗旧臣而颇为和世瓎鸣不平。当年十一月，和世瓎到达延安，常侍教化谋划与陕西行省丞相阿思罕等举兵拥立周王。厘日参与了这件事，可惜没有成功，教化被杀，而厘日也不知所终。

尔禄　乞台普济第三子。尔禄幼时为沙门，大德十一年至海山军中。海山赐给他御服帽带，让他还俗。武宗登基后，授尔禄为正议大夫、金宣政院事。

达实和尔布　乞台普济之孙。达实和尔布于至大年间任管军万户、佩虎符。

久住

河西人。至大四年（1311）十月，久住以昭信校尉来任镇江路判官。[①]

也儿吉尼

字尚文，唐兀氏。也儿吉尼入仕之初为陕西行台监察御史，后至元六年（1340）迁江南行台监察御史[②]，至正八年（1348）召入为内台监察御史，弹劾中书省右丞相别儿怯不花。顺帝罢别儿怯不花为太保，同时选也儿吉尼为江南浙西道廉访司佥事。也儿吉尼受命后，依旧弹劾别儿怯不花不应为太保，但未被顺帝接受，于是愤而辞官。不久后，也儿吉尼居家丁父忧，被朝廷夺情起复，任命为中政院判。

至正十一年（1351），也儿吉尼出任为岭南广西道肃政廉访副使。当时有都梁盗贼数千人在灵川劫掠，距离桂林仅有数十里。也儿吉尼督都元帅阿鲁辉统也孙、思敬二万户，合官军、撞义擒杀了这些盗贼。红巾军发动反元起义，起义烽火逐渐燃烧至湖广行省西南地区，为了将敌人挡在广西之外，也

---

① 《至顺镇江志》卷一五《刺守》。
② （至正）《金陵新志》卷六《官守志》。

儿吉尼镇压了潭州路与衡州路的起义军，收复了全州。① "也许正是此役奠定了也儿吉尼的威望，随后也儿吉尼在广西的军政事宜上的话语权越来越重要。如至正十四年重修灵渠、至正十六年（1356）重修静江城，这两项规模浩大的工程，都是由也儿吉尼所主持的"②。据推测，也儿吉尼约在至正十六年（1356）前后由广西道廉访副使升为正使，又于至正二十一年至二十三年间（1361—1363）兼湖广行省平章政事之虚衔③。至正二十三年（1363），元朝建立广西行中书省，廉访使也儿吉尼为平章政事，"时南方郡县多陷没，惟也儿吉尼独保广西者十五年"④。洪武元年（1368）六月，由于也儿吉尼麾下总制张荣与裴观叛变投敌，导致杨璟率领的明军在围困数月之后终于攻破静江城。⑤也儿吉尼在城破后试图逃走，在东门被明军俘虏，次日即被送往南京，不屈被杀。也儿吉尼主政广西期间，素来以"猺乱"著称的广西没有发生大的动乱。不仅如此，也儿吉尼还重整驿政、赈济灾荒、重修灵渠和静江城等大型工程，而且能够有能力控制广西土著撞兵，进而主动出兵击退红巾军，收复湖南衡湘，保证广西四境的安宁。被颇为留心广西军政情况的危素称道为："四方兵乱者十年，而广西之境晏然无虞"。在元末的动乱局势下，这是相当瞩目的成就。子溥化帖木儿。⑥

　　溥化帖木儿　也儿吉尼之子。溥化帖木儿于元末任利器库提点。由于广西粮食匮乏，也儿吉尼命廉访副使、大都知事王暹通过驿道赶赴平梧，征召士兵和募集粮食。但往来数月，都没有得到人们的响应。于是也儿吉尼派遣

　　①　《永乐大典》卷二三四三《梧·奉议大夫岭南广西道肃政廉访司副使也儿吉尼公德政碑》
　　②　任建敏：《西夏遗民也儿吉尼与元末广西行省的设置与维持》，《西夏学》第十六辑，甘肃文化出版社2018年版。
　　③　任建敏：《西夏遗民也儿吉尼与元末广西行省的设置与维持》，《西夏学》第十六辑，甘肃文化出版社2018年版。
　　④　《元史》卷四六《顺帝纪九》。
　　⑤　《明实录》卷三二，洪武元年六月壬戌条。
　　⑥　任建敏：《西夏遗民也儿吉尼与元末广西行省的设置与维持》，《西夏学》第十六辑，甘肃文化出版社2018年版。

溥化帖木儿入大都告急，尚书普颜帖木儿与张翔见到溥化帖木儿后，给了他白金五千余两，让他先回，但溥化帖木儿在回城时被明军俘虏。于是明军将溥化帖木儿押解到城下，向也儿吉尼劝降，但也被也儿吉尼下令"有能中吾子者予五十金"。元军纷纷射箭，但均未射中。入明以后事迹不详。①

也先帖木儿

一作额森特穆尔，唐兀氏。后至元二年（1336），也先帖木儿以散官奉议大夫任江南行台监察御史。②

也先帖睦儿

西夏人，至正四年（1344）在任广东道宣慰司都元帅府奏差。③

也先帖木

唐兀氏④。也先帖木至正十年（1350）为副崇教，曾题名于飞来峰龙泓洞⑤，该题名今不存。

也里

一作伊埒，唐兀氏。元统三年（1355），也里以儒林郎任江南行台监察御史。⑥

也速迭儿

河西人，仕元，官至廉访使。⑦

小丑

唐兀氏。成吉思汗灭亡西夏后，在西夏故地括匠户，小丑以其所制弓进攻，被赐名怯延兀兰，授予怯怜口行营弓匠百户。小丑后来移居到和林，不

---

① 《永乐大典》卷二三四二《古藤志》。
② （至正）《金陵新志》卷六《官守志》。
③ （崇祯）《肇庆府志》卷二九《包孝肃公祠记（钱义方）》
④ 《两浙金石志》《杭州金石志》《金石汇目分编》等各金石志皆谓之"兀氏"。唯北京大学图书馆藏拓片目录谓之"唐兀"，故补之。
⑤ 《两浙金石志》卷一七《元兀氏也先帖木灵隐题名》。
⑥ （至正）《金陵新志》卷六《官守志》。
⑦ （弘治）《宁夏新志》卷一《人物》。

久后病逝。子塔尔忽台，孙朵罗台、阔阔出，曾孙脱欢。①

　　塔尔忽台　小丑之子，袭父职为怯怜口行营弓匠百户。阿里不哥与忽必烈争夺帝位时，塔尔忽台响应忽必烈，在失亩里秃之地争战时阵亡。②

　　朵罗台　塔尔忽台长子。朵罗台跟从万户也速觯儿、玉哇赤等多次出征有功，被授予前卫亲军百户一职，仕至昭信校尉，苟陂屯田千户所达鲁花赤。此后因为疾病而辞官。③

　　阔阔出　塔尔忽台次子。朵罗台之弟。阔阔出亦专精于制作弓，曾以所制弓进献元世祖。世祖将他拔擢为大同路广胜库达鲁花赤。大德元年（1297），阔阔出升任大同路武州达鲁花赤，兼管本州诸军奥鲁劝农事。又出任建州、利州两州达鲁花赤，改任四川道廉访司佥事，拜监察御史，累官中大夫、大宁路总管。去世于任上。④

　　脱欢　朵罗台之子。脱欢最初为宿卫，后出任御史台译史，拜监察御史，迁四川行省左右司员外郎、四川廉访司佥事、枢密院都事，升断事官。⑤

马元

　　字仲彬，唐古氏。后至元四年（1338），马元以都水监官来治理会通河，行视至堽城，见闸坏河塞，遂准备在此重修一大闸。马元上报朝廷，获得首肯。次年二月，马元让工人入山中凿石，购买建筑材料，并亲自经营筹划，选取闸址。到九月份，堽城闸终于修成。⑥

马彻里

　　西夏人。马彻里平生读书好礼，大德二年（1298）前后任萧县达鲁花赤。当年六月黄河流域遭逢大雨，在蒲口决口，流到萧县城下。马彻里亲率僚吏

①　《元史》卷一三四《朵罗台传》。
②　《元史》卷一三四《朵罗台传》。
③　《元史》卷一三四《朵罗台传》。
④　《元史》卷一三四《阔阔出传》。
⑤　《元史》卷一三四《脱欢传》。
⑥　《漕运通志》卷一〇《改作东大闸记》。

组织民间抗击洪水。三月之后，水患才被平息下去，马彻里也因丁忧而短暂离职。然而，由于黄河水的倒灌，萧县泉水又全部暴涨。马彻里自亲丧起复后，前往专门用来疏浚水流的伏道口和铁窗孔两地，组织民夫凿开两口，成功的排解了水患。①

天祐

字孝友，唐兀氏，寓杭州路。泰定元年进士。天祐于后至元六年（1340）任新城县达鲁花赤②，在任间曾重修新城县学大成殿③。

木八剌沙

西夏人，某平章之孙。至正十三年（1353）前后在任两浙盐使司同知。在任之初，木八剌沙即有激扬之志。当他分漕嘉禾时，听取贫困户和孤苦者的生活状况，去除多余的负担，禁止土豪与官吏相勾结，木八剌沙核验商人给的数额，将新盐和旧盐一起按次序发给他们。于是商船接连而来。充实了军国之需。④

王相嘉世礼

西夏人。王相嘉世礼于至正二十二年（1362）前后在任江浙行省通事，曾与陈基等人同谒古宋儒先生节孝徐公之墓。⑤

王翰

唐兀氏，原籍阳谷县，字用文，一名那木翰，王撒达重孙，王尚回曾孙，王蕉之孙，王德之子。王翰早年被任命为庐州路治中，福建行省平章燕赤不花听闻王翰的声誉，将他辟为从事，改任福州路治中，又升同知及福建行省理问官，综合治理永福与罗源二县政务。之后，王翰又擢升为朝列大夫、福建江西行省郎中，为行省平章陈友定留居幕府。陈友定认为王翰较有威望，

① （嘉靖）《徐州志》卷四《地理志上》。
② 萧启庆：《元代进士辑考》，"中央研究院"历史语言研究所2013年版，第210页。
③ 《金华黄先生文集》卷一〇《新城县学大成殿记》。
④ 《东维子文集》卷二三《两浙盐使司同知木八剌沙（四库本作茂巴尔斯）侯善政碑》。
⑤ 《夷白斋稿》卷二一《吊徐节孝先生序》。

表授他为潮州路总管，兼督循、梅、惠州。在短短的 1 年多时间里，地方相对平静，潮人经历了多年战乱之苦后，总算有一段喘息休养的机会。[①] 元朝灭亡以后，王翰试图通过海路前往交趾、占城，却没有成功。于是回到福州永福山中隐居十年，号友石山人。后有人向明朝推荐王翰。王翰听闻征辟的命令已下，于是感叹道："一女岂能再嫁？"即准备棺材，生病也不肯服药。恰逢明朝官方催促王翰入朝，王翰于是自尽，享年四十有六。[②] 王翰日常喜阅读书史，亦能作诗，有诗集《友石山人遗稿》传世。此外，今福州，泉州，潮阳等地，皆有王翰的出游题记，是为西夏遗裔书法作品的珍贵遗存。子王俌、王修、王伟。

　　王撒达　山东阳谷人，姓王氏。其先世于北宋仁宗时从宋师征讨西夏，陷没为夏人，其后王撒达遂以灵武为籍贯。入元后，撒达复归山东。其家族在阳谷甚盛。元世祖以其刚直守义，嘉之，赐姓唐兀氏。卒年 80 岁，从其族葬阳谷县。[③]

　　王尚回　撒达之子。元初，尚回隶属于昂吉率领的河西军，在江淮、荆襄之间争战，以武功授武德将军，管军上千户，佩金虎符，镇守庐州。其后子孙世袭，于是安家于庐州。享年 60 岁，与夫人常氏合葬合肥西七里大蜀山。[④]

　　王蕉　尚回之子，字世安，一名朵烈图。王蕉袭职之初授武略将军，管军千户，后再授武德将军，管军上千户，依旧镇守庐州。娶妻张氏、昂吉氏。卒年 60 岁，与夫人葬合肥县西七里大蜀山下父茔右。[⑤]

　　王德　王蕉之子，号梅坡，一名野仙不华。王德袭职之初授昭信校尉，管军百户，再授武略将军，管军千户，改授武德将军，管军上千户，镇守庐

　　① 　马明达：《元末西夏人那木翰事迹考述》，《西北民族研究》1991 年第 2 期。

　　② 　《闻过斋集》卷五《友石山人墓志》。

　　③ 　《太原王氏沙堤乡志》。

　　④ 　《太原王氏沙堤乡志》。

　　⑤ 　《太原王氏沙堤乡志》。

州。后升任淮西添设宣慰副使①。娶妻刑氏、夏氏，其中夏氏为宋末淮西制置使夏贵之后②。卒年60岁，葬大蜀山下祖茔左。③

王俦 王翰之子，排行待考。字孟扬。王俦6岁时，其父王翰因不愿仕明而自尽，由其母手书王翰之迹与古今豪杰大略教育他。王俦又按王翰遗命，从吴海求学。洪武二十三年（1390），王俦得到乡荐，赴南京礼部考试，未中进士，入国子学求教，后因母亲年高乞归养。其母去世后，王俦守孝六年。永乐元年（1403），王俦再至京师，被赐予特殊的礼仪，待诏于阁下。被任命为从事郎史官翰林检讨，进讲经筵，以文字供职，又充《永乐大典》副总裁。后因解缙之事而下狱，被折磨致死。④ 王俦留有诗文集《虚舟集》传世，诗文内容"多为吟咏、怀古、送别之作，特别是其中一些诗句写得空灵清发、意境深远"⑤。长子王振，闽中大族女薛氏所生，次子王拱，侧室李氏所生。

王修 王翰次子，一名仲，字寿卿，号致政。沙堤王氏始祖。⑥

王伟 王翰之子，排行待考。元亡后留居福建排铺街。⑦

五十六

字正卿，唐兀氏。至正二十五年（1365）九月，五十六由朝散大夫、金将作院事到任秘书太监，时年已70岁。⑧

长寿

字景仁，西夏人。长寿性格孝顺，他曾以湖广行省理问所知事，经驿传出使平江路。在旅途中，他的母亲突发疾病。长寿感到忧虑，于是四处求医，

---

① （光绪）《续修庐州府志》卷二三《职官表》。
② 《太原王氏沙堤乡志》。
③ 《太原王氏沙堤乡志》。
④ 《明文衡》卷九五《自述诔》；《列朝诗集》乙集卷三《王检讨俦》。
⑤ 殷晓燕：《论党项羌人王俦及其文学创作》，《民族文学研究》2007年第1期。
⑥ 《太原王氏沙堤乡志》。
⑦ 《太原王氏沙堤乡志》。
⑧ 《秘书监志》卷九《题名》。

幸得曾彦鲁治愈其母之病。①

殳城卜

河西人，冯姓，仕元至国公。元朝灭亡后，殳城卜降明，居灵州。子答兰帖木儿。②

答兰帖木儿　殳城卜之子，以军功官至都指挥。永乐九年（1411）七月，时任灵州降胡都指挥的冯答兰帖木儿等背叛明朝逃跑，受陕西都指挥使孙霖、王仪等追击，被打败。③后再次投降。永乐二十一年（1423）被招至北京。④此后事迹不详。

六十

字子约，西夏人。六十早年入国子学求学，以上舍生积分及等，由贡试入仕为濠州同知，调南平县达鲁花赤。后至元四年（1338），六十由浦城县达鲁花赤转任南阳府同知，重修了南阳县儒学。⑤此后，六十又被拜为富宁库提举，寻改同知都漕运事，由归德知府拜监察御史，转江西廉访副使。至正九年（1349），六十出任平江路达鲁花赤。到任之初，六十以整顿吏治为要务，他首先拜谒了孔庙。其后，六十又重修平江路官学。六十还将当年多出来的官粮放债，每月取利息，让僚属拿去应对驿传所需。当时，海道漕运被海盗所阻隔，江浙行省派六十按兵昆山之刘家港，歼灭了海盗。随着红巾军起义的爆发，六十经常出入于筑城工地，并募集五百义兵派去作战。不久后，起义军攻陷常州，继而入湖州，六十昼夜防守。而后江浙行中书又檄六十兼制军事。至正十三年（1353），朝廷遣使祀海神天妃庙，六十任与祭官。⑥同年秋，平江路阴雨不断，影响收成，六十等官员遂入城西光福寺内向铜观音像

---

① 《夷白斋稿》卷一八《赠曾彦鲁序》。
② （嘉靖）《宁夏新志》卷三《人物》。
③ 《明太宗实录》卷一一七，永乐九年七月丁亥条。
④ 《明太宗实录》卷二五五，永乐二十一年正月戊戌条。
⑤ （正统）《南阳府志》卷一一《南阳县新建庙学记》。
⑥ 《潞水客谈及其他五种》。

祈祷雨停，得遂所愿。① 十五年（1355），朝廷行纳粟补官之令，使者至平江路，集属县富户，迫使他们捐粮食。六十以米价踊贵劝阻了使者。因其出色的政绩，中书省宰相奏六十为东南诸路最好的管民官。元顺帝特下诏嘉奖了他，并增加了他的俸禄，让他在平江路继续担任达鲁花赤三年。② 十六年（1356），六十因病去世。

文殊奴

唐兀氏，居甘肃。文殊奴于北元宣光年间任云南行省境内路达鲁花赤，宣光五年去世。家人为之立《佛顶尊胜陀罗尼经幢》于昆明城外。③

文舜卿

唐兀氏。文舜卿于至正十五年（1355）前后由中书省委派，到鹿泉县管理当地驿站。他参加了重修鹿泉神应庙的活动。④

文伯要觯

又作文伯兀台、文伯牙兀歹，河西人。至元十四年（1277）正月任丹徒县达鲁花赤⑤，延祐三年（1316）十一月二日以中大夫任镇江路达鲁花赤兼总管内劝农事⑥，次年为《镇江路儒学复田记》碑篆额。五年（1318）七月改除宣政院副使。延祐七年（1320），时任宣政院同金的文伯要觯上奏，应该将原属镇江路的淮东站户发还，并补贴他们之中贫乏的家庭，而让淮东各路的站户自行承担站役。可见，文伯要觯虽然离开了镇江路，却依旧关注当地民众的差役负担。

---

① 《夷白斋稿》卷二七《光福观音显应记》。
② 《夷白斋稿》卷一二《平江路达鲁花赤六十公纪绩碑颂》。
③ 《文殊奴神识经幢》，载杜建录《党项西夏碑石整理研究》，上海古籍出版社 2015 年版，第266 页。
④ 孙继民、宋坤：《元代西夏遗民踪迹的新发现——元〈重修鹿泉神应庙碑〉考释》，《宁夏社会科学》2011 年第 3 期。
⑤ （至顺）《镇江志》卷十六《宰贰》。
⑥ （至顺）《镇江志》卷一五《刺守》。

方显祖

字子谦，唐兀氏，女真人，居东平路。曾任诸暨县尹①、湘乡知州②。

火夺都

河西人，以质子的身份跟从蒙古征讨西夏。成吉思汗设立了号称"秃鲁花"的质子军，以火夺都为秃鲁花军百户。窝阔台时，都元帅纽璘承制以火夺都为千户，从征四川。忽都在临洮发动叛乱后，元世祖曾命火夺都等以蒙古、汉军从大军往讨之。子拜延、孙答察儿。③

拜延　火夺都之子。其父去世以后，拜延在至元九年（1272）承袭父职，制授征行千户，佩金符。十年（1273），大败南宋于成都。又先后参加了元军攻击嘉定、泸州、叙州和重庆的战役，多有战功。至元十二年（1275），四川行枢密院承制以拜延为东西两川蒙古汉军万户。总帅汪田哥用兵忠州，命拜延将兵2000，往涪州策应，邀击宋军于青江，擒宋将17人，取其军资，焚其战舰。次年，拜延又协同各路元军攻克泸州与重庆。元廷制授宣武将军、蒙古汉军总管。至元十九年（1282），拜延跟从四川总帅汪田哥入见元世祖，升官为怀远大将军、管军万户，改赐金虎符。随后去世。④

答察儿　拜延之子，嗣职授明威将军、兴元金州万户府达鲁花赤。⑤

火失不花

河西人。至元二十九年（1292），火失不花以中顺大夫来任通政院同知。⑥火失不花在任期间，对元代的驿站制度有一定贡献。《元典章》中共留下了三条由火失不花奏请而获得通过的条文。第一，奏充军囚犯不可使用驿马。第二，奏使臣可以在城市民户处交换铺马。第三，奏禁约差役站户。

① （乾隆）《绍兴府志》卷二七《职官志三》。
② （乾隆）《长沙府志》卷一九《职官》。
③ 《元史》卷一三三《火夺都传》。
④ 《元史》卷一三三《拜延传》。
⑤ 《元史》卷一三三《拜延传》。
⑥ （至顺）《镇江志》卷一七《司属》。

孔吉祥

本河西唐兀氏。吉祥冒姓孔氏，因为担任僧纲而侨居天台县。①

孔安普　字行之，吉祥之子，籍贯台州路天台县。安普师从天台县尹杨维桢及其兄县学教谕杨维翰，至顺元年以《书经》登进士第，任嘉兴路录事，转诸暨州判官。②

丑闾

唐兀氏，伯颜察儿次子，字时中，娶妻侯氏。丑闾在上都路参加乡试，考中第一名，会试考中第 32 名，殿试中二甲第 13 名，被授予承事郎、崇福司管勾③，历陕西行台照磨、管勾④，淮南行省员外郎⑤，后至元五年（1339）任江南行台监察御史。⑥丑闾后累官京畿漕运副使，出知安陆府。至正十二年（1352），徐寿辉红巾军部下曾法兴攻打安陆城。丑闾募兵得数百人，并亲自统帅他们抵抗敌军，击败红巾军前锋，并乘胜追击。却不料，红巾军从其他城门攻入。丑闾思量已无法遏止败局，于是回到官署之中，穿好朝服，端坐在公堂之上。被俘后丑闾不屈，且怒骂红巾军，红巾军将士大怒，以刀砍丑闾左臂，臂断而死。丑闾妻侯氏亦上吊自尽。事情被朝廷知道后，朝廷赠官丑闾河南行省参知政事，赠侯氏宁夏郡夫人。立旌表其门"双节"。子景福。⑦

伯颜察儿　丑闾之父，隶上都等处打捕鹰房纳绵等户，承担昔宝赤身役，娶妻葛氏。⑧

景福　字仲祯，丑闾次子。景福元末为福建行省参知政事，明初削发为

---

① （民国）《台州府志》卷二三《选举表·考异》。

② 萧启庆：《元代进士辑考》，"中央研究院" 历史语言研究所 2013 年版，第 240 页。

③ 萧启庆：《元统元年进士录校注（上）》，《食货月刊》1983 年第 2 期。

④ 《伊滨集》卷八《送丑时中之西台照磨》《送宋翼卿西台照磨寄丑时中管勾》。

⑤ 《梧溪集》卷一《奉寄赵伯器参政伊时中员外五十韵》。

⑥ （至正）《金陵新志》卷六《官守志》。

⑦ 《元史》卷一九五《丑闾传》。

⑧ 萧启庆：《元统元年进士录校注（上）》，《食货月刊》1983 年第 2 期。

僧，改名福大全①，是一名心怀故国，不肯出仕明朝，但并无激烈之言辞与行动的"温和型遗民"②。

札忽儿歹

常姓，河西人。札忽儿歹曾迢遥万里，迎侍双亲，以孝悌为念。至元二十年（1283），他以宣差的身份来任宁都县达鲁花赤，到任之后，即拜谒县庙学。札忽儿歹见庙学荒废，于当年秋重修了文庙。③ 此外，札忽儿歹在任期间还有其他善政，民间为之立生祠堂。

世式

一作锡实，唐兀氏。后至元三年（1337），世式以承德郎任江南行台监察御史。④

甘立

字允从。居陈留，西夏人，早年有时誉，至顺年间由内掾改奎章阁照磨。预修《经世大典》⑤，官至中书检校。与柯九思、虞集、倪瓒、陈旅交往唱和，"亦擅书札"⑥。现存作品以《元诗选·二集》从《允从集》中辑出的诗词最为全面。⑦ 甘立与柯敬仲、陈云峤等人皆服防风通圣散，每天都须要吃一服以为常，一日皆无病而卒。

石贤

字安卿，西夏人。昆山原有三皇庙，因州治迁徙而被荒废。至正十九年（1359），石贤来任昆山州同知，恰逢昆山州治迁回原处，当他在三皇庙奠谒之时，发现三皇庙宇崩坏，神像暴露在风雨中，于是倡修三皇庙。此外，石

---

① 《梧溪集》卷四《寄福建参政景福仲祯》。
② 萧启庆：《元明之际的蒙古色目遗民》，转载萧启庆《内北国而外中国：蒙元史研究》，中华书局2007年版，第178页。
③ （天启）《赣州府志》卷二〇《宁都县修文庙记（宋叔度）》
④ （至正）《金陵新志》卷六《官守志》。
⑤ 《安雅堂集》卷四《送甘允从甫北上序》。
⑥ 《书史会要》卷七《元》。
⑦ 刘志月、邓文韬：《元代西夏遗民著述篇目考》，《西夏研究》2016年第2期。

贤还追索了因图籍丢失而不可考，被他人所占据的学田，将这些田产复归学校所有。①

龙泉禅师

党项人②，俗姓李氏。龙泉禅师世代在边塞服军役，至祖父一辈，开始在官府当官。他幼年习儒，成年后加入行伍，率领士兵南征。后出家为僧。初拜安塞县柏家崖韦公山主为师，入山后因对禅宗教义悟解较深，得到韦公山主器重，名声渐著。后被安定长官刘珍并众耘那（施主）请出山，主持久已荒废了的大普济禅寺，传灯续焰。经过多年的辛苦，古刹修复一新，香火空前旺盛。由于他广度僧尼，弘扬佛法，转移人们的注意力，缓和了阶级矛盾，有利于元朝统治，因此得到褒奖。在至元间被"颁降紫衣，同赐大师之号矣"。③

卢英

初名式笃儿，河西人。卢英性格温厚聪敏，知书达理，原为元世祖之女齐国公主忽都鲁揭里迷失的怯怜口，随之下嫁高丽忠烈王王谌，官至将军。卢英曾经多次赴元朝告归国、谢恩或延请医生，某次出使时在半途病逝。④

田厮

唐兀人。后至元五年（1339），田厮出任昌平监州。到任之后的田厮课农讲学，兴利除害。昌平州就出现了政治安定的局面。至正二年（1342）正月，田厮率僚佐致祭孔庙，见孔庙颓废，于是重修了昌平州学。⑤

冯某

名讳不详，杨琏真迦同里人，僧人。冯某幼时与杨琏真迦同学。杨琏真迦赴任江南释教总统后，以书招冯出河陇来江南，告知他以杭州有宋富贵人家的坟墓10来座，让冯某父子去盗墓。他们掘了10座坟墓，获得了金银财宝

---

① 《吴都文粹续集》卷一七《昆山州重修三皇庙记》。
② 原碑作"党人"，疑脱"项"字。
③ 李福顺：《子长县新发现的元代佛教史料》，《文博》1988年第1期。
④ 《高丽史》卷一二四《卢英传》。
⑤ （康熙）《昌平州志》卷二〇《重修昌平县儒学碑记》。

无数。二人又准备发掘剩下的 4 座坟墓，结果父子半夜梦到有金紫官人哀求放过他们。于是父子不再去发掘剩下的 4 座坟墓。冯某在杭州的寺院位于西湖北山，而他的儿子则居住在昭庆寺的东面。①

永济尚师

河西人。永济尚师通晓《诗》《书》《礼》《乐》《春秋》等儒家经典，佛学水平甚高，为西夏佛教宗师，被称为"祖师"。同时，永济尚师还修建了华严寺。②

必申达儿

又作必申达而、必申达，济南人，号樵隐，唐兀氏。必申达儿之出身与家世不详，其仕履可考者，初为奎章阁艺林库提点，后至元六年（1340），任江南行御史台监察御史③，至正二年（1342）前后任陕西行台监察御史④。必申达儿著述多散见于金石与方志，其金石作品，有至正四年（1344）《书大灵岩寺碑阴记》，至今仍存，立于山东省长清县灵岩寺山门前；又有后至元六年（1340）《元必申达儿普陀岩题记》，在广西桂林七星岩。⑤ 其文学作品，则有《长安图志》卷下之《泾渠图序》。

弘家奴

一作鸿嘉努，唐兀氏。后至元四年（1338），弘家奴以从仕郎任江南行台监察御史。⑥

吉祥

字文卿，西夏人。至正七年（1347），吉祥于茶陵县任上辞官，居于洛阳里第，并取东晋陶渊明文中的词语，准备为其宅邸内燕休之亭题匾额曰"知

---

① 《遂昌杂录》。
② 《宁夏志笺证》卷上《名僧》。
③ （至正）《金陵新志》卷六《官守志》。
④ 《长安志图》卷下《泾渠图序（必申达而）》。
⑤ 刘志月、邓文韬：《元代西夏遗民著述篇目考》，《西夏研究》2016 年第 2 期。
⑥ （至正）《金陵新志》卷六《官守志》。

还"。吉祥请翰林待制吴炳用小篆书写匾额，又邀陈基撰文记之①。

吉泰

西夏人。吉泰从虞集学《易》，任职于某地肃政廉访司中②。

老索

唐兀氏，世代为宁夏路人。老索幼时聪颖，成年后以骁勇闻名于时。成吉思汗征讨四方时，老索多次劝谏西夏国主李安全③投降，见安全不降，于是自己率诸部先降。成吉思汗见其材貌不凡，使之进入宿卫。老索朝夕服侍，非常恭顺。凡遇攻伐之事，老索皆被坚执锐，亲冒矢石，为士卒之先，被赐号"八都儿"（意为骁锐无敌的勇士），娶宫女康里真氏为妻。伐金时，老索克大水泺，拔乌沙堡，又破桓、抚等州，隶属于河南武宣王察罕麾下，败金将定薛、九斤、万奴等军数十万于野狐岭，平定云内州，向西征讨凉州诸郡。成吉思汗赐金符为统军，及织纹数十匹以旌表老索之军功。蒙古西征时，老索跟随征讨钦察、兀罗思、回回等国，攻克斡罗儿、孛哈里、薛迷思干与铁门关等城池。1227年张柔从满城移镇保州，蒙古统治者担心张柔过于强大，威胁其统治，于是在灭金战争结束后，一方面以功封他为行军万户，一方面派亲信老索以"宣使"的身份赴保州对其加以监督。老索遂在1234—1239年间出任首任顺天路达鲁花赤④。1257年，老索上表符乞骸骨等事，中统元年（1260）六月二十三日去世，寿七十三。葬于清苑县太静乡之先茔。子阿勾、忙古觯，女张氏，孙忽都不花，曾孙讷怀。

忙古觯　老索次子。起家为行军千户。1257年，从蒙哥征讨四川。1259年，蒙古军围合州钓鱼山，忙古觯多次战胜，但最后阵亡于战场。元廷赠亚中大夫，金太常礼仪院事。娶妻眭氏。⑤

---

① 《夷白斋稿》外集《知还亭记》。
② 《道园类稿》卷三一《吉泰佑之字说》。
③ 梁松涛：《〈河西老索神道碑铭〉考释》，《民族研究》2007年第2期。
④ 彭向前：《西夏遗民初到保定时间考》，《保定学院学报》2008年第1期，第116页。
⑤ 《大元顺天路达鲁花赤河西老索神道碑铭》，《党项西夏碑石整理研究》，第215页。

张氏　老索之女，嫁与赵秉温为妻，追封定国夫人。①

忽都不花　忙古觯之子，德行温和、厚道。至元十七年（1280），任奉议大夫，祁州达鲁花赤。忽都不花在任期间执政清明。秩满以后，忽都不花本属于先朝旧臣，可以不按照次序拔擢。可当时朝廷由阿合马柄政，不给贿赂则无法升迁。忽都不花遂无意仕进，移遂州达鲁花赤。② 至元二十一年（1284）五月九日卒于家中，年三十有六。娶民氏，其子讷怀奉枢归葬于清苑县的先茔中。③

讷怀　忽都不花之子，以张为姓，号讷翁④。父亲去世之时，讷怀年方三岁，由母亲民氏抚养。讷怀从师问学，涉猎经史，至大都经由因司徒明里董阿推荐，拜见仁宗皇帝，被授予中书直省舍人官职。迁知安东州，历监察御使，拜河东廉访使。其时有世袭知府怙宠不法，讷怀发其奸，上其赃，将其绳之以法，受到了朝廷的嘉奖，升任金宣徽院事、工部尚书。后至元四年（1338），讷怀丁母忧而弃官不仕，建义学其家。后起复。至正十年（1350）由河南行省参知政事制授集贤侍读学士。⑤

西卑

唐兀氏。西卑于成吉思汗在位时充博儿赤，积官金紫光禄大夫。⑥ 疑为西夏末年太傅西壁讹答。⑦ 子阿束，孙仙仙、三哥儿，曾孙和实纳。

阿束　西卑之子。阿束于世祖在位时充速古儿赤。至元十八年（1281），阿束与阿沙一道进言谓"今年春，奉命总领河西军三千人，但其所带虎符金牌者甚众，征伐之重，若无官署，何以防闲之。"枢密院以闻，遂立唐兀卫亲

---

①　《滋溪文稿》卷二二《故昭文馆大学士中奉大夫知太史院侍仪事赵文昭公行状》。

②　《大元顺天路达鲁花赤河西老索神道碑铭》，《党项西夏碑石整理研究》，第 215 页。

③　《大元顺天路达鲁花赤河西老索神道碑铭》，《党项西夏碑石整理研究》，第 216 页。

④　邓文韬：《元代西夏遗民讷怀事迹补考》，《西夏研究》2013 年第 3 期。

⑤　《大元顺天路达鲁花赤河西老索神道碑铭》，《党项西夏碑石整理研究》，第 216 页。

⑥　《永乐大典》卷二八〇六《西卑》。

⑦　汤开建：《今本〈元史〉散逸在外的两个列传》，载氏著《唐宋元间西北史地丛稿》，商务印书馆 2013 年版，第 411 页。

军都指挥使司以总之①，阿束以安远大将军为唐兀亲军副都指挥使，佩虎符。二十二年（1285），进奉国上将军、枢密同签右卫亲军都指挥使，兼领唐兀卫。二十五年（1288）三月元世祖驻跸野狐岭时，曾命阿束、塔不带总京师城守诸军②。至元三十一年（1294）去世。③

仙仙　阿束之子。仙仙最初充舍儿伯赤，元贞元年（1295）袭职为昭勇大将军，唐兀亲军都指挥使，仍带虎符。大德二年（1298）去世。④

三哥儿　阿束之子，仙仙之弟。由于仙仙早逝，其子和实纳年幼，故由三哥儿袭唐兀亲军都指挥使，后三哥儿改任甘肃行省左丞，积官昭武大将军。⑤

和实纳　仙仙之子。袭叔三哥儿之唐兀亲军都指挥使职务。在两都之战中，和实纳隶属于大都方面的西安王指挥，受命从丞相燕帖木儿讨伐上都的倒剌沙，俘虏倒剌沙麾下将领兀剌伯都等人。因此受燕帖木儿赏赐金带。此后，燕帖木儿又命和实纳整饬军备，守御敌军进攻，立有战功。⑥

耳力嵬

疑为党项人。至正八年（1348）耳力嵬任陕西行御史台管勾，题名于广元千佛崖石窟。⑦

冲卜

文宗时任西夏僧总统，封国公，卒于天历二年（1329）。弟监藏班臧卜。⑧

监藏班臧卜　冲卜之弟，兄长去世后，袭西夏僧总统职。⑨

---

①《元史》卷四七《兵志》。
②《元史》卷一五《世祖纪》。
③《永乐大典》卷二八〇六《西卑》。
④《永乐大典》卷二八〇六《西卑》。
⑤《永乐大典》卷二八〇六《西卑》。
⑥《永乐大典》卷二八〇六《西卑》。
⑦《金石汇目分编》卷一六《元耳力嵬等题名》。
⑧《元史》卷三三《文宗纪》。
⑨《元史》卷三三《文宗纪》。

达石帖木儿

宁夏人，天历间任南乐县达鲁花赤。达石帖木儿在任期间，颇有善政。离任后，南乐人为之立德政碑，由张梦山撰文①，后入南乐县文庙名宦祠中受祀②。此后事迹不详③。

迁家讷

西夏人。迁家讷曾任长洲县丞，为政"不急以鳌民，不缓以败事。不嫚以长傲，不阿以取辱。"④

迈里古思

西夏人，原籍西凉，月忽难之曾孙，也迷失之孙，别古思之子，字善卿，汉姓吴氏，生于杭州，居住于松江府。迈里古思自幼家贫，授徒养母，从慈湖门人鲁渊问学⑤，通《诗》《易》二经。迈里古思先中江浙行省备榜进士，被行省任命为徽州路黟县教谕⑥，至正十四年（1354）以《诗经》登进士第，授官绍兴录事。至正十五年（1355），杭州被红巾军攻克，旋即为元军所收复。江浙行省左丞杨完者，率领本部苗军在杭州钞掠，波及绍兴。迈里古思义愤填膺，指挥士兵与官吏将苗军逮捕。至正十六年（1356），江南行台台治集庆路被明军攻克，行台移至绍兴。御史大夫纳麟传檄任迈里古思为镇抚，团结义兵守护台治，迈里古思遂募得士兵两千人，号为"果毅军"。至正十七年（1357）春，处州红巾军进占永康县、东阳两县，迈里古思率军收复⑦。朝廷为旌表其功劳，任命他为江南浙西道廉访司知事，未及赴任，又改为江东

---

① （正德）《大名府志》卷六《名宦》。

② （光绪）《南乐县志》卷二《志坛庙》。

③ 汤开建：《增订〈元代西夏人物表〉》谓达石帖木儿后升刑部侍郎。核查其史源《元诗选癸集》，却有侍郎达实帖木儿的作品，但其字号、籍贯、族属皆缺。元代名达石帖木儿者甚多，是否系同一人还有待考证，故不录此事迹。

④ 《夷白斋稿》外集《送长洲县迁家讷县丞代归诗序》。

⑤ 《元进士奉训大夫本斋公（鲁渊）自序》，转引自刘冬《施耐庵生平探考散记》：江苏省社会科学院文学研究所编：《明清小说研究》第1辑，中国文联出版公司1985年版，第93页。

⑥ 《野处集》卷二《进士吴善卿赴黟县教谕醵赆序》。

⑦ 《宋学士全集》卷九《赠行军镇抚迈里古思平寇诗序》。

建康道经历。同年秋，迈里古思分镇萧山、山阴两县。江浙行省丞相达识帖睦迩以其便宜行事之权，任命迈里古思为行枢密院判。江南行台御史大夫拜住哥以其属吏为爪牙，又自统军3000，号称"台军"。台军军纪不严，扰乱和为害民间。拜住哥对迈里古思也颇为厌恶，于是与人等密谋除掉迈里古思。迈里古思被拜住哥招至私宅中议事，到达中门时，埋伏在左右的人用铁锤砸死了迈里古思。于是迈里古思部将浙东金元帅黄中率军杀回绍兴复仇，将台军打得一败涂地，抢回迈里古思尸身与头颅，擒获拜住哥。继而绍兴军民持迈里古思的衣服为位以祭祀，民间谥之为"越民考"①，并葬之于绍兴蕺山②。后有监察御史真童上奏弹劾拜住哥，于是朝廷削拜住哥官职，安置潮州，而迈里古思的冤枉方得昭雪③，被赠官中大夫佥江浙枢密院事，谥忠勇，封西夏侯。

别古思　迈里古思之父，在杭州做官。④

师克恭

河西宁夏人，又名朵列秃，字敬之。师克恭早年以才华跻身官场，初为河南行省左右司都事，大德七年（1303）以承直郎任江南行台监察御史⑤，又转陕西行台监察，复以左右司外郎任职于江浙省，进内台监察御史，除浙西廉访副使，不久后又出任兵部侍郎，延祐七年（1320）任平江路总管。在平江路总管任上，师克恭留下了三点惠政，分别是处理积压案件，禁绝上户将差役转嫁到中下户身上，对各项赋役的征收方式作出改革⑥。因政绩突出，民间为师克恭立德政碑。此外，师克恭还重修了平江路儒学。⑦ 至治元年

---

① 《南村辍耕录》卷一〇《越民考》。《东维子集》卷二四《故忠勇西夏侯迈公墓志铭》。

② （雍正）《浙江通志》卷二三八《陵墓》。

③ 《元史》卷一八八《迈里古思传》。

④ 《东维子集》卷二四《故忠勇西夏侯迈公墓志铭》。

⑤ （至正）《金陵新志》卷六下《官守志·题名》。

⑥ 刘志月：《元代西夏遗民理学世家考论——以〈师氏先茔碑铭并序〉为中心》，《西夏学》第十七辑，甘肃文化出版社2018年版。

⑦ 《平江路重修儒学记碑》，载杜建录《党项西夏碑石整理研究》，第268页。

（1321）十二月，因政绩优异，师克恭改除工部尚书（正三品），1325 年任淮东宣慰使（从二品）。史籍所见师克恭的最后仕履为江西湖东道肃政廉访使（正三品）。"泰定帝二年九月，分天下为十八道，遣使宣抚，按问官吏不法，询民疾病，审理滞凡，可以兴利除害，从便举行"，这其中就包括将江东道廉访使师克恭派往江西①。在江西时，师克恭在曾接受柳贯的建议，取行省检校官王长卿家藏本《释文》《纂例》，用公款及学田租课刻印出《唐律疏议》三十卷②。师克恭曾四次娶妻，分别为封为宁夏郡夫人的王氏和萧氏、拜叶伦氏、周氏。③ 长子师恒、次子师晋、三子师升。

师某　原为西夏国中大姓，其父任管僧官。西夏灭国时，年仅 14 岁的师某为第二代昌王驸马锁儿哈所收养，在其封邑长大成人。因其为人忠实可靠，受锁儿哈任命外出征收赋税。1235 年锁儿哈病逝于四川战场，又逢"乙未括户"，师氏家族遂迁离昌王投下④，赴濮阳定居，又在汴梁路之许昌置办别业。迁徙到濮阳后，师氏家族渐渐融入到了地方社会中，儒化的程度逐渐加深。师某为人谨慎、厚道且崇尚忠义，不喜浮华与浪费，对于衙门里的差役没有丝毫怠慢。对于子侄，师某又重视儒学教育，终生都没有口出恶言，在其乡里被称为有德之人。49 岁时去世，葬于濮阳。⑤ 子师克恭、脱脱木儿、外孙安儿、丑闾。

脱脱木儿　师某次子，师克恭之弟。因儿子师孛罗高中进士，而通籍得官，以承事郎任长垣县尹，娶乃蛮氏，亦封为宜人。子孛罗。⑥

师晋　师克恭次子，国子生，师从柳贯，以贡试入职，为承事郎、同知

① 《元史》卷二十九《泰定帝本纪》。
② 《元文类》卷三六《故唐律疏议序》。
③ 《待制集》卷一〇《师氏先茔碑铭并序》。
④ 刘志月：《元代西夏遗民理学世家考论——以〈师氏先茔碑铭并序〉为中心》，《西夏学》第十七辑，甘肃文化出版社 2018 年版。
⑤ 《柳贯诗文集》卷一〇《师氏先茔碑铭》。
⑥ 《待制集》卷一〇《师氏先茔碑铭并序》。

泗州事。①

　　师升　师克恭第三子，亦师从柳贯于国子学中。②

　　孛罗　脱脱木儿长子，曾在国子学师从柳贯，泰定元年（1324）进士及第，授承事郎，浚州同知。③

　　安儿　族属不详，师某外孙，国子高等生。起家授承务郎，彭泽县达鲁花赤。④

　　丑闾　族属不详，师某外孙，泰定四年（1327）进士及第，授滑州白马县丞。⑤

同同

唐兀人，至正二十年（1360）国子学贡试中副榜。⑥

任速

河西人，字号、籍贯皆不详。剃度出家，大德三年（1299）十一月为襄阳路房州僧正司官，前来房州普济寺存放武器。襄阳路总管府因任速为色目人，不属需要被拘收武器的汉人群体，于是向河南江北行省咨询。行省以僧官本职为率众告天，祝延圣寿，而不应持有武器，送刑部讨论。最终刑部议得此后河西僧人禁止持有弓箭与枪刀⑦。

邬密仲贞

西夏人，邬密氏。其寓第在吴门天宫里⑧，"其侨寓于吴也，亦以'听雪'名斋"⑨

---

①　《待制集》卷一〇《师氏先茔碑铭并序》。
②　《待制集》卷一〇《师氏先茔碑铭并序》。
③　《待制集》卷一〇《师氏先茔碑铭并序》。
④　《待制集》卷一〇《师氏先茔碑铭并序》。
⑤　萧启庆：《元代进士辑考》，"中央研究院"历史语言研究所2013年版，第240页。
⑥　《至正二十六年国子中选生题名记》，见萧启庆：《元代进士辑考》，"中央研究院"历史语言研究所2013年版，第456页。
⑦　《元典章》卷三五《兵部二·军器·拘收》。
⑧　《夷白斋稿》卷二八《听雪斋记》。
⑨　《郑元祐集·侨吴集》卷一〇《听雪斋记》。

邬密笃

邬密氏。邬密笃至正十六年（1356）为元将杨椿参军谋事，随其镇守常熟，防御张士诚的进犯。①

邬密执理

字本初，河西人。邬密执理原隐居于贺兰山中，至正初被朝廷征召，授官集贤待制②，张士诚以其文学出众而征召他，官江南行枢密院金书。③ 邬密执理与王逢、释来复等友好，有诗作传世。

朵歹

一作多岱，唐兀氏。元统三年（1335），朵歹以奉政大夫任江南行台监察御史。④

朵朵

唐兀人。朵朵于至正九年（1349）以朝列大夫任岭南广西道肃政廉访副使。⑤

朵而只

西夏人，唐兀氏。朵而只为人宽厚，涉猎书史，以其显赫的家世荫官，授承事郎、曲沃县达鲁花赤。到任以后，朵而只以爱民为要务，为政清廉。后至元三年（1337），曲沃遭遇旱灾，朵而只拿出自己私宅中的粮食，以比当时市场价更低的价格卖给民众，而后又徒步登上乔山龙祠祈祷，反省自己的罪责，过几日果然下起了大雨。次年，钞法出现通胀，朵而只被委派兼管平准库物货流通，使民间感到方便。⑥

---

① 《牧斋初学集》卷二二《书杨仪〈金姬传〉后》。
② 《澹游集》不分卷《满上人归定水旁赋五言四绝奉寄见心禅师方丈》。
③ 《吴王张士诚载记》卷三《附传》。
④ （至正）《金陵新志》卷六《官守志》。
⑤ （嘉靖）《广西通志》卷五《秩官表》。
⑥ （嘉靖）《曲沃县志》卷四《元朵公德政（张士明）》。

朵而只

西夏人。至元间任职襄陵，有德政，民间为之立碑以赞颂他①。

朵儿赤

河西人，大德六年（1302）任龙泉县达鲁花赤。②

朵儿赤

河西人，世代仕宦于濮州。朵儿赤于至元二十二年（1285）以散官宣武将军任横州路总管府达鲁花赤。③ 在任期间，朵儿赤首崇儒道；凡是士人，朵儿赤悉数蠲其徭役。当他睹见旧的官学毁废时，则与同僚捐出自己的俸禄进行重修④。

朵儿赤

西夏宁州人，斡扎箦之子。朵儿赤15岁就精通古注《论语》《孟子》《尚书》。世祖认为西夏子弟才华过人，欲试用之，授他为中兴路新民总管。升为潼川府尹。当时官吏无禄田，朵儿赤将官府的空地按官品级分给官吏，作为官员俸禄。不久，台臣奏荐朵儿赤为云南廉访副使。云南各地爆发反元斗争，官僚们害怕，都借故逃走了，只有朵儿赤坚守岗位。过了八个月，行省的臣僚也害怕，交出符印准备逃跑。朵儿赤将这些情形报告给梁王，得到檄文后方才离开。朵儿赤转任山南廉访副使后不久，又调任云南廉访使。至元间曾奉诏出使河西，过凉州，见庙学殿庑有斡道冲之从祀遗像，"歆歔流涕不能去，求工人摹而藏诸家"⑤。云南行省丞相帖木迭儿，贪婪暴虐，擅自诛杀，陷害安抚使法花鲁丁，罗织罪名，将处他以极刑。朵儿赤竭力反对任意诛杀，法花鲁丁因此获释，不久恢复官职。僰人与当地其他少数民族相互仇杀，行省臣僚受贿，帮助僰族报仇，诈称当地少数民族反叛，起兵杀害良民。朵儿

---

① （康熙）《平阳府志》卷二〇《宦绩》。
② （康熙）《吉安府龙泉县重修县志》卷六《名宦》。
③ （嘉靖）《南宁府志》卷六《秩官志》。
④ （嘉靖）《广西通志》卷二五《学校下》。
⑤ 《道园类稿》卷一五《故西夏斡公画像赞》。

赤对此进行劾奏，制止了这场战争。朵儿赤在云南任职时去世，享年62岁。①子仁通、孙斡玉伦图。

斡扎篑　西夏宁州人，国相斡道冲之孙，朵儿赤之父，世代执掌西夏国史。夏末守西凉，率全城投降蒙古，成吉思汗任命他作为撒都忽的副手，为中兴路管民官。蒙古西征之时，斡扎篑负责提供粮饷，自己不贪污丝毫，当时被号称为"满朝清"。元世祖即位后，斡扎篑因病去世。死前，他留下了请谨慎给赐名爵，节约财政开支等遗奏，通过高智耀上达朝廷，获得了元世祖的嘉奖与采纳。②

仁通　朵儿赤之子，任云南行省理问，天历二年（1329）三月，云南诸王秃坚与万户伯忽等起兵反元，仁通率官军抵抗，阵亡。③

斡玉伦图　朵儿赤之孙，又作斡玉伦徒、斡玉伦都、斡玉伦普，字克庄，自号海樵。师从虞集于国子学，约延祐间以《礼经》举进士，考官以其博学，甚至怀疑而不敢录取，幸而朝廷知道他是明经之士④，授奎章阁典笺⑤。元文宗开延阁以待天下之儒士，特召见斡玉伦图，与他讨论，谓之得人⑥。与监察御史吕思诚等弹劾中书平章政事彻里帖木儿变乱朝政⑦，虽然奏章递交上去了，但却没有呈达皇帝。后至元六年（1340）任南台经历，转淮西道肃政廉访司金事。至正元年（1341），斡玉伦图任福建闽海道肃政廉访副使，重修屏山书院礼殿，供奉孔子像⑧。至正六年（1346）任殿中司知班，后又任工部侍郎。史籍所见其最后仕履为山南江北道肃政廉访使。⑨斡玉伦图品行高尚，热

---

① 《元史》卷一三四《朵儿赤传》。
② 《元史》卷一三四《朵儿赤传》。
③ 《元史》卷一三四《朵儿赤传》。
④ 《道园类稿》卷一七《郑氏毛诗序》。
⑤ 《道园类稿》卷一五《故西夏斡公画像赞》。
⑥ 《道园学古录》卷三一《周易玩辞序》。
⑦ 《元史》卷一八五《吕思诚传》。
⑧ 《道园类稿》卷二三《屏山书院记》。
⑨ 邓文韬：《元代西夏遗民进士补考》，《西夏学》第九辑，上海古籍出版社2013年版。

衷于儒学，时人称之"廉干自持，始终一节，且不鄙贫贱"①，"于尊师崇道之谊尤笃"②，收有高丽人朴仲刚等门徒③。流传有诗作多首④传世。此外，斡玉伦图还在元代印刷业上有一定地位，刻有《论衡》《周易玩辞》《郑氏〈毛诗〉》《道园学古录》⑤等书。

朵儿只班

一作多尔济巴勒，唐兀氏。至正元年（1341），朵儿只班以承直郎任江南行台监察御史。⑥

朵罗只

河西僧人。元至正间，朵罗只募缘庄严，在西湖之滨宋代大乘石佛寺的基址上建寺居住，改名智果院。⑦

刘氏

为河西匡族之女，嫁与奉义大夫、安定州达鲁花赤秃忽赤（蒙古人）为妻，随夫居住于滑州白马县，被封为元城县君。刘氏"淑懿柔顺，内助多所匡益"。⑧

刘容

西夏人，刘海川之子，字仲宽。刘容自幼聪敏，稍大就喜读书，也善骑射。中统初年（1260），受八思巴国师推荐入东宫侍奉太子，掌管府库。至元七年（1270），世祖因闻知刘容熟习吏治，召他至镇海，命他暂为中书省官员。事毕仍复前职。其为人以忠心耿直著称。至元十五年（1278），刘容奉旨

① 《存复斋文集》卷七《寄克庄侍郎斡公》。
② 《道园类稿》卷二三《屏山书院记》。
③ 《存复斋续集》不分卷《密阳朴质夫庐墓图记》。
④ 杨镰主编：《全元诗》第四十二册，中华书局 1994 年版，第 326—237 页。
⑤ 《爱日精庐藏书志》卷二四《艺术类·论衡三十卷元刊明修本》。《道园学古录》卷三一《周易玩辞序》。《藏园订补邵亭知见传本书目》卷一四《别集类四·金元·道园学古录五十卷》。
⑥ （至大）《金陵新志》卷六《官守志》。
⑦ （成化）《杭州府志》卷四七《寺观》。
⑧ 《吴文正集》卷三五《故奉义大夫安定州达鲁花赤秃忽赤墓表》。

到江西去抚慰新附之民。事毕回京，只带书籍数车献给皇太子。忌嫉他的人借此向太子说刘容的坏话，太子因此对容疏远。恰逢设立詹事院，刘容受命为太子司议，后改秘书监。刘容在任不久，出任广平路总管。广平富民有同姓争财产的事，诉讼多年不能决断。刘容到任后，取有关户籍来查考二人父亲、祖父的名字，弄清财产归属关系，即加判决，争者心服口服。后病逝于任上，年52。① 刘容在东宫侍奉真金太子之时，曾诣国子祭酒许衡处受学，其学问颇受时人称赞。时人视之为鲁斋许衡之学的继承人，足见其在元代北方理学传承中的地位。清人将其视为鲁斋学侣而纳入《鲁斋学案》。②

刘海川　原居青海西宁州。西夏灭亡后，蒙古徙西宁民于云内州，刘海川自此为云内人。③ 此后事迹不详。

刘中守

西夏人，居庐州。刘中守为灵武籍唐兀人王翰次妻刘氏之父，王偁外祖父④。他早年"以善书与修《经世大典》，由郡文学辟东曹掾，累官宣文阁鉴书博士、工部员外郎"，至正中期赴任福建廉访司佥事，后因事去职，闭门读书。元末由海道赴大都，"召入为秘书丞，没王事，赠嘉议大夫、福建行省参知政事"⑤。所谓的"没王事"，当指为某支反元武装所杀，其生前最高官职仅为从五品秘书监丞，却在死后被追赠为从二品的行省参政，可反映元廷对其家人抚恤之厚。

刘完泽

刘氏家族原为西夏境内之汉人，居敦煌，西夏灭亡以后，被迁徙至张掖。刘完泽字完甫，13岁时入为安西王忙哥剌宿卫，深受安西王及王妃喜爱。忙

① 《元史》卷一三四《刘容传》。
② 《宋元学案补遗》卷九〇《鲁斋学案补遗》。
③ 《元史》卷一三四《刘容传》。
④ 王力春：《元代鉴书博士刘中守及相关款印考》，首都师范大学中国书法文化研究所研究生会编《首届全国书法研究生书学学术周论文集》，华文出版社2005年版，第105—107页。
⑤ 《明文衡》卷九五《自述诔（王偁）》。

哥剌去世以后，完泽辞去宿卫一职，入唐兀卫。至大四年（1311）[①]，刘完泽出任江南行台监察御史。亲自纠察权贵抢占民田的案件，将被强占的田产归还于民。延祐元年，完泽调任陕西行台，依旧任监察御史。奉元路守臣自恃亲贵，多为不法之事，无所顾忌。完泽将案状呈交，处理明白，但激怒皇帝，于是遭到罢黜。次年，朝廷再度立陕西行御史台，以完泽为西蜀四川道肃政廉访司佥事。到任之后，完泽免除了四川籍探马赤军的更戍甘肃之苦，劝谕四川行省平章囊加歹守法以全终始。俄而丁母忧而弃官，服阙后起复为岭北湖南道肃政廉访司佥事。泰定元年，完泽受推荐至大都，任中台监察御史。泰定二年（1325）、四年（1327），完泽又先后山北辽东道、陕西汉中道廉访副使。后完泽以病辞官。闲居南山，躬耕家中，教授家人子弟。于后至元间去世。刘完泽对地理颇有研究，早年间以公事来往河南境内，对河山要害，豪杰控制之迹，无不了然于怀，曾为子弟家人言说，如指于手掌之中。[②] 子沙剌班、观音奴、锁住、忙哥帖木儿，女婿邪卜不花，孙女宣奴。

沙剌班　刘完泽长子，汉名伯温。早年入国子学从纯白先生胡助问学，释褐为官。自甘肃省检校官，历官四川行省员外郎，西台监察御史、山南湖北道廉访司佥事、河东山西道廉访司佥事，中台监察御史，山北辽东道廉访副使，江浙行省郎中，浙东海右道廉访副使等职官[③]。至正三年（1343），沙剌班拜秘书卿，参与修撰《金史》。至正四年（1344）十二月，又出为江西湖东道廉访使，在任期间有兴学事迹[④]，对龙兴路官学，东湖、宗濂两书院皆有翻新之功劳[⑤]。至正六年（1346），转任河南道廉访使，因病离职。次年任山南道宣慰使，于荆门新建陆九渊祠[⑥]。传世史籍中有关沙剌班最晚的史料在至

①　（至正）《金陵新志》卷六下《官守志·题名》。
②　《道园类稿》卷四二《彭城郡侯刘公神道碑》。
③　《道园类稿》卷四二《彭城郡侯刘公神道碑》。
④　（万历）《新修南昌府志》卷二期《南昌府兴学颂并序》。
⑤　《道园类稿》卷三九《江西监县刘公去思碑》。
⑥　（嘉靖）《湖广图经志书上》卷六《陆安公祠记》。

正十年（1350）。此年，已升任甘肃行省左丞的沙剌班受元顺帝之名代祀南岳、南镇等地①。沙剌班的一生"孜孜不倦于问学、修学、劝学、礼学"，可惜的是，他的《学斋吟稿》《学圃诗》与《行卷诗》"于今皆不存"②。

观音奴　刘完泽次子，字仲宾。初为御史，曾上奏请修辽、金、宋三史；进拜兵部郎中。刚毅有为，英名风采如其兄沙剌班。又善长楷书、行草和文学，因怀念河西父母之邦，不能时常归家，而绘制了雪山图的家乡风貌③ 至正三年，任奉训大夫、刑部郎中。④

忙哥帖木儿　刘完泽第四子，从事郎、蒙古翰林院应奉。⑤

邪卜不花　刘完泽女婿，奉政大夫、大都都漕运副使。⑥

宣奴　沙剌班之女，除名般若。宣奴天资聪慧，不同于寻常小孩，5 岁学习写字即能不忘，无一差错；教她读诗，只需一次就能成诵。7 岁时，父母不再教宣奴诵诗，而是让她学习女红，剪纸、刺绣都非常精妙。可惜宣奴后来生了重病，无法治愈，于至正五年（1345）去世，葬于龙兴路新城门外新建县的玉虚观内。

刘忙古觯

又名炜，河西人。至元二十三年（1286）二月，刘忙古觯以嘉议大夫来任镇江路总管兼府尹。⑦

刘伯牙兀歹

河西人。大德三年（1299）七月以进义副尉任丹徒县主簿，大德六年

---

① 《陈基集·夷白斋稿》卷一五《江月楼诗序》；《侨吴集》卷七《跋聚星楼卷后》。
② 王颋：《元唐兀人刘伯温的家世与仕履》，《西北第二民族学院学报》（哲学社会科学版）2008年第 6 期。
③ 《道园类稿》卷二九《雪山记》。
④ 《道园类稿》卷四二《彭城郡侯刘公神道碑》。
⑤ 《道园类稿》卷四二《彭城郡侯刘公神道碑》。
⑥ 《道园类稿》卷四二《彭城郡侯刘公神道碑》。
⑦ （至顺）《镇江志》卷一五《刺守》。

（1302）九月去任。① 皇庆二年（1313）前后，刘伯牙兀歹以忠翊校尉任采石批验所大使，与同僚一起为《重修采石蛾眉亭记》碑立石②。至治二年（1322）任武义县达鲁花赤，后任徽州路判官③。

亦怜真

字显卿，唐兀氏④。亦怜真最初任江浙行省典符印官员，经三次在各县达鲁花赤之间的迁调，于至正九年（1349）到任旌德县达鲁花赤，有增修官治、学宫、双瑞堂、显威庙等事迹。红巾军掀起反元斗争以后，亦怜真还曾亲率军剿杀钟富二部起义军于小岭山寨。⑤ 至正十三年（1353）秩满离任，杨维桢作序称颂其治迹⑥。

亦吉儿赤

河西人。蒙古讨伐西夏时，亦吉儿赤被克烈人将军称海所举荐，其子为名臣。⑦

庆喜

唐兀氏。泰定四年（1327），庆喜以从仕郎任江南行台监察御史。⑧

忙哥帖木儿⑨

唐兀氏。忙哥帖木儿至正间以宣武将军任抚州路达鲁花赤。⑩

安某

陇右人，曾任滕州某官，在任间施以惠政，使得民间安宁，"政通化洽，

---

① （至顺）《镇江志》卷一六《宰贰》。
② 《重修采石蛾眉亭记》，国家图书馆善本金石组编《辽金元石刻文献全编（二）》，北京图书馆出版社 2000 年版，第 222 页。
③ （弘治）《徽州府志》卷四《职制》。
④ （嘉庆）《旌德县志》卷六原文讹作"唐元氏"。
⑤ （嘉庆）《旌德县志》卷二《建置》；同书卷三《学校》；同书卷四《典礼》。
⑥ 《东维子文集》卷四《送旌德县监亦怜真公秩满序》。
⑦ 《圭塘小稿》卷一〇《元故右丞相怯烈公神道碑铭》。
⑧ （至正）《金陵新志》卷六《官守志》。
⑨ 疑"忙哥帖木儿"之讹。
⑩ （嘉靖）《江西通志》卷一九《抚州府》。

居民乐业"，又在城南辟地，修葺了一座园林，名为"静乐园"，并与民同乐。①

安住

西夏人，阿阙之子。安住为人警敏，喜爱读书，时人皆认为他有远大的前景。二十岁时，安住赴太学游学。他勤恳地访问各路贤士。泰定四年（1327），安住进士及第，授承事郎、内黄县达鲁花赤。到任以后，安住即以教化百姓为急务，劝民耕作，上书请求将内黄县的赋税改输元城县。民间基本安定后，安住招揽县中习儒者，为学官弟子员。同时，安住还奖励义行，表彰孝悌。②

阿阙　一名赟，其先本西夏人，后迁居汴梁路之鄢陵县。阿阙以吏员出身，授奉训大夫、中卫千户所知事。

安僧

唐兀氏。至正十一年（1351），安僧以散官朝请大夫任翰林修撰，承元顺帝圣旨，与大司农少卿王敬方前往广州南海神庙颁降御香。③

安笃剌

唐兀氏，籍贯为益都路滕州邹县，□□儿赤之孙，公安之第八子。安笃剌在山东道乡试考得第1名，会试考取第20名，殿试中三甲第7名，被授予将仕郎、卫辉路辉州判官。④

□□儿赤　安笃剌之祖，娶妻樊氏、刘氏⑤

公安　安笃剌之父，娶妻李氏。⑥

---

① 《静乐园记》，见李修生主编《全元文》第二二册，凤凰出版社2004年版，第246页。
② （嘉靖）《内黄县志》卷九《内黄县达鲁花赤安住去思碑（楚惟善）》。
③ 《广东通志·金石略》。
④ 萧启庆：《元统元年进士录校注（上）》，《食货月刊》1983年第2期。
⑤ 萧启庆：《元统元年进士录校注（上）》，《食货月刊》1983年第2期。
⑥ 萧启庆：《元统元年进士录校注（上）》，《食货月刊》1983年第2期。

论卜

河西人。仕元至司徒、平章政事，元末守宁夏。[1] 洪武初，论卜聚兵贺兰山后，明军由都督马鉴率领到达五井，与论卜交战，论卜战败。[2]

那海

唐兀氏。至正十一年（1351）前后，那海在任奉议大夫同知山东路都转运盐使司事，当年春正月备檄分司滨州、乐陵。到任两日后，那海即谒龙王庙拜奠，见龙王庙破败，遂首捐俸金，命工人重建。[3]

那征大德李

西夏僧人。那征大德李任元皇使都勾管。至元三十年（1293），他于杭州路大万寿寺刻印西夏文大藏经。[4]

观音奴

字志能，唐兀人氏，家住新州。泰定四年进士及第。历户部主事，江南行台掾史，太禧宗礼院照磨，翰林应奉文字。后至元四年（1338）前后，观音奴在任广西道廉访司经历，次年以文林郎任江南行台监察御史。[5] 至正六年（1346）为海北海南道肃政廉访司金事，与廉访司吕玧一道重修海康县儒学[6]，又金淮西江北道廉访司事[7]。至正中期，观音奴再转归德府知府，创修鹿邑县文庙，后升任都水监官。有诗名，《元诗选癸集》录其诗3首。[8] 此外，在广西桂林市南溪山刘仙岩上，观音奴还有《绝句二首以赠刘仙岩道士胡清安》题刻。[9] 又观音奴原撰有古今体乐府绝句等数十篇，虞集曾于其门人陈章处得

① （嘉靖）《宁夏新志》卷二《人物》。
② （嘉靖）《宁夏新志》卷二《俘捷》。
③ （康熙）《利津县新志》卷一〇《重修龙王庙记（樊恩征）》。
④ 史金波：《西夏文〈过去庄严劫千佛名经〉发愿文译证》，见史金波《史金波文集》，上海辞书出版社 2005 年版，第 326 页。
⑤ （至正）《金陵新志》卷六《官守志》。
⑥ （万历）《雷州府志》卷一〇《学校志》。
⑦ （嘉靖）《蕲州志》卷九《诗文》。
⑧ 萧启庆：《元代进士辑考》，"中央研究院" 历史语言研究所 2013 年版，第 238 页。
⑨ 刘志月、邓文韬：《元代西夏遗民著述篇目考》，《西夏研究》2016 年第 2 期。

见，今皆不存①，其书斋则号称"刚斋"②。

观音保

河西寿州③人。观音保原任元云南行省右丞。洪武十四年（1381），明军在蓝玉、沐英的率领进攻至云南。明军到板桥时，"元右丞观音保等出降"④。十六年（1383），明征南将军颍川侯傅友德遣人送观音保等一百六十人至南京，明太祖赐给钱钞。不久后，明朝任命观音保为金齿指挥使，赐姓名李观。⑤李观后从明军征进大理、金齿等处，所向有功，升指挥佥事，调守金齿，兼署永昌府事，承担招抚西南少数民族的职责。⑥明太祖曾在敕令中表扬李观，曰"指挥李观，处事宽厚，名播蛮中，为诸夷所爱"⑦。

买驴

唐兀人。买驴于延祐二年（1315）以承直郎任广西岭南道肃政廉访司佥事。⑧

买住

字有恒，唐兀氏，业母曾孙，唐兀歹之孙，□哈荅儿长子，居成安县，娶妻蒙古氏。买住参加燕南乡试，考得第 6 名，会试考取第 42 名，殿试中二甲第 6 名，被授予承事郎、保定路同知安州事。⑨后转松阳县达鲁花赤，在官期间买住政声卓著，民间为之立下了四方碑石。买住到任松阳县伊始，就主持了修复金梁堰的水利工程。朝廷在松阳县加派盐课，买住坚持不加征，按照原额办理。在任期间，他核查学田，将学田的亩数、地图都记录于册。还

---

①　《道园类稿》卷三五《跋陈君章所藏观志能新乐府引》。

②　《至正集》卷六七《刚斋铭》。

③　元代河西地区未有"寿州"地名，此寿州究竟系何处，俟考。

④　《明太祖实录》卷一四〇，洪武十四年十二月癸酉条。

⑤　《明太祖实录》卷一五二，洪武十六年二月庚子条。

⑥　(景泰)《重修云南图经志》卷六《金齿军民指挥使司·名宦》。

⑦　《明太祖实录》卷一八二，洪武二十年五月己亥条。

⑧　(嘉靖)《广西通志》卷五《秩官表》。

⑨　萧启庆：《元统元年进士录校注（上）》，《食货月刊》1983 年第 2 期。

重修了学校，新建了先贤祠。因此，买住在担任松阳县达鲁花赤期间，得到了官民的一致赞许。①

业母　买住曾祖，籍贯广平路，某县达鲁花赤。②　子唐兀歹。

□哈荅儿　买住之父，某县达鲁花赤。娶妻岳氏。③

杨定省

字九思，西夏人。杨定省为人"孝亲进德"④，元末未见仕履，明洪武三年前后在任怀集县知县，他遵照明朝制定的新式建造官署和官吏私第⑤，后赴任广西都尉经历⑥，曾以"西夏杨九思"之名题诗岳王庙⑦。

杨教化

唐兀人，姓杨氏，世家河西宁夏。世剌之孙，式腊唐吾台长子，杨朵儿只之兄。杨教化父亲去世时年方六岁，由母亲赵氏抚养成人。真金太子去世以后，太后入居东宫，询问式腊唐吾台是否有子嗣。宫人告知尚有杨教化兄弟在，于是太后令教化侍奉武宗海山，令其弟杨朵儿只侍奉仁宗爱育黎拔力八达。当时，元武宗正以太子兼总统帅的身份在漠北镇压西北诸王叛乱，杨教化负责掌管印章。大德十年（1306），教化自漠北赴朝奏报军情，顺便请求应给漠北军士发放的岁赐。成宗驾崩以后，内廷与宰臣试图违背祖宗之法立安西王为帝。杨教化赶往仁宗处，劝他回京。仁宗不数日即到朝内，迎武宗归即位。至大二年（1309），御史台奏教化为江南湖北道肃政廉访使。教化走前向武宗辞行。武宗不悦，即日下诏，留教化为将作院使。五个月后，教化生了大病，武宗派遣医生昼夜询问。然而，教化还是在十一月二十六日去世了。享年33岁。武宗听闻后，感到非常悲痛，于是赐钞25000缗，太后加赐

---

①　周峰：《元代西夏遗民买住的两通德政碑》，《西夏学》第十一辑，上海古籍出版社2015年版。
②　萧启庆：《元统元年进士录校注（上）》，《食货月刊》1983年第2期。
③　萧启庆：《元统元年进士录校注（上）》，《食货月刊》1983年第2期。
④　《安雅堂集》卷一三《跋杨九思字说》。
⑤　《永乐大典》卷二三四一《古藤志》。
⑥　《清江诗集》卷六《送杨九思赴广西都尉经历》。
⑦　《藏园群书经眼录》卷四《史部二》。

15000缗，以抚恤其家。后来在延祐二年（1315）四月某日，葬宛平县香山乡之皇华原。① 子衍饬。

杨朵儿只

式腊唐吾台次子，杨教化之弟。朵儿只年少时侍奉仁宗皇帝，受到信赖。大德十一年（1307），随帝迁调怀孟。仁宗听说朝廷有变故，命朵儿只与李孟先到京与右丞相哈剌哈孙商议，决定在北边迎接武宗。协助平定内难后，按功绩任命太中大夫、家令丞，从早到晚在仁宗身旁侍奉。拜朵儿只为礼部尚书。升宣徽副使。有人告发近臣受贿，仁宗准备杀掉告发者，御史中丞张珪叩头进谏，仁宗不听，朵儿只对帝说："杀告发的人，不合刑法；拒绝纳谏，是不应该的。很久已无直言规劝的人，张珪是真正的中丞。"仁宗后来终于采纳了张珪的意见。后来，朵儿只又升任侍御史，授资德大夫、御史中丞。御史纳麟违背了圣旨，仁宗大怒，朵儿只不愿意仁宗背上杀御史的名声，为救他一天上八、九奏，仁宗免去了纳麟的死罪。加封朵儿只为昭文馆大学士、荣禄大夫，以奖励他的直言。之后，杨朵儿只又先后升为中政院使、御史中丞，以纠正朝政的错误为己任。上都富民张弼杀人入狱，铁木迭儿受贿巨万，被朵儿只查出；于是铁木迭儿逃匿，投奔太后，又让徽政院以太后旨意，罢杨朵儿只相位，调迁集贤学士。仁宗驾崩后，英宗尚在东宫，铁木迭儿此时又复相位，污蔑朵儿只违背太后旨。不久，铁木迭儿捏造圣旨，将朵儿只和萧拜住拉到大都的城门，一同杀害。英宗即位的诏书便给朵儿只加上了诬陷大臣的罪名。铁木迭儿病死以后。恰逢天灾，英宗求直言，会议廷中，集贤大学士张珪、中书参议回回都说萧、杨等人死得太冤，以致不雨。泰定帝下令为杨朵儿只昭雪，特赠思顺佐理功臣、金紫光禄大夫、司徒、上柱国、夏国公，谥号襄愍。② 长子不花，次子文书讷，孙泰安间、普颜。

世剌　式腊唐吾台之父，朵儿只、教化之祖父。赠官推忠佐运功臣，太

---

① 《道园类稿》卷四二《杨襄敏公神道碑》。
② 《元史》卷一七九《杨朵儿只传》。

保，金紫光禄大夫，上柱国，追封夏国公，谥忠定。①

式腊唐吾台 一作失剌唐兀台。元世祖在位时，式腊唐吾台自河西地区来大都，受到世祖的重视，入宿卫。元世祖命他去东宫辅佐真金太子。至元十二年（1275），元廷在故金中都大兴城北修筑都城，正中为皇宫，周边则分给勋贵功臣作为宅地。式腊唐吾台将宅邸建在内朝西北的和宁里，这里比较便于入朝拜谒皇帝。后英年早逝。②

杨衍饬 杨教化之子，字弘正③，号静隐④。衍饬幼年时，即得见仁宗。仁宗出皇室内帑钱钞20万缗赐之，又每年赐粟给他们家。元顺帝即位后，思虑寻找祖父武宗故臣子孙中可用的贤才，于是找到了衍饬。后至元六年（1346），顺帝将衍饬任命为江南行台监察御史⑤。而衍饬果然清明端直，有先人之遗风。⑥

杨不花 杨朵儿只长子。幼时就有才华，能以礼自持，喜欢读书，善于书法。杨朵儿只被冤杀后，不花荫补为武备司提点，转金河东廉访司事。不花曾出巡所管境内，有平反冤狱，开仓放粮等治绩。天历初，文宗入继大统后，任命不花为通政院判。不花将上任时，恰逢支持上都天顺帝的陕西诸军进攻。守将带着老百姓逃亡，唯独不花率军出战，被击溃，于是被杀。文宗至顺二年，朝廷赠不花嘉议大夫、礼部尚书，以褒奖他的忠诚。⑦

杨文书讷 一作文殊奴，杨朵儿只次子，字国贤，号双泉。好学善政，

---

① 《道园类稿》卷十六《御史中丞杨襄愍公神道碑》。
② 《道园类稿》卷四二《杨襄敏公神道碑》。
③ 汤开建：《增订〈元代西夏人物表〉》中衍饬与杨弘正作两人。按唐桂芳《上御史书》云"某庚辰秋来南台，当时群御史中惟复礼董御史、公平李御史、弘正杨御史、德昭曹御史、光复王御史、元用潘御史最为知己"。庚辰即后至元六年（1340），又察《（至正）金陵新志》中江南行台监察御史题名，顺帝在位期南台御史凡杨姓者仅杨熙与杨衍饬二人，其中前者为冀宁人，后者为西夏人，故知"杨弘正"即衍饬之别称。又衍饬以"静隐"为号，即"弘正"当为衍饬之字。
④ 《蒲室集》卷一三《静隐字说》。
⑤ （至正）《金陵新志》卷六《官守志》。
⑥ 《道园类稿》卷四二《杨襄敏公神道碑》。
⑦ 《元史》卷一七九《杨不花传》。

以清廉、谨慎自处。杨文书讷至迟于后至元三年（1337）十一月已任山东东西道廉访司金事。至迟于元顺帝至正三年（1343）六月，杨文书讷已升任山东东西道肃政廉访副使。杨文书讷曾经3次到曲阜巡视，在孔庙留下石刻题记，至今仍存于孔庙西斋宿北墙①。除了对孔子恭礼有加外，杨文书讷还"创复尼山，作新洙泗两书院"，并为灵岩寺书写了山门前的楷书石碑。② 至迟于至正九年（1349），杨文书讷升任江西湖东道肃政廉访使。到任后，文书讷偕僚属各自捐俸重修城隍庙③，又奏言三皇祭祀不应由医官代劳，而当"遣大臣摄事，三献用乐"④，杨文书讷的方案得到批准。至正十一年（1351），文书讷以特授崇文太监朝请大夫检校书籍事兼经筵官代祀西海、河渎⑤，又代祀西岳、江渎⑥。至正十三年（1353），杨文书讷任都水庸田使，于平江路营建了私家园林水云亭。⑦ 还曾多次向光福寺里的铜观音请求保佑。⑧ 杨文书讷离开平江后任山东道肃政廉访使，为防御红巾军，致祭五龙潭神⑨。学界多认为"可考的杨文书讷最后任职是从二品的淮南行省参知政事，其时间在至正十四年（1354）七月前后"⑩。但广元千佛崖上原有至正十六年《文书讷等题名》一方（已毁），或系当年杨文书讷以肃政廉访使的身份监临某道时所刻。⑪

普颜　杨朵儿只之孙⑫，未知谱系。疑至正四年（1344）任广东道宣慰司

---

① 《元杨文书讷三谒林庙碣》，载杜建录《党项西夏碑石整理研究》，第258页。
② 《济南大灵岩寺碑》，载杜建录《党项西夏碑石整理研究》，第255页。
③ （万历）《新修南昌府志》卷二八《龙兴路城隍庙碑（黄绍）》。
④ 《危太朴集》卷一〇《三皇祭礼序》。
⑤ （成化）《山西通志》卷一四《祀河渎西海记（张铺）》。
⑥ 《近光集》卷三《送崇文太监杨国贤使祠西岳江渎》。
⑦ 《陈基集·夷白斋稿》卷二七《水云亭记》。
⑧ 《陈基集·夷白斋稿》卷二七《光福观音显应记》。
⑨ （乾隆）《历城县志》卷一一《重建五龙堂记略（赵本）》。
⑩ 周峰：《元代西夏遗民杨朵儿只父子事迹考述》，《民族研究》2014年第3期。
⑪ 邓文韬：《四川广元千佛崖石窟元代西夏遗裔题记及其史料价值初探》，《西夏学》第十九辑，2019年第2期。
⑫ 陈康：《石景山出土元代杨朵儿只墓志考》，《北京文博文丛》2018年第2期。

都元帅府知印①。

杨琏真迦

号永福大师，又名胜吉祥。元世祖时为江南释教总统。当时，宣政院在杭州等地设立了行宣政院，统领周围几个行省的释教事务。设立于南宋旧都杭州的"江南释教总统"为河西僧杨琏真迦。杨琏真迦时与桑哥交好，而桑哥原是胆巴国师的弟子，后为宣政院使，故而杨琏真迦也得以在江南任释教总摄10年以上。任释教总领的杨琏真迦是个炙手可热的人物，凌驾于江淮行省与南台之上。他作恶多端，曾盗掘南宋皇帝的陵寝，以宋帝遗骨建塔，侵吞皇家金银宝器，修天衣寺，并改汉式寺庙、道观为藏传佛教寺庙，仅至元二十二至二十四年间（1285—1287），即"恢复佛寺三十余所"②。至元二十八年（1291），权臣桑哥倒台，他被视作桑哥党羽，因而失势。元朝政府又差官追究，查出他的许多不法之事。③ 子暗普。

杨暗普　杨琏真迦之子。忽必烈在位时，他在宣政院使任上被荐为江浙行省左丞，后因其父杨琏真迦遭人怨怼，被免去江浙行省左丞之职。后仍以宣政院使兼会福院使，会福院是管理大护国仁王寺财赋和营缮事务的专门机构，杨暗普任此职管理佛教事务达20年。仁宗时，他进封为秦国公。④ 延祐初年，河西僧高沙剌巴上奏称帝师八思巴制蒙古字有功，应该让全天下像为孔子立庙一样，立八思巴祠，"国公杨安普力主其议"⑤。

杨亦执理不花

西夏人，一作杨安扎尔布哈。延祐间为行台御史，弹劾奸恶，未果；迁至内台以后，杨亦执理不花再度弹劾，但奸恶之人恃城社禁掖，反倒将杨亦

---

① （崇祯）按《肇庆府志》卷二九《包孝肃公祠记》，其时帅府内有"知印陇右普颜"，西夏故地在广义陇右之内，故普颜极有可能是西夏遗民，故称陇右祖籍。

② 《西湖游览志余》卷二五《委巷丛谈》。

③ 陈高华：《略论杨琏真加和杨暗普父子》，《西北民族研究》1986年第7期。

④ 陈高华：《略论杨琏真加和杨暗普父子》，《西北民族研究》1986年第7期。

⑤ 《高丽史》卷三四《忠宣王世家》。

执理不花贬出大都，为金宪。此后，杨亦执理不花再度入中书省，为右司员外郎，政声有闻，先后被派往五道任廉访使，每到一处，杨亦执理不花皆劝课农桑，修整学政，勉励风俗，教戒家人。期间，他曾以母亲年老而弃官，不久后为河西陇北道廉访使，改陕西行台监察御史。至正十九年（1359），杨亦执理不花由户部尚书拜治书侍御史，不久后除陕西行省左丞，未及上任，又改授宣政院同知，升知院。而此时，朝廷因为以西南方的夷狄行事粗狂，而让他前往任职，进行教化，又将吐蕃地区凡戎马部署，分职大小，皆付杨亦执理不花处置。①

孛啰

一作博啰，唐兀氏。泰定二年（1325），孛啰以官奉训大夫任江南行台监察御史。②

孛兰奚

河西右族。孛兰奚曾任德清县达鲁花赤。在他到任之后，一月未满，德清县便"庭无滞讼，奸豪屏息，官府事益以简"。此后，他又先后主持修复了德清县的社稷坛、三皇庙，公署、宾馆、亭台、库廒等等。最重要的是孛兰奚新制了德清县文庙中的祭祀用具。③

孛罗真

唐兀氏，号称"唐贞观贤相之裔"，嫁与湖广等处行中书省左丞相也先不花，追封瀛国夫人。④

孛鲁合答儿

河西人。至元二十一年（1284），元世祖敕令追索乌马儿等诰命、虎符及部将所受宣敕，以鲁合答儿等代之，听阿里海牙节制。⑤

---

① 《许有壬集》卷三一《宣政使杨公行实序》。
② （至正）《金陵新志》卷六《官守志》。
③ 《金华黄先生文集》卷一〇《德清县学祭器记》。
④ 《常山贞石志》卷二四《秦王夫人施长生钱记》。
⑤ 《元史》卷一三《世祖纪》。

李氏

李氏为西夏国主之后裔，嫁与拔都大王爱将重合剌为妻。[①]

李天祐[②]

世居宁州，为西夏大姓子弟。李天祐初为军士，西夏灭亡后被迁徙至大同。他喜爱大同的风土，于是在此购置资产，生李昌等三子。李氏父子在乡间乐善好施，深受当地人赞誉，凡遇到耆老，必亲身致敬，对贫乏者亦多有赈济。至元十七年（1280）去世，享年八十五岁。赠官中奉大夫、陇西郡公。娶妻傅氏，赠陇西郡夫人。[③] 子李昌，孙李安、李某、李绢。

李昌　李天祐长子，大同人。不仕。中统三年（1262）卒，享年七十四岁。赠资善大夫、陇西郡公。娶妻梁氏，赠陇西郡夫人[④]。

李某　李昌次子，名讳不详。早年入侍宿卫，勤恳谨慎，先后侍奉五位蒙元皇帝。至元十七年（1280）被拔擢，授武略将军太原路坚州达鲁花赤兼诸军奥鲁，先后任职于总制院、宣政院、隆禧院、崇祥院、行工部。经历三十六年的宦途，仕至资政大夫、江浙行省参知政事。娶妻邹氏，封陇西郡夫人。育有四子。长子任承仕郎、雅州知州，次了任承仕郎、宝具库达鲁花赤。幼子庆安、寿安未仕。[⑤]

李恒

字德卿，自号长白，西夏国主后裔，李惟忠之子，排行第四。自幼得淄川王妃喜欢而认作义子。及长，作为本位下代表被任命为行尚书断事官，不久，让职与兄，改任淄州安抚司郎中。中统三年（1262），山东行省大都督李璮举益都、济南等路附宋，他与其父谋划赴京师告变，被李璮察觉，全家下

① 《雪楼集》卷二〇《河东郡公伯德公夫人李氏墓碑》。
② 按关于李天祐与李昌生卒年，碑文曰："中奉公以庚辰年卒，寿八十有五。资善公以中统壬戌父，寿七十有四。"庚辰年为1220年、1280年或1340年，据上下文推测当为1280年，按此推测，则李天祐出生年甚至晚于其子李昌，不知何故。或系碑文传抄中出现错误，待考。
③ 《巴西集》卷下《皇元赠陇西郡李公神道碑铭》。
④ 《巴西集》卷下《皇元赠陇西郡李公神道碑铭》。
⑤ 《巴西集》卷下《皇元赠陇西郡李公神道碑铭》。

狱。叛乱平定后，始被释放。四年，授淄莱等路奥鲁总管，佩金符。此后，历任管军总管、副万户。至元七年（1270），擢益都淄莱新军万户，受命率部南下助战。元军围攻襄阳时，他负责城西南万山堡的构筑。南宋守帅吕文焕派水军来袭，他设伏击败之。十年（1273），移部围攻樊城，自南面渡汉江登垣。至元十一年（1274）九月，李恒从河南行省左丞相伯颜南征，次年七月，有诏李恒晋升为右副都元帅经略江西，攻占吉、赣、南安等州、军，多次击败文天祥率领的宋军。十四年（1277）七月，授参知政事，行省江西，又改授蒙古汉军副都元帅。十六年（1279）正月，李恒与张弘范军会合，攻崖山，击溃南宋流亡朝廷。次年以功拜资善大夫、中书左丞，行省荆湖。十九年（1282）从镇南王脱欢攻安南，进陷天长府，率部殿后，至永平关，膝中毒矢，至思明州（今广西宁明县西北），毒发身死，享年50岁，归葬大都西永安山。二十八年（1291），追赠银青荣禄大夫、平章政事、谥武愍。至大元年（1308），封滕国公①。子李世安、李世雄、李世显。

李惟忠　字号不详，其先姓於弥，后赐姓李，为西夏皇族。父为西夏兀纳剌城守帅，1209年，蒙古军来攻，城陷不屈而死。惟忠时年方7岁，为兵士所掠，欲从死，蒙古将士惊异，执献宗王合撒儿，于是被合撒儿留养下来。及嗣王移相哥继立，追随进征中原。稍晚，以为汤沐邑淄川路达鲁花赤，佩金符。未几，迁全家于所镇淄川县。至元十五年（1278）卒。有子13人②。

李世安　蒙古名散术觮，字彦豪，因生于宣德府龙门川，又被称为"李龙川"，或"龙川公"，李恒长子。李世安青年时从其父出征南宋，讨伐江西，有平反冤狱，安定民心等政绩。以广州路达鲁花赤身份追随李恒在崖山之战击败南宋。进阶嘉议大夫、新军万户，不久后升任江西宣慰司同知，而后奉圣旨世袭益都、淄莱上万户。至元二十一年（1284）李恒病逝，李世安丁忧守制，护送父亲灵柩归葬大都路宛平县。服阕，起复任正议大夫，江西行省

佥事兼任万户，查实南宋相章鉴藏匿原南宋玉玺和皇亲国戚一案为黠僧诬告，为之洗刷冤屈。至元二十五年（1288），以镇压僚人起义的军功升为中奉大夫，江西行尚书省参知政事。至元末年，江西西南各省境内多次爆发反元起义，李世安多次率军镇压。元贞、大德间，李世安先后被任命为正奉大夫，江浙、河南两行省的参知政事，秩满后又升任湖广行省左丞，负责为西征的平章刘国杰筹备粮饷。至大初年，元廷将李世安召入中央，加荣禄大夫、平章政事，商议枢密院事，提调诸卫屯田。皇庆二年（1313），又再次外任为江西等处行中书省平章政事。延祐二年（1315），李世安平息了宁都人蔡九五的反元叛乱。宽大处理其仆从者，第四次镇压了江西的民变。次年，因其母年届九旬，李世安辞官侍养。在其母去世后，又为母守制。服阙，方返回江西，并于至顺二年（1331）三月病逝于江西家中，享年78岁。祔葬于大都路宛平县李恒墓之旁。① 子五人：李屺、李屿、李岩、李峙、李嵘，嫡长孙李保。

李世雄　蒙古名囊加真，字彦豪，李恒次子，李世安之弟，李世显之兄。最初以宣武将军世袭李世安出让的益都、淄莱新军万户一职，在职约十年后将该军职交还与李世安之子李屿。大德七年（1303）扈从元成宗赴上都，在旅途中得病，回归大都后病逝于私第，享年31岁。由侄李屺经办丧事，祔葬于大都路宛平县先茔。李世雄为人温和。娶妻崔氏，为平章政事崔彧之女。② 子李繁。

李世显　蒙古名逊都歹，李恒幼子，李世安、李世雄之弟。由李恒之荫初任湖南宣慰使司同知，继任昭勇大将军，建康、吉安、瑞州等三路达鲁花赤。③ 子拓跋元善。

---

① 《吴文正公集》卷四二《元故荣禄大夫江西等处行中书省平章政事李公墓志铭》。
② 《养蒙文集》卷四《益都淄莱等路管军万户李公墓志铭》。
③ 《吴文正公集》卷四二《元故荣禄大夫江西等处行中书省平章政事李公墓志铭》。

李屺　蒙古名薛彻干，字伯瞻，号熙怡①，李世安长子。初为兵部侍郎，天历、至顺间任翰林直学士，与名儒吴澄有交游。李屺擅长儒术，精通蒙古语，又工于晋人法书②，有画作《一香图》③，可惜已佚。

李屿　蒙古名薛彻秃，李世安次子。世袭怀远大将军，益都般阳万户。早卒，享年23岁。临终前将世袭军职让与李世雄之子李繁。④　子李顺。

李岩　李世安三子，曾任栖霞县达鲁花赤。⑤

李嵘　李世安五子，奉议大夫，江西行省理问。⑥

李保　李世安嫡长孙，世袭益都般阳万户。⑦

李繁　李世雄之子，谢绝李屿所出让的世袭军职。⑧

李顺　李屿之子，世袭益都般阳万户。⑨

拓跋元善　李世显之子，李世安之侄。⑩ 前世显官，至正中由京官出任象州达鲁花赤，升广西行省省理问官。至正二十四年（1364）出任平乐府达鲁花赤兼义兵万户劝农防御事。在任期间有重修平乐府官学等政绩，为官正直廉洁，才略过人，为当世名宦⑪。

李钦祖　据传为李恒后裔，世袭"镇番元帅"居洛阳。明太祖登基改元后，"钦祖解元帅印，隐居新安城南十五里"。⑫

---

①　《朝野新声太平乐府》卷一《小令一·李伯瞻号熙怡》。
②　《吴文正公集》卷三一《跋李伯瞻字》。
③　《至正集》卷八〇《玉烛新·题李伯瞻一香图次韵》。
④　《吴文正公集》卷四二《元故荣禄大夫江西等处行中书省平章政事李公墓志铭》。
⑤　《吴文正公集》卷四二《元故荣禄大夫江西等处行中书省平章政事李公墓志铭》。
⑥　《吴文正公集》卷四二《元故荣禄大夫江西等处行中书省平章政事李公墓志铭》。
⑦　《吴文正公集》卷四二《元故荣禄大夫江西等处行中书省平章政事李公墓志铭》。
⑧　《吴文正公集》卷四二《元故荣禄大夫江西等处行中书省平章政事李公墓志铭》。
⑨　《吴文正公集》卷四二《元故荣禄大夫江西等处行中书省平章政事李公墓志铭》。
⑩　王颋：《降生龙川——拓跋元善的家世与淄州李氏》，载王颋《内陆亚洲史地求索》，兰州大学出版社2011年版。
⑪　《广西通志》卷一〇三《平乐府学记》。
⑫　《明故忠义官李公墓志铭》，载杜建录《党项西夏碑石整理研究》，上海古籍出版社2015年版，第247页。

李桢

字干臣，祖先是西夏皇族。金朝末年，李桢考中经童科。长大后，入宫充作质子，因文章学问出众而得以侍奉皇帝身边，太宗皇帝赞赏他的才华，赐名玉出干必阇赤。

皇子阔出率军伐金，李桢随行。攻下河南诸郡后，阔出遣李桢同吉登哥一起去唐、邓二州查实居民人数，因为当时在战争之后又遭灾年，人民流散者十之八九。桢到这两州后，赈恤饥寒交迫的人民，所以流散者大量回归故里。

太宗十年（1238），李桢随大将察罕攻下淮甸。桢因功佩金符，授军前行中书省左右司郎中之职。桢奏请朝廷寻访天下儒士，令各地对儒士予以优待。十三年，蒙古军围攻寿春，李桢一人招降守军。因功受赏赐银五千两。

定宗即位后，李桢上表应该先攻下襄阳，作为取宋的基地。定宗称赞并采纳了这个建议。定宗后二年（1250），赐李桢虎符，授襄阳军马万户之职。宪宗六年（1256），李桢奉旨率军巡哨襄樊。八年（1258）九月，桢卒于合州，年五十九岁。

李颜

河西人，元末不仕，明初由儒士中选擢任监察御史。[①]

李彦国

一作唐兀彦国，字伯都，居濮州。唐兀彦国为前国子上舍生，密州儒学学正，至正八年（1348）受唐兀崇喜礼聘而来到濮阳县崇义书院"主师席"[②]。

李慧月

法号光明禅师，陇西人。李慧月时年七岁，即遭掳掠，九岁时在贺兰山佛祖院出家。后云游塞北、江南；曾任福建路僧权，嘉兴府录首。至元二十

---

① 《南京都察院志》卷四《职官志二》。

② 焦进文、杨富学校注：《元代西夏遗民文献〈述善集〉校注》卷二《亦乐堂记（潘迪）》，甘肃人民出版社 2001 年版，第 68 页。

八年（1291），李慧月自称终南山万寿禅寺主持，至元二十七年（1290）印施十二部大藏经。①

李察罕

河西人。至顺二年（1331）六月，察罕以承德郎来任金坛县达鲁花赤。②

李朵儿赤

唐兀人，一名朵儿只，汉名希谢。祖籍灵武，迁大名路落籍，后因常年在江浙做官而定居钱塘 30 年，为宅第起名为"贺兰堂"③，以表明不忘本的心境。至元二十六年（1289）前后李朵儿赤任温州路总管，在修整完官学后举行了"乡饮酒礼"。元贞元年（1295）八月李朵儿赤到任处州路总管，以民之所疾苦为己任，革罢了高出市价十倍的荻蔗征收，又改进了征收箭竹的方式，免去了百姓往返运送的辛劳。李朵儿赤还重建了处州路总管府治所，又将昔日在温州路举行的"乡饮酒礼"推广到了处州路。大德八年至十一年（1304—1307），李朵儿赤改任平江路总管，至大二年（1309）又任绍兴路总管。在此期间他重修了位于绍兴的南镇庙，并为元成宗所下的《孔子加号诏》勒石立碑。此后，李朵儿赤还曾于延祐中升任中奉大夫江浙行省参知政事，至治元年改资善大夫江西行省参知政事。除在任上举办"乡饮酒礼"以外，李朵儿赤对家礼也非常重视，逢用餐必祭祀祖先，遇耕劳则必祭祀土地神。他擅篆书，曾为延祐四年《温州路重建庙学碑》和至治元年（1321）《采石重建承天观三清殿记碑》篆额。李朵儿从出身贫寒，到有了阡陌相连的产业，引发了郑介夫奏劾，称其财产必当来自对民间的剥削。④ 侄李托铁穆尔，

李托铁穆尔　李朵儿赤之侄，大名人，为皇帝位下必阇赤执事。致和元

① 李际宁：《西夏遗民李慧月的法宝姻缘》，载李际宁《佛经版本》，凤凰出版社 2002 年版，第 141—147 页。
② （至顺）《镇江志》卷一六《宰贰》。
③ 《清容居士集》卷一九《贺兰堂记》。
④ 刘志月：《元代西夏遗民李朵儿赤事迹考论》，《西夏研究》2017 年第 3 期。

年（1328）四月，托铁穆尔与集贤待制周仁荣钦奉圣旨致祭于南镇。①

来阿八赤

宁夏人，夏末元初武将木速忽里之子，本为宪宗宿卫。奉命去监元帅纽邻军，以遏止宋人援兵，驻于重庆下游之铜罗峡，夹江依山建垒，宋军败走。至元七年（1270），元军南征襄樊，调发河南、河北的军械粮草于淮西之义阳。怕宋军剽掠，命阿八赤督运。十四年（1277），设立尚膳院，授阿八赤为中顺大夫、同知尚膳院事。十八年（1281），授通奉大夫、益都等路宣慰使、都元帅，佩三珠虎符。发兵万人开胶莱运河，由阿八赤督工，寒暑不停。后阿八赤任胶莱海道漕运使。"在胶莱运河的开凿过程中，宁夏人来阿八赤发挥了重要的作用"②。二十一年（1284），朝廷罢免阿八赤主持的开河之役，"以其军及水手各万人运海道粮"③，同时又调阿八赤任同金宣徽院事。辽东掀起反元斗争，朝廷再降虎符，授阿八赤为征东招讨使，率兵"往水达地面屯田镇守"④。阿八赤用招降的办法，平息了辽东的反抗。二十二年（1285），授征东宣慰使、都元帅。皇子镇南王征交趾，授阿八赤为湖广等处行中书省右丞（《元史·本纪》载"交趾行省右丞"）。世祖召见他，把自己的衣服脱下来给他穿上，赐金玉带及弓箭甲胄，二十四年（1287），改任湖广等处行尚书省右丞。诏令四省所调发来征交趾兵马，均由阿八赤检阅。元军深入，进至交州。元军将士多染疾病，所得的关隘皆失守，只得准备班师。在班师回国途中，遭交趾军不断袭击，阿八赤中毒箭而死。⑤ 子寄僧，孙完者不花、秃满不花、也先不花、太不花。

木速忽里 宁夏人，来阿八赤之父，本为西夏将领，归附成吉思汗，被纳入大汗宿卫军中执掌膳食。宪宗即位后，大举伐宋，攻钓鱼山，命诸将商

---

① 《两浙金石志》卷一六《祭南镇昭德顺义王碑》。
② 薛磊：《元代的胶莱运河》，《历史教学》2006年第1期，第71页。
③ 《元史》卷一三《世祖纪》。
④ （民国）《奉天通志》卷二五五《皇元故敦武校尉管军上百户张君墓碑铭》。
⑤ 《元史》卷一二九《来阿八赤传》。

议进取之计，术速忽里建议：蜀地险要，可于二城之间，选精兵五万，命有威望的老将镇守，与成都我军相呼应，不时出兵侵扰，以牵制敌人的援军。然而诸将认为"攻城则功在顷刻"，木速忽里是迂腐之谈，没有被采纳。宪宗去世后，与其子来阿八赤赶回燕京。① 此后事迹不详。

寄僧　来阿八赤子，为水达达屯田总管府达鲁花赤。乃颜发动叛乱时，寄僧率部出战于高丽双城。后调任万安军达鲁花赤，因平黎蛮有功，升迁任雷州路总管，后来去世。②

完者不花　来阿八赤之孙，寄僧长子。③ 皇庆二年（1313）任同知潮州路总管府事。④

别台

唐兀人。别台于元统二年（1334）以中顺大夫任广西岭南道肃政廉访司金事。⑤

秃满台

西夏人，赫思之孙，咬住长子。秃满台年幼时涉猎书史，精通蒙古语，以其沉稳缜密的个性，被选为鲁王琱阿不剌的怯薛官，后于延祐二年（1315）出任郓城县达鲁花赤。由于郓城县地处交通要冲，往来使者频繁，秃满台保持了郓城县驿站的良好运转，并且供给充足。至治二年（1322），秃满台又转某州达鲁花赤。至顺二年（1331），秃满台升任济宁路总管府达鲁花赤。在任内，他重视文教。元代沿黄河州县等的地方长官都兼知河防事。秃满台针对济宁路夏秋之交经常遭受黄河水害的情况，有针对性的修筑堤坝。秃满台还

①　《元史》卷一二九《术速忽里传》。
②　《元史》卷一二九《来阿八赤传》。
③　《元史》卷一二九《来阿八赤传》。
④　（顺治）《潮州府志》卷四《官师部》。
⑤　（嘉靖）《广西通志》卷五《秩官表》。

告诫家奴，严禁侵扰平民。可见，秃满台颇有传统的良吏之风。① 娶妻荣氏。弟睦里赤，子伯颜察迩、仲儿。

赫思　秃满台之祖父，其先本西夏人。西夏灭亡后，被迁徙到蒙古腹地应昌路，居住于应昌路虎门口。赫思隶属于弘吉剌部特薛禅之孙纳陈驸马投下，参加对南宋的战争，受纳陈驸马之重视。纳陈回军至济州时，部队驻扎在昌邑城，考虑其政治地位，留赫思驻守于此处。赫思留守应昌后，一改其年少时喜好田猎弓矢的习惯，开始投身农耕，积累粮食，并与当地居民相处和睦。每逢灾荒，他还会将粮食与衣物平均分给灾民，乡里皆将他视为有德之人。有人劝他出仕，赫思每次都摇头不答应。86 岁时，赫思去世，娶妻夏氏。②

咬住　秃满台之父，咬住为人有志向、操守，不仕，70 岁时在昌邑去世。娶妻邵氏。③

睦里赤　咬住次子，秃满台之弟。睦里赤亦受鲁王信任，被任命为昭武校尉、管领济宁东平等处打捕鹰房诸色人匠等户总管府达鲁花赤。没多久后，睦里赤又被招至济宁路任总管。睦里赤、秃满台兄弟同时、同城为官，深为时人羡慕。④ 睦里赤先后娶妻赵、刘、田氏。

何伯翰

西夏人，息简礼之孙，益怜质班之子，年幼丧父，5 岁时始由舅舅抚养。何伯翰之母非常贤惠，通文史。益怜质班去世后，何氏以节自誓，教育伯翰。何伯翰 16 岁时，拜杨维桢为师学经。当时政局不稳，士大夫多习刀笔吏而谋求官府的一官半职，而何伯翰却不为所动，专心奉养母亲。闲暇之时，则退

① 《武略将军济宁路总管府达鲁花赤先茔神道碑》，此碑录文与校勘见周峰《元代西夏遗民秃满台家族考》，《薪火相传——史金波先生 70 寿辰西夏学国际学术研讨会论文集》，中国社会科学出版社2012 年版，第 119—128 页。

② （道光）《巨野县志》卷二〇《武略将军济宁路总管府达鲁花赤先茔神道碑（胡祖广）》。

③ （道光）《巨野县志》卷二〇《武略将军济宁路总管府达鲁花赤先茔神道碑（胡祖广）》。

④ （道光）《巨野县志》卷二〇《武略将军济宁路总管府达鲁花赤先茔神道碑（胡祖广）》。

处书法读书，辑录师傅杨维桢平时遗落的文章草稿，遂补注吴复所编杨维桢《古乐府集》，刊印出版，时人称何伯翰学识广博。至正十九年（1359），何伯翰将赴江浙行省参加会试，杨维桢撰序文以送行。①

息简礼　西夏人，何伯翰之祖父，因担任杭州僧录而安家于此。

伯家奴

唐兀氏，为某官署之达鲁花赤。女奴伦。

奴伦　伯家奴之女，嫁女中书省参知政事伯都。②

伯颜（鲁卿）

又作"伯耀德"，唐兀氏，字鲁卿，成都路温江县管蒙古军户，剌真之曾孙，秃弄歹之孙，赫间第二子，娶妻周氏。伯颜四川行省乡试考得第 3 名，会试考取第 48 名，殿试中二甲第 9 名，被授予承事郎、成都路同知崇庆州事。③至元间④，伯颜被任命为忠州达鲁花赤兼管本州诸军劝农事。在任期间，他有修文庙，置学田，课士育民，教化聿新等贡献。后被祭祀于当地名宦祠中。⑤

秃弄歹　伯颜之祖父，娶妻唐兀氏。⑥

赫间　伯颜之父，娶妻女真人氏。⑦

伯颜（谦斋）

字谦斋，唐兀人。伯颜于至正十一年（1351）前后任黟县达鲁花赤，天完红巾军进攻江东时，江浙行省调遣伯颜守备昱岭关，阵亡，后托梦于居住

---

① 《东维子文集》卷八《送何生序》。

② 《金华黄先生文集》卷四三《太傅文安忠宪王家传》。

③ 萧启庆：《元统元年进士录校注（上）》，《食货月刊》1983 年第 2 期。

④ 汤开建：《增订〈元代西夏遗民人物表〉》谓伯颜于至元时为奉化州达鲁花赤，检核其史源《（至正）四明续志》"奉化州"下，载"达鲁花赤……伯颜，忠翊校尉，至元四年二月之任"。按元人名伯颜者甚多，不知汤氏以何据将其定为西夏人伯颜鲁卿？又伯颜既由进士入仕，则应带文散官，而忠翊校尉系武职散官。故此人必非西夏人伯颜鲁卿，不录。

⑤ （道光）《忠州直隶州志》卷七《名宦》。

⑥ 萧启庆：《元统元年进士录校注（上）》，《食货月刊》1983 年第 2 期。

⑦ 萧启庆：《元统元年进士录校注（上）》，《食货月刊》1983 年第 2 期。

于嘉兴路崇德州的家人，让他们投奔其生前好友叶子澄处避兵祸。①

伯颜（清斋）

号清斋，唐兀氏，籍贯大同。至正末年，伯颜以行省镇抚调任崇安县尹。在江西红巾军的军事威胁下，他从容地理军治民，使崇安县军情缓和，民间安定。明朝建立后，将伯颜征辟之京师，但他不愿为贰臣，遂以年老请辞回归崇安，不改其清廉谨慎之作风。民间对他很敬重，无论老幼，都以"故侯"称呼他。②

伯颜（字号不详）

河西人。至元二十九年（1292）正月，伯颜以散官武德将军来任镇江路总管同知。后因病去世。③

伯颜察儿

字林卿，唐兀氏，东平阳谷人。伯颜察儿由蒙古国子监贡举出仕，经迁转于至正十一年（1351）前后到任慈溪县主簿。在任慈溪县的七年之间，伯颜察儿有较多政绩。方国珍攻温州、台州，江浙行省令庆元路下辖各州县通过漕运将军粮运到温州，伯颜察儿即亲自督运。至正十四年（1354），伯颜察儿劝富民出粟，赈济贫民，平定物价，向转运司请求暂缓征收盐课，重修慈溪县的官署和董孝子庙，捉捕海盗。伯颜察儿离任之后，老百姓为了纪念他为树立了去思碑。④

伯帖木耳

一作伯帖木儿，字冲霄。宁夏唐兀人，安岳县达鲁花赤，至正十年（1350）冬，伯帖木耳自京师某官来任遂宁州达鲁花赤，有重修遂宁旌忠庙（夏鲁奇庙）的事迹⑤。

---

① 《山居新话》卷四《叶子澄》。
② （弘治）《八闽通志》卷三七《秩官》；（崇祯）《闽书》卷五六《文莅志》。
③ 《至顺镇江志》卷一五《刺守》。
④ （天启）《慈溪县志》卷一五《伯颜察儿去思碑记》。
⑤ 《新修潼川府志校注》卷五《重修旌忠庙记（文礼恺）》。

彻彻帖木儿

一作彻辰特穆尔，唐兀氏。至正二年（1342），徹徹帖木儿以散官奉训大夫郎任江南行台监察御史。[①]

余阙

唐兀氏，字廷心，一字天心，原籍武威，居庐州。曾祖与祖父皆名铣节，为沙剌臧卜第四子。余阙年少丧父，以收授门徒来赡养母亲，平时与吴澄弟子张恒交游，文学造诣日进。元统二年（1334）进士及第，中右榜一甲第 2 名，授承事郎同知泗州事。余阙在任职期间，为政严明。在泗州不久，奉诏回京，授翰林文字，后又转任中书刑部主事，因不阿谀权贵而弃官归家。不久朝廷修辽、金、宋三史，余阙奉诏再入翰林院为修撰，后拜监察御史，改中书礼部员外郎，出任湖广行省左右司郎中。之后，朝廷又召余阙为集贤经历，调任翰林待制，出任金浙东道廉访司事。在任浙东金宪期间，余阙有较多政治活动，包括纠察地方官吏的不法行为，平均差役，舒缓民力，嘉奖清官能吏，表彰节妇，举荐贤能与儒生，为浙东道肃政廉访司续写题名记以及将没收入官的田产分给衢州路学校以赡养士人。任职于浙东道的两年，同样是余阙经学、诗歌和书法创作的一个高峰期。在任期间，他完成了《易说》50 卷，创作了《兰亭》《与八月十五日处州分司对月》《美浦江郑氏义门》等诗歌，还将柳贯的《待制集》刻行于世[②]。而后，因母亲去世，余阙辞官回庐州服丧。河南反元斗争兴起，红巾军攻陷郡县。至正十二年（1352），元廷设行中书省于淮东，改宣慰司为都元帅府治理淮西，起任余阙为宣慰副使、金都元帅府事，分兵守安庆。不久后，余阙升为同知副都元帅、都元帅。红巾军四面兴起，余阙提调各路军马，确保江淮，论功拜江淮行省参知政事，仍镇安庆。至正十七年（1357），赵普胜同青军两路进攻，余阙与他们相持月

---

① （至正）《金陵新志》卷六《官守志》。

② 杜建录、邓文韬：《安徽歙县贞白里牌坊始建年代考——兼考西夏遗民余阙金宪浙东道期间的史迹》，《宁夏社会科学》2017 年第 1 期。

余、赵等败走。当年秋天，朝廷拜余阙为淮南行省左丞。陈友谅军直趋安庆，余阙拼力抵抗，多次退敌，安庆终于陷落，余阙知大势已去，便引刀自杀。余阙的文章有气魄，有《青阳先生文集》传世，"此书记载着许多元代的历史事件及当时的风俗人情，内容翔实，文字流畅，是一部很好的诗文集子"①。余阙死时年方56岁。朝廷赠摅诚守正清忠谅节功臣、荣禄大夫、淮南江北等处行中书省平章政事、柱国，追封豳国公，谥忠宣。余阙阵亡，尸体落入清水塘中。红巾军将他打捞起来，具棺木葬于安庆西门外②。余阙有兄三人，分别名余闟、少剌八、供保，弟一人，名福寿。③子余德臣、余德生，庶子余渊，女安安，外甥福童。

　　铣节　唐兀氏④，余阙之曾祖。疑先世为伊州人，后迁居武威。⑤

　　铣节　铣节之子，余阙之祖父。⑥钱大昕指出"按此两世同名"⑦，即父子两人使用同一名讳。

　　沙剌臧卜　余阙之父，又名屑耳为。沙剌臧卜于合肥为官，娶妻尹氏。⑧

　　余德臣　余阙长子。余德臣年18岁时就能熟记诸经书。安庆城破后，痛哭道："我父亲死于忠义，吾又怎么能活下去?"，于是往园中深池投水而死。

　　余德生　余阙之子。安庆城破时，余阙妻耶卜氏挈德生投井自尽。⑨

　　余渊　余阙庶子，姜福堂所生。余阙战死时，被弃至于水边，为陈友谅军万户杜某怀抱收养，3岁即知其父自尽殉节。⑩洪武二十九年（1396）中举

①　翟平：《余阙及其〈青阳先生文集〉》，《江淮论坛》1983 年第 4 期。
②　《元史》卷一四三《余阙传》。
③　萧启庆：《元统元年进士录校注（上）》，《食货月刊》1983 年第 2 期。
④　萧启庆：《元统元年进士录校注（上）》，《食货月刊》1983 年第 2 期。
⑤　王颋、刘文飞：《唐兀人余阙的生平和作品》，《北方民族大学学报》（哲学社会科学版）2009 年第 5 期。
⑥　萧启庆：《元统元年进士录校注（上）》，《食货月刊》1983 年第 2 期。
⑦　《元史氏族表》卷二。
⑧　萧启庆：《元统元年进士录校注（上）》，《食货月刊》1983 年第 2 期。
⑨　《元史》卷一四三《余阙传》。
⑩　《宋学士全集》卷一一《余左丞传》。

人，出任完平知县，子孙世居合肥城南门。①

　　余安安　余阙之女。安庆城破时，余阙妻蒋氏挈安安投井自尽。②

　　福童　余阙外甥，善战，有勇有力。安庆城破时战死于城壕之间。③

沙览答里

　　一作沙蓝答里，河西人，姓路氏。④ 沙览答里于至正中期任江南行台御史大夫，被召还朝时，考虑到需要文儒之士以备其咨访，于是辟丁鹤年为从事⑤。至正二十六年（1366）春正月，元廷以沙览答里为中书左丞相。至正二十六年（1366）春，为防止明军北伐，元廷诏也速以中书右丞相分省山东，沙览答里以中书左丞相分省大同。又命令凡山东诸军，均由也速统辖；而山西诸军，则均由少保、中书左丞相沙览答里统辖。九月，沙览答里又加知枢密院事，依旧开分省于大同。⑥ 此后事迹不详。

完者不花

　　字仲美，唐兀人。至正二十一年（1361）四月参秘书监奏差。⑦

宋嘉闾

　　字隆士，唐兀氏。宋嘉闾于至正二十六年（1366）国子学贡试中正榜，赐从六品出身，授承务郎。⑧

即力虺尼

　　字号、籍贯皆不详。皇庆二年（1313）五月任唐兀卫亲军百户，克扣麾下将士口粮，将朝廷发给的管军银牌典当换取财物。因此案，元朝中书省札

---

①　（光绪）《续修庐州府志》卷五八《世族表》。

②　（嘉靖）《安庆府志》卷一六《余忠宣公死节记》。

③　（嘉靖）《安庆府志》卷一六《余忠宣公死节记》。

④　（嘉靖）《宁夏新志》卷二《人物》。

⑤　《九灵山房集》卷一一《鄞游稿·高士传》。

⑥　《元史》卷四七《顺帝纪》。

⑦　《秘书监志》卷一一《题名》

⑧　《至正二十六年国子中选生题名记》，载萧启庆《元代进士辑考》，"中央研究院"历史语言研究所2013年版，第460页。

付今后军官不许质当符牌，否则断五十七下，削降散官一等换受。收受牌符之家，减犯人罪二等科断相应①。

张氏

张氏为河西人女子，嫁与元末殉节官员马某为妻②。

张吉

西夏人，籍贯杭州，原名长吉彦忠，改姓张氏，以张吉之名登至正十四年（1354）进士第，授宣城录事。张吉后来因兵乱而弃官，奉母慈溪黄氏，教授于华亭。至正十九年（1359），与寄寓松江的诗人杨维桢唱游。元亡后为遗民，今尚有诗一首传世③。

张恒

籍贯存"河南"与"河西"两说。"'河南'大概是张恒'先世'搬移后的乡里，兹前也在'河西'地方；其居民，亦'唐兀'人"④。张恒从同知制诰国史院编修官吴澄学经，后教授余阙⑤。

张翔

字雄飞，唐兀氏。张翔历西台御史，至元元年（1335）任南台御史，二年（1336）进都事，三年（1337）升浙东廉访佥事，转湖南廉访佥事⑥。张翔喜游历，足迹遍及江浙、西南名山大川，铭记于心，化为诗行，许有壬序其诗集云"尤工于诗，往往脍炙人口"⑦，王沂赞之"不见张都事，诗名到处传"⑧。张翔之诗集已散佚，作品仅数首传世，《四朝诗》以张雄飞为名，收

---

① 《元典章》卷二九《礼部二·礼制二·牌面》。
② 《宋景濂未刻集》卷下，原题缺。
③ 萧启庆：《元代进士辑考》，"中央研究院"历史语言研究所2013年版，第343页。
④ 王颋、刘文飞：《唐兀人余阙的生平和作品》，《北方民族大学学报（哲学社会科学版）》2009年第5期。
⑤ 《宋学士全集》卷一一《余左丞传》。
⑥ 萧启庆：《元代进士辑考》，"中央研究院"历史语言研究所2013年版，第136页。
⑦ 《至正集》卷三三《张雄飞诗集序》。
⑧ 《伊滨集》卷一〇《寄南台张雄飞》

录《栖霞洞》与《碧鸡山》二首，又以张翔为名，收录《岳阳楼》与《杜甫祠》二首；张翔又有《华山二首》，为《华岳全集》所辑录。除以上篇目外，《元诗选癸集》又多收张翔的《耒阳吊古》一首。此外，国家图书馆藏有《洛阳怀古四首》诗拓本一幅，尾款"元统三年（1335）岁次乙亥孟秋朔备员御史张翔雄飞题留"，可知该诗亦为张翔所作。①

张矗

河西人。泰定四年（1327）前后，张矗在任吉安路总管府掾史，见长潦之滨无桥，于是倡导当地人周师望、康秀荣修建了南湖桥②。

张子敬

居河西，为人"沉厚默靖，莫敢自暇"，袁桷曾为之作字说③。

张西源

宁夏人。张西源于元统三年（1335）前后在任庆元路官员，"以教养、缮修为急务"④。

阿沙（灵武人）

唐吾氏，灵武人。至元十九年（1282），阿沙以散官广威将军来任泉州路达鲁花赤，到任后，他登临清源山碧霄岩，刻石为三世佛像，以金碧为装饰，又为之构建殿宇，以为焚香、修行和为皇帝祝寿的场所。阿沙还捐出自己的俸禄，买田五十余亩，施舍入大开元万寿禅寺，以供佛、赡僧。⑤ 侄般若帖穆尔、外孙寿山。

般若帖穆尔　阿沙之侄儿。至正十六年（1356），般若帖穆尔任建宁路治中。至正十七年（1357），般若帖穆尔升任福建闽海道佥事。次年，江浙行省

---

① 刘志月、邓文韬：《元代西夏遗民著述篇目考》，《西夏研究》2016 年第 2 期。
② （光绪）《吉安府志》卷四《南湖桥记》。
③ 《清容居士集》四四《张子敬字说》。
④ 《庆元路儒学涂田记》，章国庆编著《天一阁明州碑林集录》，上海古籍出版社 2008 年版，第41 页。
⑤ 《修碧霄岩记》，载许添源主编《清源山摩崖选粹》，中华书局 2004 年版，第 54 页。

平章三旦八遁走福建，为时任福建闽海道廉访司佥事般若帖穆尔弹劾"贪财玩寇，久而无功"。般若帖穆尔拘禁三旦八。恰逢从中书省迁调至福建行省的平章政事普化帖木儿，与般若帖穆尔为首的福建地方官发生了矛盾，于是普化帖木儿派人联络前任兴化路总管安童和三旦八共集乡兵，并以钱财收买泉州的亦思巴奚军首领赛甫丁与阿迷里丁，意欲借这支武装，排挤般若帖穆尔，引发了"省宪构兵"。至正二十年（1360），陈友谅部将邓克明等由建昌出发，分三道攻入福建，五月包围建宁，时任建宁路达鲁花赤的般若帖穆尔负责提供馈饷，击退了敌军的攻击①。至正二十七年（1367）以福建江西等处行中书省参知政事分治广东。路经泉州清源山时，般若帖穆尔追忆其伯父创修碧霄岩之事迹，再度重修了碧霄岩。②

寿山　阿沙外孙。至正二十七年（1367）任同安县达鲁花赤。③

阿沙（肃州人）

西夏人，举立沙长子。成吉思汗为旌表举立沙的向慕之心，哀悼其战死之不幸而论功行赏，封其子阿沙为世袭肃州路也可达鲁花赤。元宪宗时，又赐给阿沙虎符，令其领兵。元世祖在位时，阿沙升任昭武大将军，甘肃等处宣慰使④，并多次在河西地区签军，组织了唐兀军⑤。至元十八年（1281），阿沙上奏河西军已有3000人的规模，且带虎符金牌者甚众，应设置官署予以管辖。枢密院遂设立唐兀卫亲军都指挥使司以管辖之。⑥子剌麻朵儿只、管固儿加哥。

举立沙　一名昔里都水，出身西夏肃州阀阅之家。在蒙夏战争中，昔里都水以城出献蒙古，又随成吉思汗征讨不服，阵亡于战场。⑦

① 《玩斋集》卷九《建安忠义之碑》。
② 《修碧霄岩记》，载许添源主编《清源山摩崖选粹》，中华书局2004年版，第54页。
③ 《修碧霄岩记》，载许添源主编《清源山摩崖选粹》，中华书局2004年版，第54页。
④ 《肃州也可达鲁花赤世袭之碑》，载杜建录《党项西夏碑石整理研究》，第172页。
⑤ 《元史》卷八《世祖纪》；《元史》卷一四《世祖纪》。
⑥ 《元史》卷九九《兵志》。
⑦ 《肃州也可达鲁花赤世袭之碑》，载杜建录《党项西夏碑石整理研究》，第172页。

剌麻朵儿只　阿沙长子，先授奉训大夫甘州路治中，又升奉议大夫肃州路达鲁花赤，一年后以官职礼让其弟。① 在任时，剌麻朵儿只"像爱护眼珠一样爱护人民"，"为民众谋了许多利益"②。长子贯努普袭职，次子耳玉出家为僧，三子管布有病未仕，幼子令只沙亦袭职。

管固儿加哥　阿沙次子，剌麻朵儿只之弟。受兄职肃州路达鲁花赤，在任四载，又将职位还于其兄。③

贯努普　剌麻朵儿只长子，袭职宣武将军肃州路达鲁花赤，在任三年后将官职让与其弟令只沙。子帖信普。④

令只沙　剌麻朵儿只幼子。受贯努普职为怀远大将军，肃州路达鲁花赤。令只沙在任期间为政公平无私，先后将职务让给兄长之子帖信普与帖信普之子赤斤帖木儿。子普达实理、善居。⑤

帖信普　贯努普长子，受令只沙出让的肃州路达鲁花赤一职，不久后去世。子定者帖木儿、赤斤帖木儿。⑥

定者帖木儿　帖信普长子，受令只沙出让的肃州路达鲁花赤一职，又让与其叔父普达实理。⑦

普达实理　令只沙长子，受定者帖木儿出让的肃州路达鲁花赤一职，后让与帖信普次子赤斤帖木儿。⑧ 至正六年（1346）任陕西行台监察御史，偕书吏分司出巡至云南守省，在广元千佛崖石窟第229龛与230龛正下方留有题记

① 耿世民：《回鹘文〈大元肃州路也可达鲁花赤世袭之碑〉译释》，闫文儒、陈玉龙编《向达先生纪念文集》，新疆人民出版社1986年版，第453页。
② 耿世民：《回鹘文〈大元肃州路也可达鲁花赤世袭之碑〉译释》，闫文儒、陈玉龙编《向达先生纪念文集》，新疆人民出版社1986年版，第450页。
③ 《肃州也可达鲁花赤世袭之碑》，载杜建录《党项西夏碑石整理研究》，第172页。
④ 《肃州也可达鲁花赤世袭之碑》，载杜建录《党项西夏碑石整理研究》，第172页。
⑤ 《肃州也可达鲁花赤世袭之碑》，载杜建录《党项西夏碑石整理研究》，第172页。
⑥ 《肃州也可达鲁花赤世袭之碑》，载杜建录《党项西夏碑石整理研究》，第172页。
⑦ 《肃州也可达鲁花赤世袭之碑》，载杜建录《党项西夏碑石整理研究》，第172页。
⑧ 《肃州也可达鲁花赤世袭之碑》，载杜建录《党项西夏碑石整理研究》，第172页。

一方。①

　　赤斤帖木儿　帖信普次子，至正二十一年（1361）在任肃州路达鲁花赤，阶官宣武将军。② 疑宣光二年（1372）任北元知枢密院事，与伯颜等以部众五百余人降明③。次年，明朝赏赉北元来降官员和军将，赤斤帖木儿等人被任命为千户、百户镇抚，各领兵千人往温、台、明三郡戍守。④

　　善居　令只沙次子，因其伯父管布无子，故以善居为嗣子。至正间，善居以才德出众，而入宿卫，后授宣武将军、武备司同判，先后任甘州郎中、永昌路达鲁花赤。平时治理百姓以仁惠之道，又以正直之心严于律己。为纪念先祖之事迹，善居于至正二十一年（1361）刻《大元肃州路也可达鲁花赤世袭之碑》，以记家族之事。⑤

阿赤

　　河西人。天历元年（1328）七月，阿赤以散官承务郎来任金坛县达鲁花赤⑥。在任期间，他曾经卖掉自己的马匹买米，以供给贫民。

阿都赤

　　河西人。至治⑦元年（1321）十二月，阿都赤以进义校尉来任丹徒县达鲁花赤⑧。疑阿都赤于至正初任温州路总管兼管内劝农事⑨。至正三年（1343），阿都赤修复了前年被烧毁的温州名胜思远楼，并宴请宾客于楼上⑩。同时，阿

---

　　① 邓文韬：《四川广元千佛崖石窟元代西夏遗裔题记及其史料价值初探》，《西夏学》第十九辑，甘肃文化出版社 2019 年版。
　　② 《肃州也可达鲁花赤世袭之碑》，载杜建录《党项西夏碑石整理研究》，第 172 页。
　　③ 《国榷》卷五，洪武五年正月丙子条。
　　④ 《明太祖实录》卷七八，洪武六年正月癸丑条。
　　⑤ 《肃州也可达鲁花赤世袭之碑》，载杜建录《党项西夏碑石整理研究》，第 172 页。
　　⑥ （至顺）《镇江志》卷一六《宰贰》。
　　⑦ 原书中此处年号为"至元"。按至元元年镇江路尚在南宋治下，应有误。结合上任县尹系延祐五年到任，下任县尹至治三年到任，夹在其中的阿都赤，应是至治元年到任。
　　⑧ （至顺）《镇江志》卷一六《宰贰》。
　　⑨ （弘治）《温州府志》卷八《官职》。
　　⑩ （弘治）《温州府志》卷一九《思远楼记》。

都赤还准备书币，命温州路博士祝君定，延请名儒陈印翁摄永嘉书院事。①

阿里鲜

河西人，字号、籍贯皆不详。原隶属于斡辰大王帐下，元太祖十五年（1220）八月赴宣德州朝元观请长春真人丘处机西行。元太祖十七年（1222）三月自成吉思汗行宫向丘处机传圣旨，陪伴其西行，并作为通事和书记官参与成吉思汗向丘处机的问道。事毕以后，被任命为宣差，以蒙古带、喝刺八海为副手，护丘处机东还，并诏谕山东诸城②。

阿剌威

河西人。大德初年，阿剌威以散官武略将军为富州达鲁花赤。富州州境每年都会遭受水患，阿剌威修筑堤坝，使河流回到了原来的河道。于是当年秋天的富州有了极佳的收成。③

阿尔长普

阿尔氏，西夏人。约至正十三年（1353）前后任安庆路达鲁花赤，随从安庆路总管韩建抵御天完红巾军对安庆的进攻，取得了胜利。④

阿兀思吉氏

出身河西贵族。哈剌鲁人哈只侍奉窝阔台为宝儿赤执事，因扈从西征有功，"妻以河西贵族"阿兀思吉氏，后封赠定国夫人。⑤

驴儿

唐兀氏，居德州。驴儿于至正间任泉州市舶司提举。⑥

昔里钤部

唐兀人，昔里氏。原为西夏沙州守将，后降附蒙古，随忽都铁穆儿去沙

---

①　（民国）《平阳县志》卷六七《故建安书院山长陈公墓志铭》。
②　《长春真人西游记》卷上。
③　（万历）《新修南昌府志》卷一五《名宦传》。
④　《青阳先生文集》卷三《大节堂记》。
⑤　《金华黄先生文集》卷二四《宣徽使太保定国忠亮公神道碑》。
⑥　泉州海关：《福建市舶司人物录：纪念泉州市舶司设置九百周年》，内部刊行，第64页。

州晓谕招降。主帅坐骑被绊倒，钤部把自己骑的马给了主帅，自己则骑着这匹绊倒了的马殿后，最后击败了敌军。蒙古军围肃州之时，西夏守将为钤部之兄，钤部为他们向皇帝提出敕免请求，得以免死的有 106 户。乙未年（1235），昔里钤部随定宗、宪宗征伐西域。次年，钤部跟随诸王拔都去征伐斡罗斯。己亥年（1239）冬天十一月，到达阿速灭怯思城，钤部率领敢死战士 10 人，踩着云梯首先登城，俘虏了 11 人。皇帝赐给钤部西马、西锦，赐名拔都。第二年班师回来，皇帝任命钤部为千户，不久他升任断事官。丙午年（1246），定宗即皇帝位，钤部晋升官职为大名路达鲁花赤。宪宗命钤部与卜只儿共同管理，之后又另赐给钤部虎符，派他出去监督大名路的政务。己未年（1259）元世祖南征时，钤部负责供给军队粮饷物资，因病乘车返回，死在家中，终年 69 岁。[①] 子爱鲁、罗合、小钤部。

爱鲁　昔里钤部长子，早年继承父职任大名路达鲁花赤。至元五年（1268），爱鲁跟随云南王征伐金齿各部落，金齿诸部落都为之震惊顺服。七年（1270），爱鲁改任中庆路达鲁花赤，兼管爨僰军。十年（1273），平章赛典赤主管云南行省，任命爱鲁治理永昌县。十一年（1274），爱鲁查阅中庆路府的户籍簿册，发现了隐藏未报的 1 万多户。十三年（1276），皇帝下诏开辟通往乌蒙的道路，爱鲁统率部队到达玉连等州，一路上所经过的城镇营寨，凡未归顺的全都攻克下来，水路陆路都设置驿站传递文书，因此深受赛典赤的信任。十四年（1277），爱鲁讨平了忙部、也可不薛的叛变，升任广南西道左右两江宣抚使，兼招讨使。十六年（1279），升任云南诸路宣慰使、副都元帅。十七年（1280），再次设立云南行省，他任参知政事。十八年（1281），爱鲁又讨平了乌蒙罗佐山、白水江的叛变。十九年（1282），皇帝召他来到皇宫，进封他为左丞。爱鲁参与平定也可不薛的叛变，并给诸王相吾答儿征伐缅国供应粮饷。二十二年（1285），参与平定乌蒙的叛乱。二十四年（1287），

---

① 《元史》卷一二二《昔里钤部传》。

爱鲁进封为右丞。朝廷设立尚书省，他又改任尚书省右丞。镇南王征伐交趾，诏令爱鲁率领6000土兵跟随前往，立下赫赫战功。二十五年（1288），他感染疟疾逝世。皇帝追赠他为平章政事，谥号毅敏。① 子教化、也先帖木儿、万奴、忽都苔儿，孙阿丁、黑厮、元元。

罗合　昔里钤部次子，爱鲁之弟。中统三年（1262）宣授大名等路行军万户，至元元年（1264）八月十二日卒。②

小钤部　昔里钤部第三子，罗合之弟。以长兄爱鲁出仕云南，袭爵大名路达鲁花赤，加昭勇大将军。至元十三年（1276）二月，小钤部因冬猎时侵犯民间等17项死罪，由御史姚天福械送大都，最终被元世祖诛杀，籍没全家③。

教化　爱鲁长子。至元十四年（1277）袭官大名路达鲁花赤兼新附军万户；后将职官礼让其弟，回归任真金太子东宫宿卫。至元二十年（1283）出任江淮等处行中书省参知政事④。元武宗即位后任中书省平章政事，加授太子太保、太尉、平章军国重事、魏国公⑤。至大二年（1309）九月，江南行台弹劾教化，"诈言家贫，冒受赐货物，折钞2万锭。且其人素行，无一善可称"⑥，因此被问罪夺爵。

也先帖木儿　爱鲁次子，教化之弟，曾任敦武校尉固镇铁官提举⑦。

万奴　爱鲁第三子，教化、也先帖木儿之弟，原为中朝侍从官。至元二十年（1283）授中顺大夫大名路总管府达鲁花赤，代兄教化之职。至元二十

①　《元史》卷一二二《爱鲁传》。

②　《小李钤部墓志》，载《党项西夏碑石整理研究》，第196页。

③　《小李钤部墓志》，载《党项西夏碑石整理研究》，第196页。《元史》卷九《世祖纪六》，《山右石刻丛编》卷三四《姚天福墓表》。

④　（正德）《大名府志》卷一〇《元大名监郡昔李公神道碑》。

⑤　《元史》卷二二《武宗纪》。

⑥　《元史》卷二三《武宗纪》。

⑦　（正德）《大名府志》卷一〇《元大名监郡昔李公神道碑》。

四年（1287）迁少中大夫。① 至元二十九年（1292），万奴主持重修了大名路的庙学。② 万奴为政令行禁止，政治卓著。曾任河南四川江浙等处行省参知政事、兼江淮等处财赋都统管府达鲁花赤等职务。去世后赠资善大夫河南行省左丞，谥号襄惠。③ 子也速普花，孙玉里沙、舍利威、普颜、僧伽奴、连德沙、波若奴，孙女忽都帖、也先帖尼、宝寿奴。

忽都苓儿 爱鲁第四子，万奴之弟。元廷授少中大夫、升嘉议大夫。④

黑厮 爱鲁之孙。⑤ 疑后至元四年（1338）由内史府咨议出任保定路总管。到任之后，黑厮首先劝农、兴学，抑制豪强为本。后至元五年（1339）秋天，河朔诸郡发生了蝗虫啃食庄稼的灾祸，黑厮与邑尹密祷于神，翌日蝗虫就被扑灭了，百姓皆以黑厮为神明。⑥

也速普花 字从善，系万奴之子。元廷中顺大夫、升亚中大夫，世袭大名路达鲁花赤。为政宽厚、惠民，民间称颂其美德。后至元元年（1336）七月去世，年41岁。⑦

玉里沙 也速普花长子。由祖父万奴之官荫授承务郎、南陵县达鲁花赤、同知溍州事。⑧

普颜 也速普花第三子，承袭世职，任中顺大夫、大名路达鲁花赤。⑨

忽都帖 也速普花长女，出嫁与中书平章政事粘合南合之孙禄同。⑩

昔李勃

小字孛兰奚，字天广，号菊心。小李玉之孙，乞苓哈次子，益怜真之弟。

---

① （正德）《大名府志》卷一〇《元大名监郡昔李公神道碑》。
② （正德）《大名府志》卷五《大名路重修庙学记》。
③ （正德）《大名府志》卷一〇《元大名监郡昔李公神道碑》。
④ （正德）《大名府志》卷一〇《元大名监郡昔李公神道碑》。
⑤ 《大元故资善大夫云南行尚书省右丞赠银青荣禄大夫平章政事毅敏李公墓志》，载《党项西夏碑石整理研究》，第200页。
⑥ （万历）《保定府志》卷三〇《宦绩志》。
⑦ （正德）《大名府志》卷一〇《元大名达鲁花赤昔李公墓志铭》。
⑧ （正德）《大名府志》卷一〇《元大名达鲁花赤昔李公墓志铭》。
⑨ （正德）《大名府志》卷一〇《元大名达鲁花赤昔李公墓志铭》。
⑩ （正德）《大名府志》卷一〇《元大名达鲁花赤昔李公墓志铭》。

昔李勃以赵国公野讷之推荐，入见仁宗皇帝于潜邸，成为怯薛。仁宗登基之后，昔李勃以敬慎小心的态度出入禁闼，为仁宗所器重。至大初年，昔李勃入值武宗宿卫，由怯薛入仕为承事郎、陕西行台监察御史，尚未上任，即被改命为河南行省理问。天历初，文宗皇帝自江陵入续大统，路过汴京，一时各地人才纷纷赴此，希望谋求一官半职。正好河南行省再度起用昔李勃为理问。昔李勃却以有病为借口推辞，坚持不赴任。子道安、孙观僧。①

　　小李玉　西夏经略使玉里止吉住之孙，束南玉绀部之子。窝阔台在位时，受命领兵镇戌西域地区。②

　　乞苔哈　小李玉之子。13 岁时，乞苔哈行万里赴大名路定居，投奔近亲昔里钤部家族。不久后以质子身份赴蒙古汗廷。己未年（1259），乞苔哈随从蒙哥伐宋，在攻打合州钓鱼山时立有战功，被赏白金铠。至元初，乞苔哈又跟从大帅伯颜讨伐南宋，以长年累月的功劳被授予昭勇大将军、怀孟卫辉等路新军万户。随后，乞苔哈辞去了军职，历沅州、安庆、江陵、陕州四路达鲁花赤，每到一处任职，皆有治迹。至元二十九年（1292），卒于官位上。③

　　益怜真　乞苔哈长子，仕至武德将军、新昌州达鲁花赤。④

　　道安　昔李勃之子，能守礼法。用昔李勃之荫官，授大都烧钞库大使，转遵化主簿。未及上任，又被征辟为大宗正掾，至正十八年（1358）任饶阳县达鲁花赤。⑤

昔宝赤

唐兀氏⑥。昔宝赤初以皇帝怯薛之身份入仕，为潞城县达鲁花赤，在任期间有嘉政⑦。至正十六年（1356）前后，昔宝赤转官为武强县达鲁花赤，与县

①　《大名府志》卷一〇《元礼仪院判昔李公墓志铭（欧阳玄）》。
②　《大名府志》卷一〇《元礼仪院判昔李公墓志铭（欧阳玄）》。
③　《大名府志》卷一〇《元礼仪院判昔李公墓志铭（欧阳玄）》。
④　《大名府志》卷一〇《元礼仪院判昔李公墓志铭（欧阳玄）》。
⑤　《大名府志》卷一〇《元礼仪院判昔李公墓志铭（欧阳玄）》。
⑥　（康熙）《武强县志》卷八原文误作"唐元氏"。
⑦　（康熙）《武强县志》卷八《三皇庙碑记》。

尹周宗鲁重修三皇庙与文庙。①

嵬宰文兴

字光祖，唐兀人，嵬宰氏。嵬宰文兴于至正九年（1349）由监察御史迁官为江东道廉访司佥事，当年九月到任②，曾为《皇元江东宪司题名记》篆额。

嵬的

西夏人。至正十四年（1354）任甘肃右丞，奉诏讨捕西番盗贼。③

述哥察儿

西夏人，哈石霸都儿之子。述哥察儿体貌魁梧，大器豪迈。定宗时述哥察儿选入宿卫。后从宪宗征伐南宋。1256 年，以军功受浚州达鲁花赤。中统三年（1262），李璮发动叛乱，述哥察儿奉圣旨抵御南来的敌军。随着北方战事的平定，他也无意仕进，于是在黎阳山下买田、筑屋、教子达 22 年之久。亦有学者认为"忽必烈在李璮之乱后为消弭各地藩镇尾大不掉之患，迫使一部分将领交出兵权，镇压李璮之乱的主帅、汉人史天泽子弟被解除兵权者 17 人，东平严氏、济南张氏、满城张氏等先后仿效，述哥察儿虽是色目人，恐怕遭到猜忌，主动致仕是有可能的"④。至元二十一年（1284）去世，享年 52 岁，葬于黎阳山下。娶妻康里氏。⑤ 子哈剌哈孙，孙脱因、纳嘉德、教化。

　　哈石霸都儿　世为河西著族，述哥察儿之父。长骑射，饶有智略，临阵冲锋，所向无敌。成吉思汗嘉奖其骁勇善战，赐名霸都儿，娶妻篾里吉氏。⑥

---

① （康熙）《武强县志》卷八《元武强重修庙学记》。
② （嘉庆）《宁国府志》卷二《职官表》。
③ 《元史》卷四三《顺帝纪》。
④ 任崇岳：《元〈浚州达鲁花赤追封魏郡伯墓碑〉考释》，《宁夏社会科学》1995 年第 2 期。
⑤ 《大名府志》卷一〇《元故浚州达鲁花赤赠中议大夫河中府知府上骑都尉追封魏郡伯墓碑（吴澄）》。
⑥ 《大名府志》卷一〇《元故浚州达鲁花赤赠中议大夫河中府知府上骑都尉追封魏郡伯墓碑（吴澄）》。

哈剌哈孙　述哥察儿之子，一作合□合孙，字和□①。哈剌哈孙爱读儒书，懂得文法。大德四年被朝廷授予承事郎、江西等处行中书省左右司都事。延祐五年，哈剌哈孙改授奉议大夫、同知江州路总管府事，始蒙恩封赠二亲。泰定四年，哈剌哈孙以中议大夫、汉阳府知府致仕。② 元统二年（1334）哈剌哈孙去世，享年76岁，葬地在今浚县大伾山南坡山南头村中。③

脱因　哈剌哈孙长子，江西行省宣使。先被朝廷授予从事郎临江路录事司达鲁花赤，后任承事郎吉安路吉水州判官。④

纳嘉德　哈剌哈孙次子，一作纳加台，以李氏为姓。至顺元年（1330）春出任从事郎、潭州路安化县达鲁花赤兼劝农事。在任期间，修复了安化县学宫⑤。元统二年（1334），纳嘉德与弟教化、济南邓天骥同登大伾山，题诗一首于大伾山太平兴国寺⑥。后至元元年（1335），纳嘉德由梅山调任常德路龙阳州判官，在任期间有文《墨池亭记》传世⑦。

教化　哈剌哈孙第三子，泰定四年（1327）进士及第，授承事郎，江州路瑞昌县达鲁花赤兼劝农事。⑧ 元统二年（1334），与兄纳嘉德、济南邓天骥同登大伾山，题诗一首于大伾山太平兴国寺⑨

虎益

西夏人，穆苏和勒长子，以父名党项语发音汉译中有"虎"字，而以虎为姓。虎益尚未成年时，即能入淄川万户府内参议军事。曾跟随淄川王军队

---

① 胡海帆，汤燕，陶诚：《北京大学图书馆藏历代墓志拓片目录（下）》，上海古籍出版社2013年版，第914页。

② 《大名府志》卷一〇《元故浚州达鲁花赤赠中议大夫河中府知府上骑都尉追封魏郡伯墓碑（吴澄）》。

③ 任崇岳：《元〈浚州达鲁花赤追封魏郡伯墓碑〉考释》，《宁夏社会科学》1995年第2期。

④ 《大名府志》卷一〇《元故浚州达鲁花赤赠中议大夫河中府知府上骑都尉追封魏郡伯墓碑（吴澄）》。

⑤ （同治）《安化县志》卷一七《重修儒学记（李存）》。

⑥ 浚县文物旅游局编：《天书地字·大伾文化（2）》，文物出版社2006年版，第103页。

⑦ （嘉靖）《湖广图经志书》卷一八《常德府》。

⑧ 萧启庆：《元代进士辑考》，"中央研究院"历史语言研究所2013年版，第236页。

⑨ 浚县文物旅游局编：《天书地字·大伾文化（2）》，文物出版社2006年版，第103页。

征讨李璮叛乱。李璮投降后，虎益被任命为承事郎、万户府知事。元军征襄阳时，虎益从淄川军出征，包围襄阳达 6 年之久。此后，虎益又随从李恒征伐江西有功，被授予中顺大夫龙兴路达鲁花赤。南宋谢太后携宋恭帝出降以后，各地掀起反元斗争，元朝数年来都无法彻底平定。唯独龙兴路在虎益的恩威并施之下没有发生动乱。到江西行省将省治定在龙兴路时，虎益在任正好年限已满，行省为了安定民心，强留虎益，因此他在任龙兴路达鲁花赤一共 5 年，此后方才移往抚州路达鲁花赤，阶官升为中议大夫。十年后，虎益再转任袁州路达鲁花赤兼管内劝农事；在任三年后，又以少中大夫任徽州路达鲁花赤兼管内劝农事。徽州路秩满以后，虎益决意致仕，在汴梁路买田地隐居。大德三年去世，享年 63 岁。① 弟虎仪，子虎文辉、虎文焕。

穆苏和勒　虎益之父，原为西夏乌讷城钤部官，蒙夏战争中出降成吉思汗，随从主帅之子李惟忠隶属于淄川王移相哥。因穆苏和勒气貌不凡，精于骑射，通晓多民族语言，能做翻译，故受移相哥重视，任命他为淄川封地军民总管，从征淮南。72 岁时去世。②

虎仪　穆苏和勒子，虎益之弟。原以承务郎任崇明州盐场提举，大德间管辖太后投下民户。子虎文郁、虎文灿、虎文炳③

帖木儿不花

一作特穆尔巴哈，唐兀氏。后至元四年（1338），帖木儿不花任江南行台监察御史。④

明安达尔

唐兀氏，字士元，居住于曹州，军儿之曾孙，傅思郎之孙，囊家台长子，隶于左翊蒙古侍卫亲军军籍，娶妻护都伦氏。明安达尔在东平路参加乡试中

---

① 《牧庵集》卷二六《徽州路总管府达噜噶齐兼管内劝农事虎公神道碑》
② 《牧庵集》卷二六《徽州路总管府达噜噶齐兼管内劝农事虎公神道碑》
③ 《牧庵集》卷二六《徽州路总管府达噜噶齐兼管内劝农事虎公神道碑》
④ （至正）《金陵新志》卷六《官守志》。

考得第 8 名，会试考取第 30 名，殿试中三甲第 6 名，被授予将仕郎、归德府宿州判官。① 明安达尔后来迁转为潜江县达鲁花赤。至正十二年（1352），孟海马部南琐红巾军来攻潜江，明安达尔率将士出击，活捉孟海马部将刘万户。可不料红巾军大队人马忽然杀到，明安达尔出战阵亡，几乎全家被杀。子桂山海牙。②

囊家台　明安达尔之父，娶妻秦氏。③

桂山海牙　明安达尔之子。至正十二年（1352），明安达尔与南琐红巾军在芦伏交战时，怀带潜江县印绶逃走，得以免死。④

明安答儿

唐兀氏。明安答儿原为真州达鲁花赤，天历二年（1329）三月任松江知府。⑤

明安帖木儿

唐兀人。至正五年（1345），明安帖木儿被任命为赞皇县达鲁花赤，在任期间他以孝悌忠信引导民众，力求先教化而后施以刑罚。明安帖木儿上奏免去了上交褚皮白穰银的任务。注重教化，赈济贫民。他又设立常平仓，"经画有制，悉尽其方"。燕南道廉访司佥事王仪为人正直。当王仪到达赞皇县时，父老乡亲都称颂明安帖木儿的德行，于是王仪将明安帖木儿列为全道最优的地方官。⑥

昂吉儿

唐兀氏，张掖人，夏末元初武将也蒲甘卜之子。也蒲甘卜去世后，昂吉儿领其父军，从征诸国有功。至元六年（1269）被授予本军千户，出征南宋

① 萧启庆：《元统元年进士录校注（上）》，《食货月刊》1983 年第 2 期。
② 《元史》卷一九五《聂柄传》。
③ 萧启庆：《元统元年进士录校注（上）》，《食货月刊》1983 年第 2 期。
④ 《元史》卷一九五《聂柄传》。
⑤ （正德）《松江府志》卷二二《守令题名》。
⑥ （隆庆）《赵州志》卷五《官师》。

淮南地区。元军统帅伯颜渡江后，西道则交由之昂吉儿攻略，驻兵和州，又围攻庐州。宋朝灭亡以后，宋淮西制置夏贵投降，昂吉儿入庐州，论功被授予镇国上将军、淮西宣慰使。平定江东之初，元朝的官制尚处于草创阶段，权臣阿合马纳赂鬻爵，江南地区出现了官僚冗滥的情况。于是昂吉儿入朝，陈说。震惊之下的元世祖遂令人淘汰冗官。两淮地区在经历战火摧残以后荆榛蔽野，昂吉儿又请求设立屯田，以供给军饷。元世祖乃遣数千人，在芍陂、洪泽尝试屯田，果如昂吉儿所言，于是又以 2 万兵屯田，岁得米数十万斛。后来，昂吉儿又被加官为辅国上将军、河南行省参知政事、淮西宣慰使都元帅，进骠骑卫上将军、行中书省左丞，加龙虎卫上将军、行尚书省右丞，两官皆兼淮西使、帅。昂吉儿向元世谏言权臣阿合马纳赂鬻爵，请求在两淮地区设立屯田。按察使牙以迷失到任后，找了许多昂吉儿的琐事上闻朝廷。后昂吉儿以过错被问罪，元贞元年（1295）去世。[1] 昂吉儿虽然对元朝的统一战争与战后淮河流域的恢复有贡献，但其私德却难以恭维。史载昂吉儿父子总兵淮西近 20 年，多有不法之事。他们结交盗贼，使得盗贼势力愈发不可抑制。[2] 其为官之贪婪，可见一斑。子昂阿秃、暗普，孙教化的。

也蒲甘卜　又作野蒲甘卜，昂吉儿之父。出身西夏武将世家，在蒙夏战争中率军归附蒙古，被编入蒙古军籍，仍为千户。野蒲甘卜奉成吉思汗圣旨，统辖所管河西军士，从木华黎出征。后因病去世。[3]

昂阿秃　昂吉儿之子。至元二十一年（1284），昂吉儿携昂阿秃入见，元世祖令昂阿秃充速古儿赤。二十四年（1287），昂阿秃随元世祖出征镇压东道诸王之乱，以功奉旨代父职，两年后被授予庐州蒙古汉军万户府达鲁花赤。大德六年（1302），昂阿秃领兵镇压宋隆济起义，以军功再度受到上等赏赐。

---

① 《元史》卷一三二《昂吉儿传》。

② 刘舒侠：《元代姚天福神道碑校点注释》，载《中国考古集成》，哈尔滨出版社 1994 年版，第1195 页。

③ 《元史》卷一二三《也蒲甘卜传》。

在庐州镇戍期间，昂阿秃曾以自己的私有财产建造了120余间房屋，让那些贫困的军士得以居住。省台以这件事情向皇帝汇报，于是皇帝特命升其秩，以金束带赐之。①

暗普　昂吉儿之子，昂阿秃之弟。由速古儿赤授金符、唐兀秃鲁花千户，后改授海北海南道廉访使。②

教化的　昂吉儿之孙，世袭千户。③

邾经

西夏人，字仲谊，又作仲义，号观梦道士、西清居士。原籍西夏陇右，祖上迁至吴陵，至邾经时又定居杭州路仁和县，侨居吴山之下，而常流寓平江路、松江府等处。少时学明经。至正初，以《毛诗》举乡贡进士，至正十五年（1355）为平江路学录，参与平江文庙宫墙的修筑。张士诚据平江后，征辟邾经为承德郎行元帅府经历，力辞不就。明初洪武四年（1371）曾为江浙行省考试官，十一年（1378）自杭州赴南京，就养于其子、工部奏差邾启文。后因事被流放云南。邾经丰神潇洒，文质彬彬，写文章能一气呵成，曾参与顾瑛主持的雅集活动。著有《玩斋集》《观梦集》，均佚。明初沐昂编《沧海遗珠》，辑明初徙滇诗人作品，以邾经为首，收录其多首诗作，其余作品则散见于《青楼集》《玉山雅集》《元诗选补遗》等处。子邾启文。

邾启文

邾经之子，仕明朝，任中书宣使，工部奏差。文学过人，克继其父，亦善乐府、隐语④。

金刚奴

河西宁夏人⑤。金刚奴于皇庆间以散官敦武校尉，任常宁州知州⑥。常宁

---

① 《元史》卷一二三《也蒲甘卜传》。
② 《元史》卷一二三《也蒲甘卜传》。
③ 《元史》卷一三二《昂吉儿传》。
④ 《录鬼簿》续编。
⑤ （康熙）《衡州府志》卷一〇原文为"河南宁夏人"，当为传抄之讹。
⑥ （康熙）《衡州府志》卷一〇《秩官中》。

州湘江上本有桥梁，元初毁于兵灾。金刚奴捐出自家粮食百石，亲自督工重修桥梁。金刚奴还在桥的侧面建了一座尼姑庵，请比邱普觉主持。此后，他又再次用自己的财产购置了四大部经，让僧徒日夜朗诵，为皇帝祝寿。恰好廉访使者经过，为金刚奴修筑的桥梁起名曰"廉政"。①

忽都笞儿

唐兀人，居镇江，以承德郎广德路总管府判官致仕。②

忽纳台

唐吾氏，至正二十七年（1367）任福建行中书省理问官。③

河西善

元太宗五年（1245）河西善任宣差，系通圆懿公禅师俗家门人。④

泼皮

一作苏呼，唐兀氏。泰定四年（1327），泼皮以散官登仕郎任江南行台监察御史。⑤

宝宝

字子约，唐兀人。宝宝曾任钟离县达鲁花赤，在任期间廉洁有善政，为时人所称道。⑥ 疑即至正十九年（1359）考中江浙行省，二十年（1360）赴大都参加会试的杨维桢弟子宝宝⑦。

居理直

唐兀人⑧。居理直最初承父荫入仕为官，累迁平定州同知，以干练著称。

---

① （嘉庆）《湖南通志》卷二六八《廉政桥记》。
② （至顺）《镇江志》卷一九《侨寓》。
③ 《修碧霄岩记》，许添源主编《清源山摩崖选粹》，中华书局 2004 年版，第 54 页。
④ 《故大行禅师懿公功德碑》，齐心主编《元代北京史迹图志》，燕山出版社 2009 年版，第 115—121 页。
⑤ （至正）《金陵新志》卷六《官守志》。
⑥ （光绪）《凤阳府志》卷一七《宦绩传》。
⑦ 《东维子文集》卷一《送三士会试京师序》。
⑧ 原志误作"唐元人"。

至正间，居理直为管州达鲁花赤，在任期间有善政，民间为他立去思碑。①

孟昉

字天暐，族属存争议，有西域人与西夏人②两说。孟昉本人占籍太原，寓居大都。约生于元成宗大德九年（1305），延祐间入国子监，受学于虞集。天历二年（1329）中大都乡试，次年会试失利。由吏入仕，先后在肃政廉访司、御史台、刑部及枢密院做掾史。至正五年（1345）拜国子监典簿，佐奉使宣抚江西福建道。至正初，孟昉刊行了自己的第一部文集，虞集、苏天爵、余阙等当世文学名家为之作跋。至迟至正十五年（1355）任江浙行省左司都事，后历任行省郎中、南行台监察御史、行枢密院判官等职。其时正是张士诚起义军势力发展强盛之际，此外还有苗军统领杨完者的力量，孟昉作为元廷任命的地方官员，不得不游走于这两股地方军阀集团之间，与他们的幕府文人往返唱和。至正十九年（1359），孟昉将自己供职江南期间创作的作品结集为《己亥集》，程文、陈基等为之作序。其中应该就包括与这些文人的唱和作品。至正二十二年（1362）除翰林待制，但由于中原地区正是元军与红巾军混战之时，致使道路受阻，只得滞留江南。③ 大约在至正二十六年（1366）朱元璋部队攻占杭州时，孟昉被召至金陵，后又请辞归隐。孟昉之文集已佚。存世作品，有诗歌《十二月乐词》《奉题见心禅师天香室》《奉题见心禅师蒲菴》等，文章《杭州路重建庙学记》与《李王狱级田碑》。④

剌思八朵儿只

一作阿息保多尔济，唐兀氏。至正三年（1343），剌思八朵儿只以朝列大夫郎任江南行台监察御史。⑤ 至正八年（1348），剌思八朵儿只在任山东道廉

---

①　（成化）《山西通志》卷八《名宦》。

②　《夷白斋稿》卷二二《孟待制文集序》末关于孟昉族属之描述，明弘治八年张习刊本谓"本西域人"，而明钞本作"西人"，《四库全书》本则谓"西夏人"。

③　都刘平：《元代西夏遗裔孟昉行迹征略》，《西夏学》第十八辑，甘肃文化出版社 2019 年版。

④　刘志月、邓文韬：《元代西夏遗民著述篇目考》，《西夏研究》2016 年第 2 期。

⑤　（至正）《金陵新志》卷六《官守志》。

访司佥事，遭弹劾，时人称其"禀性虽厚，莅事荒疏"①。

勃罗帖木尔

唐兀氏，忽剌出之孙，彻里帖木儿之子，字存中，号一斋。勃罗帖木尔出身于相门世家，初授承务郎、中书直省舍人，升奉训大夫、武备寺丞，又转官大府监提点。勃罗帖木尔施政以仁爱、宽容著称。至正元年（1341）冬，勃罗帖木尔以散官奉议大夫来为昆山州达鲁花赤。不辞劳苦开浚河道。同时，他还以重视抚恤民间，留心学校的建设。此外，勃罗帖木儿还入聘杨谦纂修了《昆山郡志》凡六卷②，后入昆山名宦祠③，受历代祭祀。

忽剌出　勃罗帖木尔之祖，银青荣禄大夫，湖广行省丞相。

彻里帖木儿　勃罗帖木尔之父，中奉大夫、湖广省参知政事。

药僧

唐兀人，字子元。至正十八年（1358），药僧自中书省来任稷山县达鲁花赤，其才华过人，爱民如子。当年春三月，陕西左丞察罕帖木儿起兵讨伐红巾军，道过稷山县。药僧捐出自己的俸禄，招募义兵，将老百姓迁至山林避难，劝说劫掠者保百姓周全。由于出色的政绩，百姓刻德政碑以纪念之。④

查巴达

西夏后裔。查巴达奉忽必烈的旨意，建北部昂仁寺。其子多吉衮坡，孙南喀甸巴袭职，掌萨迦本勤之职务，该家族得以世袭昂仁寺主持职位。

赵德平

河西唐兀人，世居开平。赵德平以儒学为业，泰定三年（1326）考中乡试。次年大都参加会试，未及第。⑤

① 《永乐大典》卷二六一〇《御史台五》。
② （至正）《昆山郡志》卷首《后序》。
③ （同治）《苏州府志》卷二七《学校三》。
④ （乾隆）《稷山县志》卷八《药张商三侯德政碑记》。
⑤ 《存复斋续集》不分卷《送赵德平下第序》。

赵伯不花

西夏人。至正十二年（1352），赵伯不花以守令选来任吴江州尹，散官奉议大夫。在任期间，他有"兴学造士"之事迹。[1]

按弹不花

唐兀氏，居新安县铁门镇水延村。蒙古不花曾参与至大二年（1309）新安县洞真观的重修。[2]

哈剌

字友文，唐兀氏。哈剌早年游学于国子学中，尚文好古，出仕以后无论到何处当官，都有出色的声明。至正二年（1342），哈剌出任信州路达鲁花赤，他于至正九年与僚属合议，立总管府题名记碑，邀士人汪泽民为记。[3]

哈喇

唐兀氏。元统三年（1335），哈喇以奉训大夫任江南行台监察御史。[4]

哈剌达失

字君宝，陇右人。哈剌达失身材魁梧，个性沉稳，富有才华，擅长骑射，会调制弓失，被丞相脱脱所赏识，得以侍奉其左右。脱脱奏请授予哈剌达失中书直省舍人，转官经客省副使、利用监丞。至正十二年（1352），哈剌达失随脱脱镇压了徐州的红巾军，以军功得官枢密院客省使，不久后出任经正少监，并再次随脱脱出征扬州，镇压张士诚起义。正当元军驻扎在韩信城，准备分兵进攻时，元廷下诏剥夺了脱脱的统兵权。脱脱准备听从圣旨，而哈剌达失多次劝其不要奉诏，但脱脱依然不听，放弃了大军，自己回朝。次日，哈剌达失回到自己的帐中饮酒，酒过三巡后自刎而死。此后，河南、两淮、江南都被起义军攻占，川陕与山东的起义军甚至攻至大都宫阙之下，果然如

---

① （弘治）《吴江志》卷一四《吴江州学大成乐记》。
② 王俊伟、周峰：《元代新安县的西夏遗民》，见《薪火相传——史金波先生 70 寿辰西夏学国际学术研讨会论文集》，中国社会科学出版社 2012 年版，第 129—137 页。
③ （嘉靖）《广信府志》卷七《总管府题名记》。
④ （至正）《金陵新志》卷六《官守志》。

哈剌达失所言。①

星吉

　　河西人，朵吉曾孙，搠思吉朵儿只之孙，搠思吉第三子，字吉甫。星吉年少时就在仁宗的府邸中当差，精明敏捷，延祐七年（1320）被授予中尚监的职务。至治二年改任右侍仪，兼修《起居注》。泰定元年，星吉拜监察御史，先后弹劾铁木迭儿、倒剌沙等台宪权臣。泰定三年、四年（1326、1327），星吉又先后任引进使知侍仪事和侍仪使。天历二年（1329），星吉就任江南御史台治书侍御史，广受赞誉。至顺元年，星吉迁官为河东山西道肃政廉访使。至顺三年（1332），被召回任中政院同知。同年改同知功德使司事。元统二年（1334），顺帝选派星吉任淮西江北道肃政廉访使佥事。次年，星吉又升任大都路达鲁花赤。后至元二年（1336），星吉被拔擢为太府卿。后至元五年（1339）二月，元廷特授星吉为资善大夫、大都留守，仍兼太府卿。至正二年（1342）又升为宣徽院使。至正四年（1344），星吉改任湖广等处行中书省平章政事。星吉严禁麾下将士滋扰五溪洞蛮部落，且施以教化。同年十二月，朝廷又将星吉召还为中政院使。六年（1346）六月，赐金虎符，转任海西辽东哈思罕等处打捕鹰房怯怜口万户府达鲁花赤；十月，迁将作院使。后二月，因太府缺长官太府卿，而让星吉兼职。至正七年（1347）十月，星吉迁宣政院使，次年三月拜江南行台御史大夫。星吉在任上处置不法，坚持纪纲。处理了守墓的僧人非法占有王安石家族山地、秦桧后裔抢夺民田、御史诬告湖东佥事三宝住等案件。然而，丞相脱脱与御史有关系，于是将星吉调出大都，任湖广行省平章政事。星吉到任后，谴责威顺王德行缺失，只知打猎行乐。至正十二年（1352）正月十四日，徐寿辉攻陷武昌。星吉回京入见顺帝，招致宰相脱脱不悦，于是奏请将星吉派往镇压红巾军前线的江西行省担任平章政事。星吉到江东后，由于红巾军的阻隔，只得在太平路开省。

---

　　① 《全元文》卷一七六一《哈剌达失传》。

至正十二年（1352），红巾军发起猛烈攻势。星吉中箭昏倒，被起义军所俘虏。星吉拒不投降，绝食十日而死。在他去世后两年，监察御史巎巎请求褒奖他的忠义，于是得赠开府仪同三司，上柱国，录军国重事，江西等处行中书省丞相，追封咸宁王，谥忠肃。① 明初，宋濂因明太祖要褒奖星吉后人，受命为之撰写铭文。"星吉的一生，在孔孟思想的指导下，忠于君主，忠于朝廷，这就是新王朝——明朝的统治者弘扬他的根本原因"②。子刺哈咱识理、苔儿麻八、吉昌、宝仙、宝座，侄伯不花。

朵吉　星吉之曾祖，以怯里马赤侍奉成吉思汗，从事翻译工作。因曾孙星吉殉节而被赠官荣禄大夫、河南江北等处行中书省平章政事、上柱国，追封秦国公，改封雍王，娶妻伦彻彻。③

搠思吉朵儿只　星吉之祖父，以怯里马赤侍奉宪宗，从事翻译工作。因孙星吉殉节而被赠官荣禄大夫、甘肃等处行中书省平章政事、上柱国，追封代国公，改封凉王。娶妻阿捝。④

搠思吉　星吉之父，以怯里马赤侍奉世祖，从事翻译工作。因子星吉殉节而被赠官荣禄大夫、陕西等处行中书省平章政事、上柱国，追封赵国公，改封邠王。娶妻顺祖。⑤

刺哈咱识理　星吉长子。星吉去世后，元廷特授刺哈咱识理荣禄大夫、利国监太卿。⑥

---

① 《元史》卷一四四《星吉》。《宋学士全集》卷一八《元赠开府仪同三司上柱国录军国重事江西等处行中书省丞相追封咸宁王、谥忠肃星吉公神道碑铭》。

② 邱树森、陈广恩；《元唐兀人星吉生平考论》，《西夏研究》2013年第1期。

③ 《宋学士全集》卷一八《元赠开府仪同三司上柱国录军国重事江西等处行中书省丞相追封咸宁王、谥忠肃星吉公神道碑铭》。

④ 《宋学士全集》卷一八《元赠开府仪同三司上柱国录军国重事江西等处行中书省丞相追封咸宁王、谥忠肃星吉公神道碑铭》。

⑤ 《宋学士全集》卷一八《元赠开府仪同三司上柱国录军国重事江西等处行中书省丞相追封咸宁王、谥忠肃星吉公神道碑铭》。

⑥ 《宋学士全集》卷一八《元赠开府仪同三司上柱国录军国重事江西等处行中书省丞相追封咸宁王、谥忠肃星吉公神道碑铭》。

苔儿麻八　星吉次子。大中大夫金辽阳行枢密院。①

吉昌　星吉第三子，居宛平。初名答尔麻识理，明太祖赐名吉昌，以孝行为时人所重视②。洪武五年（1372）为曲江县令③，移县治所于韶州府治之西南④。后入内廷任尚宝丞，迁监察御史⑤。洪武九年（1376）冬十月壬子，明太祖御午门楼，文原吉、朱等、朱廉、赵埧、宋濂、傅藻等奏事由午门之左门进入，吉昌等弹劾"诣阙奏事借行左门，于礼非人臣所宜，宜下法司"。但明太祖下诏宽宥了他们⑥。洪武十年（1377）二月，明太祖遣监察御史吉昌等13人分巡山东、广西等处⑦。超授山东按察司副使⑧，后因事被贬谪至儋州。

伯不花　星吉之侄。率领亲兵数千人随星吉与红巾军大战，阵亡。⑨

拜帖穆

唐兀氏，生平与仕履不详，有《溪山春晚》诗传世。⑩

重福

世为西夏唐兀人。重福个性朗烈，嗜读书，尊敬士人，且尤擅长政事，所至有能声。⑪ 于大德十年（1306）二月以散官显武将军任泉州路同知，延祐

①　《宋学士全集》卷一八《元赠开府仪同三司上柱国录军国重事江西等处行中书省丞相追封咸宁王、谥忠肃星吉公神道碑铭》。

②　（正德）《琼台志》卷三四《谪寓》。

③　（嘉靖）《广东通志初稿》卷八《秩官》。

④　（嘉靖）《广东通志初稿》卷一〇《公署》。

⑤　《万姓统谱》卷一一五《吉姓》。

⑥　《明太祖实录》卷一一〇，洪武九年十月壬子条。

⑦　《明太祖实录》卷一一一，洪武十年二月己巳条。

⑧　《宋学士全集》卷一八《元赠开府仪同三司上柱国录军国重事江西等处行中书省丞相追封咸宁王、谥忠肃星吉公神道碑铭》。

⑨　《宋学士全集》卷一八《元赠开府仪同三司上柱国录军国重事江西等处行中书省丞相追封咸宁王、谥忠肃星吉公神道碑铭》。

⑩　《元诗选癸集》癸之戌下。

⑪　《元释奠位序仪式图碑》，杜建录《党项西夏碑石整理研究》，上海古籍出版社2015年版，第271页。

二年（1315）以嘉议大夫任广西岭南道肃政廉访使。①

溥华　重福之子。溥华于江西省延祐四年（1317）乡试中考取第五名。②

顺昌

姓宇氏，宁夏人，唐兀人③。延祐六年（1319），顺昌在长山县达鲁花赤任上主持重修了范仲淹祠④；泰定二年（1325），顺昌调任江南行台监察御史，曾建言为溧水官学增加学田⑤。后至元四年（1339）冬，升任浙东道肃政廉访司副使的顺昌分司出巡至庆元路，责成总管张荣祖、同知齐谦重修庆元路官学，陈旅为之作《庆元路儒学新修庙学记》⑥；至正二年（1342），顺昌升任江南行台治书侍御史。⑦ 他曾同浙东道肃政廉访司的其他官员一道，在临海县西郊括苍山大岭头顶上刻制过五尊菩萨造像。⑧

胆八

一作丹巴，唐兀氏。元统三年（1335），胆八以散官儒林郎任江南行台监察御史。⑨

胜公和尚

俗姓史氏，名省吉巴，法号福胜，号五明成就妙峰上师，世代为唐兀部族。胜公和尚幼时就不同于寻常儿童，不喜爱俗家事务，父母知晓其善根，于是让他在宁夏路奉天寺出家为僧，从大德辉公求法。大德辉公见他佛法精

---

① （嘉靖）《广西通志》卷五《秩官表》。
② 《元释奠位序仪式图碑》，杜建录《党项西夏碑石整理研究》，上海古籍出版社2015年版，第271页。
③ （至正）《金陵新志》卷六《官守志》。
④ （康熙）《长山县志》卷九《增修范公祠记》。
⑤ （至正）《金陵新志》卷九《学校志》。
⑥ （至正）《四明续志》卷七《学校志》。
⑦ （至正）《金陵新志》卷六《官守志》。
⑧ 杜维民、邓文韬：《临海西郊大岭石窟元代造像题名记所见人物考——兼商榷大岭石窟造像的始建年代》，《西夏学》第十四辑，甘肃文化出版社2017年版。
⑨ （至正）《金陵新志》卷六《官守志》。

进，授以秘密之传，"疑即藏传佛教的密宗"① 胜公和尚学成以后，不愿意再长期留在奉天寺，于是游学顺德开元寺、真定龙兴寺及台山名蓝寺等各地寺院。每到一处，胜公和尚皆观看典籍，请教征询，于是学到了各家之长，为当时人所推崇。至正十二年（1352）十二月坐化，享年37岁。其舍利子分藏于四所寺院中。其门徒有八剌实理，系元后期权臣秦王伯颜之子。②

美里吉台

字洪范，唐兀氏。至顺元年（1330）进士，四年（1333）任秘书监校书郎③。至正四年任江南行台监察御史④，分司巡福建道，经武夷山，作诗《良月驿经武夷谒》⑤。至正六年（1346）前后，美里吉台转任陕西行台监察御史，六月偕书吏审囚西道，至兴平马嵬驿，咏诗怀古⑥；越秦岭，七月中旬到达广元，在千佛崖石窟装饰佛像，留题记一则，可惜已佚。⑦

祖师保各

唐兀氏。至正五年（1345），祖师保各在广西道肃政廉访司为官，他陪同廉访司其他官员一并在独秀峰读书岩刻孔子像，由黎载作记。⑧

神保生

宁夏人，治书室于家庭之内，题其额曰"求放心"⑨。

---

① 孟繁清：《读〈胜公和尚道行碑〉》，见南开大学历史学院、北京大学历史系、中国社科院研究所编《中国古代社会高层论坛文集·纪念郑天挺先生诞辰一百一十周年》，中华书局2011年版，第460页。
② 《胜公和尚道行碑》，载杜建录《党项西夏碑石整理研究》，上海古籍出版社2015年版，第231页。
③ 《秘书监志》卷一〇《题名》。
④ 萧启庆先生《元代进士辑考》据（至正）《金陵新志》卷首《序》言美里吉台于至正六年（1346）在任江南行台监察御史。按（至正）《金陵新志》应初刊刻至至正四年（1344）四月，非至正六年（1346）。故以江南行台监察御史题名于该志卷首的美里吉台任职应在1344年，而非萧先生所言的1346年。
⑤ 杨镰主编：《全元诗》第四十二册，第319页。
⑥ 兴平县地方志编纂委员会编：《兴平县志》，陕西人民出版社1994年版，第729页。
⑦ 《缪荃孙全集》金石卷五《分地金石编目（下）》。
⑧ 《广西桂林独秀峰孔子造像记》，载杜建录《党项西夏碑石整理研究》，上海古籍出版社2015年版，第295页。
⑨ 《畏斋集》卷六《求放心斋铭》。

祝真普

威弥氏，参知政事，疑至元二十五年（1228）以镇国将军任广西两江道宣慰使司都元帅①。生女嫁与大名路昔里氏家族成员也速普花②。

贺庸

号野堂，武威人，居住于扬州。为余阙门人，仕元至弘文馆学士。明初不仕，隐居于兴化，以开馆授徒为业③。著有《野堂集》④。

耿完者秃

唐兀氏。耿完者秃仕至亚中大夫、宣政院判官，天历二年（1329）四月十九日去世，年58岁。葬大都通州路县青安乡窦家庄祖茔⑤。

都罗慧性

党项人，都罗氏。都罗慧性生平不详，曾发愿施印西夏文《大方广佛华严经》⑥。

都罗乌浪吃铁木尔

西夏人。都罗乌浪吃铁木尔为枢密院知院，至元三十年（1293）于杭州路大万寿寺刻印西夏文大藏经⑦。

捏古伯

西夏国人。捏古伯为人聪颖，以其勇略卓尔不群，最初入充御前怯薛。没多久后，就被授予兀歹拔都招讨一职，统领蒙古汉军护拔都忽都，曾与吐蕃诸部交战四次，立有战功。后来参与了攻日本的战役，取胜后回国，元世

---

① （嘉靖）《广西通志》卷五《秩官表》。

② （正德）《大名府志》卷一〇《元大名达鲁花赤昔李公墓志铭》。

③ （咸丰）《重修兴化县志》卷八《流寓》。

④ 《元诗选癸集》癸之辛上。

⑤ 《耿完者秃墓志》，载北京辽金城垣博物馆编《北京元代史迹图志》，北京燕山出版社 2009 年版，第 205 页。

⑥ 《西夏文大方广佛华严经》，见史金波《西夏佛教史略》，宁夏人民出版社 1988 年版，第 209 页。

⑦ 史金波：《西夏文〈过去庄严劫千佛名经〉发愿文译证》，见史金波《史金波文集》，上海辞书出版社 2005 年版，第 326 页。

祖多有赏赐，并令他率军前往辽东复州屯田。每年到入朝一次。朝见于金、复等州。捏古伯去世后被安葬在复州城东。[①]

恩宁普

字德卿，出自西夏名族[②]。其人"世笃忠贞，为时良翰"。至正十二年（1352），朝廷令浙东宣慰使恩宁普，守备面临天完红巾军攻击之下的芜湖[③]。至正十四年（1354），恩宁普受诏讨伐杀死主帅并据守温州谋反的戍卒韩虎、陈安国[④]。同年五月恩宁普升为江浙行省参知政事，总兵讨方国珍[⑤]，又委任进士董朝宗团结余姚民兵[⑥]。后升任福建行省右丞，至正二十一年（1361）秋转福建闽海道廉访使，为廉访司历代官僚立题名记[⑦]，又主持重修福州文昌祠[⑧]。

囿兰蹊

取汉姓兰，字庭芳，西夏人。囿兰蹊以通才历华贵，被拔擢为湖广行省正郎。[⑨]

爱鲁

唐兀氏。爱鲁约泰定三年（1326）在任监利县达鲁花赤，"文学、政事，二美兼具"，与中兴路达鲁花赤伯颜帖睦尔共谋重修监利县学大成殿。[⑩]

高昂吉

河西人，字启文，蒙古歹之曾孙，探马赤之孙，僧家奴之子。昂吉幼年从乡先生学习《尚书》，至正元年（1341）参加乡试，中副榜。至正七年

① （嘉靖）《辽东志》卷五《官师》。
② 《经济文集》卷六《为福建宪监恩德卿作》。
③ 《元史》卷四二《顺帝纪》。
④ 《王忠文公集》卷二二《故参军缙云郡伯胡公行述》。
⑤ 《元史》卷四三《顺帝纪》。
⑥ 《陶学士集》卷一《登舜江楼得换字韵》。
⑦ 《贡师泰集》卷七《福建廉访司题名记》。
⑧ 《贡师泰集》卷七《文昌祠记》。
⑨ 《至正集》卷六五《兰庭芳字说》。
⑩ （康熙）《荆州府志》卷三七《重建大成殿记（孔思明）》。

（1347），昂吉再领乡荐，入大都参加会试。次年，昂吉终于进士及第，授池州路录事司达鲁花赤，转绍兴路录事司达鲁花赤。在绍兴任职三年期满后，昂吉又迁信州路贵溪县丞，因丁母忧弃官。后起复辟福建行中书省检校官，至正二十六年（1366）卒于任上，葬于明州鄞县其乡先墓之次。① 昂吉于至正八年到至正十年间（1348—1450），曾多次参与顾瑛的玉山雅集，留有他参加诗会时分韵作诗的 10 余首作品，其诗歌特色表现为当时流行的 "宗唐得古"②。此外，昂吉还著有文集《启文集》，今佚。子喜同。

蒙古歹　高昂吉曾祖父，于元朝建立初年立有功勋，曾掌管仓库与刑罚，为千户。③

探马赤　高昂吉祖父，罗源县达鲁花赤。探马赤克守其民，在城中有声誉。④

僧家奴　高昂吉之父，曾在庆元路担任吏掾，遂安家于鄞县，娶妻胡氏。⑤

喜同　高昂吉之子，奉昂吉遗骨下葬，自为行状向唐肃请墓志铭。⑥

高智耀⑦

高智耀字显道，河西中兴路人，世代为西夏显族。高智耀于夏末进士及第，被任命为金判，然而尚未施展才华，西夏即为蒙古所灭。高智耀遂隐居贺兰山中，为阔窝台所征辟，不久后再度归隐。阔端镇守西凉时，儒者隶役。高智耀上前劝谏，蠲免了儒生的站役。蒙哥即位以后，高智耀再度进谏，说

①　《丹崖集》卷八《故福建等处行中书省检校官高君墓志铭》。
②　刘成群：《玉山雅集与党项遗裔昂吉的创作》，《西夏学》第六辑，上海古籍出版社 2010 年版。
③　《丹崖集》卷八《故福建等处行中书省检校官高君墓志铭》。
④　《丹崖集》卷八《故福建等处行中书省检校官高君墓志铭》。
⑤　《丹崖集》卷八《故福建等处行中书省检校官高君墓志铭》。
⑥　《丹崖集》卷八《故福建等处行中书省检校官高君墓志铭》。
⑦　有关高智耀生卒年的推断，可参看刘晓《高智耀卒年考证产生的相关问题——兼与赵华富诸先生商榷》，载黄正建主编《隋唐辽宋金元史论丛（第二辑）》，上海古籍出版社 2012 年版。

服蒙哥免除儒生赋役。忽必烈居潜邸时，高智耀与之反复论述儒学之重要性。元世祖登基后，刻符印给予智耀，让他甄别中原、河西地区的儒户。而后，高智耀又被擢西夏中兴等路提刑按察使。恰逢西北藩王遣使入朝，责问用汉法之事，高智耀自告奋勇请行。行至上都，病逝。后赠崇文赞治功臣、金紫光禄大夫、司徒、柱国，追封宁国公，谥文忠。娶西夏驸马梁氏之女①。除儒户制度以外，高智耀对元朝的其他政治制度亦有贡献。元初政治制度尚处于草创期，对百官没有监察机构。高智耀援引前代旧例，建议元世祖设置御史台以为天子耳目②。元代官方音乐中有河西乐，系元初"以河西高智耀言征用西夏旧乐"③。因于元初拯救儒学之功绩，高智耀在元代儒生群体中有着高度评价，元人称之"至于奉一札十行之书，崇学校，奖秀艺，正户籍，免徭役，亦学士高公奏陈之力也"④。平江路、龙兴路等地官学之内，均修建有高智耀专祠，奉其神位以祭祀之⑤。高智耀对佛教亦有相当的痴迷。至元间，监察御史王恽《乌台补笔》收录了一纸事关高智耀的弹劾状，谓之"资性罢软，不闻有为，事佛敬僧，乃其所乐。迹其心行，一有发僧耳，既乏风宪之材，难处搏击之任"⑥。子长寿、高睿等，孙纳麟，曾孙安安、玉林。

长寿　高智耀次子，仕至佥江淮等处行枢密院事。⑦

高睿　高智耀第三子。智耀出使向西北诸王解释汉法之时，携高睿同行。高智耀去世之后，他被授予符宝郎的职务，得以出入皇宫。很久以后，高睿被授官唐兀卫指挥副使，历翰林待制、礼部侍郎等官，出任嘉兴路总管。任职嘉兴路总管期间，高睿生擒盗贼，使得嘉兴路的治安安定下来。朝廷又拔

---

① 《元史》卷一二五《高智耀传》。

② 《庙学典礼》卷一《秀才免差发》。

③ 《元史》卷六八《礼乐志》。

④ 《南村辍耕录》卷二《高学士》。

⑤ 《道园类稿》卷二五《重建高文忠公祠记》；《吴都文粹续集》卷三《高文忠公专祠碑（高若凤）》。

⑥ 《秋涧集》卷八六《弹西夏中兴路按察使高智耀不当状》。

⑦ 《庙学典礼》卷一《秀才免差发》。

擢高睿为江东道提刑按察使。到任后，高睿一举讨伐、平定了草寇，重建了
泾县官学。此后，高睿又先后担任金行枢密院事，浙西道肃政廉访使，悉数
处置浙西盐官头目。高睿后来又分别在大德四年（1300）与大德七年（1303）
被拜为江南行台侍御史、御史中丞①。自江南行台离任后，高睿又转任淮东道
肃政廉访使。在淮东时，高睿亲自训问盗贼窃取库钞一事，释放无辜者，将
真正的盗贼捉拿归案。至大四年（1311），高睿再次出任南台御史中丞②，在
任期间他多以大局为重，有儒者风范。延祐元年（1314），高睿去世。累赠推
忠佐理功臣、太傅、开府仪同三司、上柱国，追封宁国公，谥贞简。③

高纳麟

纳麟又作纳璘，为高智耀之孙，高睿之子。大德六年（1302），纳麟由丞
相哈剌哈孙答剌罕推荐，入备宿卫，大德十年（1306）出仕为中书舍人。至
大四年（1311），迁宗正府郎中。皇庆元年（1312），擢金河南廉访司事。延
祐初，拜监察御史。在任御史期间，纳麟因为上书言事忤逆圣旨，仁宗愤怒
不已，欲给予惩罚，幸好赖御史中丞杨朵儿只劝解方才得救。延祐四年
（1317），纳麟迁刑部员外郎，六年（1319）出任河南行省郎中。至治三年
（1323），纳麟又被任命为都漕运使，泰定帝在位时，任湖南、湖北两道廉访
使。天历元年（1328），纳麟任杭州路总管。次年，改任江西廉访使。至顺元
年（1330），拜湖广行省参知政事。元统初年（1333），召回朝廷任刑部尚书，
还未到任又改为江南行台治书侍御史，不久升为中丞。至元元年（1335），召
回朝拜中书参知政事，后转为知枢密院事。不久，纳麟出任江浙行省右丞，
后请求退休致仕，可未获朝廷许可；朝廷任命他为浙西廉访使，但他极力推
辞，不肯赴任。至正二年（1342），纳麟出任行宣政院使，"以拯教门为己

---

① （至大）《金陵新志》卷六《官守志》。
② （至大）《金陵新志》卷六《官守志》。
③ 《元史》卷一二五《高睿传》。

任"①。不久，升为江浙行省平章政事。至正三年（1343），调任河南行省平章政事。至正四年（1344），入朝为中书平章政事。七年（1347），出任江南行台御史大夫。不久，召入朝拜御史大夫。八年（1348），进阶金紫光禄大夫，奏请告老回乡，不许，加太尉。因受御史弹劾而罢官，退居姑苏。至正十二年（1352），江淮发生红巾军起义。顺帝任命纳麟为南台御史大夫。他奉诏立即上任，仍兼为太尉，总领江浙、江西、湖广三省军马。至正十三年（1353）初，成功将天完红巾驱赶出江浙行省的纳麟功臣身退，请求辞官，被允准，以太尉衔退居庆元路。十六年（1356）江南行台被朱元璋攻克，江南行台移至绍兴。朝廷诏令以纳麟为御史大夫，仍兼太尉之职。十九年（1359），纳麟再次由海道入朝，于途中感染疾病，日益沉重，死于通州，享年79岁。② 然而，纳麟等人领导下的江南行台和江浙行省根本就无法扭转元朝在江南地区统治力日渐衰微的历史趋势。再度出山任御史大夫的纳麟年老昏聩，以其子安安"判行枢密院，护台治。大夫之政，一听决于院判"，加之江浙行省丞相达识帖睦迩贪婪，有人在行御史台门前书写道："苞苴贿赂尚公行，天下承平恐未能。二十四官徒獬廌，越王台上望金陵"③。

安安　纳麟之子。至正十六年（1356）出任行枢密院判，负责保护江南行台治所。安安考虑到慈溪县尹陈麟、余姚同知秃坚与绍兴路录事司达鲁花赤迈里古思三人"皆总制团结民义者"，难以掌控，准备除掉他们。于是将秃坚召来行台，将他拘留于宝林寺中。半夜，安安率领台军擒杀秃坚④。又有僧人法匡交结台省，因为一些违法行为被陈麟处置，安安与僧人素有交情，在他当上行枢密院判后就派人去给法匡申冤，并移文要求尽快逮捕陈麟。却不料陈麟扬言道："台官，天子耳目，天下之事，多有可理者。今江南诸道，大

---

① 《净慈寺志》卷一二《普慧性悟禅师平山林和尚塔铭》（徐一夔）。

② 《元史》卷一四二《纳麟传》。

③ 《南村辍耕录》卷二三《讥台省》。

④ 《南村辍耕录》卷二三《造物有报复》。

半沦丧，宜思振台纲，而肃风纪，何独左袒奸髡而轻逮天子执法之吏乎？"①使羞愧难当的御史大夫纳麟制止了安安。至正十九年（1359），随父纳麟由海道入朝，遇红巾军将领俞宝战舰阻截，安安登船与之作战②。至正二十六年（1366）前后，安安在任江浙行省参知政事，曾赴平江路为戴良之亡妾李氏吊哭③。

高玉林　字岳文，纳麟之子。元末任行台监察御史，广东廉访司佥事。入明以后，为永平府通判④。

高智

河西人。高智曾先后任江南行台侍御史及御史中丞，但具体年代无考⑤。

高沙剌巴

河西僧人。高沙剌巴曾建言于朝廷，立庙祭祀八思巴。大臣将他的建议上奏皇帝。于是皇帝下诏，要求各路皆修建帝师殿，每年都要祭祀⑥。元统二年（1334）四月，沙剌巴为奉亡娘娘钱氏亡父高福、亡母毕氏化生佛国，于香山寺塔林建《尊胜陀罗尼经咒石幢》⑦。

唐兀台

唐兀氏，世居宁夏路贺兰山。唐兀台于元宪宗九年（1259）从忽必烈出征南宋，曾任弹压，60余岁时病逝于军中。娶妻九姐，子间马⑧。

间马　唐兀台之子。唐兀台去世时，间马仅仅只有10余岁，也没有别的财产，依附于亲属居住。成年以后，间马优于武艺，擅长攻城与野战，参加

① 《两浙名贤录》卷二七《吏治·知慈溪陈文昭麟》。
② 《元史》卷一四二《纳麟传》。
③ 《九灵山房集》卷九《亡妾李氏墓志铭》。
④ 《元史氏族表》卷二。
⑤ （万历）《杭州府志》卷九《会治职官表二》。
⑥ 《佛祖历代通载》卷二二《大正新修大藏经》第四十九卷·史传部（一）。
⑦ 任学：《香山寺历史文化研究》，黄河水利出版社2004年版，第258页。
⑧ 穆朝庆、任崇岳：《〈大元赠敦武校尉军民万户府百夫长唐兀公碑铭〉笺注》，《宁夏社会科学》1987年第1期。

了襄樊之战，立下了战功。当元朝统一战争完成以后，就来到了开州濮阳县东十八郎寨两堤之间安家，营造房屋与祖茔。至元八年（1348），间马被编入山东河北蒙古军户之军籍；十六年（1356），间马又奉旨被选入左翊蒙古侍卫亲军。间马虽然自幼就投身于军伍之中，但却很好学，崇尚义理，用厚礼延请名师教育子孙。间马将忠孝善行谨记心中，经常周济乡党。致和元年（1328）九月，间马寿终正寝，享年81岁。娶妻哈剌鲁氏，子达海、镇化台、间儿、当儿、买儿，女迈纳。①

达海　间马长子。因其子唐兀崇喜之官而封赠忠显校尉左翊蒙古侍卫百夫长，娶妻孙氏。达海为人宽厚、仁慈，他的父母去世以后，达海以时间太久，难以索取为由，烧毁了各家在间马处借贷粮食和钱钞时所立下的借据。达海与千夫长高公及邻近村社的"年高有德、才良行修者"于至正元年（1341）七月共同议定了《龙祠乡约》。《乡约》是我们目前所知最古老的一份由古代少数民族制定的乡规民约，弥足珍贵。乡约包括"德业相劝""过失相规""礼俗相交""患难相恤"四个大的方面，还明确提出立学校、建讲室、请儒师、建夫子庙堂、严禁赌博等多方面的内容，完善公允，成为当时人们观摩、仿效的对象。天历元年（1328），两都之战爆发，朝廷差官员来选派百夫长。达海劝谕当地士兵不要为害，于是众人循行正道。达海亦继承父亲的先志，抚恤、接济贫困。至正四年（1344）七月五日，达海因病去世，享年65岁。子崇喜、卜兰台。②

镇化台　间马次子，居住于濮州鄄城县西南张村保青窝村。镇化台性格温柔纯洁，仗义疏财，以勤俭起家。当县城遭遇大歉，镇化台亲诣州治，提出自己愿意施舍白米50石赈济饥民。至正四年（1344）八月因病去世，年62

①　穆朝庆、任崇岳：《〈大元赠敦武校尉军民万户府百夫长唐兀公碑铭〉笺注》，《宁夏社会科学》1987年第1期。

②　穆朝庆、任崇岳：《〈大元赠敦武校尉军民万户府百夫长唐兀公碑铭〉笺注》，《宁夏社会科学》1987年第1期。

岁。镇化台先后娶妻盖氏、王氏、袁氏。盖氏生塔哈出，王氏、袁氏生保童、祐童。

间儿　间马第三子，居于濮阳官人寨店西。间儿天资聪明，无论是习儒还是习吏事都非常优秀。间儿曾蒙左翊蒙古侍卫亲军保充令史，但他却推辞道："父母年迈，不能远离"。至顺三年（1332）七月去世，年47岁。娶妻王氏，年六十有二而康健。生子六人：长子换住，娶哈剌鲁氏，次子留住早逝，三子教化，娶高氏，四子伯颜，娶彭氏，五子春兴，娶张氏，六字禄僧；女一人，名玉珍，嫁予左翊蒙古卫军户朵烈秃；孙八人，其中福安、延安、善安为换住所生，保安、祐安为、祜安为教化所生，安儿、歪头为春兴所生。

当儿　间马第四子，娶冯氏、盖氏。冯氏生帖穆，娶乃蛮氏。盖氏生四子：长子不老，娶怯烈氏，次子广儿，三子野仙普化，四子拜住；女一人，名赛珍，嫁给兰阳县务司副使添孙乃蛮氏。孙九人，其中冀安、卫安、添儿为帖穆所生，童儿（娶乃蛮氏）、道儿、德安、脱脱（娶孔氏）为不老所生，关住为广儿所生，哈剌为野仙普化所生。

迈讷　间马之女，嫁给哈剌鲁氏普化。迈讷早寡，以孝节闻名。生子庆安，又名脱脱，充军民万户府百户。

崇喜　达海长子，以杨为姓氏。崇喜为国子上舍生，从国子司业潘迪习儒，积分及等，蒙枢密院奏充本卫百户，受敦武校尉。崇喜娶妻李氏，封恭人。[①] 至正末年，中原地区多有征伐之事，军粮较为短缺，崇喜将米500石、草万束交给国库而不求名爵。此外，唐兀崇喜还创建了庙学，为了赡养读书人，他还捐出良田500亩为学田。朝廷以其事下中书，给书院赐匾额曰"崇义书院"[②]。后避居大都达10余年。明初曾投靠仕明为礼部侍郎的侄子杨大本

---

① 穆朝庆、任崇岳：《〈大元赠敦武校尉军民万户府百夫长唐兀公碑铭〉笺注》，《宁夏社会科学》1987年第1期。

② （嘉靖）《开州志》卷六《人物志》。

暂居南京，后又回归祖籍隐居。陶凯为之作《送杨公象贤归澶渊序》①。子理安。

卜兰台　达海次子。卜兰台攻习儒书及蒙古文字，对农业和水利都非常通晓，蒙塔塔里军民屯田万户府选保充本府百户，受散官敦武校尉。由于他的仕宦，使得祖父可以被封为敦武校尉本府百户，祖母被封为宜人。卜兰台娶妻旭申氏，生子从安。

塔哈出　镇化台与盖氏所生子。天历元年（1328），塔哈出参与两都之战，立有军功。至元四年，蒙枢密院除充塔塔里军民万户府百户。

广儿　当儿之子，帖穆异母弟，更名伯颜普化。广儿原为国子生，至正四年（1344）因劝籴拜爵，受将仕郎、济宁路金乡县务司提领。娶旭申氏。

野仙普化　当儿第四子，帖穆异母弟。野仙普化亦于至正四年（1344）劝籴拜爵，受从仕郎长芦监运司利民场司令。娶刘氏。

理安　崇喜长子。理安为国子生，娶奉议大夫翰林待制伯颜宗道之女哈剌鲁氏。

冀安　帖穆长子，以军功除固始县达鲁花赤，娶高氏。

大本　世系不详，系崇喜子侄辈。明初，杨大本仕为礼部侍郎。②

唐兀不花

唐兀氏，北元丞相。明初，胡惟庸曾派罪囚封绩前往北元，面见唐兀不花，商量北元发兵侵扰明朝边境，明军将京城军队派出，里应外合等事。③

庄家　唐兀不花之子。庄家被唐兀不花派去护送封绩前往云南（即"哈剌章蛮子处"）。④

---

①　焦进文、杨富学校注《元代西夏遗民文献〈述善集〉校注》卷三《送杨公象贤归澶渊序（陶凯）》，甘肃文化出版社2001年版，第213页。
②　焦进文、杨富学校注《元代西夏遗民文献〈述善集〉校注》卷三《送杨公象贤归澶渊序（陶凯）》，甘肃文化出版社2001年版，第213页。
③　《国史考异》卷二《二一》。
④　《国史考异》卷二《二一》。

唐兀君

名讳不详，籍贯镇原州。元致和元年（1328）以散官承务郎来任获鹿县达鲁花赤。唐兀君知晓民间疾苦，于是对民间施以德政；又以减少赋税。春耕之时，唐兀君亲赴田间，慰劳父老；重修学斋，尊师礼儒。某年遇到旱灾，唐兀君还亲自祈祷，得来一场大雨，民间都认为是他的诚意感动了上天。在他离任以后，民间为之树立了德政碑。①

唐古公

名讳不详。唐古公于皇庆二年（1313）前后任职于左司中，尝为廉希宪之宅邸题写"遗音堂"②。

唐兀海牙

唐兀氏，大同路总管。以广胜库为公署，而把铠甲兵器放在无人看管的仓库中，导致这些物资被老鼠和虫子啃坏。大同路广胜库达鲁花赤阔阔出向元世祖举报了这件事，把兵器放回了仓库，同时还责成唐兀海牙赔偿损坏的兵器。③

唐兀不花

洪武四年，明将傅友德征蜀，到达秦州后，明玉珍政权所授的礼店副元帅达鲁花赤孙忠谅投降，入朝贡马。其中随从就有东寨千户唐兀不花。④

唐兀那怀

唐兀氏。唐兀那怀于至正四年（1344）前后在任溧阳同知州事，其为人好聚会，娶妻畏兀儿氏。⑤

---

① （清）俞锡纲纂修《（光绪）获鹿县志》卷一〇《名宦列传·县令》，转引自孙继民、宋坤《元代西夏遗民踪迹的新发现——元〈重修鹿泉神应庙碑〉考释》，《宁夏社会科学》2011 年第 2 期，第 102 页。
② 《雪楼集》卷一三《遗音堂记》。
③ 《元史》卷一三四《朵罗台传》。
④ 《明太祖实录》卷六九，洪武四年十一月庚午条。
⑤ 《静斋至正直记》卷一《妇女出游》。

唐兀进义

至大二年（1309）在任澄城县主簿，轮资助役，协助县尹张征事重修县学讲堂。①

唐兀潞州

唐兀氏。至正八年（1348），唐兀潞州为燕南河北道廉访司书吏，与廉访金事久童，书吏赵从义，奏差吕正卿等同观大伾山弥勒佛像。②

唐兀火鲁火孙

唐兀氏，字号、籍贯皆不详。至正八年（1348）三月任水达达路脱脱禾孙，镇压并擒获诈称大金子孙而起兵反元的辽东人锁火奴③。

唐兀氏

女性，嫁与忠显校尉那海（乃蛮氏），生子徹台，系元统元年（1333）进士三甲第 19 名。④

唐兀氏

女性，为元武宗之次妃，生元文宗，天历二年（1329）碑追谥文献昭圣皇后。⑤

唐兀氏

女性，唐兀氏为河南府洛阳县蒙古人哈剌之妻，生子百嘉纳，系元统元年（1333）进士三甲第 17 名。⑥

唐吾氏

女性，唐吾氏为右丞按滩之妻，为人"毓质柔嘉，修仪婉娩"，封赵国

① （咸丰）《澄城县志》卷二一《县学讲堂记》。
② 《元至正童敬之题记》，载班朝忠主编《天书地字 2：大伾文化》，文物出版社 2006 年版，第13 页。
③ 《元史》卷四一《顺帝纪》。
④ 萧启庆：《元代进士辑考》，"中央研究院"历史语言研究所 2013 年版，第 70 页。
⑤ 《元史》卷一一四《后妃传》。
⑥ 萧启庆：《元代进士辑考》，"中央研究院"历史语言研究所 2013 年版，第 69 页。

夫人。①

唐古氏

女性，即唐兀氏，嫁与承务郎、淮安路判官巴拜（蒙古哲尔德氏）为妻，封宜人，年五十五而没，生子一人名雅勒呼。②

唐古氏

女性，即唐兀氏，嫁与元末江南行台治书侍御史刘贞。③

唐古氏

女性，即唐兀氏，嫁与辽阳人郭庭玉。郭庭玉前妻之子郭全在庭玉死后"奉继母唐古氏甚孝"④。

海达儿

字道原，唐兀氏。海达儿于至正二十六年（1366）国子学贡试中正榜，赐从六品出身，授承务郎。⑤

桑哥实理

字仲凯，唐兀氏。至正二十四年（1364）十一月上任秘书监丞。⑥

黄头

唐兀氏，别名世雄，居濮州鄄城县，占籍于塔思火你赤万户之军，琏赤之孙，阿荣嫡长子。黄头将父亲的荫官让给弟弟山住，自己则由浙西元帅府掾史入流，接连任清流、武平二县达鲁花赤。至元二十四年（1287），元朝改革钞法，发行至元宝钞，于是署黄头为进义副尉、濮州平准行用库提领，主管当地钞库。至元二十七年（1290），黄头迁官为兴国路大冶县达鲁花赤；又迁保义副尉，安丰路怀远县达鲁花赤，并兼领蒙城、怀远两县夏秋税的征收

---

① 《石田文集》卷六《右丞按滩封谥制》。
② 《荥阳外史集》卷四七《蒙古哲尔德氏家传》。
③ 《玩斋集》卷一〇《故中奉大夫江南诸道行御史台治书侍御史刘公圹志铭》。
④ 《元史》卷一九七《孝友传一》。
⑤ 《至正二十六年国子中选生题名记》，见萧启庆《元代进士辑考》，"中央研究院"历史语言研究所，2013年版，第460页。
⑥ 《秘书监志》卷九《题名》。

工作。怀远县任期到后，黄头迁忠翊校尉、相因仓监文纳。此后，黄头升官为嘉兴等处运粮千户，佩金符；八年后，再改官昭信校尉、温台等处运粮千户。延祐元年（1314），黄头就任武德将军、海道都漕运万户府副万户。后任平江路达鲁花赤，可惜他尚未来得及上任就去世了。黄头死后，他的儿子扶枢而还，葬于鄄城县李康保柳行村先茔之旁，距离鄄城四十里。在任海道都漕运万户府期间，黄头前后凡九次渡海运粮，而海运之事无所不周知，故对海道漕运采取了一系列改革措施。据学界归纳，黄头对海运的改革主要有三个方面。第一，为浙东运户提高脚价，合理发放运费。第二，改善港口管理，提高效率。第三，针对航程中的问题，采取措施，降低开支损耗，方便运粮户。朱清、张瑄被杀后，元代的海上漕运需要懂得航运的人才支撑，黄头正是在这种情况下，以其出色的才干，推动了海运事业的发展。子九人，分别为哈剌、脱脱木儿、元童、别帖木儿、保童、乃蛮歹、和尚、安童、赵安。[1]

珘赤　黄头之祖父，以明威将军任山东道宣慰司副都元帅。[2]

阿荣　珘赤之子。阿荣初袭父职，又以才能选授大都西北关厢巡捕之事，有盗贼偷窃万寿山广寒殿内所藏的御用金银器，被阿荣补获。于是阿荣受皇帝褒奖，授予他武略将军、同知松江府事一职，又历任溧阳知州，汀州路总管，邵武路同知的职官。他每到一地，都披荆斩棘，建立官府，有一些地方民间为之树立了德政碑。阿荣仕至怀远大将军、德庆府总管后去世。[3]　子黄头、山住，侄山住。

山住　阿荣之子，黄头之弟，受兄之让，以父荫入仕。[4]

朵罗歹　阿荣之侄，黄头表弟。朵罗歹任京畿广衍仓使，其所管仓库亏

①　段海蓉：《元代海道都漕运万户西域唐兀人黄头事迹考》，《新疆大学学报》（哲学·人文社会科学版）2013年第1期。

②　《道园类稿》卷四四《平江路达鲁花赤黄头公墓碑》。

③　《道园类稿》卷四四《平江路达鲁花赤黄头公墓碑》。

④　《道园类稿》卷四四《平江路达鲁花赤黄头公墓碑》。

粮，幸赖从兄黄头卖掉家乡的房屋代为赔偿。①

哈剌　黄头长子，以承事郎任兖州路同知。② 疑至正七年（1347）前后在任江西湖东道肃政廉访使③。

脱脱木儿　黄头次子，任东平等处民户总管。④

元童　黄头第三子。元童元统年间为常熟州同知，以果断著称⑤，转福建闽海道肃政廉访司佥事⑥。后至元元年（1335），元童以散官承直郎任平江路长洲县达鲁花赤。到任以后，他浚塞水利，劝民耕作。采用灵活的征收租课方式，使民力获得了缓解。修缮县学，募民捐田以赡学。⑦ 至正间，元童任上高县达鲁花赤⑧，德庆州判官⑨。

保童　黄头第五子，字大用，曾任太常礼仪院知印。后至元五年（1339），保童以承直郎任崇仁县达鲁花赤，承担运粮任务，至集庆洋一带水面时，遇到当地船户的阻拦。船户中有人认出保童是万户黄头的儿子，于是率领船户下拜并保护他，使得崇仁县的船队没有遭到损失。⑩ 后至元六年（1340）四月，崇仁县遭遇旱灾，保童遂前往崇仁县栾君祠祈祷，得雨。七月，崇仁再次遭遇旱灾，保童将保安观内的四仙神像请至县治所祈祷，又得雨。至正中任职于临江路。临江路本无城池，元大德间守臣李倜始伐石修筑陂障，以避免水灾，而保童到任后，又筑城墙浚壕沟，并置戍兵守备。⑪

① 《道园类稿》卷四四《平江路达鲁花赤黄头公墓碑》。
② 《道园类稿》卷四四《平江路达鲁花赤黄头公墓碑》。
③ （康熙）《东乡县志》卷七《贞节传序（危素）》。
④ 《道园类稿》卷四四《平江路达鲁花赤黄头公墓碑》。
⑤ （光绪）《常昭合志稿》卷二一《名宦志》。
⑥ （弘治）《八闽通志》卷三〇《秩官》。
⑦ 《郑元祐集·侨吴集》卷一一《长洲县达鲁花赤元童遗爱碑》。
⑧ （正德）《瑞州府志》卷六《秩官志》。
⑨ （嘉靖）《德庆州志》卷四《秩官表》。
⑩ 《道园类稿》卷四四《平江路达鲁花赤黄头公墓碑》。
⑪ （隆庆）《临江府志》卷九《防圉》。

常八斤

西夏人，以擅长制造弓而被成吉思汗器重。

常瀛山

名讳不详，南宋遗民家铉翁为之起字曰"瀛山"①，西夏人，居住于河间。②

常金刚奴　常瀛山之子，姚燧为之起字曰"方壶"③。金刚奴早年为皇帝怯薛，至正二十一年（1361）前后任会昌州达鲁花赤④，在任期间曾修建龙至桥与会昌州学⑤。金刚奴之晚年辞官隐居于崆峒山之下，名其燕居之堂曰"澄怀之堂"⑥。

野仙

唐兀人。野仙的性格笃实、谦和，以孝友为天性。至元二十九年（1292），野仙以散官武略将军来任莫州达鲁花赤。到任之后，野仙率先去了解民间疾苦。对欺凌乡民的猎人进行了处罚。野仙还捐出自己的俸禄给穷困之人做聘财。⑦ 此外，野仙在任期间还重修了莫州城北的扁鹊祠。⑧ 至元三十一年（1294），野仙迁转为其他官员，民间为之立去思碑。

野仙

字若思，唐兀氏，其性格精干，勤奋，机敏，廉洁。将仕郎野仙由长庆寺蒙古译史迁官为柘城主簿，散官将仕郎。在柘城的三年任期中，野仙竭力辅佐县官，使全县都被治理得很好。⑨

---

① 《海桑集》卷九《方壶诗序》。
② 邓文韬：《元代唐兀人研究》，宁夏大学博士学位论文 2017 年，第 35 页。
③ 《海桑集》卷六《方壶诗序》。
④ （嘉靖）《赣州府志》卷七《秩官》。
⑤ （嘉靖）《江西通志》卷三四《赣州府》；（天启）《赣州府志》卷二〇《会昌县重建儒学记》。
⑥ 《海桑集》卷七《澄怀堂记》。
⑦ （嘉靖）《河间府志》卷一七《宦绩志》。
⑧ （乾隆）《任邱县志》卷二《建置》。
⑨ 《全元文》卷一六四九《野仙德政碑记》。

野仙普化

唐兀氏，字有恒，隶于右都威卫探马赤军籍，世居德州。木念兹曾孙，驴儿之子，黑□子第十子，娶妻周氏。野仙普化在东平路参加乡试，考得第二名，会试考取第四十四名，殿试中二甲第五名，被授予承事郎、大名路滑州判官。[①]

黑□子　野仙普化之父，娶妻段氏、张氏。[②]

敏公讲主

讳生，西夏遗僧，西凉州人。至元二十三年（1286），敏公讲主远奉元世祖圣旨及国师答耳麻八刺刺吉答法旨，不远千里，赴江南求取大藏经。敏公江南求法时还游历了江南杭州的灵隐寺等佛教胜迹，其求法事迹得到了江南高僧的敬仰，为其功德撰写了赞颂文。敏公求取大藏经返回凉州后，江南雁宕山人等四位高僧对他的赞颂被勒石刻碑而为后世纪念。[③]

添受

唐兀人。至大四年（1311）十二月，添受以散官昭信校尉来任丹徒县达鲁花赤。[④]

添喜

字彦嘉，唐兀氏。添喜于至正二十六年（1366）国子学贡试中正榜，赐从六品出身，授承务郎。[⑤]

脱脱（子安）

字子安，敦煌人。脱脱为官之初任黄岩州判，累迁余姚州达鲁花赤。他为人廉明，宽大，平时行事老成。到余姚任官以后，脱脱以张弛有度的施政

---

① 萧启庆《元统元年进士录校注（上）》，《食货月刊》1983 年第 2 期。
② 萧启庆《元统元年进士录校注（上）》，《食货月刊》1983 年第 2 期。
③ 高辉、于光建：《元〈敏公讲主江南求法功德碑〉考释》，《西夏研究》2012 年第 2 期。
④ （至顺）《镇江志》卷一六《宰贰》。
⑤ 《至正二十六年国子中选生题名记》，萧启庆：《元代进士辑考》，"中央研究院" 历史语言研究所 2013 年版，第 460 页。

深得民间敬重。① 泰定某年，脱脱任职期满，即将离开余姚，赴陕西行御史台任监察御史。余姚民众请求欧阳玄为之撰写《遗爱碑》文②。脱脱后来被供祀于余姚的名宦祠中。

脱脱（清卿）

字清卿，西夏人。脱脱曾任浙西廉访使③，至正中期以都水大监的身份奉命塞白茅决河④。

脱脱

唐兀氏。元统元年至三年（1333—1335），脱脱以承直郎任江南行台经历。

脱脱

唐兀氏。天历元年（1338），脱脱以朝列大夫任江南行台监察御史。⑤

脱脱

宁夏人。至正四年（1344），时带散官中顺大夫的脱脱自中书省左右司郎中来任江西道廉访司副使，见廉访司署仪门已腐朽，便规划修建新门。⑥

脱因

字宗善，河西人。后至元六年，脱因以散官承德郎来任泾县达鲁花赤，与县令石珉共同翻修泾县学内的明伦堂。⑦ 时人作《寄达鲁花赤脱因》诗赞之"县官真有古人风，且听田夫讲论公。舆仆莫愁行色晚，乱山留住夕阳红。"

———————

① 《万历〈绍兴府志〉》卷三七《名宦前》。
② （光绪）《余姚县志》卷一六《金石上》。
③ 《金台集》卷二《寄浙西廉访脱脱使君》。
④ 《金台集》卷二《寄浙西廉访脱脱使君》。
⑤ 汤开建《元代西夏人物表》以（至正）《金陵新志》卷六中出现的南台经历脱脱（唐兀氏）与监察御史脱脱（唐兀氏）为同一西夏遗民人物。按监察御史脱脱于天历元年上任，其时散官已为从四品之朝列大夫，而南台经历脱脱于元统间在任，其散官仅正六品之承直郎，如若属同一人物，其散官岂不连降三品？似难以解释。故按两人处理。
⑥ 《道园类稿》卷二六《江西宪司新门记》。
⑦ （嘉庆）《泾县志》卷七《明伦堂记》。

脱因不花

西夏人。至正十八年（1358）[1] 春，脱因不花由国子生释褐，出仕为高平县尹，曾重建高平县孔子庙。[2]

脱忽脱

河西人，兀剌海牙氏。脱忽脱原为黄岩州同知，元廷于后至元三年（1337）七月授予他武德将军、松江府同知一职[3]。后至元五年（1339），脱忽脱又出任陕西行台监察御史。[4]

寇氏

全称"唐兀寇氏"，嫁与元统元年（1333）进士三甲第 27 名野仙脱因。[5]

梁帖木儿

唐兀人，曾任义乌县丞。[6]

塔不台

唐兀氏，籍贯东昌路聊城县，一作塔不歹，字彦辉（又作彦晖），朱沙之孙，认管你第三子，娶妻王氏。塔不台习儒，在大都参加乡试，得第八名，会试考取第四十名，殿试中三甲第十六名，被授予将仕郎、太常礼仪院太祝。[7] 至迟于至正十一年（1351）以前，塔不台任襄阳录事司达鲁花赤。魏王孛罗帖木儿诸军在汝州、亳州之间，塔不台承担粮饷供应。塔不台为营救魏

---

① 汤开建《增订〈元代西夏人物表〉》谓之至正十五年，核对原始史料，云"岁丁酉九月，始□晋之东鄙□陵川……明年春，天官除火才至监县，则国子生出仕西夏脱因不花"，按丁酉年即至正十七年（1357），故次年当为至正十八年（1358）。

② （成化）《山西通志》卷一三《重建高平孔子庙记》。

③ 汤开建《增订〈元代西夏人物表〉》谓脱忽脱系"黄岩州同知，后至元三年任陕西行台监察御史"，按黄岩州于元代属台州路，松江府之守令题名中缘何能出现黄岩州之官员？核对原文，应断句为"前黄岩州同知，授武德将军，后至元三年七月任。除陕西行台监察御史"，按此理解，脱忽脱应原为黄岩州同知，后升松江府同知，再转监察御史。

④ （正德）《松江府志》卷二二《守令题名》。

⑤ 萧启庆：《元代进士辑考》，"中央研究院"历史语言研究所 2013 年版，第 73 页。

⑥ （万历）《金华府志》卷一二《官师志二》。

⑦ 萧启庆：《元统元年进士录校注（上）》，《食货月刊》1983 年第 2 期。

王，亦被起义军所俘虏。拒不屈服，最终被愤怒的起义军肢解杀死。①

朱沙 塔不台之祖父，阶官敦武校尉。②

认管你 塔不台之父，阶官敦武校尉。娶妻唐兀氏，追封宜人。③

塔出

唐兀人，曾任义乌县达鲁花赤。④

董某

河西贵族，居扬州。董氏家族与江南行台御史大夫高纳麟、江浙行省丞相达识帖睦迩有姻亲关系。⑤

喜同

周姓，河西人。喜同最初任后宫卫士，众人称赞其才华，而被选充承徽寺经历，至正九年（1349）再调南阳县达鲁花赤。两年后红巾军发动反元起义，其中布王三（王权）率领的北琐红巾军在攻克邓州后，兵锋直指南阳。喜同日夜亲督丁壮巡逻守备。义军进攻南阳，喜同见义军势威难敌，决心死守，以死报国。南阳城陷，喜同为起义军所杀。妻邢氏亦被杀。一家死二十余人。朝廷得知后，追赠喜同为南阳路判官。⑥

喜饶益希

西夏禅师，为《红史》作者公哥朵儿只叙西夏国王属火命，成吉思汗属水命，阔端为西夏杰廊王转世等事。⑦

惠广

河西僧，驻于观音庵。⑧

---

① 《元史》卷一九四《塔不台传》。
② 萧启庆：《元统元年进士录校注（上）》，《食货月刊》1983年第2期。
③ 萧启庆：《元统元年进士录校注（上）》，《食货月刊》1983年第2期。
④ （万历）《金华府志》卷一二《官师志二》。
⑤ 《九灵山房集》卷九《亡妾李氏墓志铭》。
⑥ 《元史》卷一九四《喜同传》。
⑦ 蔡巴·贡噶多吉：《红史》，中国国际广播出版社2016年版，第24—26页。
⑧ 《存复斋文集》卷七《河西僧惠广住观音庵疏》。

惠善

西夏遗民僧人，僧籍隶属于仁王院。西夏灭亡后，原西夏境内寺庙僧人怀有眷恋故国之情，东游到丰州（今属呼和浩特市）一带。[1] 至元八年（1271）七月二十八日，惠善到丰州万部华严经塔进行礼佛活动，留下题记一则。

惠澄

西夏僧人，驻锡于易州兴国寺。延祐四年，僧人法桢奉诏翻译《菩提行释论》27 卷，由慧澄译语，法桢笔受缀文。[2]

黑禅和尚

河西人，通晓佛学，对于佛理有很深的造诣。他活到 60 多岁的时候，事先知道了自己的死期，临终时，端坐而逝。[3]

答哈

宁夏人。答哈于泰定二年（1325）八月到任海北广东道廉访使。到任后，他就追征当地学校学田各年所欠下的租税，又命教授豫章吕弘道营建广州路儒学中的云章阁。[4] 致和元年，答哈以散官嘉议大夫任岭南广西道肃政廉访使。[5]

智妙酪布

西夏人，大都寺庙僧人。元至正五年（1345），智妙酪布镌刻书写了北京居庸关过街门洞内六体石刻中的西夏文。内容为《佛顶尊胜陀罗尼》《佛顶放无垢光明入普门品观察一切如来心三摩耶陀罗尼》《佛顶无垢普门三世如来心陀罗尼》和经题。[6]

鲁宗岱

西夏人，自号云岩。鲁宗岱早年尚未入仕时，就怀有"瑞世泽物之志"，

---

[1] 史金波等编著：《西夏文物》，文物出版社 1988 年版，第 335 页。
[2] 《补续高僧传》卷一《译经篇》。
[3] 《宁夏志笺证》卷上《名僧》。
[4] （嘉靖）《广东通志初稿》卷四〇《云章阁记》。
[5] （嘉靖）《广西通志》卷五《秩官表》。
[6] 杜建录：《党项西夏碑石整理研究》，上海古籍出版社 2015 年版，第 280 页。

后被任命为昆山州判。在任期间，鲁宗岱为政廉洁、公平与仁爱，使昆山州人民和睦。[①]

阔阔出

河西人。元初任湘乡县达鲁花赤。[②]

普颜不花

唐兀人，至正二十年（1360）国子学贡试中正榜。[③]

普颜不华

字从升，贺兰人。至正六年（1346），普颜不华以广东道廉访司译史的身份赴潮州宣谕《作新风宪》圣旨。[④]

道童

字德章，号贺兰逸人。道童"文雅清白，克世其家"，至正十年（1350）由工部尚书来为江东道肃政廉访使，为宪司立题名记。在任期间，道童曾修缮宁国路城池，整修军器。至正十四年（1354），天完红巾军攻陷徽州后乘胜攻宁国。道童与当地人汪泽民计划守城，城赖之以全，吏民感激其恩德。[⑤]

遏老丁

河西人，"学力而文工，常策名天府"，于至顺二年（1331）在任某道肃政廉访使掾。他读书之处的窗前有梅花，于是以梅花自我比喻。[⑥]

谢睦欢

丰州丰县人，以钱财称雄乡里，蒙古军南下时，迁徙客居兀剌城。成吉思汗攻打西夏时途经兀剌城，谢睦欢与统帅一起投降。蒙古攻打金朝的西京大同府时，谢睦欢尽力奋战率先登城，但连中三箭，倒在城下。元太宗命人

① 《全元文》卷一三二六《云岩说》。
② （同治）《湘乡县志》卷六《职官志》。
③ 《至正二十六年国子中选生题名记》，载萧启庆《元代进士辑考》，"中央研究院"历史语言研究所 2013 年版，第 456 页。
④ 《永乐大典》卷五三四五《潮》。
⑤ （万历）《宁国府志》卷一四《良吏列传》。
⑥ 《知非堂稿》卷一〇《古梅说》。

将谢睦欢置于牛腹中，好久才苏醒过来。于是他发誓以死报答太宗的救命之恩，每次遇到敌人都身先士卒，最终仕至太原路金银铁冶达鲁花赤①，阶嘉议大夫。葬于交城县城西狐神庙右。② 子谢仲温、谢君宝，孙谢兰，曾孙谢孝完。

谢仲温　谢睦欢之子，字君玉。初于壬子年（1252）在野狐岭觐见元世祖。元世祖命令他入充宿卫，凡皇帝巡行，他必定陪伴左右。丙辰年（1256），大蒙古国营建开平陪都，仲温任工部提领负责这一工程。己未年（1259），元军包围鄂州，世祖命令他总督诸将。中统元年（1260），谢仲温被拔擢为平阳、太原两路宣抚使。次年，又改任西京宣抚使。至元九年（1272），升顺德路总管。十六年（1279），谢仲温又任湖南宣慰使；二十二年（1285），改淮东宣慰使。至元三十年（1293）春，谢仲温入大都朝见，希望元世祖可以给其孙孝完赏官。大德六年（1302），谢仲温去世，享年80岁。③ 葬于交城县城西狐神庙右，墓前有至正十五年（1355）郝忠恕所立墓碣④，后世为大同儒学内乡贤祠所供奉。

谢君宝　疑谢睦欢之子，谢仲温兄弟辈⑤。约至元二十九年（1292）前后为某总管，后仕至宣慰。去世后葬于交城县城西狐神庙右。⑥

谢兰　谢仲温之子，江浙行省境内某地达鲁花赤，早逝。⑦

谢孝完　谢仲温之孙，谢兰之子。至元三十年（1293）随谢仲温入见元世祖，当年入宿卫，后出仕为承事郎、冀宁等路管民提举司达鲁花赤。⑧

---

① 《元史》卷一六九《谢睦欢传》。
② 交城县志编写委员会编：《交城县志》，山西古籍出版社1994年版，第698页。
③ 《元史》卷一六九《谢仲温传》。
④ 交城县志编写委员会编：《交城县志》，山西古籍出版社1994年版，第698页。
⑤ 按谢君宝与谢睦欢、谢仲温同葬于一地，且与仲温字"君玉"似为同辈。故虽《元史·谢仲温传》未收此人，此处依旧将其列为谢氏家族。
⑥ 交城县志编写委员会编：《交城县志》，山西古籍出版社1994年版，第698页。
⑦ 《元史》卷一六九《谢仲温传》。
⑧ 《元史》卷一六九《谢仲温传》。

蒙古不花

唐兀氏，居新安县铁门镇水延村。蒙古不花曾参与至大二年（1309）新安县洞真观的重修。[①]

塘乌某

塘乌即"唐兀氏"，名讳不详。是人封云中郡伯，侍世祖皇帝，征讨有功。[②]

暗伯

唐兀人，僧吉陀之孙，秃儿赤之子，性格严肃、刚毅、果断，志向远大，二十岁时入备宿卫。暗伯曾娶妻于敦煌，由于遭遇西北诸王叛乱无法回归，于是客居于阗察合台系宗王阿鲁忽处。元世祖派遣使臣薛彻干等赴阿鲁忽处通好，被扣留数年，暗伯以自己的马匹、骆驼赠与薛彻干，让他逃走。薛彻干脱身回朝后，向元世祖陈述暗伯的事迹，使元世祖称叹很久。于是，元世祖命元帅不花帖木儿等征于阗，暗伯乘机逃到薛彻干帐中。不花帖木儿遂承制命暗伯权充枢密院客省使，不久后有旨护送暗伯妻子来京师。不久后，乃颜发动叛乱，暗伯随元世祖亲征，屡战履捷。暗伯以战功被任命为克流速不鲁合不周兀等处万户。东道诸王哈鲁、驸马秃绵答儿等发动叛乱后，暗伯又率所部士兵战于克流速石巴秃之地。最终杀死秃绵答儿，生擒哈鲁以献俘。元世祖嘉奖其功劳，任命他执掌唐兀卫，兼金枢密院事。暗伯在枢密院中历同金、副枢、同知，仕至知院事。常年在枢密院任职的经历使得暗伯参与了元朝一系列军政制度的创设与改革。如至元十六年（1279）元世祖在原有的左、中、右三卫基础上下令增置前、后卫军，将其合为五卫军，暗伯参与了五支卫军军官员额的设定。1294 年正月，元世祖忽必烈驾崩于大都，同年皇

---

① 王俊伟、周峰：《元代新安县的西夏遗民》，载《薪火相传——史金波先生 70 寿辰西夏学国际学术研讨会论文集》，中国社会科学出版社 2012 年版，第 129—137 页。
② 《伊滨集》卷二一《书塘乌氏碑后》。

孙铁木耳北还至上都，时任知枢密院的"唐兀惕人暗伯"[1] 作为异密参加了摄政的阔阔真哈屯召集了库里台大会。后来，暗伯因疾病去世于任上。赠推忠保节功臣、资善大夫、甘肃等处行中书省右丞、上护军、宁夏郡公，谥忠遂。[2] 子阿乞剌、亦怜真班。

僧吉陀　暗伯祖父，原为西夏武将，于不伦答儿哈纳之地迎降成吉思汗，被任命为秃鲁哈必阇赤兼怯里马赤，在质子军中从事文书与翻译工作。[3]

秃儿赤　僧吉陀之子，暗伯之父，袭父职事元宪宗蒙哥，累官至文州礼店元帅府达鲁花赤。[4]

阿乞剌　又作阿吉剌，暗伯长子。泰定二年（1325）九月，元廷分天下为十八道，遣使宣抚，其中时任知枢密院事阿乞剌宣抚燕南山东道。[5] 天历元年（1328）十一月，丞相燕铁木尔向元文宗上奏，称时任枢密院同知的阿乞剌在两都之战中"南望宫阙，鼓噪其党拒命逆战"[6]。于是元文宗下诏将阿乞剌流放。燕铁木尔死后，蔑儿乞氏伯颜开始掌握大权。曾被燕铁木耳流放的阿乞剌旋即于十一月就任中书平章政事。后至元四年，中书省官以《大元通制》颁布于二十余年前，"岁月既久，简牍滋繁，因革靡常，前后衡决，有司无所质正，往复稽留，奸吏舞文"[7]，于是皇帝诏命阿乞剌主持监修《至正条格》[8]，这也是阿乞剌最为重要的历史贡献。后至元五年（1339），阿乞剌由中书平章出为辽阳行省平章。[9] 至正四年（1344），阿乞剌由中书平章政事兼奎

---

[1]　[伊朗] 拉施特主编，余大钧、周建奇译：《史集》第 2 卷，商务印书馆 1985 年版，第 376 页。

[2]　《元史》卷一三三《暗伯传》。

[3]　《元史》卷一三三《暗伯传》。

[4]　《元史》卷一三三《暗伯传》。

[5]　《元史》卷二九《泰定帝纪》。

[6]　《元史》卷三二《文宗纪》。

[7]　（元）欧阳玄：《至正条格序》，见黄时鉴辑点《元代法律资料辑存》，浙江古籍出版社 1988 年版，第 87 页。

[8]　《元史》卷三九《顺帝纪》。

[9]　《元史》卷一一三《宰相年表》。

章大学士兼知经筵事①。五年，又出为荆湖北道宣慰使，奉敕巡行云南行省②。七年（1347），阿乞剌又调任知枢密院事，整治军务③。至正八年（1348），监察御史张桢弹劾阿乞剌有欺君之罪，但宠幸阿乞剌的元顺帝没有听从。④ 红巾军起义爆发后，至正十二年（1352），阿乞剌出知行枢密院事，随同脱脱出征镇压起义军。次月，朝廷即拜阿乞剌为太尉、淮南行省平章政事⑤，以安定战后局面。至正十三年（1353），已加官太尉的阿乞剌出任岭北行省左丞相⑥。十四年（1354），朝廷签发秃卜军万人，由太尉阿乞剌统领⑦。十六年（1356），元廷诏命阿乞剌开太尉府，可自设官属⑧。十八年（1358），阿乞剌转任甘肃行省左丞相，两年又复任太尉⑨。此后事迹不详。

亦怜真班　暗伯次子，禀性刚正，举止有礼，最初为仁宗召见，令入宿卫。延祐六年（1319），亦怜真班破格提升为翰林侍讲学士、中奉大夫。至治二年（1322），调同知通政院事，升为唐兀亲军都指挥使，给赐虎符。泰定初年（1324），亦怜真班迁升为资善大夫、典瑞院使。天历二年（1329），选为太子家令，不久升资政大夫、同知枢密院事、侍御史仍兼指挥使。至顺初年（1330），拜翰林学士承旨、荣禄大夫，调任功德使兼指挥使。其后出任陕西行省平章政事，尚未启程赴任，即改为翰林学士承旨。元统元年（1333），亦怜真班任御史中丞，期间曾上疏，恳请将江西金宪任忙古台因犯罪而被籍没的田产、房屋、奴婢给予山东曲阜孔氏家族，以响应元顺帝"师法孔子，设

---

① 《元史》卷三九《顺帝纪》。
② 《元史》卷四一《顺帝纪》。
③ 《元史》卷四一《顺帝纪》。
④ 《元史》卷一八六《张桢传》。
⑤ 《元史》卷四二《顺帝纪》。
⑥ 《元史》卷四三《顺帝纪》。
⑦ 《元史》卷四三《顺帝纪》。
⑧ 《元史》卷四四《顺帝纪》。
⑨ 《元史》卷四五《顺帝纪》。

经筵，崇儒术"①。此后，伯颜为丞相，专权跋扈，恼恨亦怜真班不对他阿谀奉承，调他出朝为江南行台御史大夫。不久，又杀害他的儿子答里麻，将亦怜真班流放到海南岛。直到伯颜倒台以后，亦怜真班才在后至元六年（1346）被召还朝，拜御史大夫。他将朝野内外一些廉能之官选为御史，故为当时人称赞不已。转为宣政院使，出任甘肃行省平章政事。元顺帝召还回朝，令他以银青荣禄大夫任知枢密院事，管理太医院。不久加金紫光禄大夫，再任命为御史大夫、知经筵事兼宣忠斡罗思扈卫亲军指挥使。亦怜真班上奏宰相陷害太师马札儿台与其子丞相脱脱，因而得罪了皇帝，使他出京任江浙行省平章政事，后拜为湖广行省左丞相。至正十一年（1351），红巾军起义爆发后，亦怜真班被宰相排挤到江浙行省任左丞相。十二年（1352），调任江西行省左丞相。亦怜真班出兵安仁，招降义军，风气一新，威声大振。至正十四年（1354）八月，亦怜真班病逝。朝赠推忠佐运正宪秉义同德功臣，追封齐王，谥忠献。② 生九子，依次为答里麻、普达失理、桑哥八剌、哈蓝朵儿只、桑哥答思、沙嘉室理、易纳室理、马的室理、马剌室理。

答里麻　亦怜真班长子，为权臣伯颜所杀。③

普达失理　亦怜真班次子，至正二年（1342）任怯怜府同知，承敕修复兴元阁，至正七年任武备寺卿④。仕至荣禄大夫，翰林学士承旨、知制诰兼修国史⑤，娶高丽重大匡玄福君权廉长女寿妃⑥。

桑哥八剌　亦怜真班第三子，同知青海宣慰司事⑦

———————

①　（元）欧阳玄：《大元敕赐曲阜孔庙田宅之记》，见孟继新主编《孔府孔庙碑文楹联集萃》上册，中国社会出版社 2011 年版，第 198 页。

②　《元史》卷一四五《亦怜真班传》。

③　《元史》卷一四五《亦怜真班传》。

④　《至正集》卷四五《敕赐兴元阁碑》。

⑤　《元史》卷一四五《亦怜真班传》。

⑥　（元）李稿：《重大匡玄福君权公墓志铭》，见李修生主编《全元文》第五十六册，凤凰出版社 2004 年版，第 654 页。

⑦　《元史》卷一四五《亦怜真班传》。

哈蓝朵儿只　亦怜真班第四子，至正六年（1346）为殿中侍御史，曾向危素为殿中司题名请记①。至正十二年（1352）二月，哈蓝朵儿只由河南廉访使调任荆湖北道宣慰使都元帅，守襄阳②，镇压孟海马部南琐红巾军，又从其父亦怜真班征讨江西。仕至宣政院使③

　　桑哥答思　亦怜真班第五子，岭北行省平章④

　　沙嘉室理　亦怜真班第六子，岭北行省参政⑤

　　易纳室理　亦怜真班第七子，大宗正也可扎鲁火赤⑥

　　马的室理　亦怜真班第八子，佥书枢密院事⑦

　　马剌室理　亦怜真班第九子，内八府宰相⑧

福寿

唐兀氏，月禄之子，高野仙之兄，又名永年。最初被任命为长宁寺少卿，改任引进使、升知侍仪使、正使；出京为饶州路达鲁花赤，又升淮西廉访副使、工部侍郎、佥太常礼仪院事。后至元四年（1338）前后拜监察御史⑨，改户部侍郎，再升户部尚书；出为燕南廉访使。至正八年（1348），福寿升任中书省参知政事，向元顺帝上奏奖励贤能的官吏⑩和转移受黄河水患影响的济宁路路治⑪，又转任同知枢密院事。至正十二年（1352）任他为也可札鲁忽赤，"并从脱脱出师征徐州"⑫，不久出任淮南行省平章政事。这时，泗州已为起义军所有，元军镇压无功。福寿到任后，加紧督战，为防御上游东下的起义军，

---

①　《危太朴集》卷二《殿中司题名记》。
②　《元史》卷四二《顺帝纪》。
③　《元史》卷一四五《亦怜真班传》。
④　《元史》卷一四五《亦怜真班传》。
⑤　《元史》卷一四五《亦怜真班传》。
⑥　《元史》卷一四五《亦怜真班传》。
⑦　《元史》卷一四五《亦怜真班传》。
⑧　《元史》卷一四五《亦怜真班传》。
⑨　《危太朴全集》卷一三《上饶祝先生行录》。
⑩　《师山集》卷六《皇元至正劝贤能之碑》。
⑪　（道光）《巨野县志》卷一八《移济宁路治记》。
⑫　《元史》卷四二《顺帝纪》。

计划筑石头城，截堵江面，且战且守，以稳固人心。至正十三年（1353），朝廷又下诏令福寿率兵讨伐兴化①。至正十五年（1355），朝廷升福寿为江南行御史台御史大夫。他到任前集庆告急，来救援的苗军杀湖广平章政事阿鲁灰叛元，集庆无援。其后，高邮、庐州、和州均为义军占领，集庆更加危急，且仓无积粮。福寿到任，下令城内富者资助粮饷，激励将士，固守集庆。至正十六年（1356）三月，朱元璋率军围攻集庆，福寿多次督兵出战，皆未击退敌军，只得闭城拒守。②敌军入城后，福寿遇难。朱元璋平素早已听过福寿的大名，于是赐给棺椁，用礼法安葬了他。元顺帝在大都得知福寿阵亡，加赠他金紫光禄大夫、江浙行省左丞相、上柱国，追封卫国公，谥忠肃。③明朝建立以后，洪武四年（1371）为福寿立庙于南京城南土门，每年祭祀，朱元璋说道"朕自渡江以来，元朝的守臣如御史大夫福寿仗义守职，保障其民的安全，以身殉国。他虽无甲兵以为外援，而能面对危难却不逃避，可谓'忠臣'，应立祠祭祀"④。洪武二十二年（1389）命工曹改作福寿庙于鸡鸣山之南，每年以四孟月及岁除祭功臣日致祭⑤。弟高野仙，子陈龚福。

月禄　福寿之父，侍元为岭北行省丞相，封冀国公。⑥

陈龚福　一作陈龚，福寿之子。陈龚福仕明为中书宣使，升海州同知，因与他事连坐而被流放戍边，明太祖考虑到他的父亲福寿是死节之臣，特赦了他，仍赐以钞锭，还在两年后将福寿拔擢为太仆寺少卿⑦。洪武二十四年（1391），陈龚福升任两浙都转运盐使司盐运使⑧，但又因他以前在任宣使时与胡惟庸案有关而连坐，被发配至云南。明太祖再度强调"此故元忠臣子"，于

① 《元史》卷四三《顺帝纪》。
② 《明太祖实录》卷四，丙申年春二月庚寅条。
③ 《元史》卷一四四《福寿传》。
④ 《明太祖实录》卷六四，洪武四年夏四月条。
⑤ 《坦斋文集》卷上《敕建元卫国忠肃公庙碑》。《西隐集》卷5《敕建元卫国忠肃公祠记》
⑥ 《毅斋集》卷八《高母安人原氏墓志铭》。
⑦ 《明太祖实录》卷一九八，洪武二十二年十一月己巳条。
⑧ 《明太祖实录》卷二〇八，洪武二十四年三月癸卯条。

是将他改命到西平侯沐英处听用，且敕沐英好生相待。①

高野仙　月禄之子，福寿之弟，元末任福建行省平章兼江南台御史中丞。子高景初，孙高应、高志。②

高景初　高野仙之子，明初隐居不仕，家贫，娶妻闽海道肃政廉访副使铁木（蒙古人）之女原氏。③

高应　高景初长子。明永乐年间，高应以出色的文采领乡荐，而入太学，释褐后被朝廷授予兵部主事，扈从明成祖居北京，迎母原氏来北京奉养。④

福唐

河西盛族之女，元末嫁与福建行中书省左右司员外郎林子华。林子华曾与王翰相约同保潮州，元亡后不仕，为避免被明朝征召而自尽。福唐年仅37岁即守寡，不再嫁，养育一子二女成人，"事舅姑甚孝"，57岁时去世。⑤

赫斯

西夏人。赫斯于至正十三年（1353）来任旌德县达鲁花赤。至正十四年（1354），赫斯上承朝廷圣旨，免去了旌德县老百姓三年的差役和赋税，使老百姓得到了实惠。次年，朝廷到旌德和买军事物资，赫斯亲自把关，杜绝奸邪之人参与，免去穷困之家的义务。当军情紧急时，总管府又命令赫斯招募义士。在涉及庭审案件时，赫斯同样能够做到明辨曲直，审查是非。至正十五年（1355），红巾军攻克宣城路路治，赫斯独守旌德县城，与民间相约道誓死相搏。元军总兵官听到赫斯宣力治民的事迹后，便任命他为宣城路治中。⑥

察罕

初名益德，姓乌密氏，唐兀族人。父亲名曲也怯律，为西夏国朝臣。察

---

① 《弇山堂别集》卷一四《皇明异典述九·胜国臣特旌》。
② 《毅斋集》卷八《高母安人原氏墓志铭》。
③ 《毅斋集》卷八《高母安人原氏墓志铭》。
④ 《毅斋集》卷八《高母安人原氏墓志铭》。
⑤ 《芳洲文集》卷九《林子华墓志铭》。
⑥ 《贞素斋集》卷二《送旌德县达鲁花赤赫斯公秩满序》。

罕武勇过人，太祖将其带回宫中，命他掌管内廷事务。察罕长大后太祖赐蒙古姓氏，配宫女弘吉剌氏为妻。后察罕随太祖征伐云中、桑乾等地。金将定薛以重兵扼守野狐岭，察罕侦察金军虚实，回报说金军戒备不严，不足为惧。于是太祖挥军前进，斩关杀将。围攻白楼，经七日城破，察罕以功升为御帐前首千户。随太祖攻占西域之孛哈里及薛迷思干两城。从太祖攻西夏，破肃州，大军进抵甘州。守甘州的是察罕父亲曲也怯律，察罕亲笔致书父亲，劝他归降。守城副将阿绰等三十六人，合谋杀害曲也怯律，拼死守城。城破，太祖欲将城内军全部坑杀，因察罕劝说，只杀了三十六人。蒙军进攻灵州，西夏以十万大军援救，为太祖所败。西夏国王坚守中兴，太祖遣察罕入城劝降。蒙军驻扎云盘山时，太祖驾崩，诸将擒杀夏主，欲屠杀中兴城内军民，察罕劝阻。太宗即位后，察罕又随太宗征河南。皇子阔出、忽都秃领兵伐宋，命察罕为斥候。太宗七年（1235）从亲王口温不花南伐中原。九年又与口温不花进克光州。十年授马步军都元帅，率诸军攻克天长县及滁、寿、泗等州。宪宗即位，命察罕以都元帅兼领尚书省事。宪宗五年（1255）卒，赠推忠开济翊运功臣、开府仪同三司、上柱国，追封河南王，谥"武宣"①。子木花里、布兀剌，孙塔出，侄孙亦力撒合、立智理威、答哈兀。

不劣　原为被成吉思汗所俘虏的西夏人，隶属于成吉思汗之妻孛儿帖旭真斡耳朵。在察罕被派往乞台地区以后，不劣接替察罕任御前千户及其第一百户的异密之职②。学界疑为察罕的同人异名③。

木花里　察罕之子。曾以宿卫侍奉宪宗，从攻钓鱼山，以功授四斡耳朵怯怜口千户。世祖即位以后，赐金五十两、珠二串。后从元世祖攻宋，自江陵略地回至安阳滩，击败之宋军伏兵，救助都元帅阿术。以功劳赐银二百五

---

① 《元史》卷一二〇《察罕传》。
② ［波斯］拉施特主编：《史集》第一卷第二分册，商务印书馆1983年版，第363页。
③ 汤开建于《元代西夏人的政治地位》一文云："认为《史集》中所记兀察罕那颜与不劣那颜即《元史》中的察罕一人，Rashid据察罕之事而误分记为两人，暂作此推测，俟考。"

十两，佩金虎符，授蒙古军万户。在攻打襄樊时，木花里也立下了军功，最后在军中去世。①

塔出　布兀剌之子，察罕之孙。自幼失父，善于骑射。至元元年（1264），入宫侍奉世祖。七年，赐金虎符，授昭勇大将军、山东统军使，镇守莒、密、胶、沂、郯、邳、宿、即墨等城，精细策划，勤派斥候，使宋人不敢北犯。九年，诏令改统军司为行枢密院，任命塔出为佥枢密院事，修建正阳城以扼守淮海诸州，多次破宋守军。至元十一年（1274），以塔出为镇国上将军、淮西行省参知政事，率军攻安丰、庐、寿等州，俘虏军士万余。宋夏贵率领水军十万围攻正阳，决开淮水灌城，正阳即将陷落，世祖派塔出援救。解正阳之围。八月，淮西行省复改为行枢密院。塔出引兵渡过淮水，屯驻于庐州、扬州之间。至元十二年（1275），随丞相伯颜率水军与宋军战，宋军大溃，宋丞相贾似道奔往扬州。塔出攻陷扬州。世祖因功赐玉带，授淮东左副都元帅，佩金虎符。十三年（1276），加通奉大夫、参知政事，领淮西行中书省事。不久，调任江西都元帅，征广东。至元十四年，加赐双虎符，任江西宣慰使。朝廷改江西宣慰司为行中书省，将省会迁于赣州，授塔出为资政大夫、中书右丞，主持江西行中书省政务。宋益王赵昰、广王赵昺逃往岭海。至元十五年（1278）世祖命张弘范、李恒总兵进讨，塔出负责军饷供应。至元十七年（1280），塔出回京觐见，世祖嘉奖其辛劳，仍命他到江西主持行省政务，但尚未赴任就病逝于京师，年仅三十七岁。子宰牙、必宰牙，孙祥童、寿童，孙女瑞童。

宰牙　塔出长子，袭爵中奉大夫，江西宣慰使②。

必宰牙　塔出次子，大德十一年任工部尚书③。终仕至征东行省左丞。必

①　《元史》卷一二〇《木花里传》。
②　《元史》卷一三五《塔出传》。
③　《中书省右丞塔出夫妇墓碑》，载孙明《菏泽市古石刻调查与研究》，科学出版社 2015 年版，第 196 页。

宰牙去世后，元廷赠中书右丞。必宰牙初娶妻忽都罕夫人①，再娶泰安武穆王李鲁欢之女伯牙伦②。

祥童　必宰牙之子，娶妻完者夫人。③

寿童　必宰牙之子，元统三年（1335）任武略将军嵩州达鲁花赤。④

瑞童　必宰牙之女。延祐乙卯年（1315）嫁与中宪大夫、同知京畿都漕运使司事粘合世臣为妻。夫死守节，"夫人屏斥华泽，励节治家，坐亦有常处，田园经葺有加焉"⑤。最初被封为恭人，再封威宁郡君。至正四年（1344）甲申四月二十一日病逝，年四十有六。同年六月三日庚申，祔汤阴小韩村丈夫墓侧，育有一子名禄童。

亦力撒合　曲也怯祖之孙，察罕之侄孙。父亲名阿波古，居西域。至元十年（1273），世祖召亦力撒合入宫，掌管皇后妃的衣服、车马等事，甚得世祖宠爱。曾奉诏出使河西，还朝奏报诸王只必帖木儿用官太滥，受世祖嘉奖，升任河东提刑按察使。他在河东罢黜平阳路达鲁花赤泰不花。召回朝升为南台中丞。丞相阿合马之子忽辛为江浙行省平章政事，恃势贪婪。亦力撒合揭发其不法行为。他还弹劾江淮释教总摄杨琏真珈的许多不法事实，各道为之震动。至元二十一年（1284），改任北京宣慰使。诸王乃颜镇守辽东，亦力撒合察觉他心怀叵测，日后必反，密奏朝廷注意防备。二十三年（1286），撤销宣慰司，设立辽阳行省，以亦力撒合为参知政事。不久，乃颜果然反叛，世祖调各路军马，御驾亲征。亦力撒合负责运送军粮，供应不缺。辽阳平叛后，世祖嘉奖亦力撒合有先见之明，且饷运劳苦功高，加官左丞。二十七年

---

① 《中书右丞必宰牙夫妇墓碑》，载孙明《菏泽市古石刻调查与研究》，科学出版社 2015 年版，第 200 页。

② 《元史》卷一三五《塔出传》；《元文类》卷五九《平章政事忙兀公神道碑》。

③ 《中书右丞必宰牙夫妇墓碑》，载孙明《菏泽市古石刻调查与研究》，科学出版社 2015 年版，第 200 页。

④ 《中书右丞必宰牙夫妇墓碑》，载孙明《菏泽市古石刻调查与研究》，科学出版社 2015 年版，第 200 页。

⑤ 《至正集》卷五八《故漕运同知粘合公逸的氏墓志铭》。

（1290），娶诸王算吉之女为妻，改任四川行省左丞。元贞元年（1295）成宗即位，召亦力撒合入朝。是年卒①。

立智理威　亦力撒合之弟，在东宫为裕宗等管理文书。至元十八年（1281），任立智理威为嘉定路达鲁花赤。不久，召立智理威回朝任泉府卿，后升迁为刑部尚书。因得罪了丞相而出为江东道宣慰使。元贞二年（1296），调任四川行省参知政事。大德三年（1299），由四川行省参知政事调任湖南宣慰使，接着任荆湖宣慰使。荆湖地区弊政多端，以公田为甚。该地区本无公田，却强迫百姓出公田租，且水旱灾害亦不减免。立智理威将从民间调查的实情上报朝廷，从而减轻人民负担。七年（1303），再调任四川行省参知政事。八年（1304），晋升为该行省左丞。蜀地发生饥荒，他出官粮赈济；死者无力安葬，他拿出自己的钱买地安葬，宽政爱民，四川大治。十年（1306），奉诏入朝，成宗大加奖赏，进爵资德大夫，任命为湖广行省右丞。湖广每年要上供丝帛绢绸，行省派去收买生丝原料的人，多损公肥私，剥削工匠。立智理威到任后，令工匠到丝商那里去买，这样每年可省费数万贯。这一做法推行于别郡，都称便利。至大三年（1310），立智理威因病去世，享年五十七岁。初赠资德大夫、陕西行省右丞、上护军、宁夏郡公，谥"忠惠"。后又赠推诚亮节崇德赞治功臣、荣禄大夫、中书平章政事、柱国、秦国公。子二人，长子买讷、次子韩嘉纳，孙答里麻。

答哈兀　亦力撒合与立智理威之弟，曾任陕西行台监察御史②。

买讷　买讷为立智理威之长子，字符方。至正六年（1346）冬，买讷由大鸿胪出任荆湖北道宣慰使，阅月，对他的同僚说："曩视事宣化，当树石纪同列姓名"③，于是在杞梓堂立石书写历官题名。至正九年（1349）夏，买讷

① 《元史》卷一二〇《亦力撒合传》。
② 《道园类稿》卷四二《立智理威忠惠公神道碑》。
③ 《燕石集》卷一二《荆湖北道宣慰使司杞梓堂题名记》。

调任翰林学士丞旨，与同僚相谋，在翰林国史院经历司立石书写官僚题名①。

韩嘉讷　韩嘉讷为立智理威次子。至正六年（1346）出任陕西行台御史中丞，"莅止按视，储木暴露，而衰朽已过半，慨然率作。俄复召入，累迁为御史中丞。奉元无良梓人坊者，以告中台，中丞为请诸尚方，择精其艺者乘传而往"②。至正八年升任中书平章政事，又受命到河中府祭祀西海河渎③；又因黄河泛滥，上奏请移济宁路治。至正九年因弹劾权奸雪雪不利，被诬陷以赃罪，"杖流奴儿干以死"④。

答里麻　答里麻为买讷之子，立智理威之孙，任内府宰相。⑤

察罕不花

河西人⑥。延祐元年（1314），察罕不花来任永丰县达鲁花赤，"顺民欲恶，罢行害利，百里之民，从风而靡"。察罕不花曾至永丰县学，见庙学中殿堂楼柱有漫漶腐朽的情况，于是捐出自己的俸禄，重新修缮。⑦

额尔吉纳布哈

疑为西夏人⑧。额尔吉纳布哈后至元六年（1340）为太中大夫、平江路总管府达鲁花赤兼管内劝农事，曾为《寿宁万岁教寺装佛之记》碑篆额。

薛阇干

河西人，字号、籍贯皆不详。至元二十九年（1292）为宣慰使，领兵。其下属吏员赴廉访司，状告其三十六事。廉访司佥事遣人质问，薛阇干遂率兵擒拿迁来质问的官吏，对其进行折辱，并夺回原告吏员。御史中丞崔彧上

---

①　《危太朴集》卷三《翰林国史院经历司题名记》。

②　《至正集》卷四五《敕赐重修陕西诸道行御史台碑》。

③　（成化）《山西通志》卷一四《新修西海河渎神之碑》。

④　《元史》卷二〇五《雪雪传》。

⑤　《元史》卷一二〇《立智理威传》。

⑥　（同治）《永丰县志》卷一三《职官表》。

⑦　（同治）《永丰县志》卷三三《重修县学记》。

⑧　"额尔吉纳布哈"系清人对元代人名"也儿吉尼不花"的改写，按"也儿吉尼"或"额尔吉纳"均为党项语"黑"之意，可见其人以党项语起名，或证明他为党项人。

奏朝廷，请求从行御史台中选拔御史前往按问薛阇干，并且免除其官职，获元世祖的首肯①。

燕不花

字孟初，张掖人，唐兀氏。杨维桢谓燕不花"贫而有操，不妄请谒于人，读书为文，最善持论"，有《西湖竹枝词》一首传世②。又当时名儒杜本应召到钱唐，当地儒者纷纷赶赴他府邸门口。燕不花遂作诗嘲讽，有"紫藤帽子高丽靴，处士门前当怯薛"之句③。

燮理俞询

河西人。燮理俞询本为平民，后受吉安路总管府征辟，以统军经历之官职来守卫安福州。安福州同知脱欢答失蛮因"贪冒丧师，律当坐徵"，后通过贿赂免罪，故意阻挠燮理俞询行使他的权力，迫使燮理俞询离开。燮理俞询廉洁而有文采，工水墨画，平生慷慨自负，只可惜武略不是他的强项。④

囊加歹

字妙应，唐兀人。囊加歹由怯薛入仕，经过 5 次迁转，于后至元元年出任永城县达鲁花赤。到任之初，囊加歹以兴修学校为首要任务。在劝课农桑方面，囊加歹褒奖勤奋者，叱责懒惰者，在征发赋役时，根据民户的贫富差距而均衡派发。在听取词讼争端时，囊加歹也能做到辨其是非。此外，他还修筑桥梁，加高、加固河堤，修缮神祠、公署。其离任之时，民间为其立碑纪念。⑤

囊加歹

河西人。大德三年任龙泉县达鲁花赤。⑥

────────────

① 《元史》卷一七三《崔彧传》。
② 杨镰主编：《全元诗》第五十一册，第 133 页。
③ 《南村辍耕录》卷二八《处士门前怯薛》。
④ 《石初集》卷二《孤隼歌》。
⑤ （嘉靖）《永城县志》卷六《达鲁花赤囊加歹公树政之碑》。
⑥ （康熙）《吉安府龙泉县重修县志》卷六《名宦》。

（二）西夏人物异名对照表

人名	宋史	长编（标）	长编（底）	底本批注	长编（影）	宋会要	备注
乙吉唛丹		乙吉唛丹	拽厥唛丁	叶结凌丹	叶结凌丹		
乙吴麻		乙吴麻	移勿乜	叶乌玛	叶乌玛		
乙都		啰都	乙都	伊都	伊都	乙都	
入野利罗		入野利罗	乂野利罗		伊克伊罗罗		
万保移	万保移、万私保移埋	万宝移、万保移埋没	万保移埋、万保移	旺布伊特满	旺布伊特满		
小卢浪		小卢浪	小卢浪		硕勒喇		
山唛		山唛	山唛		沙木凌		
卫慕山喜	卫慕山喜	母米山喜	卫慕山喜		默穆尚实		
马尾	马尾	马尾	马尾		马斡		
王固策		王固策	王狗子	王固策	王固策		
韦移移崖							韦移移崖（《中国藏西夏文献》）、韦移捋崖（《陇右金石录》）
扎实		扎实	㪍商	扎实	扎实		

人名	宋史	长编（标）	长编（底）	底本批注	长编（影）	宋会要	备注
日巴帝师							桑恰喇钦、喜饶僧格、底室哩喇实巴（《再论西夏帝师》）
日威		日威	惹嵬		日威		
毛示聿	毛示聿	色勒裕勒	毛示聿	色勒裕勒	色勒裕勒		
毛迎啜己		毛迎啜己	毛迎啜己	美英多吉	美英多吉		
仁多唛丁	仁多唛丁、仁多嵬丁	仁多唛丁、人多唛丁、星多哩鼎	仁多唛丁、人多唛丁、人多唆丁、仁多唛丁	星多哩鼎	星多哩鼎		人多零丁（《铁围山丛谈》）
仁多保忠	仁多保忠	仁多保忠、人多保忠、仁多保宗	仁多保忠、仁保忠、人多保忠	星多贝中	星多贝中		
仁多洗忠		仁多洗忠	仁多洗忠		星多实钟		

续表

人名	宋史	长编（标）	长编（底）	底本批注	长编（影）	宋会要	备注
仁多唩丁		仁多唩丁	仁多唩丁		星多雅鼎		
仁多楚清		仁多楚清	人多屈成	星多楚清	星多楚清		
巴鞠		巴鞠	巴鞠	巴矩	巴矩		
允稜举特且		允稜举特且	聿冷举齐	允稜举特且	允稜举特且		
布沁		布沁	朴青	布沁	布沁		
卢蔻		卢蔻	卢蔻		鲁威		
叶乌玛		叶乌玛	移勿已		叶乌玛		
叶示归埋		叶示归埋	叶示归埋		伊实恭玛		
叶石悖七		叶石悖七	叶石悖乜	伊实巴特玛	伊实巴特玛		
叶悖麻	叶悖麻	叶悖麻	叶石悖麻	伊实巴特玛	伊实巴特玛		
田快庸		田快庸	田嚷荣	田快庸	田快庸		
白峇牟		白峇牟	答牟	达克摩	达克摩	白峇牟	
令王皆保	令王皆保	令王皆保	令王皆保	哩旺扎布	哩旺扎布		

续表

人名	宋史	长编（标）	长编（底）	底本批注	长编（影）	宋会要	备注
令介讹遇	令介讹遇、令分讹遇	令介讹遇、凌吉讹遇、凌吉讹裕、陵结鄂裕	令介讹遇	凌结阿约勒、凌结鄂遇	凌结阿约勒、凌结鄂裕		
冬至		冬至	冬至		栋芝		
兰征隔		琳沁格	兰征隔	琳沁格	琳沁格	兰征隔	
冯移埋	冯移埋	冯移埋	冯移埋	冯伊特满	冯伊特满		
宁令哥	宁令哥	宁令哥	宁令哥	宁凌噶	宁凌噶		宁令受（《梦溪笔谈》）、佞令受（《归田录》《欧阳修全集》）
吉外吉法正		吉外吉法正	俱外己法正	吉外吉法正	吉外吉法正		
西壁讹答							西壁讹答（《元史》）、鲜卑讹答（《蒙兀儿史记》）

续表

人名	宋史	长编（标）	长编（底）	底本批注	长编（影）	宋会要	备注
成逋克成		成逋克成	成逋克成	沁布开沁	沁布开沁		
成遇	成遇	成遇	成遇		沁裕		
成崀	成崀	成崀	成崀		沁威		
吕永信	吕承信	吕永信	吕永信		吕永信	吕永信	
吃多埋	讫多埋	吃多理	吃多理		策木多呼克	纥多埋	
吃多理		吃多理	吃多理		策木多呼克		
岁移		绥移	岁移	绥移	绥移	岁移	
任得敬		任得敬					任德敬（《金史》《程史》《建炎以来朝野杂记》）
伊特香		伊特香	移香	伊特香	伊特香		
伊普才迭		伊普才迭	移逋穣爹	伊普才迭	伊普才迭		
乩唱		乩唱	乩唱	伽强	伽强楚		
创格裕		创格裕	床革愚	创格裕	创格裕		
多哆		多哆	多哆		多叶		
色木结		色木结	细母皆	色木皆	色木结		
色辰岱楚		色辰岱楚	细常答俎	色辰岱楚	色辰岱楚		
庆鼎察香		庆鼎察香	轻丁茶香	庆鼎察香	庆鼎察香		

续表

人名	宋史	长编（标）	长编（底）	底本批注	长编（影）	宋会要	备注
刘乞彀		刘奇彻	刘乞彀		刘奇彻	刘乞彀	
关聿则		关聿则	关聿则	关兴则	关聿则	罔聿则	
米母氏		米母氏	米母氏		默特氏		
米屈啾		米屈啾	米屈哆	密吹	密吹		
兴博		兴博	昇保		兴博		
讹山		讹山、讹化唱山	讹山、讹化唱山	额森、额化强山	额森、额森强山		
讹勃啰	讹勃啰	讹勃啰、额伯尔	讹勃啰	额伯尔	额伯尔		
讹勃遇	讹勃遇	讹勃遇	讹勃遇	阿布雅	阿布雅		
讹啰聿	讹啰聿	讹啰聿、讹罗聿	讹啰聿、讹罗聿		勒阿拉雅赛	讹啰聿寨	
异浪升崖		伊朗僧鄂	异浪升崖	伊朗僧鄂	伊朗僧鄂	异浪升崖	
如定多多马		如定多多马	如定多多马	如定多特玛	如定多特玛		
如定幸舍	如定聿舍	如定幸舍	为定幸舍	维定兴舍	维定兴舍		
玛尔布	玛尔布	玛尔布	埋保	玛尔布	玛尔布		
花结香		花结香	贺济寨	喀结桑	喀结桑		
苏尼		苏尼	薛奴	苏尼	苏尼		
苏奴儿	苏奴儿	苏奴儿	苏奴儿		索诺尔		

人名	宋史	长编（标）	长编（底）	底本批注	长编（影）	宋会要	备注
苏沁定玛		苏沁定玛、苏沁定马	细禹轻丁理	苏沁定玛	苏沁定玛	细禹轻丁理	
苏尚娘	苏尚娘	苏尚娘	苏尚娘	苏尔萨	苏尔萨南		
李匕罗		李匕罗	李丕禄		李丕禄		
李叶		李叶	李够	李叶	李叶		
李讹够	李讹够、李讹哆、李吡够	李讹够	李讹够	李阿雅卜	李额叶		
李清	李清	李郎君	李郎君		李郎君		李青（《梦溪笔谈》）
李襄渠卜		李襄渠卜	李赏屈	李襄渠卜	李襄渠卜		
杨巴凌		杨巴凌	杨芭良	扬巴凌	扬巴凌		
吴名山		吴名山	吴名山	○	乌明沙克		
吴名革	吴名革	吴名革	吴名革		乌莽格		
吹同山乞		吹同山乞	吹同山乞	策卜腾善沁	策卜腾善沁		
吹同乞砂		吹同乞砂	吹同乞砂	策卜腾沁沙克	策卜腾沁沙克		
伯德		伯德	勃爹	伯德	伯德		
你斯冈	你斯冈	你斯冈	你斯冈		尼斯们		

续表

人名	宋史	长编（标）	长编（底）	底本批注	长编（影）	宋会要	备注
彻辰		贝中彻辰	乞成	彻辰	彻辰		
没哆氏	没哆氏	没移氏	没移氏	摩伊克氏	摩伊克氏		
没细好德							没细好德（《三朝北盟会编》）、穆齐好德（《系年要录》）
没细游成宁		没细游成宁	没细游成宁	玛新云且宁	玛新云且宁		
没移皆山		没移皆山	没移皆山	摩移克结星	摩伊克结星		
没藏氏	没藏氏	没藏氏	没藏氏	密藏氏	密藏氏		
没藏讹庞	没藏讹庞、兀藏讹庞	没藏讹庞、鄂特彭	没藏讹庞、鄂特彭	密藏罗滂	密藏罗滂、鄂特彭		
怀克		怀克	壤讹	怀克	怀克		
补细吃多巳		补细吃多巳	保细吃多巳	拜锡齐特济勒	拜锡齐特济勒		
张聿正	张聿正	张聿正	张聿正		张聿正	张圭正	
张灵州奴		张灵州奴	张灵州驽	张灵周努	张灵周努		
阿讹	阿讹	阿克阿	阿讹	阿克阿	阿克阿		

人名	宋史	长编（标）	长编（底）	底本批注	长编（影）	宋会要	备注
阿约勒		阿约勒	扑咩讹猪		阿约勒		
阿移	阿移	阿移	阿移		阿伊克		德明小字
阿敏		阿敏、鄂特丹卓麻	阿明、温党征密	阿敏、鄂特丹卓勒玛	阿敏、鄂特丹卓勒玛		
阿遇	阿遇	阿遇	阿遇	阿裕	阿裕尔		
纳木乞僧		纳木乞僧	南乙山	纳木伊卜绅	纳木依卜绅		
拉旺		拉旺	浪黄	拉旺	拉旺		
耶布移守贵	耶布移守贵	耶布移守贵	耶布移守贵	雅布移守贵	雅布移守贵		
卧瓦哆		卧瓦哆	卧瓦喀		鄂斡伊特		
卧勃哆		卧勃哆	卧勃哆		威巴伊		
卧香乞		卧香乞	卧香乞	鄂桑格	鄂桑格		
卧普令济	卧普令济	卧普令济	卧普令济		鄂普凌济		
卧誉诤	卧誉诤	卧誉诤	卧誉诤	沃裕正	沃裕正		
尚锦		尚锦	赏金	尚锦	尚锦		
旺罗		旺罗	汪落	旺罗	旺罗	江落	
昌宁		昌宁	唱娘	昌宁	昌宁		
易里马乞	昌里马乞	易里马乞	易里马乞		伊里玛奇		

人名	宋史	长编（标）	长编（底）	底本批注	长编（影）	宋会要	备注
罗荞		罗荞	罗埋	罗荞	罗荞		
罔长信							罔长信、旺普信、王长信（聂鸿音《西夏佛经序跋译注》）
罔聿谟	罔聿谟	罔聿谟	罔聿谟	依纲裕玛	依纲裕玛		
罔聿嚷	旺约特和尔	罔聿嚷	罔聿嚷	旺约特和尔			
罔萌讹		旺荞额、罔萌讹	罔萌讹	旺荞额	旺荞额		
罔豫章	罔豫章	罔豫章、旺裕勒宁	罔豫章	罔豫宁	旺裕勒宁		
委哥宁令		委哥宁令	委哥宁令	威噶尔宁	威噶尔宁		
闹罗		闹罗	闹罗	纳斡	诺尔		
泪丁讹遇	泪丁讹遇	泪丁讹裕	泪丁讹遇	埒丹鄂特裕勒	埒丹鄂特裕勒		
诘丹格		诘丹格	诘丹格		结当噶尔		
屈名		屈名	屈名		吹明		

人名	宋史	长编（标）	长编（底）	底本批注	长编（影）	宋会要	备注
妹勒都逋	妹勒都逋、昧勒都逋	妹勒都逋	妹勒都逋	穆贲多卜	穆贲多卜		
弩涉俄疾	弩涉俄疾	弩涉俄疾	弩涉俄疾		努舍额济		
城逋		城逋	城逋	沁布	沁布		
拽白	拽白	拽白	拽白		叶锦		
拽浪	拽浪	拽浪	拽浪	叶朗	叶朗	拽浪	
荔茂先		荔茂先	哩穆先	荔茂先	哩穆先		
药熟		约苏	药熟	约苏	约苏	药熟	
药乜永铨							药乜永铨（《中国藏西夏文献》）、药乜永诠（《陇右金石录》）
威玛		威玛	嵬埋	威玛	威玛		
威明正赛		威明正赛	嵬名正赛	威明正赛	威明正赛		
威明阿乌		威明阿乌	嵬名阿吴	威明阿乌	威明阿乌		
威明噶勒丹		威明噶勒丹	嵬名革丁	威明噶勒丹	威明噶勒丹		

续表

人名	宋史	长编（标）	长编（底）	底本批注	长编（影）	宋会要	备注
哗布移则		哗布移则	哗布移则		密卜伊则		
哗讹埋	哗吡埋	哗讹埋	哗讹埋	密乌玛	密乌玛		
哗迷乞遇	哗迷乞遇	哗迷乞遇	哗迷乙遇	蔑密伊裕	蔑密伊裕		
哗迷氏	哗迷氏	哗迷氏	哗迷氏		密克默特氏		
香都		香都	香都		香多		
香逋		香逋	香布		香布		
保德遇璟		保德遇璟	保德遇璟	布达约噶	布达约噶		
俄易儿		俄易儿	俄易儿		阿裕尔		
禹藏结逋药		禹藏结逋药	禹藏结逋药	裕勒藏嘉卜约勒	裕勒藏嘉卜约勒	万藏结逋药	
禹藏花麻	禹藏花麻、禹藏苑麻	裕勒藏喀木、禹藏苑麻、裕勒藏哈木、禹藏花麻	禹藏花麻	裕勒藏喀木	裕勒藏喀木		
禹藏郢成四		禹藏郢成四、裕勒藏颖沁萨勒	禹藏郢成四		裕勒藏颖沁萨勒		

人名	宋史	长编（标）	长编（底）	底本批注	长编（影）	宋会要	备注
贺浪啰		贺浪啰	贺朗理	贺朗赉	贺朗赉		
结明爱		结明爱	正名怡	结明爱	结明爱		
结胜		结胜	结胜	结星	结星		
珪布默玛		珪布默玛	归伏乜埋	珪布默玛	珪布默玛		
敖保	敖保	鄂博	敖保	鄂博	鄂博		
埋移香		埋移香	埋移香	密香	密香		
埋移香		埋移香	埋移香	密香硕	密香硕		
都尾	都尾	都威	都尾		都威		
都罗重进	都罗重进	都罗重进（《续资治通鉴长编拾补》）					都罗重进、都啰重进（《宋大诏令集》）
都罗氏		都罗氏	都罗氏	多拉氏	多拉氏		
都啰马尾		都啰马尾	都啰马尾	都勒玛斡	都勒玛斡		
热嵬浪布		热嵬浪布	热嵬浪布	克威浪布	克威朗布		
莽布赛		莽布赛	咩布嗽移	莽布赛	莽布赛		
梜厥嵬名	梜厥嵬名	梜厥嵬名、拽厥嵬名	拽厥嵬名皆	叶结威明嘉勒	叶结威明皆、叶结威明嘉勒		

续表

人名	宋史	长编（标）	长编（底）	底本批注	长编（影）	宋会要	备注
格西藏波哇							格西藏波哇、藏巴底室哩（《再论西夏帝师》）、仁波切僧格、贡却僧格（《西夏佛典中的翻译史料》）
格众		格众	格众		伊克众		
格垿克		格垿克	革唛	格垿克	格垿克		
格斡宁	革瓦娘	格斡宁	革瓦娘	格斡宁	格斡宁		
唛移		唛移	唛移		玛伊克		
哩那没桑		哩那没桑	犛牛乜香	哩努卜密桑	哩那没桑		
哩博晋巴		哩博晋巴	立浦京哌		哩博晋巴		
凌结兴嫩		（凌结）兴嫩	（令介）声暖	（凌结）兴嫩	（凌结）兴嫩		
郭那正成							郭那正成（《黑水河建桥敕碑》录）、郭正威（《陇右金石录》录）

续表

人名	宋史	长编（标）	长编（底）	底本批注	长编（影）	宋会要	备注
部曲嘉伊克		部曲嘉伊克	部曲嘉伊克		部曲嘉伊克	部曲皆移	
浪埋	浪埋	浪埋	浪埋	朗密	朗密		
浪梅娘	浪梅娘	浪梅娘	浪梅娘	朗密囊	朗密囊		
浪斡		浪斡	浪嵬	朗斡	郎斡		
愄移赏都		愄移赏都	愄哆赏都	威尚对	威尚对		
诺尔		诺尔	喏儿	诺尔	诺尔		
诺尔		诺尔	尧儿	诺尔	诺尔		
诺尔鼎佐		诺尔鼎佐	若儿奈俎	诺尔鼐佐	诺尔鼐佐		
勒厥		勒厥	勒厥		埒克居		
勒喀玛		勒喀玛	勤㘊谟	勤喀玛	勤喀玛		
黄芦讹庞		黄芦讹庞	黄芦讹庞	黄罗滂	黄罗滂		
黄移都		黄移都	黄移都		黄伊特		
萌山		萌山	萌山		明山		
萨沁		萨沁	撒蝉	萨沁	萨沁		
曹介							曹介、曹价（《辽史》）
辄移		辄移	辄移	哲伊	哲伊		
野力氏	野力氏	野利氏	野利氏	叶勒氏	叶勒氏		拽利氏（《宋朝事实类苑》）

续表

人名	宋史	长编（标）	长编（底）	底本批注	长编（影）	宋会要	备注
野也浪啰		野也浪啰	野也浪啰	叶木浪罗	叶木朗罗		
野乌裕实克		野乌裕实克	也惟聿捨、野惟聿捨	野乌裕实克	野乌裕实克		
野利旺荣	刚浪唛	纲浪凌、刚浪凌、刚浪嵬	刚浪凌	纲朗凌	纲朗凌、纲朗威		刚浪崚（《东轩笔录》）
野利遇乞	野利遇乞	野利遇乞	野利遇乞	叶勒约噶	叶勒约噶		
鄂迪		鄂迪	吴替	鄂迪	鄂迪		
鄂齐尔		鄂齐尔	讹乞	鄂齐尔	鄂齐尔		
鄂特结		鄂特结	讹济		鄂特结		
唱噎		唱噎	唱噎		昌噶	唱噎	
移卜淖		移卜淖	叶石牛儿	伊实诺尔	伊实诺尔		
移舁		移舁	移舁	伊锡	伊锡		
麻女阽多革		麻女阽多革、麻女喫多革	麻女阽多革、麻女吃多革		玛尼策多克		
麻孟桑		麻孟桑	孟霜	孟双	孟双		
梁乙埋	梁乙埋	梁乙埋	梁乙埋	梁伊特迈	梁伊特迈		

人名	宋史	长编（标）	长编（底）	底本批注	长编（影）	宋会要	备注
梁乙逋	梁乙逋	梁乙逋	梁乞逋	梁叶普	梁叶普		梁乞逋（《苏轼文集编年笺注》）、梁移逋（《梦溪笔谈》）
梁讹哆		梁讹哆	梁讹哆	梁额叶	梁额叶	梁讹移	
梁阿革		梁阿革	梁阿革		梁阿格		
密乌成尾		密乌成尾	咩讹成尾	密乌成尾	密鄂特成斡		
隆登		隆登	陇丁		隆登		
莳咛		莳咛	遇娘	约宁	约宁		
赏都卧夈		赏都卧夈	赏都卧夈	尚对乌札	尚对乌札		
赏啰讹乞	赏啰讹乞	赏啰讹乞	赏啰讹乞	尚罗格依	尚罗格依		
景询	景询	景询、景珣	景询、景珣		景询、景珣		
喝强山		喝强山	喝唱山	喝强山	强山		
嵬心		嵬心	隈乞	威沁	威沁		

续表

人名	宋史	长编（标）	长编（底）	底本批注	长编（影）	宋会要	备注
嵬名山	嵬名山	嵬名山（《续资治通鉴长编拾补》）、威明善、威名沙克	嵬名山、威明善	威明沙克	威明沙克		
嵬名山遇	嵬名山遇	嵬名山遇	嵬名山遇		威明善约特		
嵬名乞遇	嵬名乞遇	嵬名乞遇	嵬名乙遇唛	威明伊特允凌	威明伊特允凌		嵬名乙遇唛（《皇宋十朝纲要校正》）
嵬名布哆聿介		嵬名布哆聿介	嵬名布哆聿玠		威明布伊裕勒结		
嵬名嚷荣		嵬名嚷荣	嵬名嚷荣	威明科荣	威明科荣		
嵬名守全	嵬名守全	嵬名守全	嵬名守全	威明守全	嵬名硕统		
嵬名聿则	嵬多聿则	嵬名聿则	嵬名幸则	威明兴则	威明兴则		
嵬名聿营		嵬名聿营	嵬名聿营		威明叶云		

续表

人名	宋史	长编（标）	长编（底）	底本批注	长编（影）	宋会要	备注
嵬名怀普		嵬名怀普	嵬名嚷普		威明快普		
嵬名阿埋	嵬名阿埋	嵬名阿埋	嵬名阿埋	威明阿迈	威明阿密	嵬名阿埋	
嵬名阿理		（嵬名）阿理	（嵬名）阿理	（嵬名）阿哩	（嵬名）阿哩		
嵬名呵遇		（嵬名）呵遇	（嵬名）阿遇		阿裕尔		
嵬名妹精嵬	嵬名妹精嵬	嵬名妹精嵬	嵬名妹精嵬	威明墨沁威	威明墨沁威		
嵬名革常		嵬名革常	嵬名革常	威明噶勒藏	威明噶勒藏		
嵬名思能							嵬名思能、嵬咩思能（《甘肃新通志》）
嵬名科遍		嵬名科遍	吴哆嚷浦、吴哆浦嚷	威科卜	威科卜		
嵬名律令		嵬名律令	嵬名律冷	威明律凌	威明律凌		
嵬名姚麦		威明约默	嵬名姚麦	威明约默特	威明约默特	嵬名姚麦	
嵬名济	嵬名济、嵬名济迺、嵬名济赖	嵬名济、嵬名寨	嵬名济寨、嵬名济迺、嵬名济	威明济赛、威明吉鼐、威明济寨	威明吉鼐、威明济勒、威明济赛	巍名济赖、嵬名济寨	

人名	宋史	长编（标）	长编（底）	底本批注	长编（影）	宋会要	备注
嵬名特克济沙		嵬名特克济沙、威明特克济沙克、威明特克济沙、威明鼐济特沙克	嵬名殐稽山、嵬名泥鸡山、嵬名殐鸡山	威明特克济沙、威明鼐济特沙克、威明特克济沙克	威明特克济沙克、威明鼐济特沙克		
嵬名麻胡		嵬名麻胡	嵬名埋讹	威明玛乌	威明玛乌		
嵬名谕密	嵬名谕密	威明裕默	嵬名谕密	威明裕默	威明裕默		
嵬名薛埋		（嵬名）薛埋	（嵬名）薛理	（嵬名）锡哩	（嵬名）锡哩		
嵬名嚷	嵬名瓖	嵬名嚷	嵬名懐	威明懷	威明懷		
嵬迦		嵬迦	嵬迦		鄂特伽		
嵬伽崖妳	嵬崖妳	嵬伽崖妳	嵬伽崖妳		威伽崖密		
策木多伊克		策木多伊克	吃多哆	策木多伊克	策木多伊克		
策木多莽		策木多莽	吃多埋	策木多莽	策木多莽		
腊儿		腊儿	腊儿	拉尔	拉尔		
裕木攀		裕木攀	聿乂	裕木攀	裕木攀		

续表

人名	宋史	长编（标）	长编（底）	底本批注	长编（影）	宋会要	备注
楚清		楚清	屈成	楚清	楚清	成屈	
楚鼐裕勒囊		楚鼐裕勒囊	紬腻遇难	楚鼐裕勒囊	楚鼐裕勒囊		
锡硕克鄂则尔		锡硕克鄂则尔	西寿讹祖啰	锡硕克鄂则尔	锡硕克鄂则尔		
嘉纳克多凌星		克多凌星	折纳多凌	嘉纳克多凌星	嘉纳克多凌星		
慕洧	慕洧						慕容洧（《系年要录》）
厮多罗潘		厮多罗潘	厮多罗潘		旺登吉凌郭		
臧嵬		臧嵬	障嵬	章威	章威		
哆勿乜		哆勿乜	移勿乜		叶乌玛		
慧护							慧护、慧守（《西夏僧人"德慧"师号考》）
髯耍	.	髯耍	髯耍		染硕		
噉嵬		噉嵬	噉嵬	堪威	堪威		
德明雅卜		德明雅卜	特名耶布	德明雅布	德明雅卜		
潘也布	潘七布	潘也布	潘乜布		攀密布		

续表

人名	宋史	长编（标）	长编（底）	底本批注	长编（影）	宋会要	备注
额勒齐乌楚肯		额勒齐乌楚肯	移吴屈精	额勒齐乌楚肯	额勒齐乌楚肯		
穆纳僧格		穆纳僧格	没纳香讹	穆纳僧格	穆纳僧格		
磨美勃儿		磨美勃儿	磨美勃儿	玛克密巴勒	玛克密巴勒		
耀密楚美		耀密楚美	乜屈卖	密楚美	耀密楚美		
耀密滂		耀密滂	耀乜移庞	耀密滂	耀密滂		

参考文献

（一）古籍

（唐）魏征等：《隋书》，中华书局 1973 年版。

（后晋）刘昫等：《旧唐书》，中华书局 1975 年版。

（宋）薛居正等：《旧五代史》，中华书局 1976 年版。

（宋）欧阳修：《新五代史》，中华书局 1974 年版。

（宋）欧阳修、宋祁：《新唐书》，中华书局 1975 年版。

（元）脱脱等：《宋史》，中华书局 1985 年版。

（元）脱脱等：《辽史》，中华书局 1974 年版。

（元）脱脱等：《金史》，中华书局 1975 年版。

（明）宋濂等：《元史》，中华书局 1976 年版。

（唐）林宝撰，岑仲勉校记：《元和姓纂》，中华书局 1994 年版。

（宋）宋敏求编：《唐大诏令集》，中华书局 2008 年版。

（宋）司马光编著：《资治通鉴》，中华书局 1956 年版。

（宋）李焘：《续资治通鉴长编》，中华书局 2004 年版。

（宋）李焘撰，张勇主编：《〈续资治通鉴长编〉四库全书底本》，中华书局 2016 年版。

（宋）李昉编：《文苑英华》，中华书局 1966 年版。

（宋）王钦若等编：《册府元龟》，凤凰出版社 2006 年版。

（宋）彭百川：《太平治迹统类》，江苏广陵古籍刻印社 1981 年版。

（宋）李埴：《皇宋十朝纲要》，文海出版社 1980 年版。

（宋）徐梦莘：《三朝北盟会编》，上海古籍出版社 2008 年版。

（宋）李心传：《建炎以来系年要录》，中华书局 2013 年版。

（宋）江少虞：《宋朝事实类苑》，上海古籍出版社 1981 年版。

（宋）佚名撰，司义祖整理：《宋大诏令集》，中华书局 1962 年版。

（宋）赵汝愚编：《宋朝诸臣奏议》，上海古籍出版社 1999 年版。

（宋）范仲淹：《范文正公集》，中华书局 1974 年版。

（宋）申利校注：《文彦博集校注》，中华书局 2016 年版。

（宋）刘一止：《苕溪集》，文渊阁四库全书影印本。

（宋）文彦博：《潞公文集》，上海古籍出版社 2016 年版。

（宋）曾巩撰，王瑞来校证：《隆平集校证》，中华书局 2012 年版。

（宋）韩琦撰，李之亮、徐正英笺注：《安阳集编年笺注》，巴蜀书社 2000 年版。

（宋）苏轼著，李之亮笺注：《苏轼文集编年笺注》，巴蜀书社 2011 年版。

（宋）王偁编：《东都事略》，齐鲁书社 2000 年版。

（宋）沈括：《梦溪笔谈》，中华书局 2015 年版。

（宋）欧阳修：《归田录》，中华书局 1981 年版。

（宋）魏泰：《东轩笔录》，中华书局 1983 年版。

（宋）司马光：《涑水记闻》，中华书局 1989 年版。

（宋）岳珂：《桯史》，中华书局 1983 年版。

（宋）李心传：《建炎以来朝野杂记》，中华书局 2000 年版。

（宋）佚名：《续编两朝纲目备要》，中华书局 1995 年版。

（宋）田况：《儒林公议》，中华书局 2017 年版。

（宋）洪迈撰，孔凡礼点校：《容斋随笔》，中华书局 2005 年版。

（宋）陈鹄撰，孔凡礼点校：《西塘集耆旧续闻》，中华书局 2002 年版。

（宋）范祖禹：《范太史集》，文渊阁四库全书影印本。

（宋）龚鼎臣：《东原录》，大象出版社 2019 年版。

（宋）王巩撰，戴建国整理：《闻见近录》，大象出版社 2019 年版。

（宋）李之仪：《姑溪居士全集》，中华书局 1985 年版。

（宋）洪皓：《松漠纪闻》，赵永春辑注《奉使辽金行程录》本，商务印书馆 2017 年版。

（宋）宇文懋昭撰，崔文印校证：《大金国志校证》，中华书局 1986 年版。

（元）佚名撰，鲍思陶点校：《元朝秘史》，齐鲁书社 2005 年版。

王颋点校：《庙学典礼》，浙江古籍出版社 1992 年版。

余大钧译注：《蒙古秘史》，河北人民出版社 2001 年版。

（元）苏天爵辑：《元朝名臣事略》，中华书局 1996 年版。

（元）蔡巴·贡噶多吉著，东噶·洛桑赤列校注，陈庆英、周润年译：《红史》，西藏人民出版社 1988 年版。

任崇岳：《庚申外史笺证》，中州古籍出版社 1991 年版。

（元）王士点、商企翁：《秘书监志》，浙江古籍出版社 1992 年版。

（元）李志常：《长春真人西游记》，中华书局 1985 年版。

（元）王恽著，杨亮、钟彦飞点校：《王恽全集汇校》，中华书局 2013 年版。

（元）危素：《危太朴集》，元人文集珍本丛刊本。

（元）吴澄：《吴文正公集》，元人文集珍本丛刊本。

（元）姚燧著，查洪德编校：《牧庵集》，人民文学出版社 2011 年版。

（元）袁桷著，杨亮校注：《袁桷集校注》，中华书局 2012 年版。

（元）苏天爵：《滋溪文稿》，中华书局 1997 年版。

（元）虞集著，王颋点校：《虞集全集》，天津古籍出版社 2007 年版。

（元）陶宗仪：《南村辍耕录》，中华书局 1959 年版。

（元）杨维桢：《东维子文集》，文渊阁四库全书影印本。

（元）邵亨贞：《野处集》，文渊阁四库全书影印本。

（元）郑玉：《师山集》，文渊阁四库全书影印本。

（元）陈基：《陈基集·夷白斋稿》，吉林文史出版社 2009 年版。

（元）欧阳玄撰，陈书良、刘娟校点：《欧阳玄集》，岳麓书社 2010 年版。

（元）柳贯著，柳遵杰点校：《柳贯诗文集》，浙江古籍出版社 2004 年版。

（元）郑元祐著，徐永明点校：《郑元祐集》，浙江大学出版社 2010 年版。

（元）程钜夫著，张文淑点校：《程钜夫集》，吉林文史出版社 2009 年版。

（元）吴海：《闻过斋集》，文渊阁四库全书影印本。

（元）胡祗遹著，魏崇武、周思成点校：《胡祗遹集》，吉林文史出版社 2008 年版。

（元）郝经著，秦雪清点校：《陵川集》，山西人民出版社、山西古籍出版社 2006 年版。

（元）马祖常著，李叔毅点校：《石田先生文集》，中州古籍出版社 1991 年版。

（元）许有壬著，傅瑛、雷近芳校点：《许有壬集》，中州古籍出版社 1998 年版。

（元）陶宗仪：《书史会要》，上海书店出版社 1984 年版。

（元）黄溍著，王颋点校：《黄溍全集》，天津古籍出版社 2008 年版。

（元）顾瑛著，杨镰整理：《玉山璞稿》，中华书局 2008 年版。

（元）李孝光撰，陈增杰校注：《李孝光集校注》，上海社会科学院出版社 2005 年版。

（元）李祁：《云阳集》，岳麓书社 2009 年版。

（元）柯九思等：《辽金元宫词》，北京古籍出版社 1988 年版。

（元）钟嗣成等：《录鬼簿》，古典文学出版社 1957 年版。

（元）乃贤著，叶爱欣校注：《乃贤集校注》，河南大学出版社 2012 年版。

（元）揭傒斯著，李梦生点校：《揭傒斯全集》，上海古籍出版社1985年版。

（元）贡师泰等：《贡氏三家集》，吉林文史出版社2010年版。

（元）萨都剌：《雁门集》，上海古籍出版社1982年版。

（元）孔齐：《静斋至正直记》，中华书局1991年版。

（元）戴良：《九灵山房集》，中华书局1985年版。

（元）郑元祐：《遂昌杂录》，中华书局1991年版。

（元）王逢：《梧溪集》，中华书局1985年版。

（元）胡翰：《胡仲子集》，中华书局1985年版。

（元）张伯淳：《养蒙文集》，文渊阁四库全书影印本。

（元）黄溍：《金华黄先生文集》，上海古籍出版社2002年版。

（元）刘岳申：《申斋集》，文渊阁四库全书影印本。

（元）陈旅：《安雅堂集》，文渊阁四库全书影印本。

（元）余阙：《青阳先生文集》，文渊阁四库全书影印本。

（元）成廷珪：《居竹轩诗词》，文渊阁四库全书影印本。

（元）程端礼：《畏斋集》，文渊阁四库全书影印本。

（元）胡助：《纯白斋类稿》，文渊阁四库全书影印本。

（元）胡行简：《樗隐集》，文渊阁四库全书影印本。

（元）吴师道：《礼部集》，文渊阁四库全书影印本。

（元）王沂：《伊滨集》，文渊阁四库全书影印本。

（元）刘埙：《水云村稿》，文渊阁四库全书影印本。

（元）沈梦麟：《花溪集》，文渊阁四库全书影印本。

（元）邓文原：《巴西集》，文渊阁四库全书影印本。

（元）释大欣：《蒲室集》，文渊阁四库全书影印本。

（元）李士瞻：《经济文集》，文渊阁四库全书影印本。

（元）贡师泰：《玩斋集》，文渊阁四库全书影印本。

（元）舒頔：《贞素斋集》，文渊阁四库全书影印本。

（元）周霆震：《石初集》，文渊阁四库全书影印本。

（元）周伯琦：《近光集》，文渊阁四库全书影印本。

（元）汪克宽：《环谷集》，文渊阁四库全书影印本。

（元）顾瑛：《草堂雅集》，文渊阁四库全书影印本。

（元）朱德润：《存复斋续集》，上海古籍出版社 2002 年版。

（元）释念常：《佛祖历代通载》，《大正新修大藏经》第 49 卷。

（元）宋褧：《燕石集》，书目文献出版社 1992 年版。

（元）倪瓒：《清閟阁遗稿》，书目文献出版社 1998 年版。

（元）杨瑀撰，余大钧点校：《山居新话》，中华书局 2006 年版。

（元）何中：《知非堂稿》，书目文献出版社 1991 年版。

杨镰主编：《全元诗》，中华书局 2013 年版。

李修生主编：《全元文》，凤凰出版社 1998 年版。

徐征等主编：《全元曲》，河北教育出版社 1998 年版。

焦进文、杨富学校注：《元代西夏遗民文献〈述善集〉校注》，甘肃人民出版社 2001 年版。

（元）俞希鲁：《（至顺）镇江志》，江苏古籍出版社 1999 年版。

（元）张铉：《（至正）金陵新志》，四川大学出版社 2009 年版。

（元）杨譓：《（至正）昆山郡志》，四川大学出版社 2007 年版。

（元）王元恭：《（至正）四明续志》，台湾成文出版社 1983 年版。

（明）朱希召：《宋元科举题名录》，书目文献出版社 1987 年版。

（明）佚名：《明太祖实录》，（台北）"中央"研究院历史语言研究所 1983 年版。

（明）解缙：《永乐大典》，中华书局 1986 年版。

（明）宋濂著，罗月霞主编：《宋濂全集》，浙江古籍出版社 1999 年版。

（明）程敏政主编：《明文衡》，吉林文史出版社 1999 年版。

（明）王洪：《毅斋集》，文渊阁四库全书影印本。

（明）刘三吾：《坦斋文集》，书目文献出版社 1988 年版。

（明）贝琼：《清江文集》，文渊阁四库全书影印本。

（明）释明河：《补续高僧传》，续藏经第 134 册，新文丰出版公司 1994 年版。

（明）田汝成编：《西湖游览志》，浙江人民出版社 1980 年版。

（明）李日华著，屠友祥校注：《味水轩日记》，上海远东出版社 1996 年版。

（明）叶子奇：《草木子》，中华书局 1959 年版。

（明）苏伯衡：《苏平仲集》，中华书局 1985 年版。

（明）王祎：《王忠文公集》，中华书局 1985 年版。

（明）叶盛：《水东日记》，中华书局 1980 年版。

（明）陈谟：《海桑集》，文渊阁四库全书影印本。

（明）宋讷：《西隐集》，文渊阁四库全书影印本。

（明）金实：《觉非斋文集》，上海古籍出版社 2002 年版。

（明）唐肃：《丹崖集》，上海古籍出版社 2002 年版。

（明）陈循：《芳洲文集》，上海古籍出版社 2002 年版。

（明）郑真：《荥阳外史集》，上海古籍出版社 1991 年版。

（明）卢熊：《（洪武）苏州府志》，（台北）成文出版公司 1970 年版。

（明）胡谧：《（成化）山西通志》，齐鲁书社 1996 年版。

（明）王瓒、蔡芳编，胡珠生校注：《（弘治）温州府志》，上海社会科学院出版社 2006 年版。

（明）彭泽、汪舜民：《（弘治）徽州府志》，齐鲁书社 1997 年版。

（明）黄仲昭：《八闽通志》，福建人民出版社 2006 年版。

（明）莫旦：《（弘治）吴江志》，（台北）成文出版有限公司 1973 年版。

（明）石禄修，唐锦纂：《（正德）大名府志》，上海古籍书店 1981 年版。

（明）陈威修，顾清纂：《（正德）松江府志》，上海书店出版社 1990 年版。

（明）唐胄修，彭静中点校：《（正德）琼台志》，海南出版社 2006 年版。

（明）孙臣鲸等：《（嘉靖）开州志》，上海古籍出版社 1964 年版。

（明）林富修，黄佐纂：《（嘉靖）广西通志》，书目文献出版社 1998 年版。

（明）林庭㭍、周广：《（嘉靖）江西通志》，齐鲁书社 1996 年版。

（明）陆钺等：《（嘉靖）山东通志》，齐鲁书社 1996 年版。

（明）郑礼：《（嘉靖）永城县志》，上海书店出版社 1990 年版。

（明）刘鲁主修，李廷宾纂：《（嘉靖）曲沃县志》，上海书店出版社 1990 年版。

（明）雷礼：《（嘉靖）真定府志》，齐鲁书社 1996 年版。

（明）胡汝砺：《（嘉靖）宁夏新志》，宁夏人民出版社 1982 年版。

（明）梅守德、任子龙等修：《（嘉靖）徐州志》，（台北）成文出版公司 1983 年版。

（明）邰相修，樊深纂：《（嘉靖）河间府志》，齐鲁书社 1997 年版。

（明）毕恭等修，任洛等重修：《（嘉靖）辽东志》，上海古籍出版社 2002 年版。

（明）翁相修，陈棐纂：《（嘉靖）广平府志》，上海古籍书店 1981 年版。

（明）康河修，董天锡纂：《（嘉靖）赣州府志》，上海古籍书店 1981 年版。

（明）董弦纂修：《（嘉靖）内黄县志》，上海古籍书店 1963 年版。

（明）方瑜纂修：《（嘉靖）南宁府志》，书目文献出版社 1991 年版。

（明）蔡懋昭纂修：《（隆庆）赵州志》，上海古籍书店 1962 年版。

（明）王茂德、陆凤仪纂修：《（万历）金华府志》，齐鲁书社 1996 年版。

（明）熊子臣、何镗纂修：《（万历）括苍汇纪》，齐鲁书社 1996 年版。

（明）刘伯缙修，陈善纂：《（万历）杭州府志》，（台北）成文出版公司 1983 年版。

（明）阳思谦：《（万历）重修泉州府志》，（台北）台湾学生书局 1987 年版。

（明）于慎行：《（万历）兖州府志》，上海书店 1990 年版。

（明）范涞修，章潢纂：《（万历）新修南昌府志》，书目文献出版社 1985 年版。

（明）徐用检修：《（万历）兰溪县志》，（台北）成文出版公司 1983 年版。

（明）杨洵修，徐銮纂：《（万历）扬州府志》，书目文献出版社 1991 年版。

（明）冯惟敏：《（万历）保定府志》，书目文献出版社 1992 年版。

（明）李逢申修，姚宗文纂：《（天启）慈溪县志》，（台北）成文出版公司 1983 年版。

（明）萧良幹修，张元忭、孙鑛纂：《万历〈绍兴府志〉点校本》，宁波出版社 2012 年版。

（明）陈烜奎：《（崇祯）肇庆府志》，北京图书馆出版社 2003 年版。

吴忠礼：《宁夏志笺证》，宁夏人民出版社 1996 年版。

（清）萨囊彻辰：《蒙古源流笺证》，（台湾）文海出版社 1965 年版。

（清）徐松辑：《宋会要辑稿》，上海古籍出版社 2014 年版。

（清）黄以周等辑注，顾吉辰点校：《续资治通鉴长编拾补》，中华书局 2004 年版。

（清）吴广成：《西夏书事》，龚世俊等《西夏书事校证》本，甘肃文化出版社 1995 年版。

（清）周春编，胡玉冰校补：《西夏书校补》，中华书局 2014 年版。

（清）黄宗羲原撰，全祖望补修：《宋元学案》，中华书局 1986 年版。

（清）王梓材、冯云濠编：《宋元学案补遗》，人民出版社 2012 年版。

（清）陈铭珪：《长春道教源流》，（台北）广文书局 1975 年版。

（清）缪荃孙：《缪荃孙全集》，凤凰出版社 2014 年版。

（清）韩文焜纂：《（康熙）利津县新志》，（台湾）成文出版有限公司 1976 年版。

（清）苏佳嗣、谭绍琬纂修：《（康熙）长沙府志》，中国书店 1992 年版。

（清）侯元棐修：《（康熙）德清县志》，（台北）成文出版社有限公司 1983

年版。

（清）郭茂泰修，胡在恪纂：《（康熙）荆州府志》，江苏古籍出版社 2001
年版。

（清）张扬彩修，李士璜纂：《（康熙）吉安府龙泉县重修县志》，线装书
局 2001 年版。

（清）杨廷望纂修：《（康熙）衢州府志》，（台北）成文出版公司 1975
年版。

（清）张奇勋纂修：《（康熙）衡州府志》，书目文献出版社 1992 年版。

浙江省地方志编纂委员会编：《（雍正）浙江通志》，中华书局 2001 年版。

（清）曹抡彬修，朱肇济纂：《（雍正）处州府志》，（台北）成文出版公
司 1983 年版。

（清）谢启昆修，胡虔纂：《（雍正）广西通志》，人民出版社 1988 年版。

（清）沈椿龄纂，楼卜瀍修：《（乾隆）诸暨县志》，（台北）成文出版有
限公司 1983 年版。

（清）费淳、沈树声纂修：《（乾隆）太原府志》，凤凰出版社 2005 年版。

（清）李亨特总裁，平恕等修：《（乾隆）绍兴府志》，上海书店 1993 年版。

（清）胡德琳修，李文藻等纂：《（乾隆）历城县志》，凤凰出版社 2004
年版。

（清）邵丰鍭修，贾瀛纂：《（乾隆）嶧县志》，凤凰出版社 2005 年版。

（清）刘统修，刘炳纂：《（乾隆）任邱县志》，（台北）成文出版公司 1976
年版。

（清）李德淦主修，洪亮吉总纂：《泾县志》，黄山书社 2008 年版。

（清）黄维翰纂修：《（道光）巨野县志》，凤凰出版社 2004 年版。

（清）鲁铨修，洪亮吉等纂：《（嘉庆）宁国府志》，（台北）成文出版公
司 1970 年版。

（清）陈炳德修纂，旌德县地方志办整理：《（嘉庆）旌德县志》，黄山书

社 2010 年版。

（清）倪企望修，钟廷瑛纂：《（嘉庆）长山县志》，凤凰出版社 2004 年版。

（清）梁园隶修，郑之侨纂：《（咸丰）重修兴化县志》，（台北）成文出版公司 1970 年版。

（清）宗源瀚修，周学浚纂：《（同治）湖州府志》，（台北）成文出版社有限公司 1970 年版。

（清）冯兰森修，陈卿云等纂：《（同治）重修上高县志》，江苏古籍出版社 2013 年版。

（清）徐兆英等纂修：《（同治）监利县志》，江苏古籍出版社 2001 年版。

（清）蒋继洙纂修：《（同治）广信府志》，（台北）成文出版社有限公司 1970 年版。

（清）李铭皖、冯桂芬等纂修：《（同治）苏州府志》，江苏古籍出版社 1991 年版。

（清）邱育泉修，何才焕纂：《（同治）安化县志》，江苏古籍出版社 2001 年版。

（清）玉山修，李孝经纂：《（同治）常宁县志》，江苏古籍出版社 2001 年版。

（清）王建中、双贵修，刘绎等纂：《（同治）永丰县志》，江苏古籍出版社 1996 年版。

（清）吴履福等修，缪荃荪等纂：《（光绪）昌平州志》，北京古籍出版社 1989 年版。

（清）潘绍诒修，周荣椿等纂：《（光绪）处州府志》，（台北）成文出版社有限公司 1973 年版。

（清）俞锡纲修：《（光绪）获鹿县志》，上海书店出版社 2006 年版。

（清）支恒春纂修：《（光绪）松阳县志》，（台北）成文出版社有限公司 1975 年版。

（清）管贻葵修，陈锦纂：《（光绪）罗田县志》，江苏古籍出版社 2001 年版。

（清）周家楣、缪荃孙等编纂：《（光绪）顺天府志》，北京古籍出版社 1987 年版。

（清）许葇纂修：《（光绪）鹿邑县志》，（台北）成文出版公司 1976 年版。

（清）黄云修，林之望等纂：《（光绪）续修庐州府志》，（台北）成文出版公司 1970 年版。

何向东、习光辉、党元正等校注：《（光绪）新修潼川府志校注》，巴蜀书社 2007 年版。

（清）马大相编纂：《灵岩志》，山东友谊出版社 1994 年版。

（清）阮元修，梁中民校点：《广东通志》，广东人民出版社 1994 年版。

（清）昇允、长庚纂修：《（光绪）甘肃新通志》，凤凰出版社 2011 年版。

（清）冯煦修，魏家骅等纂：《（光绪）凤阳府志》，（台北）成文出版公司 1970 年版。

（清）张维编：《陇右金石录》，石刻史料新编本，（台北）新文丰出版公司 1997 年版。

（清）阮元编：《两浙金石志》，浙江古籍出版社 2012 年版。

（清）钱大昕：《潜研堂金石文跋尾》，上海古籍出版社 2020 年版。

（清）王昶：《金石萃编》，陕西人民美术出版社 1990 年版。

（清）沈涛：《常山贞石志》，《辽金元石刻文献全编（三）》，北京图书馆出版社 2000 年版。

（民国）屠寄：《蒙兀儿史记》，中国书店 1984 年版。

（民国）柯劭忞：《新元史》，吉林人民出版社 2006 年版。

（民国）罗振玉：《西陲石刻录》，《石刻史料新编》第二辑第十五，（台北）新文丰出版公司 1979 年版。

（民国）贾敬颜校，陈晓伟整理：《圣武亲征录》，中华书局 2020 年版。

韩荫晟编:《党项与西夏资料汇编》,宁夏人民出版社 2000 年版。

［朝鲜］郑麟趾等著,孙晓主编:《高丽史》,人民出版社 2013 年版。

［伊朗］拉施特著,余大钧、周建奇译:《史集》,商务印书馆 1985 年版。

（二）出土文献

史金波、魏同贤、［俄］E. N. 克恰诺夫主编,俄罗斯科学院东方文献研究所,中国社会科学院民族研究所,上海古籍出版社编:《俄藏黑水城文献》,上海古籍出版社 1996—2020 年版。

史金波、陈育宁总主编,宁夏大学西夏学研究中心、国家图书馆、甘肃省古籍文献整理编译中心编:《中国藏西夏文献》,甘肃人民出版社、敦煌文艺出版社 2006 年版。

谢玉杰、吴芳思主编,西北第二民族学院、上海古籍出版社、英国国家图书馆编纂:《英藏黑水城文献》,上海古籍出版社 2005—2010 年版。

（三）研究论著

中国考古学会编辑:《中国考古学会第一次年会论文集》,文物出版社 1980 年版。

史金波:《西夏佛教史略》,宁夏人民出版社 1988 年版。

史金波等编著:《西夏文物》,文物出版社 1988 年版。

王金城、王孝谦主编:《太原王氏沙堤乡志》,内部资料,1992 年印。

康兰英主编:《榆林碑石》,三秦出版社 2003 年版。

史金波:《西夏社会》,上海人民出版社 2007 年版。

萧启庆:《元代进士辑考》,（台北）"中央"研究院历史语言研究所 2013 年版。

杜建录:《党项西夏碑石整理与研究》,上海古籍出版社 2015 年版。

惠宏、段玉泉:《西夏文献解题目录》,阳光出版社 2015 年版。

梁继红：《武威出土西夏文献研究》，社会科学文献出版 2015 年版。

聂鸿音：《西夏佛经序跋译注》，上海古籍出版社 2016 年版。

史金波：《西夏经济文书研究》，社会科学文献出版社 2017 年版。

史金波：《西夏译经图解》，《文献》第 1 辑，书目文献出版社 1979 年。

陈国灿：《西夏天庆间典当残契的复原》，《中国史研究》1980 年第 1 期。

萧启庆：《元统元年进士录校注（上）》，《食货月刊》1983 年第 2 期。

陈高华：《略论杨琏真加和杨暗普父子》，《西北民族研究》1986 年。

马明达：《元末西夏人那木翰事迹考述》，《西北民族研究》1991 年第 2 期。

邓如萍：《党项王朝的佛教及其元代遗存——帝师制度起源于西夏说》，《宁夏社会科学》1992 年第 5 期。

谢继胜：《吐蕃西夏历史文化渊源与西夏藏传绘画》，《西藏研究》2001 年第 3 期。

史金波：《西夏佛教新探》，《宁夏社会科学》2001 年第 5 期。

聂鸿音：《吐蕃经师的西夏译名考》，《清华大学学报》（哲学社会科学版）2002 年第 1 期。

聂鸿音：《俄藏 5130 号西夏文佛经题记研究》，《中国藏学》2002 年第 1 期。

熊文彬：《从版画看西夏佛教艺术对元代内地藏传佛教艺术的影响》，《中国藏学》2003 年第 1 期。

聂鸿音：《大度民寺考》，《民族研究》2003 年第 4 期。

孙昌盛：《西夏文佛经〈吉祥遍至口和本续〉题记译考》，《西藏研究》2004 年第 2 期。

崔红芬：《〈俄藏黑水城出土西夏文佛经文献叙录〉中的帝师与国师》，《西北第二民族学院学报》（哲学社会科学版）2004 年第 4 期。

聂鸿音：《西夏译本〈持诵圣佛母般若多心经要门〉述略》，《宁夏社会科学》2005 年第 2 期。

崔红芬、文志勇：《西夏皇帝尊号考略》，《宁夏大学学报》2006 年第 5 期。

殷晓燕：《论党项羌人王侁及其文学创作》，《民族文学研究》2007 年第 1 期。

梁松涛：《〈河西老索神道碑铭〉考释》，《民族研究》2007 年第 2 期。

崔红芬：《再论西夏帝师》，《中国藏学》2008 年第 1 期。

彭向前：《西夏遗民初到保定时间考》，《保定学院学报》2008 年第 1 期。

孙伯君：《真智译〈佛说大白伞盖总持陀罗尼经〉为西夏译本考》，《宁夏社会科学》2008 年第 4 期。

王颋：《元唐兀人刘伯温的家世与仕履》，《西北第二民族学院学报》（哲学社会科学版）2008 年第 6 期。

樊丽沙、杨富学：《西夏境内的汉僧及其地位》，《敦煌学辑刊》2009 年第 1 期。

[美] 邓如萍、聂鸿音：《西夏佛典中的翻译史料》，《中华文史论丛》2009 年第 3 期。

孙伯君：《普宁藏本〈密咒圆因往生集〉的八思巴字注音研究》，《中华文史论丛》2009 年第 3 期。

孙伯君：《黑水城出土〈圣六字增寿大明陀罗尼经〉译释》，《西夏学》第十辑，上海古籍出版社 2013 年版。

段玉泉：《西夏藏传佛教文献周慧海译本述略》，《中国藏学》2009 年第 3 期。

段玉泉：《西夏文〈圣胜慧到彼岸功德宝集偈〉考论》，《西夏学》第四辑，宁夏人民出版社 2009 年版。

王颋、刘文飞：《唐兀人余阙的生平和作品》，《北方民族大学学报》（哲学社会科学版）2009 年第 5 期。

聂鸿音：《论西夏本〈佛说父母恩重经〉》，甘肃省古籍文献整理编译中心编译《文献研究》第一辑，学苑出版社 2010 年版。

崔红芬：《西夏僧人"德慧"师号考》，《宁夏社会科学》2010 年第 2 期。

崔红芬：《僧人"慧觉"考略——兼谈西夏的华严信仰》，《世界宗教研究》2010 年第 4 期。

王颋：《降生龙川——拓跋元善的家世与淄州李氏》，王颋著《内陆亚洲史地求索》，兰州大学出版社 2011 年版。

孙继民、宋坤：《元代西夏遗民踪迹的新发现——元〈重修鹿泉神应庙碑〉考释》，《宁夏社会科学》2011 年第 2 期。

史金波：《西夏文军籍文书考略——以俄藏黑水城出土军籍文书为例》，《中国史研究》2012 年第 4 期。

史金波：《黑水城出土西夏文卖地契研究》，《历史研究》2012 年第 2 期。

段玉泉：《西夏文〈尊者圣妙吉祥之智慧觉增上总持〉考释》，《西夏研究》2012 年第 3 期。

王俊伟、周峰：《元代新安县的西夏遗民》，《薪火相传——史金波先生 70 寿辰西夏学国际学术研讨会论文集》，中国社会科学出版社 2012 年版。

孙伯君：《西夏文献中的帝、后称号》，《民族研究》2013 年第 2 期。

邓文韬：《元代西夏遗民讷怀事迹补考》，《西夏研究》2013 年第 3 期。

聂鸿音：《西夏文献中的净土求生法》，《吴天墀教授百年诞辰纪念文集》，四川人民出版社 2013 年版。

史金波：《黑水城出土西夏文租地契研究》，《吴天墀教授百年诞辰纪念文集》，四川人民出版社 2013 年版。

邱树森、陈广恩：《元唐兀人星吉生平考论》，《西夏研究》2013 年第 1 期。

汤开建：《今本〈元史〉散逸在外的两个列传》，《唐宋元间西北史地丛稿》，商务印书馆 2013 年版。

汤开建：《增订〈元代西夏人物表〉》，《党项西夏史探微》，商务印书馆 2013 年版。

周峰：《元代西夏遗民杨朵儿只父子事迹考述》，《民族研究》2014 年第

3 期。

周峰：《元代西夏遗民买住的两通德政碑》，《西夏学》第十一辑，上海古籍出版社 2015 年版。

史金波：《英国国家图书馆藏西夏文军籍文书考释》，《文献》2015 年第 3 期。

樊丽沙：《浅谈西夏番文大藏经翻译相关问题》，《兰台世界》2015 年第 36 期。

刘志月、邓文韬：《元代西夏遗民著述篇目考》，《西夏研究》2016 年第 2 期。

张玉海：《西夏佛经所见官职名人名述考》，《西夏研究》2016 年第 4 期。

刘志月：《元代西夏遗民李朵儿赤事迹考论》，《西夏研究》2017 年第 3 期。

杜维民、邓文韬：《临海西郊大岭石窟元代造像题名记所见人物考——兼商榷大岭石窟造像的始建年代》，《西夏学》第十四辑，甘肃文化出版社 2017 年版。

任建敏：《西夏遗民也儿吉尼与元末广西行省的设置与维持》，《西夏学》第十六辑，甘肃文化出版社 2018 年版。

陈康：《石景山出土元代杨朵儿只墓志考》，《北京文博文丛》2018 年第 2 期。

刘志月：《元代西夏遗民理学世家考论——以〈师氏先茔碑铭并序〉为中心》，《西夏学》第十七辑，甘肃文化出版社 2018 年版。

孙颖新：《西夏文〈大乘无量寿经〉考释》，《世界宗教文化》2018 年第 3 期。

文健：《略论西夏佛教管理的特色——以〈天盛改旧新定律令〉为例》，《西夏研究》2018 年第 3 期。

邓文韬：《四川广元千佛崖石窟元代西夏遗裔题记及其史料价值初探》，《西夏学》第十九辑，甘肃文化出版社 2019 年版。

后　记

　　编纂一部多卷本西夏通志是多年的夙愿，2001 年教育部批准建设西夏学重点研究基地时，就将该任务纳入基地建设规划。只是鉴于当时资料匮乏，研究团队也比较薄弱，在上级主管部门和学界的支持下，确定先从基础资料和研究团队抓起，采取西夏文献资料整理出版、西夏文献资料专题研究和大型西夏史著作编纂的"三步走"战略，率先开展教育部基地重大项目"国内藏西夏文献整理研究"。2008 年多卷本《中国藏西夏文献》出版后，开始着手《西夏通志》的编纂，起初取名《西夏国志》，后更名《西夏通志》。经过几年的准备，2015 年获批国家社科基金重大项目，2017 年得到滚动支持，2022 年完成结项。

　　《西夏通志》编纂团队除史金波等前辈学者外，大多是基地培养出的学术带头人和学术骨干，他们绝大部分主持多项国家社科基金项目和部省级项目，有的承担国家社科基金重大重点项目，研究领域涉及西夏政治、经济、军事、文化、艺术、地理、文字、文献、文物等方方面面，为保质保量完成编纂任务奠定了坚实的基础。

　　《西夏通志》编纂过程中，得到学界的大力支持，史金波、陈育宁、聂鸿音、李华瑞、王希隆、程妮娜、孙伯君等先生或讨论提纲，或参与撰稿，或评审稿本，提出宝贵的意见。人民出版社赵圣涛编审积极组稿，并获批国家出版基金资助，使本书得以顺利出版，在此表示由衷地感谢！

杜建录

2025 年 3 月 12 日